A ÉTICA
NA EDUCAÇÃO
INFANTIL

V982e DeVries, Rheta
A ética na educação infantil: o ambiente sócio-moral na escola. / Rheta DeVries, Betty Zan ; tradução Fátima Murad. – Porto Alegre : Artmed, 1998.
328 p. ; 23 cm.

ISBN 978-85-7307-316-4

1. Educação Infantil – Ética. I. Zan, Betty. II. Título.

CDU 372.3/.47:172

Catalogação na publicação: Mônica Ballejo Canto – CRB 10/1023

A ÉTICA NA EDUCAÇÃO INFANTIL
o ambiente sócio-moral na escola

Rheta DeVries
*Professor of Curriculum and Instruction and
Director of the Iowa Regents' Center for Early Developmental
Education at the University of Northern Iowa.*

Betty Zan
*Research Fellow at the Iowa Regents' Center for Early Developmental
Education at the University of Northern Iowa. Doctoral candidate
in Developmental Psychology at the University of Houston.*

Tradução:
Dayse Batista

Consultoria, supervisão e revisão técnica desta edição:
Maria Thereza Oliva Marcílio de Souza

*Licenciada em Pedagogia pela UFBA. Mestre em Educação pela
Harvard Graduate School of Education, Harvard University,
Cambridge, Massachussets. Consultora do projeto MEC/Banco Mundial.*

Reimpressão 2007

1998

Obra originalmente publicada sob o título
Moral Classrooms, Moral Children

© Teachers College Press, 1994.

Capa:
Mário Röhnelt

Preparação do original
Supervisão editorial
Projeto gráfico
Editoração eletrônica

Reservados todos os direitos de publicação, em língua portuguesa, à
ARTMED® EDITORA S.A.
Av. Jerônimo de Ornelas, 670 - Santana
90040-340 Porto Alegre RS
Fone (51) 3027-7000 Fax (51) 3027-7070

É proibida a duplicação ou reprodução deste volume, no todo ou em parte, sob
quaisquer formas ou por quaisquer meios (eletrônico, mecânico, gravação, fotocópia,
distribuição na Web e outros), sem permissão expressa da Editora.

SÃO PAULO
Av. Angélica, 1091 - Higienópolis
01227-100 São Paulo SP
Fone (11) 3665-1100 Fax (11) 3667-1333

SAC 0800 703-3444

IMPRESSO NO BRASIL
PRINTED IN BRAZIL
Impresso sob demanda na Meta Brasil a pedido de Grupo A Educação.

AGRADECIMENTOS

Este livro é o resultado do trabalho em colaboração com muitos professores ao longo de vários anos. Em particular, recorremos a fitas de vídeo feitas na *Human Developmental Laboratory School* (HDLS) na *University of Houston*. Filmamos uma vez a cada semana em 1989-1990 na classe de Peige Fuller, duas vezes por semana em 1990-1991 na sala de aulas de Coreen Samuel. Outros recursos em filme foram coletados de uma maneira menos sistemática nas salas de aulas de Karen Capo, Stephanie Clark, Carol Olson, Angie Quesada, Kathryn Saxton, Mary Wells e Marti Wilson.

Agradecemos à Lorraine e à Bradley Goolsby seu auxílio no desenvolvimento das histórias de discussão de dilemas sociais e morais, usadas como base do Capítulo 9.

Desejamos expressar nosso agradecimento ao Programa *Limited-Grant-in-Aid* da *University of Houston* pelo apoio às pesquisas de videoteipe em sala de aula, à *Harry S. and Isabel C. Cameron Foundation,* pelo apoio ao desenvolvimento do programa refletido no livro, e à *Spencer Foundation,* pelo apoio às pesquisas descritas no Capítulo 1, que servem como uma inspiração para este trabalho.

Devemos agradecimentos especiais à Deborah Murphy, Juanita Copley e Hermina Sinclair, que revisaram todo o original e ofereceram muitas sugestões úteis. Também somos gratas à nossa editora, Susan Liddicoat, na *Teachers College Press,* por ter acreditado na idéia para o livro e por todo seu auxílio durante o processo de publicação.

Desejamos expressar nossa profunda gratidão a todas as crianças e professores cujos esforços contribuíram tanto para nosso entendimento e para a formação da educação construtivista.

Sumário

Agradecimentos v
Introdução 11

1. **O Que Queremos Dizer com "Salas de aula Morais"?** 17
   Vinhetas de Três Salas de Aula 17
   Apresentação Breve do Ambiente Sócio-Moral em Três
     Salas de Aula 20
   Componentes do Ambiente Sócio-Moral 31
   Pesquisas sobre o Ambiente Sócio-Moral e o
     Desenvolvimento Sócio-Moral das Crianças 32
   O Ambiente Sócio-Moral como um Currículo Implícito 35
   E o que é, então, o Ambiente Sócio-Moral Construtivista? 36

2. **O Que Queremos Dizer Com "Crianças Morais"?** 37
   O que Não Queremos Dizer com "Crianças Morais" 38
   Como as Crianças Pensam Sobre Regras Morais 40
   Como as Crianças Pensam Sobre os Outros 41
   Observação de Crianças Morais na Sala de Aulas 46
   Resumo 50

3. **Como o Ambiente Sócio-Moral Influencia o
   Desenvolvimento Infantil** 51
   Interação Social e a Construção do *Self* 52
   O Relacionamento Professor-Aluno 53
   Relacionamento entre Colegas 60
   Resumo 65

4. Estabelecendo um Ambiente Sócio-Moral Construtivista 67
Organização da Sala de Aula 67
Atividades 71
O Papel do Professor 79
Resumo 87

5. O Conflito e Sua Resolução 89
O Papel do Conflito no Desenvolvimento 89
Atmosfera Sócio-Moral e Resolução de Conflitos 91
Conflito entre Professor e Aluno 111
Resumo 113

6. A Hora da Roda 115
Objetivos para a Hora da Roda 115
O Papel do Professor 117
Organizando e Dirigindo a Roda 119
Fracasso e Recuperação da Roda 133
Resumo 135

7. Estabelecendo Regras e Tomando Decisões 137
Objetivos 137
Estabecimento de Regras 138
Tomada de Decisões 151
Resumo 156

8. Votação 157
Objetivos 157
Diretrizes para a Votação 158
Resumo 173

9. Discussões Sociais e Morais 175
O Que é "Social", "Moral" e "Sócio-Moral"? 175
Teoria do Julgamento Moral 177
Dilemas Morais 179
Objetivos das Discussões Sócio-Morais 181
Diretrizes para a Condução de Discussões Sócio-Morais Hipotéticas 181
Discussões Morais na Vida Real 187
Dilemas Hipotéticos Extraídos de Experiências da Vida Real 188
Resumo 190

10. ALTERNATIVAS COOPERATIVAS À DISCIPLINA 193
O Papel da Experiência Pessoal no Desenvolvimento
   Social e Moral 194
Dois Tipos de Sanções 194
Diretrizes para a Implementação de Alternativas
   Construtivistas da Disciplina 200
Resumo 206

11. HORA DA ATIVIDADE 207
Objetivos e Fundamentação 208
Três Categorias de Conhecimento Refletidas nas Atividades 208
Planejamento para a Hora da Atividade 212
Implementação da Hora da Atividade 216
Três Fontes de Dificuldade na Implementação da Hora da Atividade ... 231
Resumo 232

12. HORA DA ARRUMAÇÃO 233
Objetivos 233
Como Apresentar a Hora da Arrumação da Classe 234
Problemas com a Arrumação 236
Soluções para Problemas durante a Arrumação 237
Resumo 247

13. HORA DO LANCHE 249
Objetivos 250
Diretrizes para a Hora do Lanche 250
Resumo 258

14. HORA DO DESCANSO 259
Problemas da Hora do Descanso 259
Diretrizes para uma Hora do Descanso Menos Estressante 260
Resumo 265

15. TEMAS ACADÊMICOS 267
O Contexto Sócio-Moral para o Ensino de Temas Acadêmicos 268
As Condições para a Promoção de Temas Acadêmicos 269
A Integração Construtivista de Temas Acadêmicos 271
Resumo 279

16. A Criança Difícil 281
O Enfoque Behaviorista 282
Integração das Teorias Psicodinâmica e Construtivista 285
Diretrizes para Lidar com a Criança Difícil 287
Resumo 294

17. A Atmosfera Sócio-Moral da Escola 297
O Trabalho de Kohlberg e Colaboradores na Avaliação
da Cultura Moral 297
A Experiência das Crianças com a Atmosfera Escolar 299
A Experiência do Professor com a Atmosfera Escolar 301
Princípios para Diretores 301
A Atmosfera Sócio-Moral do Departamento Estadual
de Educação 308
Resumo 308

Apêndice 311
Referências Bibliográficas 315
Índice Remissivo 319

INTRODUÇÃO

O princípio fundamental da educação construtivista — de que um ambiente sócio-moral deve ser cultivado, no qual o respeito por outros é continuamente praticado — constitui a base deste livro. Por ambiente sócio-moral, referimo-nos a toda a rede de relações interpessoais em uma sala de aula. Essas relações permeiam todos os aspectos da experiência da criança na escola. O termo *ambiente sócio-moral* sugere nossa convicção de que todas as interações entre as crianças e entre elas e seus educadores/responsáveis têm um impacto sobre a experiência e desenvolvimento social e moral das crianças. Este livro aborda a questão relativa ao estabelecimento e manutenção de um ambiente interpessoal na sala de aula que apóie o desenvolvimento social, moral, emocional e de personalidade das crianças.

Os leitores dos livros já publicados de Rheta DeVries não se surpreenderão ao saber que nosso trabalho sobre o ambiente sócio-moral está baseado nas pesquisas e teoria de Jean Piaget. Outros podem se surpreender porque o foco primário do próprio Piaget era a epistemologia genética — as origens e o desenvolvimento do conhecimento. Entretanto, Piaget (1948) salientou que a vida social entre crianças é um contexto necessário para o desenvolvimento da inteligência, moralidade e personalidade. Embora Piaget não continuasse na direção de seus primeiros trabalhos sobre o julgamento moral (Piaget, 1932/1965), ele é consistente em trabalhos posteriores, salientando a indissociabilidade do desenvolvimento intelectual, social, moral e afetivo. Neste livro, tentamos seguir a direção indicada por Piaget (1954/1981), ao hipotetizar estruturas e funções paralelas para a construção do conhecimento do mundo físico e social pela criança.

A base teórica para nosso trabalho sobre o ambiente sócio-moral e desenvolvimento sócio-moral repousa em três paralelos na teoria de desenvolvimento sócio-moral e cognitivo de Piaget. O primeiro paralelo é que, da mesma forma que o conhecimento do mundo físico é construído pela criança, assim também deve ser construído o conhecimento psicossocial. Isto é, o pensamento sócio-moral e o entendimento sócio-moral em ação passam por transformações qualitativas. O segundo paralelo é que, assim como o afeto é um elemento motivacional indissociável no desenvolvimento intelectual, os vínculos sócio-afetivos (ou a falta desses) motivam o desenvolvimento social e moral. O terceiro paralelo é que um processo de equilíbrio (ou auto-regulação) pode ser descrito tanto para o desenvolvimento social e moral quanto para o cognitivo. Este equilíbrio envolve, por exemplo, a afirmação de si mesmo e a conservação do outro como um parceiro desejado. Em particular, salientamos como o descentramento para se tornar consciente de diferentes pontos de vista é necessário para ajustes recíprocos, compreensão mútua em sistemas compartilhados de significado e coordenação social. Ademais, o conflito intra e interpessoal exerce papéis cruciais no desenvolvimento da auto-regulação nos domínios tanto intelectual quanto sócio-moral. Com "auto-regulação", Piaget referia-se a um sistema interno que regula o pensamento e a ação. Esses paralelos sugerem que as condições para o desenvolvimento sócio-moral são as mesmas condições para o desenvolvimento intelectual.

Este livro estende a definição e a articulação da educação construtivista oferecida em publicações anteriores. Estudos (DeVries & Kohlberg, 1987/1990; Kamii & DeVries, 1975/1977) salientaram o objetivo educacional do desenvolvimento cognitivo, bem como os livros sobre jogos em grupo (Kamii & DeVries, 1980), atividades de conhecimento físico (Kamii & DeVries, 1978/1993) e aritmética (Kamii, 1982, 1985, 1989, 1994). Neste livro, argumentamos que a educação construtivista não consiste apenas de atividades de conhecimento físico, jogos grupais, debates aritméticos, jogos de fantasia, montagem de blocos, atividades de leitura e escrita com a abordagem integral e assim por diante. A implementação da educação construtivista, em seu aspecto mais essencial, envolve mais do que atividades, materiais e organização na sala de aula. Em publicações anteriores, ressaltou-se a importância do desenvolvimento sócio-emocional e sócio-moral. Em *Constructivist Early Education: Overview and Comparison with Other Programs* (DeVries & Kohlberg, 1987/1990), a visão de Piaget sobre o papel necessário da vida social no desenvolvimento da inteligência foi trabalhado cuidadosa e detalhadamente. Em um capítulo desse livro, Kohlberg e Lickona defendiam a discussão social e moral, o estabelecimento de regras, capitalização do conflito e uma ênfase sobre comunidade e responsabilidade. Eles indicavam que as crianças devem construir seu entendimento moral a partir da matéria bruta de suas interações cotidianas. Nosso livro parte desta idéia. Oferecemos um conjunto de conceitos básicos construtivistas para um determinado tipo de ambiente sócio-moral e descrevemos os modos práticos pelos quais os professores podem cultivá-lo.

Nossa perspectiva sobre o ambiente sócio-moral é influenciada pelas idéias de Jackson (1968) e Kohlberg (Power, Higgins & Kohlberg, 1989) sobre o "currículo implícito" da educação moral nas escolas. O currículo implícito consiste das normas e valores embutidos na estrutura social das escolas, especialmente aqueles relacionados à disciplina. O enfoque de "Comunidade Justa" de Kohlberg à educação de estudantes secundaristas salienta princípios democráticos, bem como relacionamentos responsáveis e cuidadosos. Ambos também são parte de nossa visão do ambiente sócio-moral. Entretanto, nosso próprio conceito de ambiente sócio-moral construtivista, à medida que se aplica a crianças, abrange mais do que princípios democráticos de justiça e envolvimento pessoal. Salientamos a natureza cooperativa do relacionamento construtivista entre professor-aluno e a influência de toda a experiência escolar no desenvolvimento da criança.

Um tema unificador deste livro é o do desenvolvimento como a meta da educação construtivista. Portanto, o ambiente escolar mais desejável é aquele que promove, em termos ótimos, o desenvolvimento da criança — social, moral, afetivo e intelectual. Infelizmente, o ambiente sócio-moral da maioria das escolas e das creches e escolas de educação infantil enfatiza de tal forma o desenvolvimento intelectual, que o desenvolvimento sócio-moral e afetivo são negativamente influenciados. Isto leva a um segundo tema unificador deste livro, a idéia do relacionamento construtivista entre professor-aluno como sendo de respeito mútuo, no qual o professor minimiza o exercício de autoridade desnecessária em relação às crianças. Em publicações anteriores, antes citadas, salientamos a importância teórica de um relacionamento cooperativo entre professor e aluno. Aqui, damos vida a esta diretriz geral com princípios específicos de ensino e exemplos extraídos de filmagens das salas de aulas.

O objetivo deste livro é decididamente prático. Contudo, detalhes práticos estão enraizados na fundamentação teórica baseada nas pesquisas sobre o desenvolvimento infantil. Estamos conscientes de que muitos educadores têm ficado desapontados com a falta de apoio para a prática de grande parte das pesquisas e teorias sobre o desenvolvimento infantil. Entretanto, estamos comprometidos a contribuir para o desenvolvimento de uma ciência da prática educacional que tenha coerência teórica e validade empírica. Sem esta moldura estabilizadora, as convicções dos educadores oscilam como o pêndulo. Aberto aos apelos de uma moda ou tendência após a outra, o campo não progride, mas prossegue aos tropeços.

Somos encorajados pelas respostas dos professores com quem temos trabalhado a continuar em nossos esforços de percorrer uma via de mão dupla, entre a teoria e a prática. A teoria é útil para eles. As convicções sobre o que fazem se baseiam no conhecimento do porquê ensinam como ensinam. Peige Fuller, diretora de um programa para bebês e crianças pequenas, expressa esta atitude da seguinte maneira:

A teoria tem uma conotação negativa em educação. Os professores parecem dizer: "Dêem-nos um saco de mágicas". Eu digo, "Dêem-nos uma fundamentação teórica para sermos capazes de descobrir por nós mesmos". Você não está dando aos professores um pacote. Você está demonstrando confiança e encorajando-os a crescer e a aprender como professores e como pessoas. Não dar isso aos professores é um grave desrespeito. Dar aos professores apenas um saco de mágicas é como dar-lhes uma receita. Isto é exatamente uma analogia. Não dar aos professores a teoria é exatamente como dar-lhes folhas de tarefas. Se você não compreende a teoria, até mesmo todas as boas idéias provenientes do construtivismo — todas as boas atividades — vêm a ser um sofisticado saco de mágicas. Qualquer bom método, se não é amparado pelo conhecimento sobre o motivo para sua execução, terá limitações. Se os professores não compreendem o porquê de ensinarem em determinada situação, a próxima situação será diferente e eles não serão capazes de recorrer ao seu entendimento das crianças e ao seu entendimento do que significa facilitar a aprendizagem das crianças, a fim de saberem o que fazer a seguir. (Comunicação pessoal, junho de 1992.)

Neste livro, tentamos oferecer a teoria e um conjunto de conceitos articulados que permitirão aos professores "recorrer ao seu entendimento" e tomar decisões educacionais profissionais. Acreditamos que os professores não devem ser técnicos, mas profissionais teoricamente sofisticados.

No Capítulo 1, abordamos a questão "O que queremos dizer com 'salas de aula morais'?" Baseados em pesquisas sobre interações professor-aluno em três salas de aula de jardim de infância de escolas cujos alunos são negros, urbanas e públicas, para crianças de famílias de baixa renda (DeVries, Haney & Zan, 1991; DeVries, Reese-Learned & Morgan, 1991a), descrevemos três ambientes sócio-morais muito diferentes, que ilustram paradigmas didáticos conflitantes.

No Capítulo 2, respondemos à questão "O que queremos dizer com 'crianças morais'?", dizendo, primeiro, o que não pretendemos dizer. Quando falamos de "crianças morais" não queremos dizer crianças que são meramente obedientes ou que simplesmente conhecem as regras morais de outros, agem de formas pró-sociais, conformam-se às convenções sociais da boa educação, têm certos traços de caráter ou demonstram educação religiosa. Ao invés disso, referimo-nos a crianças morais como pessoas que lidam com questões interpessoais, as quais fazem parte de suas vidas. Examinamos os julgamentos das crianças sobre o certo e o errado, o bom e o mau, caracterizados por realismo moral e uma adoção limitada de perspectivas.

No Capítulo 3, voltamos à questão "Como o ambiente sócio-moral influencia o desenvolvimento da criança?". Aqui, apresentamos talvez o aspecto mais importante da teoria de Piaget, com relação ao ambiente sócio-moral: a distinção entre dois tipos de relacionamentos entre adultos-crianças, que resultam em efeitos muito diferentes sobre o desenvolvimento infantil. Também falamos sobre o papel da interação social na construção do *self* e discutimos os benefícios da interação entre companheiros, em uma sala de aula construtivista.

O Capítulo 4 tem como foco o estabelecimento de um ambiente sócio-moral construtivista, o qual começa pela organização de uma sala de aula que satisfaça as necessidades das crianças, prosseguindo com a organização do ambiente para a interação entre colegas e para a atribuição de responsabilidade às crianças. O respeito pelas crianças leva a um programa baseado em interesse, experimentação e cooperação.

Um aspecto singular da educação construtivista é a resolução de conflitos, o tópico do Capítulo 5, no qual discutimos o papel do conflito no desenvolvimento. Apresentamos o enfoque construtivista do professor para com os conflitos das crianças e discutimos o tema do conflito entre professor e aluno.

Quatro capítulos estão voltados ao trabalho e às atividades em grupo. No Capítulo 6, discutimos os objetivos, o papel do professor e princípios gerais para a condução do trabalho em grupo, incluindo aspectos formais, estratégias de manejo e conteúdo do trabalho de grupo. No Capítulo 7, sobre o estabelecimento de regras e tomada de decisões, falamos sobre os objetivos e sobre como os professores construtivistas encorajam a auto-regulação das crianças, permitindo-lhes fazer as regras para a vida na classe. O Capítulo 8, sobre votação, apresenta objetivos e diretrizes para a condução de votações. O Capítulo 9, acerca de discussões sociais e morais, apresenta a teoria do julgamento moral, define dilemas e aponta bons exemplos de dilemas para a discussão.

O Capítulo 10 é dedicado a alternativas cooperativas para a disciplina. A ênfase construtivista sobre a auto-regulação pelas crianças não significa que os professores são permissivos. Os professores construtivistas desenvolvem estratégias cooperativas para o manejo de uma classe de crianças e para lidar com rupturas inevitáveis na cooperação.

A hora da atividade é o tema do Capítulo 11, no qual discutimos objetivos e suporte teórico, planejando em termos de três tipos de conhecimento e categorias gerais de atividades com suporte teórico construtivista.

A hora da arrumação é o tema do Capítulo 12, no qual apresentamos objetivos construtivistas e falamos sobre como promover nas crianças o sentimento de necessidade de ordem.

O Capítulo 13, sobre a hora do almoço, salienta que este período do dia é importante para o desenvolvimento de relacionamentos compartilhados entre colegas, especialmente a experiência compartilhada.

O Capítulo 14, sobre a hora do descanso, aborda problemas no manejo da hora do descanso, de modo consistente com a educação construtivista.

No Capítulo 15, discutimos os temas acadêmicos, abordando o ambiente sócio-moral adequado para esses, as condições para a promoção do estudo acadêmico e a integração construtivista entre esses temas acadêmicos.

No Capítulo 16, examinamos abordagens de trabalho com crianças-problemas. Finalmente, no Capítulo 17, discutimos o ambiente sócio-moral da escola para crianças e professores. O Apêndice A oferece conceitos teóricos construtivistas para diversas categorias de atividades.

Devemos fazer uma advertência quanto ao uso que fazemos do termo *construtivista*. Esta palavra refere-se a uma teoria psicológica, não didática. Portanto, quando dizemos *educação construtivista* e *professor construtivista*, estamos usando um atalho conveniente para referirmo-nos a um enfoque educacional.

As crianças descritas e citadas neste livro são diferentes em muitas maneiras, representando várias etnias, classes sociais, níveis de educação dos pais e de rendimentos familiares. Os professores que descrevemos também são etnicamente distintos.

Os leitores podem desejar comparar nosso enfoque com outros, incluindo os livros de Thomas Lickona, *Raising Good Children* (1985) e *Educating for Character: How Our Schools Can Teach Respect and Responsability* (1991); o de JoAnn Shaheen e Lisa Kuhmerker, *Free to Learn, Free to Teach* (1991); bem como o trabalho de Myra Shure, *I Can Problem Solve (ICPS): An Interpersonal Cognitive Problem Solving Program* (1992).

1

O QUE QUEREMOS DIZER COM "SALAS DE AULA MORAIS"?

Quando falamos de *salas de aula morais*, estamos falando sobre salas de aula nas quais o ambiente sócio-moral apóia e promove o desenvolvimento infantil. O ambiente sócio-moral é toda a rede de relações interpessoais que forma a experiência escolar da criança. Essa experiência inclui o relacionamento da criança com o professor, com outras crianças, com os estudos e com regras. As classes morais caracterizam-se por um determinado tipo de ambiente sócio-moral. Todo o nosso livro dirige-se à questão formulada no título deste primeiro capítulo. No momento, contudo, desejamos dizer que não estamos nos referindo a salas de aula caracterizadas por um programa de doutrinação, com lições sobre caráter ou sobre o "valor da semana".

VINHETAS DE TRÊS SALAS DE AULA

A fim de ilustrarmos diferentes tipos de ambiente sócio-moral, começamos com breves vinhetas de três classes de jardim de infância em bairros de baixa renda de um distrito educacional urbano grande. Nossos relatos são extraídos de gravações em vídeo envolvendo dois dias em cada classe no final do ano escolar. Considere o que é ser um aluno nas classes descritas abaixo[*]:

---

[*] Nos diálogos, foram preservadas as características da fala infantil e da informalidade da relação professor-aluno, o que mostra incorreções gramaticais; entretanto, a correção redundaria em um diálogo inverossímil e inadequado.

1ª Classe: Campo de Treino de Recrutas

Vinte e dois alunos do jardim sentam-se em carteiras enfileiradas. A professora está de pé, em frente à turma, com cenho franzido e falando em um tom ríspido:

> Ouçam, minha paciência não vai durar muito com vocês hoje. Sente-se (gritando e apontando seu dedo para uma criança)! Três, 6, vamos (enquanto a professora bate palmas uma vez para cada número, tanto ela quanto as crianças recitam em uníssono). Três, 6, 9, 12, 15, 18, 21, 24, 27, 30. Múltiplos de 5, até 100. Vamos. Cinco, 10... 100. Múltiplos de 10 até 100... Boa contagem entre as fileiras 2 e 4. Excelente trabalho. Boa contagem para os múltiplos de 3 e 5. Vamos resolver alguns problemas agora. Os que não terminaram esta parte de trabalho hoje, vão se dar mal agora (ela apaga a lição-de-casa de aritmética). Olhem para cá. Nosso primeiro problema é 6 + 3 (escreve no quadro). Não sabemos qual é o resultado de 6 mais 3, mas já sabemos o resultado de 6 mais 1. Lembrem-se, quando somamos 1, dizemos o número seguinte. (As crianças recitam 6 + 1 é 7). Estou observando que fileira vai me dar a resposta certa. Vamos lá. 6 + 1 = 7 (as crianças recitam em uníssono enquanto a professora aponta para os números no quadro-negro com uma vareta dirigindo o certo). (O mesmo procedimento para 6 + 2 = 8 e 6 + 3 = 9).Preste atenção, T. Não sei por que a fileira 3 (a fileira de T) está perdendo. Muitos não estão prestando atenção.. Quero ver todos respondendo. Cruzem as mãos sobre a mesa e olhem para cá. Agora é hora do jogo da professora. Ouçam com cuidado. Aposto que posso ganhar este jogo. Vou propor uma soma. Se vocês acertarem, ganharão um ponto. Se eu acertar antes, ou se ouvir muitas respostas erradas, eu ganho o ponto. Se vocês não se comportarem, eu também ganho um ponto. Vou acrescentar uma nova regra. Ok, 5 + 2 = (sinaliza para que as crianças respondam, com um movimento de mãos para baixo). (Algumas crianças dizem 6 e algumas respondem 7). Acho que ouvi uma resposta errada. Vou dar um ponto a mim mesma. R, você vai me dar um ponto por comportamento? (Ela franze a testa para R).

Vemos esta professora como uma "Sargento-Instrutora" e caracterizamos o ambiente sócio-moral desta classe como um "Campo de Treino" para recrutas acadêmicos.

2ª Classe: A Comunidade

Vinte crianças de pré-escola e sua professora sentam-se em círculo sobre um tapete. A professora fala com um tom preocupado.

A mãe de M traria nosso lanche hoje, mas ela não chegou aqui a tempo e então ficou para amanhã. A única coisa que temos para comer aqui são algumas caixinhas de passas de uva. Nosso problema é que não temos o suficiente para darmos a cada pessoa uma caixa inteira. (M levanta a mão). M tem uma idéia. O que devemos fazer, M? (M sugere que abram as caixinhas e distribuam as passas em pratos). Esta é uma idéia. Se todos tivessem um prato, quantos pratos precisaríamos (sorri, na expectativa)? (E diz que 17, mas L chama a atenção para o adulto que está filmando (B), para N (que preferiu não participar no grupo) e para duas crianças que estão dormindo e não foram contadas). Ah, não contamos todos (a professora e as crianças discutem a contagem. Uma criança conclui que há 20 pessoas, e outra diz que são 22). Quantas crianças temos geralmente em nossa sala? (E diz que são 21). E quem está faltando hoje? (L diz que J faltou). Então, 21 menos 1, J, quanto dá? (L e E respondem que o resultado é 20). Se você contar B (o adulto que está filmando) e eu, então serão 20 mais 2. Quanto dá isso? (H responde 22). Então precisamos de 22 conjuntos de passas (D sugere: "E se dermos as caixas a duas pessoas para serem servidas nos pratos?") Esta é uma idéia! E se cada um dividisse com um colega? Esta é uma boa idéia, E. (diversas crianças aprovam espontaneamente, dizendo: "É mesmo!") Muito bem, cada um de vocês encontre um parceiro. (As crianças reúnem-se em duplas, algumas abraçando os parceiros na expectativa). Estou indo (com os pratos). Quando vocês receberem seus pratos, como decidirão com o colega quanto cada um comerá? (Uma criança diz: "Conta 1, 1, 2, 2", colocando uma passa em cada prato com cada número dito). Ok, esta é uma idéia. Prestem atenção para dividirem certo e todos ficarem com a mesma quantidade. D, esta foi uma boa idéia (As crianças formam duplas, dividem suas caixas de passas e conversam enquanto comem).

Vemos esta professora como uma "Mentora" amistosa e caracterizamos o ambiente sócio-moral desta classe como a "Comunidade".

3º Classe: A Fábrica

Vinte crianças pré-escolares sentam-se sobre um tapete em fileiras, olhando para a professora, que está de pé à frente, junto ao quadro-negro, falando em um tom calmo, mas sério.

Vamos colocar um zíper aqui (faz um movimento de fechar um zíper em sua boca) porque precisamos olhar e prestar atenção. Aqueles que desejam aprender, sentem-se e escutem. Se vocês querem brincar, terão de fazer isso depois, Ok? E, sente-se. (A criança pede para beber água). Não, sinto muito, estamos esperando que você se sente. Ontem, trabalhamos uma palavra grande nos nossos cadernos de exercício, *subtração* (escreve a palavra no quadro-negro). Tínhamos muitas tartarugas nadando juntas (desenha 3 tartarugas). Tínhamos um grande conjunto de tartarugas (desenha um círculo em torno das tartarugas). Lembrem-se, tiramos uma tartaruguinha, e vocês a colocaram em uma caixa (apaga parcialmente uma tartaruga, mas deixa sem contorno interrompido, depois desenha uma tartaruga fora do círculo). Ok, quantas tínhamos no círculo quando começamos? (Quase todas as crianças dizem 3) E depois, quantas foram embora? (Algumas crianças dizem 2, e algumas dizem 1). Tiramos uma e, então, quantas ficaram? (Quase todas as crianças respondem 3). Duas. Ficamos apenas com 2. Chamamos isto de subtração. Na verdade, tínhamos dois conjuntos dentro de um conjunto grande. Continuamos com este conjunto e tiramos este aqui. (A professora escreve vários outros problemas de subtração. As crianças dão muitas respostas erradas, às vezes somando ao invés de subtraírem e, ocasionalmente, chamando o sinal de menos como sinal de "igual"). Ok, vamos voltar para nossas tabuletas e abrir na página 120. Será que todos estão prestando atenção? Ouço algumas pessoas falando. Shhh, não quero ninguém conversando.

Vemos esta professora como a "Gerente" e caracterizamos o ambiente sócio-moral desta classe como a "Fábrica".

APRESENTAÇÃO BREVE DO AMBIENTE SÓCIO-MORAL EM TRÊS SALAS DE AULA

Apresentaremos agora, com maiores detalhes, as experiências sócio-morais das crianças nas três salas de aulas descritas antes. Enfocaremos a vivência das crianças em relação à professora, à aritmética, ao programa como um todo e em relação aos colegas. Em seguida, resumiremos o tom emocional geral de cada classe e levantaremos questões envolvendo possíveis efeitos dos três ambientes sócio-morais sobre as crianças.

O Campo de Treinamento de Recrutas

Na sala de aula nº 1, o ambiente sócio-moral geral é de forte pressão por obediência. As crianças seguem as orientações da Sargenta-Instrutora não apenas para a aritmética, mas também a maneira exata como devem se sentar e onde devem colocar as mãos. A análise desta sessão de 33 minutos de gravação em filme mostra que as crianças são colocadas sob o rígido controle da professora. Durante esse período, a professora:

- Fez 87 perguntas tipo-teste e 157 exigências.
- Proferiu 21 ameaças, tais como:

"Isto irá tomar o tempo de nossa aula de artes de hoje".
"Darei um ponto a mim mesma, se ouvir isso novamente".
"Você precisa sair? Tomara que não esteja fingindo hoje." (sobre a necessidade de ir ao toalete).
"Vá ficar de pé no canto da sala pelo resto da tarde".
- Fez 36 críticas, tais como:
"Vejo alguns alunos que não estão bem sentados. Encostem as costas contra a cadeira."
"Seu lápis não está onde deveria estar. Pegue-o e escreva. Depois quero ver seu lápis no lugar certo."
"Você está se comportando como um bobo"
"K, este é o tipo de comportamento que complica sua vida".
- Puniu arbitrariamente três vezes:
"Vou dar um ponto a mim mesma."
"Dê-me seu dever e você vai fazer isso no gabinete de dona S." (a conselheira escolar que, juntamente com o diretor, funciona como uma disciplinadora temida, que bate nas crianças).
"Vou mandar um bilhete a seus pais".
- Perdeu o controle duas vezes e intimidou emocionalmente as crianças, gritando com elas.

Essa regulagem contínua pela professora dá às crianças pouca ou nenhuma oportunidade para o autocontrole autônomo. As crianças experienciam elogios por respostas corretas e ameaças ou punições por desvios no comportamento. A regulagem parece vir de fora delas mesmas, da Sargenta-Instrutora que lhes diz o que fazer e o que pensar.

A experiência das crianças com aritmética sugere que a aprendizagem de aritmética significa recitar a tabuada ou usar procedimentos mecânicos como apoio para chefiar as respostas corretas (por exemplo, "quando você soma 1, você diz o próximo número"). A ausência de reflexão na hora de receitar manifesta-se pela freqüência de respostas erradas, a despeito das várias horas de treino durante todo o ano anterior. As verdades matemáticas para essas crianças vêm da professora e não do seu raciocínio.

A vinheta dessa classe é típica da experiência que as crianças têm com o professor, durante dois dias de filmagens neste programa de instrução direta centrado no professor (considerada como uma classe exemplar pelo diretor). Lições de leitura em grupos pequenos são conduzidas do mesmo modo que a lição de aritmética. As crianças que não participam da lição em um grupo pequeno sentam-se em suas carteiras realizando exercícios ou tarefas escritas no quadro. Durante o dia inteiro, as crianças são exortadas a trabalhar, manter o silêncio e evitar interações com os colegas. No geral, as crianças são muito obedientes, embora alguns olhos possam se desviar ou olhar o vazio e algumas crianças "se comportem mal", revirando-se inquietamente em suas cadeiras e comunicando-se sub-repticiamente com um colega.

Além das lições de leitura, aritmética e linguagem, no grande e em pequenos grupos, a professora do Campo de Treinamento lê histórias para a classe e guia discussões. Essas atividades também são conduzidas tão rigidamente quanto as lições. Por exemplo, o momento de discutir e relacionar o que existe em uma granja é usado para ver qual a fileira que sabe mais. As crianças saem das aulas e vão à biblioteca, à sala de computadores, educação física e almoço supervisionadas por outros professores. Oportunidades ocasionais para um período de recesso ao ar livre dependem de as crianças mostrarem-se "boas". O professor impõe e faz cumprir rigidamente as regras.

As necessidades emocionais e físicas das crianças freqüentemente deixam de ser atendidas na classe nº 1. Idas ao toalete ocorrem em horários estabelecidos, e os banheiros da escola são trancados a chave 30 minutos antes de as crianças deixarem a escola. Crianças que solicitam uma ida ao banheiro são vistas com suspeitas. Por exemplo, quando V pergunta: "Posso ir ao banheiro? Preciso ir", a professora acusa "Não, porque você está mentindo". V insiste: "Não estou, não", mas a professora responde: "Você está tentando me enganar, V". Mais tarde, ela permite que o menino vá ao banheiro, mas manda junto outra criança, dizendo: "Você irá com V ao banheiro imediatamente e (para V) quero um relato a seu respeito. Mocinho, é melhor não estar fingindo hoje. (À outra criança) Volte e me conte e (para V) você tem um minuto para ir ao banheiro". Para outra criança, a professora diz: "Você quer ir ou apenas quer sair de sua cadeira? Amanhã acho que terei de entrar no banheiro e fazer com que todos vamos lá na hora prevista".

Mesmo passando tanto tempo sentadas, as crianças têm poucas oportunidades para o exercício físico e estas são usadas como recompensas para o bom comportamento. A ameaça de perder o recreio é usada freqüentemente pela professora:

> Já que vocês foram bonzinhos esta manhã e se prometerem comportar-se, verei se podemos ir um pouquinho ao pátio.
> Todos devem terminar seus trabalhos antes de sairmos ao pátio hoje. (Para uma criança) Você vai ficar fazendo o seu enquanto estivermos lá fora.
> Vou recolher os trabalhos dos que ainda não terminaram agora, e vocês terão de fazê-los quando sairmos depois.
> (Durante a lição de aritmética) Quero ouvir todos vocês. Lembrem-se, as respostas valem pontos. Temos 20 minutos lá fora, se vocês vencerem.

Após o almoço, as crianças descansam 15 minutos colocando a cabeça sobre as carteiras. Quando algumas crianças têm dificuldade para despertar, a professora puxa-as das cadeiras e faz com que fiquem de pé.

Poucos conflitos manifestos ocorrem entre as crianças nesta sala de aulas, em vista do rígido controle da professora. Quando uma criança parece estar à beira de se comunicar ou de agredir, ela diz: "Cuide de sua própria vida e deixa a dos outros. Ignore-o, que isto fará você ser bom". Quando uma criança queixa-se que "L chutou o meu nariz", a professora "soluciona" o problema aconselhando: "Então, sente-se no fundo da sala e ninguém poderá fazer isso". Um conflito é observado durante uma história, quando as crianças estão sentadas no chão. C protesta: "Ele me beliscou", e a professora pergunta por quê. T então responde: "Ela não quis dar uma coisa que eu queria". Ao invés de explorar a raiz do problema, a professora repreende T: "Venha cá. O que foi que eu já lhe disse? Esta é a quarta vez em duas semanas. Você teve problemas por isto na semana passada, não foi? Quando alguém lhe faz algo, o que você faz? O que você faz? (T diz: "Conto à professora"). Você conta à professora. Você não precisa fazer mais nada além disso. Desculpe-se agora mesmo. (A criança murmura algo). Diga novamente. Assim está melhor."

A competição, ao invés do senso de comunidade, é promovida entre as crianças. Contudo, as crianças conseguem relacionar-se umas com as outras através de olhares silenciosos e sussurros conspiratórios ilícitos. Essa experiência compartilhada ocorre fora do relacionamento professor-aluno e apesar da presença da professora.

A fim de descobrirmos se a regulagem do comportamento da criança é interna ou se vem do controle externo da professora, pedimos que esta deixasse a sala enquanto as crianças realizavam trabalhos sentadas em suas carteiras. Nosso filme mostra que a maioria das crianças no Campo de Treinamento não continuava trabalhando. Ao invés disso, elas se engajavam em conversas, em comportamentos anti-sociais, por exemplo (correr pela sala, perseguir uns aos outros, pegar objetos de colegas e agredir-se fisicamente), e em comportamentos "sorrateiros" (tais como olhar pela janela para ver se a professora estava vindo e então cometer alguma espécie de violação das regras). Essa experiência demonstra que a regulagem do comportamento vem da coerção exercida pela Sargenta-Instrutora e não da auto-regulagem autônoma das crianças.

O ambiente sócio-moral geral desta sala de aulas de instrução direta é de opressão, raiva, ansiedade e isolamento social. A energia das crianças, ao invés de ser expressada, parece ser contida e frustrada. As crianças nesta classe procuram a professora com mais queixas físicas do que crianças em qualquer das outras classes. Isso pode ser decorrente do estresse na sala de aulas e/ou do fato de que o único momento em que esta professora expressa preocupação pessoal pelas crianças é quando elas dizem que não se sentem bem. Em resumo, podemos dizer que as crianças nesta sala de aula autoritária têm de suprimir sua personalidade, seus sentimentos e seus interesses, a fim de satisfazerem as demandas da professora e evitarem punições.

Quais são os efeitos deste ambiente sócio-moral controlador sobre as crianças? Em primeiro lugar, as crianças sentem-se impotentes. Apenas se elas se submetem completamente à vontade da professora podem "controlar" o que lhes acontece. Entretanto, a vontade da professora (isto é, o comportamento exato que ela considera inaceitável) nem sempre é previsível, e a criança mais ansiosa por agradar também recebe críticas e punições. Além disso, a expectativa de que as crianças pequenas podem controlar seu comportamento para atenderem a esses padrões rígidos pode tornar inevitável o fracasso desses alunos.

Será que essas crianças estão pagando um preço alto demais pelo sucesso acadêmico? Será que os resultados deste Campo de Treinamento fortemente acadêmico poderão manifestar-se mais tarde, rebelando-se contra um sistema não solidário às necessidades e interesses das crianças? Ou elas se tornarão calculistas, fingindo obedecer, mas violando as regras escolares/sociais quando não estiverem sob vigilância? Será que abandonarão sua vontade ao controle de outros? O que acontecerá ao desenvolvimento da competência social e moral das crianças neste ambiente? Elas desenvolverão esta competência fora da escola? O que acontece à iniciativa e raciocínio ativo?

A Comunidade

Na sala de aula nº 2, o ambiente sócio-moral é de respeito. A professora respeita as crianças, consultando-as sobre como solucionar o problema do lanche e seguindo suas sugestões. As idéias das crianças são valorizadas e a professora Mentora se firma e encoraja-as a terem orgulho por suas boas idéias. Ela assume uma atitude de "nós", freqüentemente identificando-se com as crianças como um membro do grupo. Ela facilita as interações entre as crianças. A justiça é o objetivo da interação com outros. A atitude do grupo é positiva e reflete uma sensação de comunidade.

A análise do filme desta classe, durante um período de 30 minutos, incluindo a vinheta revela que a Mentora:

- Jamais ameaçou ou puniu as crianças.
- Fez apenas quatro questões de teste e 23 demandas.
- Fez apenas uma crítica.

Suas interações com as crianças caracterizaram-se por 151 usos de estratégias persuasivas, tais como dar sugestões, desenvolver as idéias das crianças, lembrar as razões para as regras, oferecer opções, encorajar a geração de idéias e sustentar o valor da justiça. Tais estratégias persuasivas são respeitosas, porque levam em consideração a perspectiva da criança e apelam para tendências cooperativas. Em contraste, a Sargenta usou apenas 11 estratégias de persuasão, e a Gerente usou apenas sete, em seus segmentos de 30 minutos.

A experiência da aritmética pelas crianças, na vinheta, é que sua finalidade é solucionar o problema da quantidade limitada de passas para o lanche. Elas pensam ativamente sobre o cálculo envolvido na determinação de quantas pessoas precisam ter sua parcela do lanche. Embora as respostas nem sempre sejam corretas, nenhuma é criticada. A professora orienta as crianças para tentarem dois diferentes procedimentos, a fim de descobrirem o número de pessoas entre as quais as passas serão divididas. Ela as desafia a imaginarem um método justo para a divisão, com o objetivo de todos receberem porções iguais. Uma criança sugere um meio lógico de garantir que ambos os parceiros tenham a mesma quantidade de passas, isto é, contar sistematicamente 1 (para si mesmo), 1 (para o parceiro), 2 (outra para si mesmo), 2 (outra para o parceiro) e assim por diante. A aritmética, nesta atividade, está embutida nas finalidades das crianças e é integrada com uma meta social (negociar com um parceiro de forma que ambos fiquem satisfeitos e com uma meta moral).

A vinheta da classe nº 2 é típica da experiência das crianças com os professores, durante os dois dias de filmagens neste programa construtivista centrado na criança. Em outras experiências compartilhadas, a classe, como um todo, canta junto (e as crianças sugerem o que cantar enquanto, por exemplo, revesam-se contando os versos com nomes de animais da fazenda na música *"Old McDonald's farm"*), planejam e recordam uma ida ao zoológico, encenam a história *"Os Três Ursos"* e discutem preocupações comuns (tais como o que fazer por um colega que está com sarampo e como solucionar o problema da bagunça no local que serve como palco para as encenações).

Nesta classe Comunitária, nada silenciosa por sinal, o currículo é integrado, e as crianças interagem umas com as outras, selecionando atividades entre as quais:

- Fazer barquinhos e experimentar, por meio de testes, se flutuam na água.
- Encenar em um canto mobiliado como uma casa, restaurante, etc., criando símbolos e negociando e interagindo com outros.
- Escrever nomes e números de telefones dos colegas, a fim de lhes telefonar durante as férias.
- Ditar uma história para que o professor a transcreva no quadro, pensando na seqüenciação temporal dos eventos.
- Explorar a possibilidades de criar com massa de modelar representações dos animais vistos no zoológico.
- Inventar modos de usar tiras de papelão preto em artes manuais, pelo raciocínio sobre as relações espaciais (como na criação de esculturas de papel).
- Participar em jogos de mesa, levando em conta as perspectivas de outros e inventando estratégias para vencer.

- Confeccionar estruturas equilibradas com blocos, levando em consideração um sistema de relacionamento entre diferentes pesos.

Além das atividades internas na sala de aula, as crianças engajam-se diariamente em jogos ao ar livre (em geral envolvendo desdobramentos de atividades da sala de aula, tais como brincar com pipas e inflar de ar pára-quedas feitos por adultos e por crianças).

A Comunidade é organizada para atender às necessidades emocionais e físicas das crianças. Além de amplas oportunidades para a atividade física, as crianças cochilam por pelo menos uma hora diariamente. Embora a instalação sanitária da escola seja afastada da sala, as necessidades de idas ao banheiro são satisfeitas individualmente. As crianças apenas comunicam à professora quando desejam ir. A única regra é que as crianças devem ir uma de cada vez.

Obviamente, surgem conflitos entre as crianças nesta sala de aula e a professora dispende muito tempo ajudando-as a superá-los. Os conflitos são seriamente considerados como oportunidades para ajudar as crianças a pensarem sobre o ponto de vista de outros e a imaginarem como negociar com eles. A Mentora diz às crianças:

Usem suas palavras.
Se vocês não falam, as pessoas não compreendem.
O que você poderia dizer a ele?
Você pode falar com ele sozinho ou precisa de minha ajuda?

Ocasionalmente, a professora diz às crianças as palavras que devem ser usadas (por exemplo): "Diga 'B, isto me magoa'. Fale 'Diga-me com palavras'").

Quando as crianças se queixam de que C está monopolizando o uso de um jogo de montar, a professora pergunta: "C, é justo você ficar com mais peças? Você acha que os outros gostam quando você tem mais peças?" (J e M dizem que "Não") "Eles dizem que não, C. Eu também não acho justo que você fique com mais peças."

Em uma discussão entre três meninos acerca de quantas bolinhas de gude cada criança deveria usar em um jogo, a Mentora pacientemente obtém as idéias das crianças, pergunta a cada uma se gosta de cada idéia e apóia-as durante um longo procedimento para decidir quem deve distribuir as bolinhas.

Esta Mentora construtivista é uma orientadora e companheira que organiza um programa de atividades visando a estimular o raciocínio das crianças e oferecer-lhes um ambiente favorável no qual possam explorar e experimentar, cometer erros inevitáveis no raciocínio e inventar novas formas de raciocinar.

As crianças votam para tomar muitas decisões de grupo e as regras são feitas em conjunto pelas crianças e professora. Quando surgem problemas, as crianças freqüentemente sugerem novas regras. Por exemplo, quando algumas crianças lidam rudemente com um porquinho-da-índia, os próprios alunos criam um conjunto de regras para regular as brincadeiras com o bichinho. Em uma entrevista sobre a vida na classe, as crianças da Comunidade expressam claramente um sentimento de propriedade em relação às regras na sala de aulas. Quando indagadas sobre "Quem faz as regras em sua classe?", dizem que as crianças fazem as regras.

Quando pedimos que a Mentora saia da sala, as crianças na Comunidade simplesmente prosseguem com suas atividades. Elas trabalham em um jogo de equilíbrio, modelam argila, jogam cartas, desenham e escrevem. Uma vez que buscam suas próprias finalidades, elas não têm qualquer desejo de se rebelarem ou agirem sorrateiramente. Essa experiência mostra que as crianças da comunidade são auto-reguladoras, ao invés de serem reguladas pela professora.

O tom emocional desta classe construtivista é amistoso e cooperativo, refletindo uma sensação de comunidade. As crianças sentem-se confortáveis para expressarem seu pensamento à professora e umas às outras. As conversas entre professora e crianças focalizam-se nas muitas experiências compartilhadas e negociações que envolvem participantes da Comunidade. O humor é expressado. As expressões de afeto são abundantes na Comunidade, pois as crianças em geral abraçam espontaneamente a professora e ela devolve o afeto com um abraço ou um beijo. Embora ocasionalmente surjam conflitos intensos, as crianças também expressam afeto umas pelas outras. As crianças envolvem-se ativamente umas com as outras, dividindo experiências e negociando. A professora encoraja interações e amizade entre as crianças. Em resumo, podemos dizer que as crianças são livres para serem elas mesmas no ambiente construtivista da Comunidade, com todo seu egocentrismo, sentimentos honestos e interesses genuínos.

Quais são os efeitos desse ambiente sócio-moral receptivo, respeitoso e estimulante sobre as crianças? Em primeiro lugar, elas têm a oportunidade para sentirem que podem interferir efetivamente em sua realidade imediata. Elas exercem suas vontades e iniciativas, agindo sobre os objetos e pessoas e observando os resultados dessas ações. Elas começam a modular o exercício da vontade no contexto de conflitos com a vontade de outros. Com a assistência da professora nos conflitos, o entendimento interpessoal das crianças evolui a partir de ações impulsivas e autocentradas para negociações que respeitam os direitos e sentimentos de outros.

Será que as crianças da Comunidade tornam-se respeitosas em relação umas às outras? Será que conseguem conter seus impulsos como um resultado da experiência em conflitos mediados? Será que elas se tornam mais competentes social e moralmente? Será que obterão suficiente base acadêmica para uma escolarização posterior?

A Fábrica

Na sala de aula nº 3, o ambiente sócio-moral é de pressão para uma produção obediente do trabalho na classe. Entretanto, não é tão negativo quanto no Campo de Treinamento, nem tão positivo quanto na Comunidade. As crianças parecem obedecer mais espontaneamente e ser mais dóceis do que aquelas no Campo de Treinamento. Na vinheta, elas ouvem silenciosamente a professora e observam enquanto ela e alguns colegas escrevem respostas aos problemas de subtração no quadro. A professora fala calmamente às crianças, mas parece emocionalmente distante. A análise das filmagens desta classe, durante um período de 30 minutos, mostra que a professora indagou 91 questões de teste e fez 51 outras demandas. As crianças, nesta classe, como aquelas na sala de aulas nº 1, são mantidas sob um rígido controle pela professora durante o tempo todo e têm pouca oportunidade para o exercício autônomo do controle. Como no Campo de Treinamento, as crianças são elogiadas por respostas certas, mas no segmento em vídeo a professora Gerente oferece apenas 12 críticas, e o tom desta sala de aulas é, geralmente, muito mais positivo.

Como a Sargenta-Instrutora, esta professora acredita fortemente no valor da resposta certa e corrige todos os erros. Ela tenta claramente atrair o interesse das crianças com as tartarugas, na lição de Matemática. Entretanto, as crianças ficam confusas pelo fato de ainda poderem ver 4 tartarugas (quando uma é redesenhada fora do círculo e o contorno pontilhado do bichinho "subtraído" permanece). Posteriormente, quando as crianças sentam-se em suas carteiras, a professora "as guia" passo a passo na folha de exercícios, instruindo-as a colocar 3 tartarugas (recortes simbólicos) no alto da página, tirar duas, escrever 3 - 2 = 1 e colocar uma tartaruga no "lago". Novamente, as crianças parecem confusas pelo fato de que, enquanto a tartaruga está no lago, ela ainda está presente, em algum lugar. O segundo e último problema é 4 - 2 = 2. Após dizer às crianças o que fazer e quais são as respostas, a professora retira-se para sua mesa e verifica o trabalho dos alunos quando eles vêm mostrá-lo. Quando aprovada, a página do caderno da criança recebe um carimbo representando uma moeda de um níquel.

A experiência da aritmética pelas crianças, nesta classe Fábrica, é de incerteza. Frente a histórias desconcertantes e formalismos que não compreendem, as crianças parecem muito inseguras de si mesmas e dependem da Gerente para lhes dizer o que fazer, a cada etapa. A experiência de muitas crianças parece ser a de passos isolados não-compreendidos como um todo coerente.

Uma vez, durante os dois dias de gravação em vídeo, a Gerente perdeu o controle. Uma criança que estava na fila junto à mesa da professora estava sendo empurrada e disse "Pare de empurrar!". Ao invés de responder ao problema da criança, a professora impulsivamente empurrou a criança queixosa para fora da fila e disse: "Sente-se até ser capaz de parar com toda essa gritaria na fila!". Exceto por este incidente, ela não ameaçou ou puniu as crianças em nossos dois dias de filmagens. Entretanto, as crianças responderam em entrevistas que ela as punia fazendo com que pousassem as cabeças sobre as carteiras e trancando-as no banheiro e que as ameaçava de espancamento na frente dos outros alunos.

A vinheta da Fábrica é típica de instrução, nesta classe eclética. Chamamos esta classe de "eclética" porque este é o termo usado pela própria professora e porque este programa compartilha algumas características de programas didáticos tanto de instrução direta quanto construtivistas. Após as crianças da Fábrica completarem seu trabalho acadêmico, elas podem brincar de casinha, pintar em um cavalete, brincar no escorregador, alimentar os peixes, molhar as plantas, realizar uma atividade de arte (embora as crianças devam seguir o modelo oferecido pela professora), ou jogar dominó. Antes da instrução formal pela manhã, elas podem brincar com blocos Legos e outros brinquedos de montar. As crianças saem da sala de aula para aula de ginástica, para idas à biblioteca, música, almoço e brincadeiras ao ar livre, supervisionadas por outros professores. Em nossos registros de vídeos, os momentos de literatura da professora para a classe foram de livros que davam informações sobre dinossauros às crianças.

A ênfase nesta classe recai sobre a produção. Além das folhas de exercícios, as crianças colam "ossos" de papel branco sobre papel preto, exatamente como a professora instrui, para representarem o esqueleto de um dinossauro. Elas seguem o modelo da professora para fazerem as pegadas do dinossauro e para desenharem uma cena com água azul, plantas verdes, montanhas roxas (ela explica: "As pessoas usam o roxo porque esta é uma boa cor para mostrar a distância") e sol amarelo. Elas usam um carimbo de dinossauro para colocarem um dinossauro na paisagem e escrevem a palavra "Brontossaurus". A Gerente mostra como desenhar um vicunha (explicando que este é parecido com um camelo), pinta-o de marrom claro e escreve a letra *V*, em minúsculas e em maiúsculas. Durante o horário de descanso, as crianças são chamadas individualmente até uma mesa e testadas para a contagem até 10, para os dias da semana e meses do ano, para dizerem a data de seu aniversário, número de telefone e endereço, nome da escola, para escreverem seus nomes, identificarem círculo, quadrado, triângulo e retângulo, ordenarem numerais até 20 e lerem os numerais para os quais a professora aponta e darem o nome de sua cidade, estado e país. À medida que passam em grupos desses testes, as crianças são recompensadas com medalhas vermelhas, azuis e douradas, afixadas em suas fotos no quadro existente na sala.

Quando joga dominó com as crianças, a professora assume o controle e dirige o jogo, de modo que não são cometidos erros. Entretanto, ela assume realmente o papel de jogadora, junto com os alunos.

A professora visita "a casinha", mas assume um tom crítico. Por exemplo, quando a criança lhe oferece algo para beber, ela responde: "Está bom, mas eu preferiria café. Você não tem nenhum café nesta casa? Jogue isso fora e me dê um pouco de café, por favor. Ah, está quente. Quem fez o café tão quente? Terei de tomar aos golinhos. Mas está bem bom. A sua casa está uma bagunça. Quem limpa a casa? Acho que só voltarei quando sua casa estiver limpa".

Apesar do relacionamento impessoal e, às vezes, crítico da professora com as crianças, ela estimula o interesse dessas em alimentar os peixes e observar uma lesma viva e uma libélula morta. Ela mantém conversas amigáveis com as crianças, enquanto uma delas conta-lhe que "Meu pai me deu um perfume de presente" e uma outra diz: "Eu sei onde tem um ninho de passarinhos".

Esta classe não é tão rigidamente controlada a ponto de não ocorrerem conflitos. Em geral, a professora responde aos conflitos entre as crianças forçando um pedido de desculpas, dando "sermões" e exortando as crianças a serem mais cuidadosas no caso de perigos físicos. Ela tende a "passar por cima" das situações sem considerar seriamente os sentimentos das crianças. Ela ignora S, que se queixa: "G me chamou de ratão feioso". A professora freqüentemente "culpa a vítima". Por exemplo, quando L queixa-se de que "P bateu na minha cabeça", ela responde: "Por que ela fez isso? Você está perturbando P? Eu quero que você fique longe dela, está bem? Quando eu acabar aqui, quero ver se vocês já se entenderam". Em um outro caso, L queixa-se: "Ele pisou na minha mão". A professora responde: "O que você vai dizer? Diga 'Desculpe-me'. Na próxima vez, L, coloque suas mãos no colo. Preste atenção onde as coloca no chão, ao levantar-se."

No conflito mais sério, quando B mordeu A várias vezes e A mordeu B uma vez, a Gerente respondeu sem muita ênfase. Ela brincou: "Você estava com fome, B?" e deu um sermão: "Acho que bebês pequenos mordem às vezes, mas somos gente grande e podemos dizer, quando não gostamos de algo. Você ainda vai morder, B? Eu ficaria contente se você não mordesse. Você já terminou de morder? Agora eu quero que você e A sejam amigos. Diga a A: 'Eu não vou mais morder' (A criança não responde). Você não quer dizer isso? Quando você quiser falar sobre isso, terá de falar com ele". Nada ocorre depois disso, e a professora simplesmente conta à mãe de B sobre o incidente, ao final do dia.

Quando pedimos que a Gerente deixe a Fábrica, a produção diminui o ritmo, mas não pára completamente, já que as crianças continuam trabalhando nos exercícios aritméticos distribuídos antes. Entretanto, muitas crianças riem e falam muito alto. A classe inteira exclama "Ohhhh!" e uma das crianças vem ao câmera para delatar: "Ele disse uma palavra feia". Muitas vezes, as crianças ameaçam delatar coleguinhas ("Eu vou contar") por infrações menores. Após colocarem a primeira tarefa pronta na mesa da professora, várias crianças correm, dançam e provocam umas às outras.

No geral, o tom emocional nesta classe eclética é relaxado, mas ainda assim exigente. As crianças devem permanecer quietas durante a instrução e relativamente quietas durante as atividades. As crianças têm alguma oportunidade para a auto-regulação durante as atividades, embora a professora ainda seja claramente quem mantém o poder, na sala de aula.

Uma vez que a professora mantém um controle contínuo, as interações entre as crianças freqüentemente são limitadas. Exceto pela oportunidade para brincarem umas com as outras no canto do faz-de-conta, as crianças têm pouca oportunidade para serem elas mesmas, no sentido de serem livres para expressar suas emoções e interesses. Os interesses e personalidade da professora é que predominam.

Quais são os efeitos da Gerente sobre as crianças? Em primeiro lugar, muitas delas parecem muito inseguras sobre o que a professora deseja que façam. Isso leva a uma forte dependência da orientação dada pela professora. A maior parte das crianças parece não possuir autoconfiança. Embora este ambiente seja menos negativo do que no Campo de Treinamento, as crianças da Fábrica são reguladas quase com a mesma rigidez.

Será que a combinação eclética da instrução e atividade livre é o melhor entre os extremos? Será que as crianças, nesta sala de aula, aprendem os temas acadêmicos e também desenvolvem suas personalidades e competência social? O estilo calmo mas firme da professora permite que as crianças regulem-se de um modo autônomo?

COMPONENTES DO AMBIENTE SÓCIO-MORAL

Afirmamos, anteriormente, que o ambiente sócio-moral é toda a rede de relações interpessoais que forma a experiência da criança na escola. Esta rede pode ser imaginada como sendo formada de duas partes principais: a relação professor-aluno e a relação das crianças com seus colegas. Embora o professor e a criança possam trazer outros relacionamentos para o ambiente sócio-moral da sala de aulas (a família, a relação professor-diretor, etc.), esses dois componentes são centrais e constituem o foco primário do livro.

A Relação Professor-Aluno

O professor estabelece o ambiente sócio-moral organizando a sala para atividades individuais e de grupo e relacionando-se com as crianças de um modo autoritário ou cooperativo. O ambiente sócio-moral de nossas três classes pode ser visto em termos de diferenças no exercício do poder pelo professor. A Sargenta-Instrutora exerce o maior poder sobre as crianças seguida pela Gerente. Embora a Mentora exerça o menor poder, ela é altamente influente, já que encoraja um processo recíproco de dar e receber, nas discussões, mediação de conflitos e decisões do grupo. O ambiente sócio-moral pode também ser visto em termos de diferenças nas atividades das crianças e na carga afetiva. Nessas dimensões, as classes mostram-se invertidas. A maior atividade dos alunos e a carga de afeto mais positivo ocorrem na Comunidade, com a Fábrica em seguida e o Campo de Treinamento em um distante terceiro lugar.

Relações entre Colegas

Quando os professores proíbem que as crianças interajam entre si, como no Campo de Treinamento, a relação professor-aluno perfaz quase o total do ambiente sócio-moral, exceto pela pouca interação que as crianças podem estabelecer às escondidas da professora. No Campo de Treinamento, as crianças têm a experiência da opressão compartilhada em sua relação de adversárias da professora. Por outro lado, quando elas têm a possibilidade de envolvimento umas com as outras, como na Fábrica e na Comunidade, as relações com os colegas também contribuem para o ambiente sócio-moral. As interações das crianças podem ser harmoniosas, indo desde tolices até brincadeiras amistosas até revelação de segredos e outras questões pessoais. As interações entre as crianças também podem ser tensas, indo desde agressão verbal e física até ações controladoras unilaterais ou negociações mútuas visando à satisfação de ambos os lados.

A interação entre colegas em e por si mesma não garante um ambiente sócio-moral que promova o desenvolvimento infantil. O professor pode influenciar a qualidade das interações das crianças de várias maneiras, inclusive oferecendo atividades que engendram a necessidade e o desejo de interagir pelas crianças e o apoio ativo à cooperação e negociação entre os alunos. Discutiremos, ao longo de todo este livro, como um professor construtivista promove o desenvolvimento sócio-moral das crianças encorajando a interação entre colegas.

PESQUISAS SOBRE O AMBIENTE SÓCIO-MORAL E O DESENVOLVIMENTO SÓCIO-MORAL DAS CRIANÇAS

Tentamos responder algumas das questões apresentadas antes, sobre cada classe, em um estudo dessas três professoras e seus alunos. Os dois dias de filmagens para cada professora foram transcritos e atentamente analisados, a fim de compreendermos melhor o ambiente sócio-moral estabelecido por meio das interações professor-aluno. As vinhetas e apresentações oferecidas baseiam-se e resumem os resultados de uma codificação cuidadosa de mais de 20.000 comportamentos para as três professoras.

A fim de explorarmos os efeitos desses três ambientes sócio-morais bastante diferentes sobre o desenvolvimento sócio-moral das crianças, alunos dessas classes foram estudados em pares, em duas situações. Em uma delas, as crianças brincavam com um jogo de mesa feito pela professora, chamado "Corrida do Dia das Bruxas", no qual os competidores rolam um dado para determinar a distância que podem percorrer com o marcador, ao longo de uma trilha que vai do início até a ameaça de "Truques ou Doces", ao final*. Um assistente da pesquisa ensinara o jogo às crianças alguns dias antes, jogando-o com elas até se certificar de que haviam compreendido as regras. Quando as crianças compareciam frente ao assistente de pesquisa na segunda vez, este dizia-lhes: "Desta vez vocês jogarão entre si. Eu tenho um trabalho a fazer. Digam-me quando estiverem prontos para voltar à sala de aula". Na outra situação, pares de crianças recebiam cinco adesivos para dividir entre si. Com base nas preferências expressadas pelas crianças, os adesivos incluíam apenas um que agradava às duas crianças e quatro que ambas não haviam gostado. O objetivo, nessas situações, era ver o grau em que as crianças conseguiam engajar-se e negociar uma com a outra quando não havia o controle ou influência de um adulto.

A análise atenta e detalhada das transcrições e filmagens dos comportamentos das crianças, nessas duas situações, mostra diferenças significativas nas interações das crianças de diferentes salas de aula. As crianças de todos os três grupos expressam seus próprios desejos e, portanto, tentam controlar os outros. Entretanto, as crianças da Comunidade são mais ativamente engajadas umas com as outras. Elas têm mais experiências amigáveis e compartilhadas umas com as outras e não apenas negociam mais, mas negociam com maior sucesso. As crianças da Comunidade usam uma maior variedade de diferentes estratégias e resolvem mais conflitos do que as crianças do Campo de Treinamento e da Fábrica. As crianças do Campo de Treinamento tendem a tentar resolver os conflitos sobrepujando outros física e emocionalmente e, em geral, relacionam-se socialmente de formas menos complexas. Além disso, as crianças da Comunidade usam significativamente mais estratégias que levam em conta a perspectiva de outros e demonstram esforços para atingir uma interação mutuamente satisfatória. Ademais, em interações harmoniosas, as crianças da Comunidade também agem com mais reprocidade (por exemplo, compartilhando segredos e recordando experiências conjuntas passadas) do que as crianças tanto do Campo de Treinamento quanto da Fábrica (que se engajam em tolices muito mais impulsivas).

---

* (N. de T.) No dia das Bruxas ou *Halloween*, em novembro, as crianças norte-americanas percorrem fantasiadas casas da vizinhança e, ao serem atendidas à porta, "ameaçam" os adultos com a frase *Trick or Treats* ("Truques ou Doces"), sendo geralmente recepcionadas com doces e balas.

Os resultados desse estudo sugerem que devemos considerar com seriedade a possibilidade de que programas, acentuadamente acadêmicos e centrados no professor, podem dificultar o desenvolvimento do entendimento interpessoal e da competência sócio-moral das crianças. Os resultados também sugerem que a oferta de atividades tradicionais, centradas nas crianças em um ambiente geralmente controlador e centrado no professor, não compensa as desvantagens sócio-morais de uma pesada ênfase acadêmica.

Mas e quanto ao sucesso escolar? Embora testes escolares estandardizados não avaliem adequadamente a aquisição de objetivos cognitivos da Comunidade construtivista, comparamos os três grupos pelos escores obtidos nesses testes que foram fornecidos pelo distrito escolar. Enquanto as crianças do Campo de Treinamento tinham escores significativamente superiores aos dos outros grupos no final da primeira série, na terceira série essas diferenças não foram encontradas. Em alguns testes da terceira série, as crianças da Fábrica tinham pontuações em níveis significativamente inferiores aos das crianças do Campo de Treinamento e da Comunidade.

Parece, portanto, que as crianças do Campo de Treinamento pagam um preço por seu sucesso acadêmico inicial. O preço é especialmente questionável, já que a vantagem desaparece na terceira série. (O leitor interessado encontrará detalhes deste estudo em DeVries, Haney & Zan [1991] e DeVries, Reese-Learned & Morgan [1991a].)

Não podemos dizer que todas as classes de instrução direta são tão negativamente autoritárias quanto o Campo de Treinamento. Entretanto, quando o professor centra a sua atenção na transmissão unilateral de informações às crianças, ele também comunica "lições" sobre as relações humanas. Neste processo, o professor cria o contexto para a construção de hábitos interpessoais, personalidade e caráter pelas crianças.

Embora a classe do Campo de Treinamento seja um caso extremo de experiência sócio-moral autoritária para as crianças, a experiência delas na classe eclética também é predominantemente autoritária. Infelizmente, muitos adultos não as vêem como tendo o mesmo direito ao respeito que eles mesmos têm. Eles vêem a relação adulto-criança como só as crianças devendo respeitar os adultos, e estes devem exercer o poder de sua autoridade a fim de socializarem e ensinarem as crianças. Portanto, atitudes desrespeitosas para com as crianças permeiam nosso sistema educacional, público e particular e refletem uma orientação autoritária para com as crianças em nossa sociedade. A "lição" implícita no ensino autoritário é: seja submisso àqueles com maior poder. Piaget (1932/1965) apontou três efeitos funestos de demasiado controle pelos adultos: rebeldia, conformismo irrefletido e dissimulação (com o último sendo evidente quando as crianças só fazem o que os adultos dizem sob vigilância). Serão esses os tipos de caráter que desejamos perpetuar em nossas crianças? A partir da perspectiva autoritária, a resposta é sim: mantenha as crianças obedientes à autoridade. Sob a perspectiva de democracia e eqüidade, a resposta é não: as crianças devem receber oportunidades para pensar de forma autônoma. Como podemos esperar educar crianças para a democracia com métodos totalitários?

O AMBIENTE SÓCIO-MORAL COMO UM CURRÍCULO IMPLÍCITO

Algumas pessoas julgam que a escola não deveria se preocupar com a educação social e moral, mas deveria centrar-se no ensino de temas acadêmicos ou na promoção do desenvolvimento intelectual. O problema com essa visão é que a escola influencia o desenvolvimento social e moral quer pretenda fazer isso ou não. Os professores comunicam continuamente mensagens sociais e morais enquanto dissertam para as crianças sobre regras e comportamentos e enquanto administram sanções para o comportamento das crianças. Portanto, a escola ou a creche não são e não podem ser livres de valores ou neutros quanto a esses. Por bem ou por mal, os professores estão engajados na educação social e moral.

O ambiente sócio-moral na sala de aula constitui-se, na maioria das vezes, em um currículo implícito. É implícito e desconhecido para professores que não estão conscientes do ambiente sócio-moral que oferecem. É menos escondido para as crianças que estão agudamente conscientes da pressão social na sala de aula. Quando os professores dizem às crianças o que estas devem e o que não devem fazer, o que as crianças escutam é o que é bom ou mau, certo e errado.

Infelizmente, na maioria das escolas, o ambiente sócio-moral é sobremaneira coercivo e exige que as crianças sejam submissas e conformistas, às custas da iniciativa, autonomia e pensamento reflexivo. Mesmo os professores bem intencionados sentem que é de sua responsabilidade ser autoritário na sala de aula, oferecer às crianças regras e expectativas para o comportamento e discipliná-las pelo uso de recompensas e punições. Embora a maior parte dos professores não seja tão negativa quanto a Sargenta-Instrutora, e muitos tentem combinar uma atitude autoritária com afeto e atividades centradas na criança, as crianças ainda sabem onde está o poder. Elas sentem os efeitos da coerção.

Algumas pessoas dizem que devemos exercer autoridade sobre as crianças porque elas terão de conviver com esta na sociedade maior. Essa idéia é perigosa para a democracia, já que contradiz a idéia básica de liberdade dentro de um sistema de justiça. O conformismo à autoridade não é a socialização em uma sociedade livre. Corresponde à socialização em um ambiente de prisão. Considere algumas características da maioria das prisões que também estão presentes na maior parte das escolas. A liberdade é suprimida. Inexiste possibilidade de exigir direitos às autoridades. Os detentos e as crianças são excluídos do poder na tomada de decisões. As recompensas são trocadas por obediência à autoridade. As punições são decididas de forma burocrática, ocasionalmente por pequenas infrações de regras sem tanta importância. Não forcemos nossas crianças a serem prisioneiras da escola.

E O QUE É, ENTÃO, O AMBIENTE SÓCIO-MORAL CONSTRUTIVISTA?

Tendo demonstrado que o ambiente sócio-moral construtivista da Comunidade construtivista está associado a um desenvolvimento sócio-moral mais avançado das crianças, exploramos este ambiente em maiores detalhes no restante deste livro. Falamos sobre como os professores construtivistas respeitam as crianças como tendo direito às suas emoções, idéias e opiniões. Falamos sobre como os professores construtivistas usam sua autoridade seletiva e sensatamente. Falamos acerca de como os professores construtivistas evitam usar seu poder desnecessariamente, a fim de darem às crianças a oportunidade de construírem a si mesmas de maneira gradual, até formarem personalidades com autoconfiança, respeito por si mesmas e pelos outros e mentes ativas, inquisitivas e criativas.

Nos capítulos seguintes, tentamos mostrar como o ambiente sócio-moral permeia cada atividade, cada parte do dia e cada tipo de interação na sala de aulas. Começamos com uma discussão mais teórica acerca da importância de um ambiente sócio-moral respeitoso para a implementação da educação construtivista.

2

O QUE QUEREMOS DIZER COM "CRIANÇAS MORAIS"?

Quando falamos de "crianças morais", estamos falando sobre crianças que enfrentam questões que fazem parte de sua vida. Embora o conteúdo das questões morais na vida das crianças possa diferir daquele dos adultos, as questões básicas são as mesmas. As crianças preocupam-se sobre como as pessoas (antes de tudo, elas mesmas) são tratadas muito antes de poderem compreender a Regra de Ouro, isto é, de tratarmos os outros como gostaríamos de ser tratados. Elas se preocupam com a agressão, uso correto (por exemplo, de roupas para ocasiões especiais) e participação igual (por exemplo, na hora da arrumação). Esses são temas de direitos e responsabilidades, semelhantes às preocupações dos adultos com o crime e violência, oportunidades iguais de emprego e necessidade de que todos protejam o ambiente. Estamos falando sobre um processo, não sobre um produto. Neste processo, as crianças enfrentam questões sobre o que acreditam ser bom e mau, certo e errado. Elas formam suas próprias opiniões e ouvem as opiniões de outros. Constroem seu senso de moral a partir das experiências da vida cotidiana.

Neste Capítulo, discutimos o que queremos dizer com "crianças morais". Começamos declarando o que não queremos dizer com "crianças morais", depois discutimos como as crianças pensam sobre regras morais e como pensam sobre os outros e oferecemos exemplos de crianças em salas de aula construtivistas, lidando com questões morais e sociais.

O QUE NÃO QUEREMOS DIZER COM "CRIANÇAS MORAIS"

Em primeiro lugar, quando falamos sobre crianças morais, não queremos dizer crianças que seguem regras morais simplesmente por obediência à autoridade. Discutiremos isso em maior profundidade no Capítulo 3. Aqui, simplesmente destacaremos que a obediência tende a ser motivada por medo da punição ou desejo de recompensa, ao invés de sê-lo por princípios autoconstruídos. Nossos sistemas carcerários atestam quanto ao fato de que o medo da punição é um motivador inadequado para o comportamento moral.

Devemos dizer que a obediência que emerge por afeição e apego é uma obediência de qualidade diferente. Ao invés de ser imposta por coerção, resulta do apelo do adulto à cooperação da criança. Uma vez que engendra uma atitude mais voluntária por parte da criança, por algum tempo durante a infância, esta obediência oferece uma base para o desenvolvimento moral mais tardio. Entretanto, se continuada além do ponto em que a criança pode começar a compreender razões para regras e demandas, este tipo de obediência pode ter efeitos indesejados a longo prazo. Isto é, a criança que continua obedecendo apenas para agradar ao adulto não construirá suas próprias razões para seguir regras morais.

Similarmente, também não pretendemos afirmar que as crianças morais simplesmente sabem o que outros consideram moral. Os princípios morais não são regras arbitrárias como *"Eu antes de E exceto após C"*. Ao invés disso, eles estão enraizados no ideal universal resumido pela Regra de Ouro "Faça aos outros o que gostaria que fizessem a você". Esse ideal é subjacente a princípios mais específicos, tais como evitar dano a outros, respeitar o direito de outros e assumir responsabilidade pelas próprias ações, e não pode simplesmente ser ensinado de uma forma direta. As crianças morais compreendem o espírito da regra, a necessidade moral para tratar os outros como gostariam de ser tratadas.

Em segundo lugar, quando falamos de crianças morais, não queremos dizer crianças que simplesmente se engajam em certos comportamentos socialmente positivos, tais como compartilhar, ajudar e consolar. O problema com a definição de moralidade em termos de uma lista de comportamentos socialmente positivos é que essa definição não considera a motivação para o exercício desses comportamentos. Ensinar as crianças a simplesmente comportarem-se de uma determinada maneira é ignorar o cultivo do sentimento de necessidade de comportar-se de forma moral. Se uma criança ajuda uma outra a fim de obter a aprovação do professor, será isso moral? Diríamos que não.

Qualificamos o que dizemos aqui reconhecendo que as crianças freqüentemente se engajam em comportamentos socialmente positivos sem sentimentos morais. As crianças podem imitar a forma dos comportamentos morais sem terem intenções morais em mente. Essa imitação pode ocorrer antes de elas serem capazes de assumir a perspectiva de outra pessoa e pode oferecer a base para o desencadeamento e sentimentos morais. Não estamos dizendo que este comportamento deva ser desencorajado, obviamente. Pelo contrário. Por exemplo, uma criança que imita o professor consolando com tapinhas nas costas um colega que chora pode descobrir que o colega entristecido pára de chorar. O professor construtivista não elogia o comportamento. Ao invés disso, ele pode mostrar que a criança fez o outro sentir-se melhor. A partir dessa experiência, a criança pode descentrar-se um pouco, para reconhecer os sentimentos da outra criança. Este último é um objetivo construtivista. O comportamento pró-social sem a intenção moral não é moral. É apenas vantajoso ou obediente. Estamos preocupados com o desenvolvimento dos sentimentos ou intenções morais pela criança, não apenas comportamentos. Portanto, não ficamos com um objetivo limitado de fazer com que as crianças simplesmente ajam de forma socialmente positiva.

Em terceiro lugar, quando falamos de crianças morais, não queremos dizer crianças que têm hábitos de boa educação, tais como dizer "por favor", "obrigado" e "desculpe-me". Os pais e professores freqüentemente impõem demandas sobre as crianças para que usem essas expressões sem perceber que as crianças vêem seu uso como uma convenção arbitrária. Aprender a dizer automaticamente "por favor", "obrigado" e "desculpe-me" realmente ajuda a criança a se dar bem no mundo social. Entretanto, embora esses hábitos do comportamento verbal possam ser motivados por sentimentos genuínos de gratidão ou arrependimento, eles não refletem, necessariamente, sentimentos morais que signifiquem relacionamentos baseados na ética. Portanto, os professores construtivistas não coagem as crianças a serem polidas. Ao invés disso, eles modelam a gentileza sincera e certificam-se de que as crianças recebam tratamento gentil e polido.

Podemos dizer, ainda, que quando falamos em crianças morais não estamos nos referindo a crianças que têm uma lista de traços de caráter, tais como "honestidade", "integridade" e "generosidade". Kohlberg e Mayer (1972; ver também Capítulo 1 em DeVries & Kohlberg, 1987/1990) chamam a isso de abordagem do "saco de virtudes" para as questões da moral. Eles apontam numerosos problemas com esse enfoque. Um deles é o de decidir que virtudes vão para este saco. Quem decide? Um outro problema é o da definição. Como podemos definir virtudes tais como honestidade, integridade ou generosidade, exceto relativamente aos parâmetros culturais que podem ser altamente variáveis? Como Kohlberg aponta, a integridade de uma pessoa pode ser a teimosia de outra.

Finalmente, quando falamos de crianças morais, não estamos falando de religião. Embora a religião esteja envolvida com a moralidade, esta última transcende religiões individuais. É possível ser moral sem ser religioso, exatamente como é possível (embora alguns possam argumentar o contrário) ser religioso sem ser moral. A religião pode variar de acordo com a cultura, origem natural, raça ou família, mas certos princípios morais permanecem os mesmos entre todas as religiões.

Resumindo, quando falamos de crianças morais, não queremos dizer crianças que meramente exibem um conjunto de traços ou comportamentos morais. Nem queremos dizer crianças que meramente são obedientes, polidas ou religiosas.

COMO AS CRIANÇAS PENSAM SOBRE REGRAS MORAIS

Um número significativo de pesquisas afirma, persuasivamente, que crianças pequenas pensam sobre questões morais e sociais e sobre as relações de um modo que difere qualitativamente de como crianças mais velhas e adultos pensam. As pesquisas sobre a moralidade infantil foram estimuladas pelo trabalho fundamental de Piaget *The Moral Judgement of the Child* (1932/1965). Lawrence Kohlberg (1984; 1987; Colby & Kohlberg, 1987) definiu ainda mais os estágios do julgamento moral e Robert Selman (1980; Selman & Schultz, 1990) desenvolveu a teoria de Piaget da adoção de perspectiva nos níveis de entendimento interpessoal. Descrevemos brevemente as características da moralidade infantil que emergem deste trabalho.

As crianças pequenas podem ser descritas como realistas morais, porque seus julgamentos sobre certo e errado, bom e mau, estão baseados naquilo que lhes é observável ou "real". Em primeiro lugar, as crianças pequenas vêem as regras morais (e também outras regras) como imposições arbitrárias dos adultos. As regras morais parecem arbitrárias, quando as crianças não conseguem compreender suas razões. Isso resulta da limitação intelectual da criança pequena, incapaz de pensar além da "superfície observável" dos eventos. Por exemplo, intenções e sentimentos não podem ser diretamente observados. O raciocínio sobre as intenções e sentimentos de outros ocorre apenas quando o progresso intelectual geral das crianças permite-lhes descentrar-se e assumir a perspectiva do outro. Portanto, quando o adulto diz que não se deve bater ou agarrar, o realista moral experiencia essa injunção como uma regra adulta arbitrária. Evitar bater ou agarrar pode, portanto, ser feito apenas por obediência à autoridade. Tal atitude de obediência cega é chamada de heteronomia. Como será discutido em maiores detalhes no Capítulo 3, a heteronomia é a regulação moral e intelectual por outros. A autonomia é a auto-regulagem moral e intelectual.

A segunda característica do realismo moral é que as palavras das leis, ao invés de seu espírito, devem ser seguidas. Uma vez que a criança pequena não pode pensar além da superfície observável, o espírito de muitas regras não pode ser conhecido. A criança pode apenas tentar seguir literalmente as regras. Seguir uma regra de não bater, por exemplo, pode não significar, para o realista moral, que ele também não deve empurrar alguém ou morder.

A terceira característica do realismo moral é que os atos são julgados em termos das conseqüências materiais observáveis, ao invés de serem em termos subjetivos tais como motivação. Por exemplo, a criança pequena cuja construção com blocos é destruída por um tropeço acidental do coleguinha ficará tão zangada quanto se a ação tivesse sido intencional. A preocupação com as conseqüências materiais leva a uma visão de punição justa como "olho por olho, dente por dente". A retribuição (fazer o culpado sofrer) é vista como punição justa por maus atos e quanto pior o mau ato, mais dura deve ser a punição.

COMO AS CRIANÇAS PENSAM SOBRE OS OUTROS

O conteúdo das regras morais e sociais lida com nossas obrigações para com outros. As dificuldades das crianças pequenas para compreender as razões para tais obrigações derivam da capacidade limitada para assumir a perspectiva de outros e pensar sobre seus sentimentos e intenções. Especialmente em uma situação em que o próprio interesse está em jogo, é difícil para a criança pensar sobre o ponto de vista do outro.

Selman (1980) elaborou o trabalho de Piaget sobre a adoção da perspectiva egocêntrica no domínio do entendimento interpessoal. Ele examinou a progressão do egocentrismo à reciprocidade e desta à mutualidade ou, em outras palavras, ao desenvolvimento da capacidade para assumir a perspectiva do outro e coordená-la com a própria opinião. Descrevemos em detalhes o trabalho de Selman sobre a adoção de perspectivas e entendimento interpessoal em vista de seu valor prático na educação construtivista.

Entendimento Interpessoal em Ação

Selman e seus colegas desenvolveram um modelo para a avaliação do entendimento interpessoal que reflete no comportamento interpessoal. Esse modelo apóia-se sobre a definição dos níveis de adoção de perspectiva. Ele oferece a vantagem de avaliar níveis desenvolvimentais de entendimento interpessoal expressados no momento da interação. É particularmente útil na avaliação de crianças pequenas que ainda não possuem habilidades verbais sofisticadas ou que não respondem bem às demandas de uma entrevista reflexiva. Ele também mede uma dimensão de entendimento interpessoal levemente diferente em relação à entrevista. Isto é, os níveis de adoção de perspectiva de Selman descrevem como as crianças formam juízos sobre outros, o que pode ser entendido como fundamentalmente cognitivo. Os níveis de entendimento interpessoal atuados descrevem o que as crianças realmente fazem nas interações sociais. O que é observado envolve uma combinação de fatores cognitivos, afetivos e situacionais.

Selman conceitua os níveis desenvolvimentais de entendimento interpessoal em dois tipos de experiências. A primeira é a de negociação, na qual o objetivo desenvolvimental é o de manter a identidade separada dos outros. A segunda é a experiência compartilhada, na qual o objetivo desenvolvimental é o de estabelecer conexão ou reciprocidade com outros. Esses dois tipos de experiências refletem temas complementares na estruturação do desenvolvimento das relações sociais.

Três componentes do entendimento interpessoal são considerados na avaliação do entendimento interpessoal *atuados*. Primeiramente, inferimos como o indivíduo elabora cognitivamente sua própria perspectiva em relação à perspectiva do outro, no momento da interação. Isto é, o comportamento sugere uma consideração do ponto de vista do outro? Em segundo lugar, inferimos como o indivíduo percebe e reage ao desequilíbrio emocional na interação. A afetividade é descontrolada, ou é regulada a serviço de interações bem-sucedidas? Em terceiro lugar, inferimos a finalidade primária do indivíduo na interação. Será que a finalidade é dominar o outro ou é cooperar? Esses três componentes permitem-nos avaliar o nível de entendimento interpessoal posto em ação, em uma interação.

Coordenação da Perspectiva Social

Usando dados de entrevistas com as crianças, Selman (1980) conceituou cinco níveis (0-4) de adoção de perspectiva que dão o enquadre para os dois tipos de entendimento interpessoal — negociação e experiência compartilhada (ver coluna central, na Figura 2.1). Sem entrarmos em detalhes técnicos, queremos dizer que no nível 0 (aproximadamente dos 3 aos 6 anos) a criança pequena não reconhece que as experiências subjetivas e íntimas dos outros (sentimentos, intenções e idéias) podem ser diferentes das suas. A criança simplesmente não percebe que o outro tem um ponto de vista. Os outros são vistos como uma espécie de objeto. No nível 1 (aproximadamente dos 5 aos 9 anos), a criança descentra-se e sabe que cada pessoa tem uma experiência subjetiva única, mas em geral não consegue considerar mais de uma perspectiva de cada vez. No nível 2 (por volta dos 7 aos 12 anos), a criança descentra-se ainda mais para considerar reciprocamente sentimentos e pensamentos de si mesma e de outros. No nível 3 (geralmente iniciando-se na adolescência), o jovem descentraliza-se ainda mais para coordenar simultaneamente essas perspectivas recíprocas em uma perspectiva mútua. (Não discutimos o nível 4 porque este, via de regra, emerge apenas ao final da adolescência ou na idade adulta e, portanto, não envolve crianças pequenas.)

Negociação através de estratégias cooperativas orientadas para a integração das necessidades de si mesmo e de outros	Nível Mútuo de Terceira Pessoa (3)	Experiência compartilhada através de processos reflexivos, empáticos e cooperativos
Negociação através de estratégias cooperativas em uma orientação persuasiva ou diferenciada	Nível Reflexivo Recíproco (2)	Experiência compartilhada através da reflexão conjunta sobre percepções ou experiências semelhantes
Negociação através de comandos/ordens unilaterais em uma só direção ou por meio de estratégias de obediência automática	Nível Unilateral (1)	Experiência compartilhada através de entusiasmo expressivo sem preocupação com a reciprocidade
Negociação através de estratégias físicas irreflexivas (luta ou fuga impulsiva)	Nível Impulsivo Egocêntrico (0)	Experiência compartilhada através da imitação irreflexiva (contagiante)
Estratégias de Negociação	**Níveis Desenvolvimentais Centrais na Coordenação da Perspectiva Social**	**Experiências Compartilhadas**

↑ Desenvolvimento

Figura 2.1 Níveis de Entendimento Interpessoal Atuados, de Selman

Selman refere-se a essas etapas como níveis, ao invés de estágios, porque cada nível permanece acessível mesmo depois que o nível posterior tenha sido atingido. Isto é, uma pessoa capaz da coordenação da perspectiva no nível 2 pode agir egocêntrica ou unilateralmente, em determinados momentos. Isso contrasta com os estágios do raciocínio operacional de Piaget, no qual as crianças que conservam qualidades contínuas, por exemplo, não voltam a um modo anterior de pensamento em que quantidades iguais (em copos idênticos) se tornam diferentes quando uma delas é derramada em um copo mais largo.

Estratégias de Negociação

As estratégias de negociação descrevem interações que ocorrem quando uma dinâmica interpessoal está em desequilíbrio, isto é, caracterizada por alguma tensão. O desequilíbrio pode ser leve, como quando uma pessoa casualmente pede algo a outra, ou pode ser forte, como quando uma pessoa exige que a outra faça algo. A individualidade dos atores e seus objetivos e metas são, portanto, salientados. A coluna à esquerda, na Figura 2.1, resume os níveis desenvolvimentais de estratégias de negociação descritos a seguir.

As estratégias do nível 0 são egocêntricas e impulsivas, freqüentemente físicas e refletem a falta de coordenação da perspectiva do nível 0. Algumas dessas estratégias são lutar, esconder-se e outros tipos de retraimento e exercícios de força, tais como bater, agarrar ou gritar. As estratégias do nível 1 são unilaterais e refletem a coordenação de perspectivas do nível 1. Essas incluem submissão ou obediência irrefletida e exigências unilaterais, ameaças ou adulações. As estratégias do nível 2 são auto-reflexivas e recíprocas e envolvem a coordenação da perspectiva do nível 2. Essas incluem optar por atender os desejos do outro, aceitar ou sugerir ou realizar intercâmbio, persuadir ou ser receptivo à persuasão e argumentar justificando-se. No nível 3, as negociações tonam-se mútuas e cooperativas, e envolvem a coordenação da perspectiva do nível 3. As estratégias do nível 3 incluem geração de estratégias alternativas mutuamente satisfatórias e compromisso em preservar o relacionamento a longo prazo.

Experiências Compartilhadas

A experiência compartilhada é caracterizada por uma dinâmica interpessoal em equilíbrio. Uma vez que não há desequilíbrio a ser resolvido, as experiências compartilhadas, em geral, são relaxadas e amistosas e apóiam a conexão e intimidade entre os indivíduos. A coluna à direita, na Figura 2.1, resume os níveis desenvolvimentais das experiências compartilhadas descritas adiante.

As experiências compartilhadas têm em comum com as estratégias de negociação os níveis desenvolvimentais de adoção de perspectiva, progredindo do egocentrismo e impulsividade para a unilateralidade, depois para a reciprocidade e, finalmente, para a cooperação. No nível 0, as experiências compartilhadas caracterizam-se por imitação irreflexiva. Um exemplo poderia ser o de duas crianças engajadas em uma competição de arrotos ou rindo juntas incontrolavelmente. As experiências compartilhadas do nível 1 caracterizam-se por entusiasmo expressivo sem preocupação com a reciprocidade. Um exemplo poderia ser o dos jogos de fantasia paralelos entre crianças, em que uma delas afirma "Eu sou a mamãe" e a outra afirma "Eu Sou o Super-Homem". As experiências compartilhadas do nível 2 refletem a comunhão consciente tal como o faz-de-conta cooperativo ou duas crianças refletindo sobre como se divertirão em uma excursão escolar. O nível 3 envolve processos reflexivos cooperativos e empáticos, tais como uma discussão íntima, na qual duas crianças se engajam em confidências e cada uma dá apoio à outra.

Exemplos de Entendimento Interpessoal

No Capítulo 1, descrevemos nossas pesquisas mostrando que as crianças na Comunidade eram mais avançadas no desenvolvimento sócio-moral do que crianças das classes do Campo de Treinamento e Fábrica (DeVries, Reese-Learned & Morgan, 1991a). Em nosso estudo dessas crianças, o desenvolvimento sócio-moral foi definido em termos dos níveis de entendimento interpessoal de Selman. Os resultados mostraram que as crianças da Comunidade usavam mais estratégias do nível 2, em seu engajamento ativo com colegas, em um jogo de mesa e em uma situação de divisão de adesivos. Elas utilizavam até mesmo estratégias do nível 2 durante conflitos e, portanto, eram mais bem-sucedidas na resolução dos mesmos do que as crianças do Campo de Treinamento ou da Fábrica. Considere os seguintes exemplos da interação infantil no jogo de mesa.

K e C são dois meninos do Campo de Treinamento. A dinâmica geral de seu jogo é irritação. C está irritado porque K erra consistentemente na contagem[1]. K está irritado porque C critica e interfere em seu jogo. C é condescendente, crítico e insultante, dizendo: "Isto não quer dizer cinco casas, cara. Você não sabe contar" e "Olhe aqui, me deixe contar para você. Cara, você nem sabe contar!" C manifesta uma atitude competitiva antagônica, alardeando alegremente: "Nossa, eu estou dando um banho em você!". Diversas vezes, os dois discutem sobre a contagem, mas os conflitos não chegam a uma resolução que satisfaça a ambos. C geralmente vence pela força e K torna-se mais e mais frustrado e rancoroso. Essa interação é caracterizada por entendimento interpessoal posto em ação dos níveis 0 e 1. Não é manifestado qualquer entendimento do nível 2 e não ocorre qualquer experiência compartilhada.

T e J são dois meninos da Comunidade com a mesma diferença no ponto de vista sobre a contagem que K e C, no exemplo anterior. T comete o erro lógico consistentemente. J às vezes o comete, mas freqüentemente corrige-se. Está claro que ele está consciente do erro e tenta superar sua tendência a cometê-lo. Para evitá-lo, J usa a estratégia de dizer "Mmmm" para o espaço inicial, depois avança um espaço e diz: "Um". É como se ele sentisse que precisa reconhecer o espaço inicial de alguma forma, com uma verbalização correspondente, exatamente como os outros espaços têm um número verbalizado correspondente. J freqüentemente percebe o erro lógico de T. Entretanto, ao invés de criticá-lo ou insultá-lo, J tenta lhe ensinar sua estratégia. Quando T comete um erro, J toma a mão de T com seu marcador (no nível 0) e avança-a corretamente, dizendo: "Mmmm, 1, 2, 3". Quando T continua errando, J diz: "Olhe para minha boca", salientando, "Mmmm, 1, 2, 3". Agarrar a mão ou o corpo de T impulsivamente é uma negociação do nível 0, embora inicie o esforço de ajudar. Isso é seguido, contudo, por demandas do nível 1 e, até mesmo, por exibição e explicação no nível 2, em tentativas para coordenar as duas perspectivas. Inicialmente, T resiste, mas depois aceita o esforço óbvio de J para ser útil. Ele aprende a estratégia de J e diz "Mmmm" no espaço de início. Esse equilíbrio é obviamente satisfatório para ambos os meninos, já que os dois trocam sorrisos triunfantes. Os conflitos são resolvidos no engajamento mútuo deste par. As experiências compartilhadas ocorrem na forma de conversas amigáveis sobre o jogo e colocar o dado em determinado número sem rodá-lo, depois rindo ante o inevitável protesto e rolando-o corretamente.

A interação entre um outro par de meninos da Comunidade, A e D, é caracterizada por terem mais experiências compartilhadas que colocam seus conflitos em uma dinâmica predominantemente amigável. Inúmeras experiências compartilhadas do nível 2 ocorrem na forma de contar segredos e provocar de uma forma brincalhona (D coloca o dado às suas costas e diz "Eu não peguei", enquanto mostra as mãos vazias, depois oferece e retira o dado, rindo). A negociação do nível 2 inclui indagar sobre as motivações ou desejos do outro (por exemplo: "Quer jogar novamente?" e em um tom amistoso: "Você está tentando vencer, não está?"). Em um dos momentos mais tocantes, D queixa-se, após tirar uma série de números baixos no dado: "Eu sempre tiro 1". A responde à frustração do amigo oferecendo: "Tudo bem, você quer que eu lhe dê um 6?" Ele então rola o dado várias vezes sem sucesso. Quando finalmente consegue o número 5, ele pergunta: "5 está bom, pra você?" D recusa: "Não, eu quero um 6". A então vira o dado, dizendo: "Tá bom, aqui está o 6", e D avança contente 6 espaços no jogo. No conflito mais sério, D e A discordam sobre a regra que determina que, quando um dos jogadores precisa ocupar o espaço onde o outro já está, quem chegou ali primeiro precisa voltar ao começo. Com ambos os marcadores no mesmo espaço, cada um deles diz que o outro precisa retroceder. Não tendo um método para determinar quem está certo, A sugere um compromisso do nível 2 e propõe a D: "Então você e eu vamos ficar aqui, está bem?" Nenhum volta ao começo do jogo e a partida continua. Esses meninos lucraram com experiência de negociar em classe. Quando ambos desejam ser o primeiro no jogo, começam uma discussão amistosa, recitando um versinho semelhante a "Minha mãe mandou eu escolher este daqui..." Esta negociação jamais ocorreu entre as crianças do Campo de Treinamento ou da Fábrica. A e D claramente gostam da companhia um do outro e são capazes de superar suas dificuldades usando as estratégias de negociação do nível 2.

Nossos exemplos ilustram como as crianças da Comunidade são mais capazes de auto-regular suas interações do que as crianças do Campo de Treinamento. Diferenças similares, mas menos extremas, foram observadas entre as crianças das classes do Comunidade e da Fábrica.

OBSERVAÇÃO DE CRIANÇAS MORAIS NA SALA DE AULAS

Uma vez que a moralidade está envolvida basicamente com o entendimento interpessoal, achamos que os níveis de Selman oferecem uma ferramenta prática para a avaliação do desenvolvimento sócio-moral das crianças. Gostaríamos de ressaltar que concordamos com Selman que a maior parte do entendimento interpessoal atuado das crianças dos 3 aos 6 anos (e talvez além de 6) é do nível 1. Na verdade, o nível 1 é apropriado em muitas situações da vida, não apenas para crianças, mas também para adultos (por exemplo: "Passe o sal, por favor", embora seja polido, é ainda uma estratégia de negociação do nível 1). Contudo, com uma experiência construtivista, as crianças pequenas são capazes, ocasionalmente, de um entendimento interpessoal do nível 2. Seu aparecimento em crianças pequenas marca o seu avanço do desenvolvimento moral e social. Embora o nível 2 possa aparecer apenas de tempos em tempos, esta é uma ocasião para celebrar o progresso moral das crianças.

O exemplo seguinte de engajamento moral precoce ocorre na classe de "Exploradores" no *Human Development Laboratory School* (HDLS) na Universidade de Houston. A professora Marti Wilson observou este incidente quase inacreditável na classe e registrou-o em suas observações semanais.

> S (35 meses) e R (35 meses) estavam engajados em um jogo cooperativo de faz-de-conta. Cada um tinha um chapéu, uma sacola e uma boneca e estavam indo ao mercado (no outro lado da sala) para comprar maçãs e ovos. Enquanto caminhavam pela sala, uma outra criança, T (31 meses)decidiu que queria a sacola de R. T puxou com força a bolsa, fazendo com que R caísse para trás. Depois que R caiu, T agarrou a bolsa e correu. R chorou. S foi atrás de T e a trouxe de volta a R. Olhando para T, ela disse: "É a vez dele. É a sacola de R. Ele está triste porque você pegou a sacola. Olhe, ele está chorando". Depois, ela voltou-se para R e disse: "Ele não entende o seu choro. Diga: 'É a minha vez'". Então R disse a T, baixinho, "É a minha sacola, é a minha vez". T devolveu-lhe a sacola e S então disse-lhe: "Obrigada pela atenção. Você também quer ir ao mercado?" T assentiu. "Eu ajudarei você a encontrar uma sacola", ofereceu-se S. Ela encontrou a sacola para T e as três crianças continuaram sua brincadeira de faz-de-conta.

As negociações verdadeiramente impressionantes de S ilustram nosso objetivo que as crianças pequenas envolvam-se na vida moral de suas salas de aula. Indubitavelmente, a competência de S também reflete sua experiência doméstica como filha de uma professora construtivista. Algumas de suas ações podem ter sido imitações, mas sua complexidade, coerência e precisa adaptação às outras crianças sugerem que seu comportamento é mais do que apenas imitação. Em termos dos níveis de entendimento interpessoal de Selman, o comportamento inicial de T é do nível 0. S parece atuar no nível 3, enquanto declara o ponto de vista e sentimentos de R a T. Ela termina com uma investigação no nível 2 sobre os desejos de T e se oferece para ajudá-lo. Destacaríamos que S não estava em uma situação na qual seu próprio interesse estava em jogo. Pode ser mais fácil mediar os conflitos de outros, em níveis avançados, do que quando os próprios interesses estão em jogo.

Podemos apenas conjecturar o que as crianças aprenderam neste drama. S pode ter aprendido que é uma mediadora efetiva e R pode ter aprendido que pode lutar por seus direitos. Talvez T tenha aprendido que, quando agarra a bolsa de outras pessoas, elas ficam tristes.

Desejamos salientar que até mesmo com pouca idade, as crianças podem aprender questões morais, tais como respeito pela propriedade, orientações para não machucar os outros e para ajudar vítimas de agressão. Nosso objetivo é que as crianças se tornem envolvidas com questões morais de suas classes. Desejamos que elas reconheçam a injustiça quando a vêem, que prefiram o justo ao injusto e se sintam compelidas a falar contra a injustiça.

Consideremos um outro exemplo de crianças envolvidas em uma questão moral, em classes de primeira e segunda série, em uma escola construtivista em Houston, chamada de *Sunset-Pearl Elementary School*. O exemplo envolve U, 6 anos, cuja experiência limitada com colegas manifestou-se anteriormente no ano escolar em muitos comportamentos do nível 0, como bater e agarrar coisas dos outros. A situação na classe de U é de engajamento das crianças na confecção de máquinas simples. O conflito envolve o uso de uma parte plástica necessária como apoio para a parte giratória do carrossel de U. E tem uma das poucas peças que U deseja. Durante um período de 40 minutos, U volta repetidamente a E, usando demandas do nível 1 gradativamente mais vigorosas ("Me dê isso, por favor"), afirmativas enfáticas ("E, eu *preciso* disso!") e falsas permutas (oferta de uma peça que E não precisa). Várias vezes U coloca sua mão na máquina de E, mas não avança até o ato de agarrar do nível 0. Ela apela à professora, Linda Carlson, com uma queixa do nível 1 ("Ela não quer me dar uma peça"). Mais tarde, U queixa-se novamente ("Ela ainda não quer me dar. Eu pedi três vezes"). Quando a professora intervém para pedir que E use suas palavras e diga a U como se sente, E diz: "Eu uso minhas palavras com ela, às vezes, e ela diz não para mim". Aqui, vemos que a dinâmica entre as duas meninas tem uma história. U não pode apreciar que a atitude de relutância de E foi estabelecida em muitas interações prévias. Linda pergunta a U se ela ouviu E e diz: "Como você acha que poderiam resolver isso? Talvez precisem falar um pouco mais sobre o assunto". U impõe um auxílio não-solicitado a E, colocando algumas peças na estrutura que esta criou, depois apela para a culpa: "E, por favor, me dá uma, eu ajudei você". Novamente U apela para a professora: "Linda, eu preciso muito daquilo, desesperadamente. Não consigo fazer a máquina funcionar sem esta parte. E não quer me dar. Ela só diz: 'Talvez na próxima vez eu dê'" (imitando o tom sarcástico da outra menina).

Durante todo o tempo, parece que U simplesmente acredita que deve ter o que deseja e é incapaz de descentrar-se de sua própria perspectiva. A professora pergunta: "U, você entende por que ela está chateada?". U honestamente não sabe e pergunta, curiosamente: "Por quê?" Linda tenta ajudar U a descentrar-se dizendo: "Você sabe, ela acha que precisa daquela parte para seu projeto". U responde: "Bem, ela não se incomoda com os outros. Ela pegou um montão a mais que eu". A professora mostra que T também estava trabalhando com os mesmos materiais e diz: "Você precisa falar com T ou E para tentar resolver". Quando U pede a parte necessária a T, este parece não ouvir. Linda pergunta: "T, U tem um problema. Ela poderia explicar a você o que é?" T concorda em deixar que U use a parte desejada e esta completa alegremente seu projeto. E e T aproximam-se de U para observarem sua invenção. Neste incidente, vemos que ela progrediu para negociações do nível 1, embora a contenção de desejos do nível 0 seja observada.

Desejamos salientar que esses exemplos de sala de aula ilustram que o nível de entendimento interpessoal atuado depende mais da experiência do que da idade. Vimos o nível 2 inicial em uma criança de cerca de 3 anos. Vimos uma criança de 6 anos perseverando em estratégias do nível 1 porque não conseguia assimilar o ponto de vista de outra pessoa, quando este entrava em conflito com seus próprios interesses.

O professor familiarizado com os níveis de entendimento interpessoal pode aprender rapidamente a reconhecer estratégias de negociação e experiências compartilhadas quando uma criança está sendo impulsiva e física, quando está sendo unilateral, quando está sendo recíproca e quando está sendo cooperativa.

O professor familiarizado com o modelo de Selman também pode reconhecer necessidades educacionais a partir do modo predominante de interação da criança. A tarefa das crianças no nível 0 é aprender a serem unilaterais (nível 1). Portanto, um professor, mediando um conflito entre duas crianças no nível 0, poderia sugerir que cada criança usasse palavras para expressar o que cada uma gostaria que a outra fizesse sendo a razão pela qual uma demanda (nível 1) é melhor (de nível superior) que o ato de agarrar (nível 0). Similarmente, um professor poderia sugerir a uma criança que exige um brinquedo de outra que esta também deseja brincar (salientando a perspectiva da outra) e que a criança poderia obter melhor resultado sugerindo que se revezassem no uso do brinquedo ou brincassem juntas. Discutimos em maior profundidade no Capítulo 4 como os professores construtivistas podem interagir com as crianças para a promoção de seu desenvolvimento.

Anteriormente, neste capítulo, argumentamos que o descentramento ou coordenação da perspectiva (tanto cognitiva quanto afetiva) é necessário para a construção de padrões morais que levem em consideração as perspectivas e os sentimentos dos outros. Desejamos agora destacar que a criança moral é uma criança intelectualmente ativa. O raciocínio moral, bem como o raciocínio intelectual, envolve processos cognitivos tais como descentramento, avaliação da causalidade e relações entre meios-fins. O engajamento moral envolve o engajamento intelectual. Como discutimos mais detalhadamente no Capítulo 3, o ambiente sócio-moral afeta o desenvolvimento tanto intelectual quanto moral.

RESUMO

Quando falamos de "crianças morais", não queremos dizer crianças meramente obedientes, que conhecem as regras morais de outros, agem de modos socialmente positivos, conformam-se às convenções sociais da boa educação, têm uma lista de traços de caráter ou são religiosas. Ao invés disso, referimo-nos a crianças morais como crianças que enfrentam questões interpessoais que são uma parte natural de suas vidas. Crianças pequenas são realistas morais. Elas baseiam seus julgamentos de certo e errado, bom e mau, no que lhes é observável, ou "real". Já que a vida íntima de outros não é observável, as crianças centram seu raciocínio moral em circunstâncias observáveis, tais como conseqüências materiais e comportamentos de obediência literal a regras.

O trabalho de Piaget, Kohlberg e Selman faz com que nos sensibilizemos sobre o modo como as crianças pensam sobre regras morais e sobre os outros. Os níveis de entendimento interpessoal de Selman são particularmente úteis para o professor construtivista. Exemplos de interações entre crianças das classes, tanto do Campo de Treinamento quanto da Comunidade, ilustram tais níveis. Exemplos do envolvimento moral na sala de aula mostram como o professor pode observar os níveis de entendimento interpessoal e notar o progresso na coordenação de perspectivas e no engajamento moral.

O entendimento da vida moral da infância ajuda-nos a saber o que podemos sensatamente esperar das crianças em termos de moralidade tanto a curto quanto a longo prazo; ajuda-nos a reconhecer o desenvolvimento moral e a formular métodos apropriados de apoio ao desenvolvimento.

NOTA

1 Este erro consiste da contagem do espaço ocupado como "1". Portanto, quando K rola o dado e este dá o número 3, ele conta o espaço inicial (o espaço final da última contagem) como "1", ao invés de avançar um espaço como a lógica de +1 ditaria. Muitas, ou talvez a maioria das crianças pequenas, cometem este erro no curso da construção de seu entendimento dos números. Chamamos isso de "erro lógico de adição". Na verdade, as crianças que cometem este erro têm boa correspondência para a equivalência entre os números e podem ser consideradas como tendo feito algum avanço em seu conhecimento numérico.

3

COMO O AMBIENTE SÓCIO-MORAL INFLUENCIA O DESENVOLVIMENTO INFANTIL

Os sentimentos morais têm sua origem nos relacionamentos interpessoais, de acordo com Piaget (1954/1981), que também afirmou que "a inteligência desenvolve-se no indivíduo como uma função das interações sociais, tão freqüentemente negligenciadas" (1964/1968, pp. 224-225). As relações interpessoais são o contexto para a construção do "*self*" pela criança, com sua consciência de si mesmo e autoconhecimento complexo. Na verdade, o ambiente sócio-moral colore cada aspecto do desenvolvimento de uma criança. Ela é o contexto no qual as crianças constroem suas idéias e sentimentos sobre si mesmas, sobre o mundo das pessoas e o mundo dos objetos. Dependendo da natureza do ambiente sócio-moral geral da vida de uma criança, ela aprende de que forma o mundo das pessoas é seguro ou perigoso, carinhoso ou hostil, coercivo ou cooperativo, satisfatório ou insatisfatório. No contexto das atividades interpessoais, a criança aprende a pensar em si mesma como tendo certas características em relação aos outros. Dentro do contexto social envolvendo os objetos, a criança aprende de que forma o mundo dos objetos é aberto ou fechado à exploração e experimentação, descoberta e invenção.

Os adultos determinam a natureza do ambiente sócio-moral no qual a criança pequena vive, através das interações diárias. O ambiente sóciomoral da criança é formado, em grande parte, de incontáveis ações e reações do adulto para com a criança, que formam o relacionamento adultocriança. As relações com outras crianças também contribuem para o ambiente sócio-moral, mas o adulto freqüentemente estabelece os limites e possibilidades dessas relações.

Os professores que desejam estabelecer um ambiente sócio-moral construtivista em suas salas de aula devem começar refletindo sobre a natureza de seu relacionamento com as crianças. Neste capítulo, discutimos, primeiro, como a interação social em geral influencia a construção do *self* pelas crianças. Depois, abordamos como o relacionamento professor-aluno influencia o desenvolvimento da criança e falamos sobre o papel dos relacionamentos das crianças com seus pares no ambiente sócio-moral da escola. Finalmente, discutimos o papel do professor construtivista na interação da criança com seus colegas.

INTERAÇÃO SOCIAL E A CONSTRUÇÃO DO *SELF*

A criança pequena ainda não construiu a personalidade unificada de um adulto mentalmente saudável, que tem uma certa consistência e coerência nos pensamentos, sentimentos e valores. O leitor pode recordar as experiências clássicas de Piaget sobre o desenvolvimento intelectual. Ele mostrou que, embora as crianças pequenas digam que duas bolas de argila têm a mesma quantidade, elas crêem que uma tem mais quando esta é enrolada em forma de salsicha ou cobra. Piaget mostrou que as crianças pequenas não conservam o relacionamento de igualdade. Ele estendeu essa noção de conservação para sentimentos, interesses e valores. Isto é, os sentimentos, interesses e valores das crianças pequenas são instáveis e tendem a não ser conservados de uma situação para outra. Somente gradualmente a criança pequena constrói um sistema afetivo mais estável de sentimentos e interesses que adquire alguma permanência ou conservação.

Uma tarefa central para a criança é a construção de um *self* separado de outras pessoas. Isso significa ver a si mesmo como um entre outros. A consciência do *self* como um objeto social, de acordo com Mead (1934) e Piaget (1932/1965, 1954/1981) surge por meio das interações sociais. Sem entrarmos em detalhes técnicos, podemos simplesmente dizer que ela exige pensar sobre si mesmo sob o ponto de vista de outros.

Considere suas próprias experiências, mesmo como adulto, quando você se dá conta de que alguém o percebe de determinada maneira (por exemplo: generoso, intimidador, diplomático, ameaçador, inconseqüente). Tais revelações freqüentemente o surpreendem e contradizem seu autoconceito. Experiências de perceber como outros nos vêem levam a uma nova consciência de nós mesmos enquanto objetos sociais e, conseqüentemente, a elaborações de nossos autoconceitos.

Em outras palavras, perceber as atitudes de outros em relação a si mesmo exige o descentramento para pensar sobre si mesmo sob o ponto de vista de outros — como o objeto das atitudes e ações de outros. Esse descentramento é necessário para a reflexão sobre as relações sociais em toda a complexidade de pensamento e sentimento envolvida na construção do mundo social e do lugar de cada um neste momento. Por exemplo, quando A expressa raiva por B, B (digamos, um menino de 3 anos) pode ser lançado bruscamente à consciência de si mesmo ao perceber que seu comportamento pode ser o objeto da raiva. A idéia de que "sou uma pessoa com a qual alguém mais pode ficar zangado (ou satisfeito, ou afetuoso, etc.)" marca um avanço na percepção da criança sobre si mesma. A construção do *self* progride paralelamente à construção correspondente do outro, enquanto ser de pensamentos, sentimentos e valores, tal como o próprio indivíduo.

De acordo com Mead (1934), formamos consciência de nós mesmos à medida que experimentamos reações dos outros às nossas ações. O *self* é estruturado através de um processo recíproco de ajustes às respostas de outros. A criança organiza as atitudes percebidas de outros em relação a ela própria e constrói sua personalidade com características progressivamente estáveis. Piaget (1954/1981) falou sobre a construção de esquemas estáveis de reação social. Ele referia-se a uma consistência crescente na reação a outros, não importando quem fossem esses. Se a criança assimila ativamente a atitude do outro em relação a si própria, a fim de compreender seu *self*, é razoável concluir que a natureza das atitudes dos outros é crucial para a natureza do *self* construído da criança.

Sentimentos elementares de simpatia ou antipatia (por si mesmo e por outros) são, para Piaget, o ponto inicial dos sentimentos morais. Isto é, a criança começa a construir uma hierarquia do que é valorizado ou não. Os valores morais são tanto afetivos quanto intelectuais. Eles podem organizar-se em valores permanentes que são regulados pela vontade, o aspecto afetivo dos valores. De acordo com Piaget, a afetividade, moralidade e inteligência desenvolvem-se e transformam-se de formas interconectadas.

O RELACIONAMENTO PROFESSOR-ALUNO

Sarason (1982) observa que "O enorme esforço e inventividade exigidos de um professor no apoio ao bom relacionamento tanto entre si mesmo e seus alunos quanto entre os próprios alunos ocasionalmente é definido como um desvio de seu papel educacional" (p. 165). Concordamos com Sarason que tais relacionamentos devem ser cultivados, a fim de promover o desenvolvimento das crianças e mesmo para tornar os professores mais efetivos no incentivo ao estudo dos conteúdos escolares.

Nas pesquisas e na teoria de Piaget, encontramos o guia mais útil para pensar sobre relacionamento adulto-criança. Piaget (1932/1965) descreveu duas espécies de moralidade correspondendo a dois tipos de relacionamentos adultos-crianças: um que promove o desenvolvimento infantil e outro que o retarda.

O primeiro tipo de moralidade é uma moralidade de obediência. Piaget chamou-a de moralidade "heterônoma". A palavra *heterônoma* vem de raízes que significam "seguir regras feitas por outros". Portanto, o indivíduo heteronomicamente moral segue regras morais dadas por outros para a obediência a uma autoridade com poder coercivo. A moralidade heterônômica é a conformidade a regras externas que são simplesmente aceitas e seguidas sem questionamento.

O segundo tipo de moralidade é a autônoma. A palavra *autônoma* vem de raízes significando "auto-regulação". Por autonomia, Piaget não pretendia dizer a simples "independência" para fazer coisas por si mesmo sem auxílio. Ao invés disso, o indivíduo autonomamente moral segue regras morais próprias. Essas regras são princípios construídos pela própria pessoa e auto-reguladores. Elas têm um caráter de necessidade interna para o indivíduo. O indivíduo autonomamente moral segue convicções internas sobre a necessidade de respeitar as pessoas no relacionamento com outros.

Certamente, nenhum educador apoiaria a moral heterônoma das crianças como um objetivo. Provavelmente, todos concordamos em querer que as crianças acreditem com convicção pessoal em valores morais básicos, tais como o respeito pelas pessoas. Sem uma crença que surge da convicção pessoal, as crianças tendem a não seguir as regras morais. Contudo, os educadores geralmente lidam com as crianças de formas que promovem a moralidade heterônoma, ao invés da autônoma.

O Relacionamento Coercivo ou Controlador

O primeiro tipo de relacionamento adulto-criança é de coerção ou controle, no qual o adulto prescreve o que a criança deve fazer oferecendo regras prontas e instruções para o comportamento. Nesta relação, o respeito é algo unilateral. Isto é, a criança deve respeitar o adulto, e este usa a autoridade para socializar e instruir a criança. O adulto controla o comportamento da criança. Neste contexto sócio-moral, a razão da criança para comportar-se, portanto, está fora de seu próprio raciocínio e sistema de interesses e valores pessoais. Piaget chamou esse tipo de relação de "heterônoma". Em uma relação heterônoma, a criança segue regras dadas por outros e não por ela própria. A heteronomia pode variar em uma linha contínua desde o controle hostil e punitivo até o controle disfarçado em doçura.

Nas interações entre adulto-criança, a heteronomia é freqüentemente apropriada e algumas vezes inevitável. Isto é, por razões de saúde e segurança, bem como por pressões práticas e psicológicas sobre o adulto, os pais e professores precisam regular ou controlar as crianças de muitas maneiras.

Consideremos, entretanto, a situação a partir da perspectiva da criança na vida cotidiana com os adultos. Em casa, as crianças são forçadas a submeter-se a todo um conjunto de regras que são incompreensíveis para elas. A obrigação de comer certos alimentos em certos momentos, de ir para a cama involuntariamente, ou de não tocar em certos objetos delicados ou importantes, por exemplo, só pode ser sentida pelas crianças como vindo de fora de si mesmas, já que a necessidade de cumprir estas determinações não pode ser sentida como tendo origem dentro delas. Também na escola as crianças não compreendem as razões para a maior parte das regras às quais devem submeter-se.

Imagine como você se sentiria, se fosse obrigado a fazer continuamente coisas que não fazem sentido para você. Esta situação leva a uma sensação de coerção pelas exigências arbitrárias de alguém que detém o poder. Alguns poderiam reagir com um sentimento de derrota e aceitação passiva do direito de uma outra pessoa ser o chefe, em especial se este é tão afetivo quanto exigente. Alguns poderiam reagir com raiva, suprimida ou expressada, enquanto outros poderiam reagir com a secreta rebeldia da dissimulação inteligente, obedecendo apenas quando vigiadas. Com certeza, nenhuma dessas reações é boa para a saúde mental ou desenvolvimento futuro.

Professores bem-intencionados freqüentemente sentem ser de sua responsabilidade administrar cada detalhe do comportamento de seus alunos. No Capítulo 1, vimos a Sargenta de Instrução ditar um modo correto de sentar, bem como cada resposta correta nas lições. A Gerente dita os detalhes das ações das crianças, nas lições acadêmicas e nos trabalhos artísticos. Em comparação, a Mentora organiza sua sala de aula de modo que possa deixar para as crianças o controle dos detalhes do comportamento delas.

Algum controle das crianças nas salas de aulas, naturalmente, é inevitável. Entretanto, quando as crianças são continuamente governadas pelos valores, crenças e idéias de outros, elas desenvolvem uma submissão (se não uma rebeldia) que pode levar ao conformismo irrefletido na vida moral e intelectual. Em outras palavras, enquanto os adultos mantiverem as crianças ocupadas em aprender o que os adultos desejam que elas façam e em obedecer às regras deles, elas não serão motivadas a questionar, analisar ou examinar suas próprias convicções.

Na opinião de Piaget, seguir as regras de outros por meio de uma moralidade de obediência jamais levará à espécie de reflexão necessária para o compromisso com princípios internos ou autônomos de julgamento moral. Piaget alertou que a coerção socializa apenas superficialmente o comportamento e, na verdade, reforça a tendência da criança para depender do controle de outros. Insistindo que a criança siga apenas regras, valores e diretrizes já preparadass por outros, o adulto contribui para o desenvolvimento de um indivíduo com uma mente, personalidade e moralidade conformistas — um indivíduo capaz apenas de seguir a vontade de outros. Tragicamente, escolas baseadas na obediência simplesmente perpetuam as qualidades necessárias para a submissão.

A criança que vive uma vida dominada pela obediência às regras de outros pode desenvolver uma moralidade de obediência cega à autoridade. Este indivíduo pode ser facilmente conduzido por qualquer autoridade ou, em vista do fracasso para desenvolver um sentimento pessoal acerca da necessidade de regras morais, a criança obediente pode eventualmente rebelar-se, aberta ou veladamente. A moralidade heterônoma significa que o indivíduo não regula seu comportamento por meio de convicções pessoais. Ao invés disso, sua atividade pode ser regulada pelo impulso ou obediência impensada.

Piaget (1954/1981) utilizou a teoria psicodinâmica ao discutir a construção da auto-estima pela criança, que começa quando o bebê de um ano afirma sua vontade contra a do adulto. Algumas pessoas dizem que é necessário "dobrar a vontade da criança". Entretanto, esta derrota heterônoma da vontade de uma criança leva a sentimentos de inferioridade. A confiança ou a dúvida sobre si mesmo é uma questão contínua para crianças pequenas que estão construindo suas personalidades. Gradualmente, a criança constrói um sistema que conserva sentimentos, interesses e valores. Tais valores tornam-se permanentes e definem o *self*. Quando a criança experiencia os adultos como predominantemente controladores, o *self* construído é indeciso, necessitando ou buscando o controle por outros.

Piaget (1954/1981) falou sobre a vontade como o poder de conservação dos valores, observando que um indivíduo sem vontade é instável, acreditando em certos valores em certos momentos e esquecendo-os em outros. De acordo com Piaget, a vontade serve como o regulador afetivo, possibilitando ao indivíduo atingir a estabilidade e coerência da personalidade e das relações sociais. O exercício da vontade contra um adulto continuamente heterônomo leva a uma personalidade definida pelo controle — cedendo a este ou lutando contra ele. Esta relação não oferece a possibilidade para a construção de uma auto-estima positiva ou sentimentos morais cooperativos. Os padrões de reação social construídos pela criança regulada por demasiada heteronomia podem ser defensivos. No contexto do controle heterônomo, a criança constrói um *self* dúbio, orientado para o controle de outros. As reações sociais podem se tornar habitualmente hostis e/ou dependentes.

Então, a obediência é algo mau? Não, necessariamente. No Capítulo 2, discutimos os resultados da obediência baseada no amor. Entretanto, a forte pressão por obediência pelo bem da obediência pode levar a resultados infelizes para o desenvolvimento infantil. Emocionalmente, as crianças podem reagir com uma atitude submissa ao domínio, sentimentos de inferioridade e aceitação à superioridade de outros, falta de confiança e baixa motivação para pensar sobre as razões para regras. Intelectualmente, a criança maciçamente coagida pode reagir com uma orientação passiva às idéias de outros, uma atitude sem questionamento e críticas, e baixa motivação para pensar, despejando respostas decoradas. Essas características refletem a baixa atividade construtiva que também leva a um raciocínio moral baseado em interesse próprio com pouca preocupação com outros. Na pura obediência não existe lugar para a regulação autônoma das crianças. Similarmente, uma experiência educacional preocupada com o oferecimento de informações corretas destrói a curiosidade e leva ao embotamento intelectual e ao conhecimento pleno de incorreções. Oportunidades limitadas para a atividade construtiva pessoal levam a uma personalidade limitada com competência social, emocional, intelectual e moral inadequada.

O controle externo das crianças tem seus limites. As crianças podem conformar-se no comportamento, mas os sentimentos e crenças não podem ser tão facilmente controlados. À medida que as crianças crescem fisicamente, a possibilidade de controle comportamental diminui. A única possibilidade real para influenciar-se o comportamento das crianças quando estão por sua própria conta é apoiar a construção gradual da moralidade, conhecimento, inteligência e personalidade.

O Relacionamento Cooperativo

Piaget contrasta o relacionamento heterônomo entre adulto-criança com um segundo tipo que se caracteriza por respeito e cooperação mútuos. O adulto devolve o respeito que lhe foi dado pelas crianças dando-lhes a possibilidade de regular seu comportamento voluntariamente. Este tipo de relacionamento foi chamado por Piaget de "autônomo" e "cooperativo". Ele argumentou que é apenas evitando o exercício de autoridade desnecessária que o adulto abre o caminho para que as crianças desenvolvam mentes capazes de pensar independente e criativamente e desenvolvam sentimentos morais e convicções que levem em consideração o melhor para todos.

O método pelo qual o relacionamento autônomo opera é o de cooperação. Cooperar significa lutar para alcançar um objetivo comum enquanto coordenam-se os sentimentos e perspectivas próprias com a consciência dos sentimentos e perspectiva dos outros. O professor construtivista considera o ponto de vista da criança e a encoraja a considerar o ponto de vista de outros. O motivo para a cooperação começa com um sentimento de mútua afeição e confiança que vai se transformando em sentimentos de simpatia e consciência das intenções de si mesmo e dos outros.

A cooperação é uma interação social que se dirige a um determinado objetivo entre indivíduos que se consideram como iguais e tratam uns aos outros como tais. Obviamente, as crianças e os adultos não são iguais. Entretanto, quando o adulto é capaz de respeitar a criança como uma pessoa com direito a exercer sua vontade, podemos falar sobre uma certa igualdade psicológica no relacionamento. Piaget, naturalmente, não estava propondo que as crianças tivessem completa liberdade, porque esta é inconsistente com o estabelecimento de relações morais com outros.

Também queremos afirmar ao leitor que cooperar com as crianças não significa que o professor dispense inteiramente a autoridade. Nem sempre é possível cooperar com as crianças. Contudo, quando a coerção é necessária, é importante *o modo* como o adulto aborda as crianças (por exemplo, com uma atitude solidária e com explicações, contrastando com uma atitude de "Porque estou mandando").

Será que a obediência ocorre nas salas de aulas construtivistas? Sim, ocorre. As crianças pequenas são naturalmente heterônomas e podem se sentir coagidas mesmo quando um professor usa métodos cooperativos. Entretanto, o professor construtivista apela para a cooperação das crianças em vez de à sua obediência. A diferença entre apelar para a obediência e para a cooperação é que em uma relação cooperativa o professor pede, ao invés de dizer, sugere, ao invés de exigir, e persuade, ao invés de controlar. As crianças, portanto, têm a possibilidade de decidir como responder, e os conflitos pelo poder são evitados. O professor construtivista encoraja as crianças a serem auto-reguladoras — isto é, a agirem de forma autônoma.

Será que a educação construtivista encoraja as crianças a esperar a imediata realização dos desejos? Não. Embora as crianças realmente tenham a satisfação da busca de seus interesses, uma atmosfera de cooperação exige um equilíbrio dos próprios desejos com aqueles de outros. Em uma palavra, o respeito por si mesmo e pelos outros é salientado.

O princípio geral do construtivismo em relação ao ensino é que a coerção seja minimizada dentro do possível e prático. O mais desejável é uma mistura progressiva em favor da regulação do próprio comportamento, pelas crianças. No Capítulo 4, discutimos como esta idéia é traduzida em princípios específicos de ensino e em interações específicas com as crianças.

A criança que tem oportunidade para regular seu comportamento tem a possibilidade de construir um *self* confiante que valoriza a si e aos outros positivamente. Ao respeitar a vontade da criança, o adulto construtivista pode ajudá-la a desenvolver a auto-regulagem baseada no respeito por outros, bem como por si mesma. A criança capaz de exercer sua vontade constrói gradualmente um sistema estável de sentimentos morais, sociais e intelectuais, interesses e valores.

Piaget salientou que a criança constrói uma hierarquia de sentimentos sociais, interesses e valores organizados como simpatias e antipatias. Especialmente importantes são os sentimentos de boa-vontade. Piaget (1954/1981) afirmou que "os sentimentos morais originam-se de sentimentos de boa-vontade para com os indivíduos que proporcionaram prazer" (p. 47). Esses sentimentos são avivados por uma espécie de gratidão que evolui para sentimentos voluntários de obrigação. Podemos especular sobre a situação oposta, na qual adultos negativamente heterônomos engendram sentimentos de má-vontade nas crianças. Será que tais crianças deixam de desenvolver uma atitude de cooperação? Será que, ao invés disso, desenvolvem atitudes negativas e não cooperativas?

Respeitada pelos adultos e beneficiando-se da atitude de boa-vontade desses, a criança organiza progressivamente sentimentos, interesses e valores em um *self* orientado para a cooperação com outros. A possibilidade para uma auto-regulação considerável abre o caminho para a construção de padrões cooperativos de reação social e para uma personalidade estável.

Por que a cooperação é tão desejável? A reduzida pressão para a obediência, combinada com encorajamento à auto-regulação, leva a resultados benéficos para o desenvolvimento infantil. Emocionalmente, as crianças sentem aceitação e aprovação e podem responder à cooperação com uma atitude de cooperação, sentimentos de igualdade e confiança, e reflexão cuidadosa e ativa sobre as razões para as regras. Intelectualmente, a criança pode reagir com uma orientação ativa para idéias próprias e de outros, uma atitude de questionamento e avaliação crítica e motivação para pensar sobre causas, implicações e explicações. Essas características envolvem a atividade construtiva que, por natureza, é plena de erros e informada por esses. Com orientação habilidosa do adulto e bastante interação com colegas, essa atividade leva a um raciocínio moral que considera todos os pontos de vista. Uma experiência educacional cheia de oportunidades para a exploração e experimentação leva a um aperfeiçoamento intelectual e maior entendimento. Amplas oportunidades para a atividade pessoal construtiva levam a uma personalidade altamente diferenciada com competência social, emocional, intelectual e moral.

Quando falamos sobre heteronomia e autonomia, coerção e cooperação, estamos falando sobre processos simultaneamente cognitivos e emocionais. A coerção realizada pelo adulto produz uma limitação da mente, personalidade e sentimentos das crianças. A cooperação dos adultos produz uma liberação das possibilidades para construção da inteligência, personalidade, sentimentos e convicções morais e sociais pelas crianças.

O leitor pode protestar, com toda a razão, que nenhuma criança tem a vida totalmente coerciva ou totalmente cooperativa. Concordamos. Descrevemos, aqui, como a forte coerção e a forte cooperação influenciam o desenvolvimento infantil. Entretanto, cada criança apresenta uma história singular de experiências de coerção e cooperação. Nossa posição é de otimismo. Estamos convencidos de que nenhuma criança experienciou tanta coerção que um professor cooperativo não possa aliviar, pelo menos até certo ponto, os efeitos da heteronomia. Além disso, cada sala de aula oferecerá um misto de experiências coercivas e cooperativas. Novamente, nosso posicionamento é otimista. Acreditamos que as salas de aula morais promoverão o desenvolvimento moral nas crianças — bem como o desenvolvimento emocional, social e intelectual. Sabemos que nenhum professor pode ser inteiramente cooperativo todo o tempo. Entretanto, esperamos que as idéias apresentadas neste livro ajudem os professores nas suas avaliações sobre seus relacionamentos com as crianças e no desenvolvimento de modos cooperativos de ensino.

RELACIONAMENTO ENTRE COLEGAS

A interação com companheiros é, às vezes, vagamente justificada como sendo benéfica para a socialização, necessária para que as crianças aprendam a compartilhar e viver em um mundo com outros. Infelizmente, a educação não é, em geral, organizada para oferecer às crianças as experiências favoráveis para a competência social e desenvolvimento moral.

Nas salas de aula onde as interações entre as crianças são proibidas, os relacionamentos entre colegas exercem um papel muito pequeno no ambiente sócio-moral geral. Naturalmente, as simpatias e antipatias podem se desenvolver com base nas interações das crianças fora da sala de aula. Entretanto, a maior parte da vida na classe não visa a promover os relacionamentos entre colegas. As tendências das crianças para ajudarem umas às outras são geralmente classificadas como "cola", "pesca" e podem ser punidas. No Campo de Treinamento, descrito no Capítulo 1, a Sargenta-Instrutora freqüentemente joga as crianças umas contra as outras (por fileira ou por gênero) ao competir por elogios ou evitar críticas. O ambiente sócio-moral resultante é tenso e não há evidência de que qualquer das pessoas deseje estar ali junto às outras.

Nas salas de aula onde as interações entre as crianças são encorajadas, o relacionamento entre os colegas exerce um papel importante no ambiente sócio-moral. Embora alguma interação entre colegas seja permitida na classe da Fábrica, descrita no Capítulo 1, ela exerce um papel menor na experiência das crianças na sala de aula. A Gerente salienta a importância primária dos temas acadêmicos e elimina a cooperação insistindo no trabalho individual. Os conflitos são abafados e as interações entre colegas silenciadas. O ambiente sócio-moral resultante é uma espécie de "tranqüila calmaria", no qual ninguém está muito devotado à experiência de estarem juntos.

Em comparação, a Mentora não apenas organiza sua sala de aulas para otimizar seu caráter interativo, mas engaja ativamente as crianças umas com as outras. A vida na Comunidade é o tema principal e a Mentora aproveita-se dos incidentes espontâneos para maximizar as oportunidades das crianças de confrontarem os problemas sociais, emocionais, intelectuais e morais com a atividade construtiva. O ambiente sócio-moral resultante é de vitalidade e de energia investidas na experiência de conviver.

Que benefícios se obtém da interação entre colegas? Qual a importância do professor na dramatização?

Benefícios da Interação entre Colegas em uma Sala de Aula Construtivista

De acordo com Piaget, as interações com colegas são cruciais para a construção dos sentimentos sociais e morais, valores e competência social e intelectual das crianças. Como indicamos em nossa discussão sobre o relacionamento entre adulto-criança, não concordamos com aqueles que interpretam Piaget como dizendo que *apenas* nas relações com companheiros se desenvolveu a moralidade autônoma e a inteligência. Partindo das idéias de Piaget descrevemos, ao longo deste livro, como o professor construtivista pode se engajar com as crianças de forma cooperativa.

As relações com companheiros são especialmente facilitadoras do desenvolvimento social, moral e intelectual por duas razões. A primeira é que as relações com companheiros caracterizam-se por uma igualdade que jamais pode ser alcançada nas relações adulto-criança, não importando o quanto o adulto tente minimizar a heteronomia. As relações com companheiros podem levar ao reconhecimento da reciprocidade implícita nas relações de igualdade. Esta reciprocidade pode proporcionar a base psicológica para o descentramento e adoção de perspectiva. Uma vez que a autonomia pode ocorrer apenas em um relacionamento de igualdade, as crianças são mais capazes de pensar e agir de forma autônoma com outras crianças do que com a maior parte dos adultos. Contudo, como Piaget destacou, desigualdades também existem entre as crianças, podendo a autonomia ser violada nas interações entre criança-criança.

A segunda razão pela qual as relações entre colegas oferecem um bom contexto para o desenvolvimento é que ver outras crianças como semelhantes a si mesmo resulta em um sentimento especial de interesse que motiva os contatos entre companheiros. Esses contatos são esforços sociais, morais e intelectuais. No curso da interação com colegas, as crianças constroem a consciência e a diferenciação de si mesmas e dos outros, esquemas de reação social e cooperação no pensamento e ação. Discutimos essas construções abaixo.

Consciência e Diferenciação de Si Mesmo e dos Outros

O interesse por companheiros motiva especialmente a criança para ampliar a consciência de si mesma e levar em conta os desejos e intenções de outros. As interações com outros são muito menos previsíveis do que as interações com objetos e confrontam continuamente a criança com as diferenças entre ela própria e os outros. Ao vivenciar reações inesperadas, resistências e reações negativas por parte de outros, a criança torna-se consciente do outro como algo separado de si mesma. Isto resulta simultaneamente em uma nova avaliação de si mesmo como tendo desejos e idéias únicas. O desencadeamento a partir de um foco estreito para a consideração de mais e mais pontos de vista é, ao mesmo tempo, um processo com ramificações sociais, morais e intelectuais.

Portanto, no curso das interações com companheiros, a criança vem a conhecer mais claramente a si mesma e aos outros. A conscientização das diferenças de intenções é sobremaneira importante para o desenvolvimento moral.

Esquemas de Interação Social

O interesse por outras crianças leva a esforços sociais voluntários (autônomos). À medida que os outros respondem a essas iniciativas, experiências de prazer e desprazer ocorrem. A criança, no curso da interação com colegas, constrói gradualmente padrões de reações sociais cada vez mais consistentemente, à medida que ela age e reage de formas mais ou menos estáveis em situações similares com uma variedade de pessoas, a personalidade torna-se mais consolidada e pode ser observada em padrões consistentes. Portanto, a criança pode ser vista como "tímida", "amigável", "facilmente levada às lágrimas", "agressiva" e assim por diante. Por trás desses padrões de comportamentos estão as interpretações e organizações ou esquemas de orientação social da criança. Portanto, a interação com companheiros, bem como entre adulto-criança, oferece o material bruto do qual a criança forma sua própria personalidade.

Cooperação em Pensamento e Ação

A cooperação é um método de interação social que cria o contexto mais produtivo para todos os aspectos do desenvolvimento infantil. Piaget (1932/1965) argumentou que, pela cooperação, a criança supera limitações egocêntricas e torna-se capaz de levar outras perspectivas em consideração. O interesse pelos companheiros motiva as crianças à construção de significados compartilhados, resolução de conflitos e criação e respeito pelas regras.

Significado compartilhado. O significado compartilhado é obviamente básico à sobrevivência humana e, certamente, tem raízes na primeira infância, quando os bebês interpretam e antecipam os gestos sociais de seus responsáveis. A comunicação baseada no significado compartilhado inicia-se muito antes da linguagem. Os pesquisadores de Paris (Stambak *et al.*, 1983) descrevem como as crianças com menos de 2 anos de idade são capazes de uma espécie elementar de cooperação, ao imitarem umas às outras, manifestarem desejos comuns e executarem idéias uns dos outros com objetos (por exemplo, "cavalgar" sobre barris vazios de detergente, imitar uma queda não intencional, vocalizar e acrescentar diversas modificações que mantêm em andamento uma atividade alegre e compartilhada).

A construção do significado compartilhado entre colegas é especialmente observável nos jogos de faz-de-conta, já que não é oferecida qualquer enquadre externo e as crianças devem desenvolver sua referência comum de significado. Como Verba (1990) aponta, as crianças devem fazer ajustes recíprocos para dividirem um tema, distribuírem papéis e organizar a brincadeira. Tudo isto envolve propostas, aceitações ou rejeições e negociações. Quanto menos uma situação reflete cenas socialmente codificadas, maior a necessidade de que as crianças expressem seu pensamentos, bem como de que os tornem precisos e claros a fim de que a brincadeira seja desenvolvida plenamente. A compreensão mútua das crianças envolve o compromisso entre a vontade dos indivíduos. Como Verba observa, ainda, isto constitui um equilíbrio entre a afirmação de si mesmo e o reconhecimento do outro como um parceiro. Ela escreve: "A ligação [entre os parceiros] é consolidada em momentos de concordância e cumplicidade — por olhares mútuos prolongados, sorrisos e risadas, levando à fusão emocional entre os participantes" (p. 59; DeVries, tradutora). Um sistema de significado compartilhado também é necessário para a construção do pensamento objetivo. Portanto, o progresso das crianças na construção do significado compartilhado no faz-de-conta e em outras atividades constitui progresso na competência comunicativa simbólica e intelectual.

Resolução de conflitos. Em particular, os conflitos das crianças oferecem um contexto rico para a cooperação. Obviamente, nem todos os conflitos conduzem à resolução cooperativa. Entretanto, quando as interações entre colegas caracterizam-se por desequilíbrio, as crianças geralmente desejam negociar. Desejando manter o outro como um parceiro, a criança deseja encontrar modos de continuar a brincadeira, quando esta é perturbada. Bonica (1990) descreve as vicissitudes da comunicação entre duas meninas de 3 anos em jogos de faz-de-conta. Seu faz-de-conta centraliza-se em dar comida a uma boneca, um tema geral proposto por uma e aceito pela outra. Os esforços para colaborar, contudo, são plenos de mal-entendidos, propostas rejeitadas e conflitos, bem como concessões e um esforço geral para conservar o tema e a outra como parceira. É este desejo de manter a outra como parceira que motiva esforços contínuos de negociar um sistema de significado comum e coerente. A cooperação também ocorre entre crianças que se engajam em jogos exploratórios com objetos.

Verba (1990) aponta que, nos jogos de faz-de-conta, propostas de significados simbólicos a outros, geralmente ocorrem apenas entre crianças que já compartilharam a mesma atividade antes ou têm o hábito de brincar juntas. Portanto, é importante apoiar as amizades entre crianças como o contexto no qual os significados podem ser construídos e a inteligência e sentimentos morais elaborados.

Bonica (1990) observa que a resolução produtiva do conflito sugere um equilíbrio entre a capacidade de persuasão do outro e a satisfação de si mesmo. Além disso, experiências produtivas de conflito podem resultar na construção de um novo aspecto da personalidade (por exemplo, quando a criança torna-se capaz de integrar seus próprios objetivos e os do outro).

Regras. O prazer descoberto nas interações com colegas oferece a base para o apego da criança ao grupo. As experiências compartilhadas levam ao desenvolvimento de sensações de comunhão. Esses sentimentos, cultivados através da orientação do professor, são a base para as regras que evoluem em uma sala de aula construtivista. Este sistema compartilhado de regras torna-se uma força moral na vida das crianças. As crianças têm um sentimento de compromisso e obrigação com o código moral construído por elas mesmas.

Resumindo, a interação com colegas é um contexto para o ajuste progressivo e mútuo enriquecimento entre as crianças.

O Papel do Professor Construtivista na Interação entre Colegas

O importante papel do professor construtivista, nas interações das crianças com seus companheiros, envolve a definição das possibilidades, o engajamento ocasional como companheiro das crianças e a facilitação da interação, quando a auto-regulagem dos alunos fracassa. É o professor quem influencia, em grande parte, o valor educacional das interações das crianças com seus colegas.

A definição das possibilidades inclui a seleção e arranjo de mobília, de materiais e o planejamento de atividades que atraiam o interesse das crianças. Quando as crianças gravitam individualmente em torno da mesma atividade, estão preparado o palco para a interação.

O valor da interação com colegas depende não apenas das capacidades das crianças para engajarem-se umas às outras, mas também da capacidade do professor para engajar-se ocasionalmente como um companheiro de seus alunos. Por exemplo, em um jogo de mesa, o professor pode assumir o papel de jogador, juntamente com as crianças. Como jogador, o professor também deve concordar com os alunos sobre as regras, obedecê-las e aceitar suas conseqüências. Ao abandonar a autoridade, nesta situação, o professor promove a autonomia das crianças. Quando essas assumem o controle, elas trazem todas as energias para a atividade em todos os seus aspectos emocionais, sociais, morais e intelectuais: como jogador, o professor pode pedir orientação das crianças e dar a elas o papel de instrutoras. Como perdedor, o professor pode modelar uma atitude de bom esportista, dividir sentimentos de desapontamento e demonstrar métodos de lidar com a derrota.

O valor da interação com colegas também depende da capacidade do professor de intervir quando as crianças têm dificuldades e de ajudá-las a manter uma ambiente sócio-moral construtivo. O conflito pode ser um contexto construtivo, mas também pode ser destrutivo. Uma vez que têm capacidades limitadas para conter seus impulsos e devido à limitada adoção de perspectiva, as crianças deixadas completamente sob seu próprio controle podem fracassar em seus esforços de superar dificuldades interpessoais. Sem a orientação de um professor habilidoso, que promova a cooperação, as crianças podem chegar em um ambiente sócio-moral no qual tudo é permitido e onde os muitos conflitos não resolvidos criam um clima de insegurança, raiva e ansiedade. Discutimos isto em maiores detalhes no Capítulo 5.

A interação com colegas em uma sala de aula construtivista, portanto, não ocorre sem um considerável apoio e auxílio por parte do professor.

RESUMO

O ambiente sócio-moral colore cada aspecto do desenvolvimento infantil. Os adultos determinam a natureza do ambiente da criança através de interações cotidianas de duas espécies. O adulto geralmente coercivo ou heterônomo orienta a criança para uma moralidade de obediência que a mantém preocupada com regras e regulamentos externos a seu próprio sistema de regras. O adulto geralmente cooperativo encoraja a auto-regulação da criança por meio de princípios autoconstruídos por ela própria. Os relacionamentos com companheiros também influenciam a natureza do ambiente sócio-moral da criança, quando as interações com colegas são encorajadas pelo professor. O interesse pelos companheiros leva as crianças a cooperarem construindo significados compartilhados, resolvendo conflitos e criando e obedecendo às regras. O professor construtivista promove as interações entre os alunos definindo as possibilidades, engajando-se com as crianças, ocasionalmente, como um companheiro e facilitando a interação, quando a auto-regulação da criança fracassa.

4

ESTABELECENDO UM AMBIENTE SÓCIO-MORAL CONSTRUTIVISTA

Uma classe moral inicia com a atitude de respeito do professor pelas crianças e pelos seus interesses, sentimentos, valores e idéias. Este respeito é expressado na organização da sala nas atividades, bem como nas interações do professor com as crianças.

ORGANIZAÇÃO DA SALA DE AULA

O objetivo mais abrangente da educação construtivista é promover o desenvolvimento infantil. Este objetivo leva à organização da sala de aula de acordo com as necessidades das crianças, interações entre colegas e responsabilidade.

Organização para o Atendimento às Necessidades das Crianças

A organização para o atendimento às necessidades das crianças inclui consideração quanto às suas necessidades fisiológicas, emocionais e intelectuais.

Necessidades Fisiológicas

No Capítulo 1, descrevemos diferentes atitudes em relação às necessidades físicas das crianças a exemplo de comer, ir ao banheiro e repousar. Parece óbvio que os adultos devem atender às necessidades físicas das crianças. Entretanto, temos observado uma desconsideração, até mesmo brutal, a essas necessidades por parte de alguns professores e escolas. Talvez parte da razão para que isto ocorra é que as regras e instalações das escolas, ocasionalmente, dificultam e são inconvenientes para os professores atenderem às necessidades físicas das crianças pequenas. Talvez parte da razão é que as escolas podem não estar satisfazendo as necessidades dos próprios professores. Contudo, a não satisfação dessas necessidades cria uma situação abusiva. O ambiente sócio-moral da sala de aula construtivista é caracterizada pelo conforto físico.

Necessidades Emocionais

Em muitas escolas, onde as necessidades físicas das crianças são satisfeitas, as necessidades emocionais podem ser negligenciadas. Discutimos, no Capítulo 3, os efeitos nefastos da heteronomia em todos os aspectos do desenvolvimento da criança. A Sargenta de Instrução pode ser considerada como uma professora emocionalmente abusiva. A Gerente pode ser considerada como uma professora emocionalmente ausente. A Mentora não apenas está emocionalmente presente e disponível para as crianças, mas também leva os sentimentos destas em consideração e tenta ajudá-las a construir um sistema mais estável de sentimentos e modos de lidar com sentimentos difíceis.

O respeito pelas crianças exige a comunicação da aceitação e afeto. Exige o planejamento de um ambiente que encoraje e apóie as expressões de sentimentos, interesses e valores pelas crianças. Isto significa aceitar o direito da criança de sentir raiva e tristeza, bem como sentimentos positivos.

As crianças em uma sala de aula moral sentem-se proprietárias desta. A sala de aula não pertence apenas ao professor, pertence também às crianças. A classe moral não expressa a personalidade apenas do professor; as paredes são cheias de desenhos, escritos e projetos das crianças. Naturalmente, o professor também contribui para o ambiente físico, mas não vemos, por exemplo, os murais sofisticados e totalmente feitos pelos professores, que tantos professores das séries iniciais periodicamente sentem-se obrigados a fazer. A sensação de propriedade da sala de aulas é similar a como nos sentimos acerca de nossas próprias casas. Sentimo-nos em casa porque podemos organizá-la para nossa segurança, conforto, prazer e conveniência. Os objetos de nossa casa pertencem-nos e somos livres para usá-los para nossas próprias finalidades. Assim também é na sala de aulas moral. As crianças sentem-se seguras e confortáveis. Elas sentem prazer e sem objetivos a serem pesquisados.

Necessidades Intelectuais

As crianças têm necessidades intelectuais de atividades que estimulem seu interesse e ofereçam um conteúdo que as inspire a descobrir como fazer algo. O respeito pelas necessidades intelectuais das crianças leva ao reconhecimento de que crianças pequenas devem estar fisicamente ativas e emocionalmente engajadas. Portanto, a satisfação das necessidades intelectuais das crianças está vinculada à satisfação de suas atividades físicas e emocionais. O ambiente sócio-moral é um ambiente intelectualmente engajado. A base teórica das atividades, discutida mais a seguir, aborda em maiores detalhes as preocupações acerca da satisfação das necessidades intelectuais das crianças.

Organização para a Interação com Colegas

A necessidade que a criança tem de estar ativa inclui uma necessidade para ser interativa. O professor construtivista promove a interação com colegas organizando o programa de modo que o engajamento interpessoal ocorra naturalmente.

A hora da atividade oferece muitas oportunidades para a interação com colegas. Algumas atividades, tais como jogos de faz-de-conta e jogos em grupo, motivam especialmente as crianças a engajarem-se umas às outras e a descobrirem formas de cooperar. Nas atividades de conhecimento físico, as crianças experimentam, observam as experiências de outros e trocam idéias. Similarmente, atividades artísticas, construção com blocos e a escrita podem ser contextos para a colaboração com os companheiros. Em todas essas atividades, as crianças estão livres para escolher não apenas suas atividades, mas também com quem as praticam.

Organizando a classe para a interação com colegas durante a roda, o professor construtivista encoraja as crianças a falarem umas com as outras, não apenas com o professor. Intercâmbios entre as crianças ocorrem em reunião de grupo, quando as crianças tentam ajudar um indivíduo a solucionar um problema, quando as diferenças de opinião surgem e quando um problema, para o grupo como um todo, é abordado.

Alertamos contra a organização excessiva da interação com colegas. Os professores, às vezes, tentam promover a atmosfera de comunidade geral propondo brincadeiras e tarefas em rotação de parceiros escolhidos pelos professores. Isto diminui a motivação e atividade das crianças e, em nossa opinião, não respeita seus sentimentos. A Comunidade não pode ser alcançada às custas da iniciativa e amizades das crianças. Esta coerção operará contra o estabelecimento dos sentimentos de propriedade da classe pelas crianças. Os alunos devem ter a liberdade de escolher seus companheiros.

No início da infância, as crianças ainda estão construindo seus sentimentos, idéias e valores relativos à amizade. Até mesmo crianças muito pequenas desenvolvem apego a outras crianças com todas as características de amizade. Crianças de 2 anos demonstram estabilidade na preferência por parceiros de brincadeiras, antecipam ansiosamente sua chegada, sentem sua falta ou sentem-se tristes quando esses estão ausentes e expressam compaixão especial por esses amiguinhos.

Alertamos contra tentativas de romper esses apegos especiais entre as crianças. Ocasionalmente, os professores preocupam-se com formação de "panelinhas". Compreendemos e concordamos com a preocupação que alguém sinta-se deixado de fora, quando excluído das brincadeiras em um grupo. Entretanto, os apegos das crianças são importantes e marcam o progresso no desenvolvimento social. A estabilidade nas preferências reflete a conservação de valores, necessária para o desenvolvimento moral. Portanto, sugerimos que os professores encorajem as amizades especiais das crianças.

Se um problema de exclusão e sentimentos feridos surge, este pode ser abordado de diversas maneiras. Ele pode ser um tópico para a discussão em grupo, como uma questão hipotética geral sem se dar nome às personalidades envolvidas. Se uma criança está muito abatida, o professor pode explorar o problema primeiro em uma discussão particular. Pode ser útil sugerir que os pais da criança excluída convidem um colega para ir à sua casa ou compartilhar uma ocasião especial. Temos visto o surgimento de amizades da noite para o dia após uma experiência compartilhada. Às vezes, é útil treinar a criança excluída em como entrar na brincadeira dos outros. Também pode ajudar se a criança excluída trouxer um jogo especial para compartilhar com os companheiros. Não é necessário exigir que as crianças brinquem com certos outros colegas.

Organizar a interação com colegas é também preparar o terreno para conflitos inevitáveis. Vendo os conflitos e sua resolução como parte do currículo, os professores construtivistas tiram vantagem de incidentes conflituosos, como discutido no Capítulo 5. Em uma situação de conflito, as crianças têm a oportunidade de perceber o diferente ponto de vista do outro. Elas são motivadas a descobrir como resolver um problema.

Organização para a Responsabilidade da Criança

Quando as crianças sentem-se donas da sala de aula, está preparado o terreno para o cultivo de sentimentos de responsabilidade. A sala de aula moral é organizada de modo que as crianças possam assumir responsabilidades. Os adultos freqüentemente subestimam a quantidade de responsabilidade que as crianças dispõem-se a aceitar e pela qual realmente anseiam.

Uma vez que as crianças utilizam materiais e mobília na sala de aula, elas são capazes de observar o que acontece quando esses não recebem o cuidado apropriado. Quando as tampas não são recolocadas nos pincéis atômicos, estes secam e não podem mais ser usados. Quando as mesas não são limpas e secas, não existe um espaço limpo para colocar o lanche. Quando os materiais não são colocados em seus devidos lugares, as crianças não conseguem encontrá-los. Quando eventos como esses ocorrem, o professor pode tirar vantagem da oportunidade para discutir em grupo sobre a forma de resolvê-los. Discutimos, nos Capítulos 6 e 12, várias maneiras pelas quais os professores podem dividir a responsabilidade com as crianças, através da rotatividade de deveres e privilégios diários.

Similarmente, o senso de responsabilidade pelo ambiente social pode ser cultivado. Desde o início, o professor construtivista compartilha com as crianças a responsabilidade de fazer as regras, como discutimos no Capítulo 7. Quando as crianças sentem-se donas das regras, aumenta a propensão a segui-las e a lembrar a outros para segui-las também.

Quando a cooperação não acontece, as crianças têm a oportunidade de entender por que precisam de regras que todos respeitem. Com a orientação do professor, as crianças podem discutir seus problemas e decidir em que espécie de comunidade desejam viver.

Nem sempre é fácil ter confiança na competência potencial das crianças. Alguns educadores sentem que o objetivo máximo é que as crianças aprendam a seguir diretrizes. A "auto-regulação" é, na verdade, usada algumas vezes como obediência às demandas dos adultos. Esta não é a visão construtivista. Esperamos que as histórias, neste livro, encoragem os professores a confiar nas possibilidades para a auto-regulagem das crianças.

ATIVIDADES

O respeito pelas crianças leva à definição da educação construtivista como ativa. Especificamente, a educação construtivista:

1. Envolve o interesse da criança.
2. Inspira a experimentação ativa com todas as tentativas e erros necessários.
3. Apóia a cooperação entre adultos e crianças e entre as próprias crianças.

Discutimos abaixo como o interesse, a experimentação e a cooperação são importantes para o ambiente sócio-moral.

Atraindo e mantendo o interesse

Por interesse, referimo-nos ao engajamento emocional positivo das crianças nas atividades de sala de aula. Este interesse é crucial para o ambiente sócio-moral construtivista, porque reflete respeito pelo ponto de vista da criança. Enfocamos aqui a importância do interesse em uma classe construtivista e oferecemos alguns exemplos de como os professores atraem o interesse das crianças.

Por que o Interesse é Importante

Piaget (1954/1981, 1969/1970) referia-se ao interesse como o "combustível" do processo construtivo. Os interesses dos adultos, em geral, são conscientemente definidos e ordenados em prioridades. Assim, os adultos freqüentemente são capazes de um esforço construtivo, quando sentem a pressão de alguma espécie de coerção, mesmo se seu nível de interesse está baixo. Mesmo para os adultos, entretanto, a ausência do interesse pode evitar um esforço efetivo. Quando nosso interesse é completamente engajado, nossos esforços são mais produtivos. Esta condição é ainda mais necessária para crianças pequenas, cujos interesses ainda são relativamente indiferenciados. De acordo com Piaget, o interesse é central às ações pelas quais a criança constrói o conhecimento, inteligência e moralidade. Sem o interesse, a criança jamais faria o esforço construtivo para atribuir sentido à experiência. Sem o interesse no que lhe é novo, a criança jamais modificaria seu raciocínio ou valores. O interesse é uma espécie de regulador que nos liberta ou faz cessar o investimento de energia em um objeto, pessoa ou evento. Portanto, os métodos que visam a promover o processo construtivo devem despertar o interesse espontâneo da criança, inerente à atividade construtiva.

Muitas pessoas ficam surpresas quando descobrem que a educação construtivista para o desenvolvimento cognitivo focaliza igualmente a afetividade. Este princípio "piagetiano" foi elaborado bem antes de Piaget por John Dewey (1913/1975), que argumentava que meta da educação é o aumento na capacidade de sustentar o esforço. Dewey previnia, entretanto, que algumas espécies de esforço *não* são educativas. Esses são esforços em tarefas que não envolvem nada, exceto o puro dispêndio de energia e motivação externa para sua continuidade. Ele descreveu essas tarefas não apenas como *não* educativas, mas como *des*educativas. São deseducativas porque embotam e "emburrecem", levando a um estado mental de confusão e tédio, fruto de ação executada sem um senso de finalidade pessoal. Elas também são deseducativas porque levam à dependência da pressão externa exercida pelo controlador da tarefa. Quando o interesse e a motivação da criança são de evitar a punição ou obter recompensas do professor, estão, portanto, fora da própria tarefa. Dewey afirmou que não devemos buscar motivos externos às atividades, mas *nas* atividades. Quando os professores precisam buscar modos artificiais para motivar as crianças, algo está profundamente errado.

O interesse pela atividade está no âmago da educação construtivista. Tanto Dewey quanto Piaget recomendavam que começássemos a partir dos poderes ativos das crianças. De que modo as crianças pequenas podem ser mentalmente ativas? A resposta geral a esta questão é que as crianças pequenas são motivadas à atividade mental no contexto da atividade física. Para Piaget, a inteligência origina-se na infância, na ação simultaneamente mental e física. O desenvolvimento mental é, em grande parte, uma questão de libertar gradualmente a atividade mental da atividade física. Por muitos anos na infância, entretanto, a atividade física continua estreitamente associada com a atividade mental e como uma parte necessária desta.

Exemplos de Apelo aos Interesses das Crianças

A educação ativa não ocorre em uma classe onde as crianças sentam-se em cadeiras isoladas umas das outras, realizando tarefas escritas. Uma sala de aula construtivista é aquela na qual muitas atividades diferentes ocorrem simultaneamente. Essas atividades incluem aquelas há muito associadas com a tradição do desenvolvimento infantil na educação infantil (por exemplo, pintura e outras atividades de arte, montar blocos e outras atividades de construção e jogos de faz-de-conta). Além disso, os professores construtivistas acrescentam atividades de conhecimento físico (DeVries & Kohlberg, 1987/1990; Kamii & DeVries, 1978/1993) e jogos de grupo (DeVries & Kohlberg, 1987/1990; Kamii & DeVries, 1980).

No HDLS, na Universidade de Houston, os professores consultam as crianças rotineiramente sobre o conteúdo do currículo. Por exemplo, Peige Fuller perguntou o que sua classe de Investigadores (crianças de 3 anos e meio a 4 anos e meio) desejava saber. A lista gerada pelas crianças, então, forneceu o conteúdo para o resto do semestre. Aqui está um lista parcial de tópicos: astronautas, vidro quebrado, mães e pais, ir para a faculdade, maçãs, lavar as mãos, dinossauros e damas de honra de casamento. Em uma entrevista (em junho de 1992), Peige explicou seu pensamento:

> Os desafios eram de respeitar os desejos das crianças e, de alguma forma, transformar os tópicos em atividades construtivistas. A professora também tem em mente algumas coisas que deseja colocar no currículo, coisas que deseja que as crianças saibam sobre o mundo. Ser um facilitador significa que você observa as coisas que as crianças desejam saber e tenta descobrir como trazer atividades que se derivam das idéias dos alunos, bem como

gerar oportunidades para o desequilíbrio — interpessoal e cognitivo. Os professores construtivistas compreendem que aí é que ocorre a verdadeira aprendizagem.

Eu também aprendi como professora, envolvendo as crianças em sua aprendizagem desde o início. Isto exige professores que respeitem as idéias das crianças e saibam como levá-las a um novo plano. É uma questão de pensar sobre o tipo de coisas a serem usadas — investigações, lugares para ir, discussões e conflitos que podemos ter. Nisto reside o encantamento da educação infantil — o entusiasmo de construir o currículo com as crianças. Você se compromete a ser o melhor facilitador possível da aprendizagem de seus alunos. Depois você descobre o que desejam saber. Então você tem encontros realmente sérios de planejamento, onde você pensa em tudo que existe e é possível ser trazido para enriquecer os projetos.

O fato de considerar seriamente os interesses das crianças levou Peige a muitas experiências inesperadas. Relatamos algumas dessas, a fim de ilustrarmos as recompensas obtidas ao seguir os interesses das crianças.

Vidro Quebrado. Peige disse: "Ficamos muito preocupados com este tópico, quando o ouvimos pela primeira vez. Retrospectivamente, foi o mais fácil de realizar". O estudo sobre quebrar vidros foi expandido para uma unidade sobre segurança. Obviamente, a professora não deixou que as crianças quebrassem vidros. Peige explicou-lhes que seria inseguro fazer isso e que não podia permitir que um aluno saísse machucado. Então, as crianças observaram enquanto a professora quebrava vidros de uma forma segura (em uma caixa coberta com uma toalha). Peige explicou que as crianças apenas queriam ver o que acontecia quando vidros quebravam-se. Ela especulou que seus alunos aprenderam por que os adultos "ficam malucos" e mandam ter cuidado quando as crianças quebram vidros.

Damas de Honra de Casamento. Este talvez tenha sido o tópico mais difícil de desenvolver em algo que não apenas levasse a um novo conhecimento, mas também ao raciocínio e entendimento. Já que a Assistente da Diretoria estava planejando seu casamento, ela foi convidada para a roda e falou sobre relacionamentos amorosos, casamento e formação de uma família. As crianças tiveram oportunidade para pensar sobre o que significa formar uma família e, é claro, perguntaram se a assistente teria bebês. Esta respondeu: "Sim, algum dia" e acrescentou que os filhos tornam a família ainda mais especial. Em outras reuniões de grupo, as crianças falaram sobre as muitas espécies diferentes de famílias representadas na sala de aulas. As crianças aprenderam sobre os sobrenomes e começaram a escrever as iniciais dos sobrenomes após os primeiros nomes. Um cantinho para vestir roupas de damas foi organizado. Peige comenta:

> Para mim, a parte sobre damas de honra não era o foco principal, mas para duas ou três crianças que consideravam isto importante,

esta era a chance de explorarem essa fantasia. Talvez isto fosse uma realidade em suas vidas, um momento especial que desejavam reviver, quando sentiram-se como "gente grande" e vestiram roupas especiais. Sentir-se bem-vestido dá uma sensação boa, embora o excesso e a afetação, não.

Durante a exploração deste tema, surgiu uma discussão quanto à possibilidade ou não de meninos também serem "pajens". Peige comenta: "Não víamos por que alguém não poderia ter também um pajem, se assim o desejasse. Então, todos os meninos vestiram capas rendadas, pegaram buquês e também muitos paetês para se enfeitarem".

Lavar as mãos. Esta sugestão para o currículo veio de um menino confuso com o fato de os pais e os professores mandarem-no lavar as mãos com tanta freqüência. Isto faz com que recordemos uma história contada pela mãe da primeira autora sobre a criança que, quando solicitada a lavar suas mãos antes de cozinhar, disse: "Eu não preciso fazer isso. Já tomei um banho de manhã". Peige refletiu que, embora as crianças falassem sobre germes, o conhecimento sobre eles era questão de fé. Ela solicitou o auxílio de uma mãe, uma microbióloga, que trouxe consigo lâminas de laboratório. Peige pensou nas ocasiões em que os adultos mandam as crianças cobrir a boca ao tossir, bem como lavar as mãos. Depois que as crianças brincaram na areia, Peige cortou suas unhas e colocou-as em uma das lâminas. Depois que as crianças lavaram as mãos, ela colocou mais pedacinhos de unhas em outra lâmina. Na hora da roda todas as crianças tossiram em um pires de laboratório, sem cobrir a boca. Com um outro pires, as crianças cobriram suas bocas e tossiram. Para obterem o efeito de um espirro sem proteção, uma criança sugeriu extraírem muco de seu nariz com um cotonete. Um dos pires foi exposto meramente ao ar. Todos os pires e lâminas estavam rotulados e foram discutidos, de modo que as crianças tivessem certeza sobre o que estavam fazendo. A mãe levou o material para um local quente e úmido em seu laboratório. Quando o trouxe de volta, dois dias depois, resultados dramáticos eram visíveis a olho nu. Um dos pires tornara-se tão tóxico que teve de ser selado e devolvido ao laboratório para ser jogado no lixo com segurança! As crianças recordaram o que haviam feito e discutiram as descobertas durante várias rodas. Durante as atividades, examinaram atentamente as lâminas e pires. Este projeto tornou os germes observáveis e mais reais para as crianças.

Encorajamento à Experimentação

Por experimentação, referimo-nos às ações das crianças sobre os objetos físicos, juntamente com observações das reações dos objetos a essas ações, assim como novas ações informadas pelas observações anteriores.

Por que a Experimentação é Importante

A liberdade para experimentar com objetos é uma parte importante da atmosfera sócio-moral construtivista, porque reflete a atitude geral do professor para com os interesses e modos de conhecer das crianças. Isto inclui o reconhecimento da importância dos erros da criança para a construção do conhecimento. Até mais ou menos os 7 anos de idade, o pensamento da criança é dominado pelos aspectos físicos, materiais e observáveis da experiência. O principal interesse da criança pelos objetos diz respeito ao que acontece quando atua sobre eles. Nos primeiros anos da infância, especialmente, as crianças constroem o conhecimento do mundo físico atuando sobre ele. Experimentando, de acordo com Piaget, a criança constrói não apenas o conhecimento físico, mas também o poder intelectual — a própria inteligência.

As reações dos adultos às experiências das crianças são cruciais para o ambiente sócio-moral. Se a experimentação é vista como mau comportamento, pode ser punida. É fácil silenciar a atitude de experimentação da criança. O desafio do professor construtivista é apoiá-la.

Exemplos de Experimentação na Sala de Aula

Em uma sala de aula construtivista, o professor promove ativamente atitudes experimentais entre as crianças. Em uma atividade de afundar-flutuar, na pré-escola do HDLS, por exemplo, Coreen Samuel encoraja a curiosidade das crianças oferecendo objetos que podem fazer surgir sentimentos de contradição entre as expectativas das crianças e a observação dos objetos. Ela indaga questões e tece comentários, tais como "O que acontecerá agora? Será que ele vai flutuar?" Ela chama a atenção das crianças para experiências individuais: "Vamos ver o que acontece quando _____ tenta _____." As crianças experimentadoras dizem: "Vamos ver o que isso faz". "Deixe que eu lhe mostro isso". "Vamos testar isso". "Tente com esses". Elas anunciam suas descobertas com prazer e, freqüentemente, com surpresa, indicando uma reflexão consciente sobre o problema. O professor aproveita-se particularmente da surpresa, já que esta indica contradição entre a expectativa e observação das crianças. Por exemplo, S parece surpresa porque um caminhão de madeira de tamanho médio (com eixos de metal e pneus de borracha) submerge parcialmente enquanto um ônibus de madeira, maior, flutua. Coreen (a professora) sugere maior experimentação e comparação e incentiva S a pensar por que esses resultados ocorrem.

S: Veja isso, Coreen, ele [o caminhão de madeira] afundou.
P: E o que será que acontece com o ônibus maior?
S: (Coloca um grande ônibus na água; ela olha para Coreen com uma expressão surpresa).

P: Nossa, veja só! Eu nunca vi um ônibus flutuar antes.
S: E esse aqui afundou (mostra o caminhão).
P: Como é que esse aí afundou? E este [o caminhão] é o menor.
S: Porque é pequeno.
P: É menor, e este aqui é maior. Será que este (o ônibus) é mais pesado? Vamos ver. Qual você acha que é mais pesado?
S: Este [ônibus].
P: E como é que está flutuando?
S: (Deixa cair um pequeno carro de madeira na água e este flutua). Como é que algumas coisinhas bem pequenas flutuam, se são pequenas?
P: Você achava que apenas coisas grandes flutuavam?
S: É, mas o carrinho flutua.
P: É bem estranho...
S: (Pega rolo de papelão das toalhas de papel) Isto vai flutuar. Olhe só. Está flutuando como uma serpente!
P: Mas vejam só! Olhe este palito de dentes. O que você acha que vai acontecer?
S: (Deixa cair o palito na água e vê que flutua).

Nesta atividade, S não resolve a sensação de contradição entre sua expectativa baseada na idéia de que apenas coisas grandes flutuam e sua observação de que coisas pequenas também flutuam. Entretanto, sua perplexidade é a base para maior experimentação, reflexão e resolução eventual de sua contradição.

Este exemplo ilustra que as expectativas das crianças podem surpreender-nos. Portanto, também esta professora continua construindo o conhecimento sobre como as crianças raciocinam e modificam seu raciocínio.

Coreen apóia as idéias das crianças, mesmo quando estão incorretas, e chama a atenção de outros para elas. Por exemplo, quando T formula a hipótese de que um pedaço de isopor flutua porque tem um buraco no meio, Coreen repete "T diz que, se tem um buraco aqui, ele não afunda". Então Coreen tenta desafiar o raciocínio da menina observando: "Isto (uma cesta plástica para guardar morangos) afunda, mas tem buracos por toda parte". Depois, quando outras crianças percebem que coisas de madeira parecem flutuar, ela chama a atenção para o caminhão parcialmente submerso com eixos de metal e pneus de borracha, dizendo: "E o que tem de diferente neste aqui?" Uma criança diz: "Ele é entalhado". Ele refere-se ao fato de o caminhão ser feito de um único bloco de madeira. Quando um grupo de crianças conclui que o metal afunda e a madeira flutua, Coreen apresenta uma régua de madeira com uma ponta de metal e pede previsões.

Gostaríamos de ressaltar que Coreen não evita a inclusão de objetos com propriedades que possam fazê-los afundar ou flutuar nessas experiências. Embora algumas observações levem a conclusões claras, de acordo com a classificação por material, isto não ocorre em outros momentos. Coreen não tenta proteger as crianças das ambigüidades do mundo real.

Promovendo a Cooperação

Por cooperação, referimo-nos a operar em relação ao comportamento, desejo, sentimentos, idéias e outros estados psicológicos de outra pessoa. Piaget falou sobre a importância cognitiva e moral de descentrar-se da consciência de uma única perspectiva. A cooperação não é possível, a menos que as crianças descentrem-se para pensar sobre a perspectiva de outros. A cooperação, com sua reciprocidade implícita, é imprescindível para o ambiente sócio-moral.

Por que a Cooperação é Importante

A cooperação exige a coordenação de pontos de vista, um ajuste progressivo na compreensão do outro, na aceitação de iniciativas ou no intercâmbio de propostas ou contrapropostas. A necessidade de coordenação torna-se clara quando as crianças agem de forma contraditória ou discordam abertamente. O desejo de brincarem juntas surge a partir de suas relações de amizade e vínculos sócio-afetivos. O hábito de brincar junto com outros torna possível formas mais complexas de cooperação. A motivação para cooperar e resolver problemas, quando as interações são perturbadas, é mais forte entre amigos do que entre parceiros casuais.

O desejo de compartilhar os próprios pensamentos com outra pessoa leva a esforços para entender e se fazer entendido. A sensação de entender outra pessoa e de ser compreendido pode criar as condições para o desenvolvimento da amizade. Com freqüência, nas brincadeiras das crianças, elas se interessam mais pela interação social do que pelo conteúdo da brincadeira. As experiências com a cooperação oferecem a base e contexto para o desenvolvimento da compreensão interpessoal e da reflexão sobre temas de justiça e imparcialidade.

Na ausência de organização externa, as crianças que brincam juntas devem construir acordos sobre o que fazer. Nos brinquedos de faz-de-conta, o significado dos símbolos deve ser compartilhado. Nos jogos, as crianças confrontam a necessidade de concordar com certas regras. Ao construírem juntas, com blocos, elas devem concordar sobre o que fazer e quem executa as várias partes do trabalho. A cooperação, portanto, é importante para o desenvolvimento tanto intelectual quanto social e moral.

Exemplos de Cooperação na Sala de Aula

Uma sala de aula organizada para a promoção do interesse e experimentação também convida à cooperação. As crianças que desejam usar os blocos podem decidir trabalhar juntas em uma estrutura. Nas brincadeiras de faz-de-conta, as crianças podem desenvolver e compartilhar um sistema de símbolos, à medida que coordenam os papéis que desempenham e suas idéias. A preparação do lanche da classe pode ser organizada de modo que dois cozinheiros precisem concordar sobre o que cozinhar e como dividir as responsabilidades.

Algumas atividades, tais como jogos em grupo, exigem a cooperação. Considere, por exemplo, o caso de dois amigos de 5 anos que jogam damas juntos, freqüentemente, durante um ano. O ajuste progressivo dos pontos de vista torna-se claro, à medida que ambos constroem simultaneamente as regras e o entendimento interpessoal. No início, eles não sabem todas as regras clássicas e inconscientemente modificam o jogo. K, por exemplo, decide que as peças podem se mover diagonalmente por qualquer número de espaços, desde que o caminho esteja livre, como o bispo, no xadrez. J acha que pode saltar sobre dois espaços, a fim de capturar a peça do oponente. K decide que ambos podem mover-se para trás.

Em uma sala de aula construtivista, o professor coopera com as crianças. Ele as estimula a apresentarem idéias sobre o que aprender e facilita a exploração, experimentação, investigação e invenção. O professor construtivista coopera com as crianças, consultando-as e freqüentemente agindo como companheiro, como participante nos jogos e como um colega experimentador.

O PAPEL DO PROFESSOR

Como indicamos no Capítulo 1, as relações dos professores com as crianças são cruciais para o ambiente sócio-moral. Não é demais dizermos que essas relações determinam a natureza da ambiente interpessoal. O professor construtivista tenta cooperar com as crianças e encoraja a cooperação entre elas próprias.

A Cooperação com as Crianças

Ao falarem sobre a cooperação entre adultos e crianças, as pessoas freqüentemente referem-se à obediência das crianças às exigências dos adultos. Não é isto o que queremos dizer. Ao invés disso, queremos transmitir a idéia de uma relação de reciprocidade do professor com seus alunos. Esta relação surge do respeito pelas crianças como pessoas e do respeito pela natureza de seu desenvolvimento. O princípio geral de ensino é que o professor deve minimizar a autoridade tanto quanto seja prático e possível (veja Capítulo 3 para o suporte conceitual). A cooperação é importante para o ambiente sócio-moral, porque reflete respeito pela igualdade dos membros da classe — igualdade nos direitos e responsabilidades.

Conceitualizamos o modo como os professores construtivistas cooperam com as crianças em termos do que tentam fazer. Os professores tentam (1) entender o raciocínio infantil e (2) facilitar a construção do conhecimento pelas crianças.

Entendendo o Raciocínio Infantil

Conhecer as pesquisas e teorias de Piaget sobre o estágio pré-operacional do desenvolvimento ajuda os professores a compreenderem o raciocínio das crianças pequenas. Não tentamos uma revisão deste trabalho aqui, mas oferecemos algumas diretrizes e exemplos que podem facilitar ao professor construtivista inexperiente o hábito de observar e ouvir as crianças.

Este hábito caracteriza-se por considerar seriamente o que as crianças dizem. Por exemplo, quando uma criança diz: "O homem que faz a previsão do tempo fez chover hoje", o professor reconhece que esta é uma crença real e não apenas uma observação engraçadinha. Similarmente, o professor avalia a natureza intuitiva de uma idéia expressada por uma criança em uma caminhada. Enquanto o grupo vira-se para voltar à escola, as sombras não mais estão às suas costas, mas à frente. "Como é que sua sombra está em sua frente, agora?" A resposta: "Foi o vento que soprou". O professor percebe que a criança não é capaz de pensar sobre relações causais e espaciais entre luz, objeto e sombra. Similarmente, quando uma criança insiste que um colega derrubou sua construção de blocos de propósito, o professor reconhece que a criança não compreende e talvez não consiga compreender que as ações podem não refletir intenções.

O professor construtivista não presume que as crianças pensam como adultos. Ao invés de fazer suposições sobre o que as crianças sabem e como raciocinam, o professor investiga honestamente o que as crianças pensam e está preparado para surpresas.

Facilitando as Construções das Crianças

Entender o raciocínio das crianças fornece a base para a facilitação de seu desenvolvimento. A fim de ajudar as crianças na construção do conhecimento e da inteligência, o professor construtivista interage com elas para introduzir dados novos que alimentem a reflexão. Em uma atividade com sombras, por exemplo, Coreen Samuel observa que B, um aluno do jardim de infância no HDLS, descobriu que mover-se mais para longe da tela resultava em sombras cada vez maiores. Imaginando se B levou a fonte de luz em consideração, ela indaga: "Até que ponto você consegue aumentar a sombra? Faça-a tão grande quanto puder". B responde movendo-se para trás até estar por atrás do projetor de *slides* que serve como fonte de luz. "O que aconteceu à sombra do elefante? Não posso vê-la mais!" B surpreende-se com o resultado inesperado e sacode o elefante no escuro. Não vendo sombra, ele move-se para a frente, mas fora do trilho de luz. Mexendo o elefante de lado a lado, B acidentalmente capta a luz e vê a sombra. Isto o leva a postar-se dentro de todo o facho de luz. "Lá está ele!" Coreen novamente pergunta: "E então, qual é o maior tamanho que você pode fazer?" B novamente retrocede, ainda inconsciente da fonte de luz, e perde novamente a sombra. "Droga!", ele exclama, sacudindo o elefante. Ele o coloca em cima e ao lado do projetor e, finalmente, recria a sombra voltando para o local onde a vira por último. Durante o curso do ano, Coreen continua criando situações que levam B a experimentar mais com as sombras. Fazer sombras no teto é uma situação particularmente excitante, na qual B testa várias hipóteses e gradualmente coordena as relações de luz-objeto e objeto-tela.

Em um jogo de grupo, o professor construtivista freqüentemente toma parte como jogador, junto às crianças. Nesta posição, ele pode pensar em voz alta e, desta forma, ajudar as crianças a tornarem-se mais conscientes das regras e estratégias. Por exemplo, em um jogo de damas, um estudante interno do HDLS diz: "Se eu mover esta aqui, será mais seguro, mas se mover esta outra, você saltará sobre mim, então acho que moverei esta aqui, para ter mais segurança". As crianças, portanto, são desafiadas a pensar à frente e raciocinar sobre possíveis movimentos por parte do oponente.

Muitos outros exemplos dados neste livro ilustram como o professor construtivista coopera com as crianças, considerando com seriedade seu raciocínio e sua construção do conhecimento.

Apoio à Cooperação entre Crianças

Uma vez que tanta interação entre colegas ocorre em uma sala de aula construtivista, as relações entre as crianças formam uma parte importante do ambiente sócio-moral. O objetivo construtivista é que as crianças construam equilíbrio emocional e capacidades de enfrentamento, entendimento interpessoal e valores sociais e morais. Todos esses objetivos são abordados através do trabalho do professor com crianças no contexto interpessoal das interações com companheiros.

Promovendo a Construção do Equilíbrio Emocional e Capacidades de Enfrentamento

A construção do equilíbrio emocional é um esforço contínuo por parte de crianças pequenas emocionalmente instáveis. Elas ainda não construíram características estáveis de personalidade e competências de enfrentamento. Isto se deve, em grande parte, às limitações intelectuais no pensar em diversas perspectivas e às complexidades das interações e das relações entre si mesmo e os outros. A criança que não diferencia ação de intenção ficará zangada com cada revés acidental em seus direitos. O equilíbrio emocional surge gradualmente, enquanto as crianças aprendem a adiar o julgamento e questionar suas próprias interpretações quanto a outros, percebendo que precisam descobrir quais são suas intenções. Alguns adultos não aprendem a fazer isto muito bem, tirando conclusões precipitadas que, na verdade, são projeções de suas próprias atitudes. O professor construtivista ajuda as crianças no processo de aquisição do equilíbrio emocional e saúde mental, facilitando o desenvolvimento do autoconhecimento e do entendimento interpessoal.

O professor construtivista apóia o desenvolvimento do autoconhecimento ajudando as crianças a refletirem sobre seus sentimentos e tendências de reação. Quando as crianças sentem-se aborrecidas, o professor pode perguntar o que aconteceu para deixá-las assim. De um modo solidário, o professor pode reconhecer os sentimentos das crianças, explicitando para elas este reconhecimento. No caso de um conflito com outra criança, o professor utiliza técnicas de mediação de conflito discutidas no capítulo seguinte. Se a criança chega à escola chateada com um dos pais, o professor pode ouvi-la e talvez ajudá-la a descobrir como falar com o pai ou a mãe sobre o problema. Se a criança continua triste ou está chateada por algo que não pode ser mudado, o professor construtivista tenta ajudá-la a soltar-se e dominar os sentimentos difíceis, sugerindo: "Às vezes, podemos aliviar nossos próprios sentimentos. Há algo que você possa fazer, para sentir-se melhor?" Quando um criança parece estar em uma espiral destrutiva de raiva ou autocomiseração, algumas vezes, é útil dizer: "Você pode decidir sentir-se mal, ou pode decidir que se sentirá melhor". Considere a seguinte interação entre Peige Fuller (P) e uma criança de 4 anos que ingressou em sua classe apenas alguns dias antes.

C: (Chora)
P: Então, essas lágrimas são porque alguma coisa está lhe aborrecendo? O que a deixou triste?
C: Eu quero a minha mamãe.
P: Certo. Alguma coisa em nossa sala de aula deixou você muito triste?
C: (Assente)

P: O que aconteceu?
C: Eu só quero a minha mamãe.
P: Você só quer sua mamãe? Vejo que você está com seu guardanapo. Gostaria de comer alguma coisa?
C: (Balança a cabeça)
P: Não? Está bem. Sabe, uma coisa que você pode fazer e que vai ajudar muito é sentar aqui e ajudar a gente a arrumar esses Legos. Isto seria uma ajuda muito grande. (Ela leva C ao colo enquanto recolhem alguns blocos do chão e os colocam em uma caixa). (Mais tarde, C ainda está chorando).
P: (Inclina-se ao nível de C, segura as mãos desta entre as suas e olha em seus olhos). C, eu preciso dizer-lhe uma coisa. Você está escolhendo ficar triste, muito, muito triste. Se você preferisse parar de chorar, isto seria legal. Saberíamos, mesmo assim, que você sente falta de sua mamãe. Mas se parar de chorar, pode preferir conhecer novos amigos e se divertir um pouco, brincando.
C: (Chorando) Mas eu sinto saudade da mamãe.
P: Hoje à tarde ela vem buscá-la, mas não pode pegá-la aqui agora.

A construção do equilíbrio emocional e capacidades de enfrentamento é importante para a construção do entendimento interpessoal.

Promovendo a Construção do Entendimento Interpessoal

A construção do entendimento interpessoal é um processo de descentramento para pensar sobre os pontos de vista de outros e descobrir como coordená-los com o próprio ponto de vista por meio da negociação. No Capítulo 2, discutimos os níveis desenvolvimentais nas estratégias de negociação, bem com as experiências compartilhadas. À medida em que se interessam pelos estados psicológicos de outros e pelo desenvolvimento de amizades, as crianças constroem um repertório de diferentes tipos de estratégias de negociação e experiências compartilhadas das quais são capazes. O professor construtivista facilita esta construção, usando estratégias avançadas, ocasionalmente sugerindo-as no contexto de conflitos e apoiando, de modo geral, os esforços de negociação pelas crianças. O professor construtivista, por exemplo, indica umas crianças a outras para o auxílio em atividades e declara os diferentes pontos de vista das crianças no contexto de conflitos.

Shure e Spivack (1978) oferecem exemplos excelentes de como intervir nos conflitos das crianças e como não intervir. Uma vez que refletem também nossos próprios princípios para o ensino, esses exemplos são reproduzidos aqui. Nos exemplos seguintes, uma mãe intervém em conflitos entre seu filho e o companheiro de brincadeiras. O primeiro exemplo ilustra o que *não* fazer, quando a mãe observa que o filho agarrou um brinquedo. O leitor perceberá que as intervenções da mãe são, em sua maior parte, de entendimento interpessoal do nível 1, como discutimos no Capítulo 2.

> Mãe: Por que você tomou aquele caminhão do John?
> Criança: Porque é a minha vez!
> M: Devolva, James.
> C: Eu não quero devolver. É meu.
> M: Por que você não brinca com seus carrinhos?
> C: Eu quero meu caminhão de bombeiros!
> M: Vocês devem brincar juntos ou fazer um revezamento. Pegar o brinquedo de outro não é legal.
> C: Mas eu quero meu caminhão agora!
> M: Crianças devem aprender a compartilhar. John vai ficar bravo e não será mais seu amigo.
> C: Mas mamãe, ele não quer me dar!
> M: Você não pode ficar por aí pegando as coisas dos outros. Você gostaria se ele fizesse a mesma coisa com você?
> C: Não.
> M: Peça desculpas a John. (p. 32).

Após o treinamento com as habilidades de Solução Cognitiva de Problemas Interpessoais de Shure, uma outra mãe interage da seguinte maneira ao ver seu filho pegando o brinquedo de outra criança. O leitor perceberá que as intervenções da mãe, desta vez, dizem respeito ao entendimento interpessoal do nível 2.

> Mãe: O que aconteceu? Qual é o problema?
> Criança: Ele pegou meu carrinho de corrida. Ele não quer devolver.
> M: Por que você precisa do carrinho agora?
> C: Porque já está com ele há muito tempo.

Shure comenta que a mãe entendeu que o filho já dividira seu brinquedo, um fato que a leva a uma visão diferente do problema do que se exigisse imediatamente que o filho compartilhasse com a outra criança.

> M: Como você acha que seu amigo se sente quando você pega seus brinquedos?
> C: Muito bravo, mas eu não me importo, é meu!
> M: O que seu amigo fez quando você agarrou o brinquedo?
> C: Ele me bateu, mas eu quero meu brinquedo!
> M: Como você se sentiu?
> C: Fiquei zangado.
> M: Você está zangado e seu amigo está zangado e bateu em você. Você consegue pensar em um jeito diferente de ter de volta seu brinquedo, sem que vocês dois fiquem zangados e sem que John lhe bata?
> C: Eu posso pedir a ele.
> M: E o que pode acontecer, então?
> C: Ele dizer que não.

M: Ele pode dizer não. O que mais você acha que pode fazer para que seu amigo lhe devolva seu carrinho?
C: Eu poderia deixá-lo ficar com meus outros carrinhos.
M: Bem, você pensou em duas maneiras diferentes de resolver o problema. (pp. 36-37).

Esses exemplos ilustram como o adulto pode promover a cooperação entre as crianças, facilitando a reflexão sobre sentimentos interpessoais, conseqüências e estratégias. À medida que as crianças tornam-se mais competentes no entendimento interpessoal e ação, a atmosfera sócio-moral também passa por transformações.

Promovendo a Construção de Valores Morais

A construção dos valores morais é um processo gradual de construção do respeito por outros. As crianças não desenvolvem respeito por outros, a menos que sejam respeitadas. A expressão de respeito do professor pelas crianças faz muito, no sentido de estabelecer a base para a construção do auto-respeito e respeito por outros. O respeito por outros repousa no descentramento intelectual e emocional para levar em conta os pontos de vista de outros. Por meio de incontáveis situações nas quais experienciam simpatia, comunhão e conflitos com outros, as crianças constroem idéias de reciprocidade entre as pessoas.

Como recomendado por Kohlberg (Power, Higgins & Kohlberg, 1989) em seu enfoque de Comunidade Justa à educação moral do adolescente, o professor construtivista facilita a construção dos valores morais mantendo a justiça, submetendo questões sociais e morais às crianças para discussão e tirando partido de temas que surgem na vida da classe. As crianças de classes construtivistas sabem que o grupo é um recurso para a solução de problemas morais e sociais. O grupo assume uma autoridade moral para a qual a criança contribui e pela qual se sente comprometida.

Geralmente recomendamos que o professor não inicie a discussão em grupo de problemas entre duas crianças. Entretanto, quando muitas crianças estão preocupadas sobre o comportamento de um indivíduo, a discussão em grupo pode render bons frutos. Por exemplo, em nossa pré-escola do *Lab School*, as crianças certo dia entram na sala cedo, após o período de brincadeiras no pátio, preocupadas com o comportamento de H no pátio. N entra na sala de aula, dizendo: "Precisamos discutir o problema de H". A professora, Coreen Samuel, pergunta se isto deve ser feito por todo o grupo ou se é algo para a hora da atividade. N está demasiadamente zangado para esperar e outras crianças juntam-se à sua queixa. N explica: "H estava amassando e rasgando meu desenho e me empurrou com força no escorrega". H nega, dizendo que não lembra de ter empurrado N para baixo. N acusa: "Empurrou sim, você me empurrou! Está mentindo para poder se livrar do problema!" Outras crianças apóiam a história de N e A (com 5 anos de idade) argumenta eloqüente e inflamadamente sobre as implicações além deste incidente particular. Ela diz:

> Acho que o que a gente deve fazer é mostrar a H como a gente se sente. Esses problemas são muito importantes, porque se a gente não resolver, eles não vão melhorar e os meninos não vão ser bem ensinados e quando crescerem, eles talvez não aprendam, se a gente continuar deixando as pessoas aí machucarem, eles vão aprender a machucar. Se a gente não parar com isso, as pessoas vão aprender a machucar quando crescerem. Acho que não é uma idéia legal deixar esses problemas acontecerem e não fazer nada.

A professora continua a partir daí: "N, A disse que viu a mesma coisa com os próprios olhos. Ela tem uma sugestão. Talvez você precise dizer a H como se sente sobre isso. Você deseja falar com H, já que este problema é de vocês dois?" N diz para H: "H, eu não gosto quando você me empurra e tenta rasgar meus papéis." Outras crianças também expressam preocupação sobre machucar-se no pátio. Coreen observa: "Parece até que não é mais divertido brincar no pátio". Ela pergunta: "O que essas crianças podem fazer quando estão tendo este tipo de falta de controle?" A novamente age como a porta-voz moral:

> A gente deve dizer a eles como a gente se sente. Todo o mundo sente. Como eu disse, eles vão crescer e machucar outras pessoas e eu acho que não dá para fazer alguma coisa quando todos eles estiverem grandes. Esse foi o jeito que eles aprenderam e não teve outro jeito.

Coreen salienta o descentramento: "O que tentamos e pedimos que as crianças façam é pensar sobre os sentimentos dos outros. Até os professores fazem isso. Se você está realmente chateado, então pensamos sobre o que você pode estar sentindo e tentamos ajudá-lo". J diz: "Não é divertido brigar o tempo todo". A fala novamente:

> Sabe, estamos na classe dos grandes e estamos tentando ensinar aos menores com nossas ações. Acho que não estamos realmente mostrando a eles como um garoto grande deve agir, e então eles não fazem a mesma coisa quando estiverem no jardim de infância.

Coreen diz: "Vamos ver o que H tem a dizer. Talvez possamos ajudá-lo a controlar-se. O que você pode fazer para tornar nosso horário no pátio mais agradável? Já não é mais divertido." H responde: "Eu posso não bater". Coreen pergunta como ele fará para não bater mais nos colegas. H mostra, então, que ouviu o pedido de A, mas o assimilou com o nível 1 de

Kohlberg de moralidade heteronômica motivada pelo medo de punição (veja Capítulo 9):

> Bem, eu acho que é como A falou. Então, se você machuca alguém e então você cresce, aí aprende que você deve fazer, e se você fizer, então, você se mete em confusão.

Neste ponto, a professora poderia perguntar: "Há alguma outra razão para não bater?" a fim de criar uma oportunidade para que as crianças reflitam além do nível de evitar a punição.

Neste exemplo, vemos um sentimento de preocupação moral e de responsabilidade entre as crianças, que vai até mesmo além da situação-problema imediata para efeitos a longo prazo nas próprias crianças de pré-escola, bem como sobre as crianças menores a quem influenciam.

RESUMO

Uma atmosfera construtivista sócio-moral, na sala de aula, é baseada na atitude de respeito do professor pelos interesses, sentimentos, valores e idéias das crianças. A sala de aula é organizada para satisfazer as necessidades físicas, emocionais e intelectuais das crianças. Ela é organizada para a interação com colegas e para o exercício da responsabilidade infantil. As atividades atraem os interesses, a experimentação e a cooperação entre as crianças. O papel do professor é cooperar com as crianças, tentando compreender seu raciocínio e facilitando o processo construtivo. O papel do professor é, também, o de encorajar a cooperação entre crianças, promovendo sua construção do equilíbrio emocional e capacidades de enfrentamento, entendimento interpessoal e valores morais.

5

O CONFLITO E SUA RESOLUÇÃO

Os conflitos são inevitáveis em uma sala de aula ativa onde ocorre a livre interação social. Em muitas escolas, o conflito é visto como indesejável e como algo a ser evitado a qualquer custo. Não concordamos com esta visão. Ao invés disso, vemos o conflito e sua resolução como essenciais a um currículo construtivista. Neste capítulo, discutimos o papel do conflito no desenvolvimento, revisamos as pesquisas sobre a capacidade de resolução do conflito entre crianças das classes de Campo de Treinamento, Fábrica e Comunidade, descritas no Capítulo 1, apresentamos a atitude geral dos professores construtivistas para com os conflitos, oferecemos princípios de ensino com exemplos e examinamos a situação de conflito entre professor e aluno.

O PAPEL DO CONFLITO NO DESENVOLVIMENTO

É fácil reconhecer o valor prático da capacidade para resolver conflitos interpessoais. Se todos os adultos tivessem esta capacidade, teríamos a paz mundial. A capacidade de resolução prática dos conflitos é um importante objetivo construtivista. Entretanto, na teoria de Piaget, o valor do conflito é mais complexo e os fundamentos construtivistas também vão além do valor óbvio.

Na teoria construtivista, o conflito assume duas formas: intra-individual e interindividual. Piaget considerava ambas imprenscindíveis ao desenvolvimento, embora seu foco principal estivesse sobre a primeira forma, o conflito intra-individual — isto é, o conflito dentro do indivíduo. Este conflito é evidente, por exemplo, quando uma criança tem a idéia de que a localização de sua sombra depende de sua ação. Tendo visto sua sombra enquanto caminhava até uma parede, ela surpreende-se por não vê-la enquanto caminha até uma outra parede. A contradição entre a expectativa e o resultado pode levar a uma busca por relações espaciais e causais entre objeto, luz e tela.

Um outro exemplo de conflito intra-individual ocorre durante jogos de mesa envolvendo rolar um dado para descobrir quantos espaços deve-se mover em um percurso. Como explicamos no Capítulo 2, em um certo ponto da construção numérica, muitas crianças aplicam seu conhecimento de um modo rígido. Elas acreditam que é correto contar o espaço em que estão como "1", ao invés de mover-se para a frente e então contar "1", como a lógica de "mais um" ditaria. Muitas crianças mostram um conflito óbvio quando tiram um "1" no dado, dizem "1" e não fazem um movimento para a frente. O que geralmente ocorre é uma espécie de gagueira de "1-1" enquanto contam o espaço em que estão e depois avançam um espaço à frente. No curso dessas experiências repetidas, as crianças podem obter vantagens de seus conflitos cognitivos internos e reestruturar sua lógica. Quando as crianças cometem este erro, recomendamos o uso de um dado apenas com 1s e 2s, de modo que terão mais oportunidades para experienciar o conflito entre sua lógica de reconhecer o espaço inicial e a lógica conflitante de fazer progresso.

A segunda forma de conflito é interindividual — conflito entre indivíduos. Piaget argumentava que este conflito pode promover o desenvolvimento tanto moral quanto intelectual. Isto ocorre pelo descentramento a partir de uma única perspectiva para levar em consideração a perspectiva de outros e é iniciado pela confrontação com os desejos e idéias de outros. Piaget (1928/1976) afirmou: "A vida social é uma condição necessária para o desenvolvimento da lógica" (p. 80) e argumentou que, quando a criança tem a experiência da relação de outros ao conteúdo do que diz, ela começa a sentir que a consistência lógica e a verdade importam. O conflito interpessoal pode oferecer o contexto no qual as crianças tornam-se conscientes de que outros têm sentimentos, idéias e desejos. O aumento na consciência sobre outros e esforços para coordenar a perspectiva de si mesmo com a dos outros resultam em um entendimento interpessoal de nível superior (veja a discussão dos níveis desenvolvimentais de Selman, no Capítulo 2).

O conflito interindividual pode levar ao conflito intra-individual. Por exemplo, uma criança que comete o erro lógico de adição descrito acima pode jogar o jogo com outra criança que discorda e mostra como proceder corretamente. As crianças freqüentemente respondem com maior flexibilidade à correção por crianças do que à correção realizada por adultos. Entretanto, como vemos no Capítulo 2, a correção de espaços de contagem em um jogo de mesa pode não ser suficiente para convencer a criança que raciocina que o espaço ocupado deve ser reconhecido. Na verdade, algumas vezes, a criança que comete um erro lógico tenta corrigir aquela que conta corretamente. O conflito interpessoal pode levar à motivação para pensar sobre como proceder como uma questão que dá margem a diferentes opiniões.

O conflito exerce um papel especial na teoria construtivista de Piaget. Ele serve para motivar a reorganização do conhecimento em formas mais adequadas. Piaget (1975/1985) afirmou que o conflito é o fator mais influente na aquisição de novas estruturas de conhecimento. Os conflitos podem, portanto, ser vistos como uma fonte de progresso no desenvolvimento.

ATMOSFERA SÓCIO-MORAL E RESOLUÇÃO DE CONFLITOS

No estudo descrito nos Capítulos 1 e 2 (DeVries, Haney & Zan, 1991; DeVries, Reese-Learned & Morgan, 1991a), desejávamos descobrir se as crianças que experienciavam atmosferas sócio-morais muito diferentes em sala de aula diferiam quanto ao seu desenvolvimento sócio-moral. Ao compararmos crianças das classes de Campo de Treinamento, Fábrica e Comunidade, descobrimos que as crianças da classe construtivista da Comunidade demonstravam maiores habilidades interpessoais, resolvendo significativamente mais conflitos do que crianças das classes do Campo de Treinamento e da Fábrica. Sem o auxílio de adultos, as crianças da Comunidade resolveram 70% de seus conflitos (54 em 77), as crianças da Fábrica resolveram 33% (16 em 48) e as do Campo de Treinamento resolveram 40% (15 em 37). As crianças do Campo de Treinamento estavam propensas a terminar seus conflitos superando outros física ou emocionalmente, enquanto as crianças da Fábrica tendiam a ignorar a mágoa de companheiros de brincadeiras. As crianças da Comunidade tentavam conciliar suas diferenças.

Estudamos esses conflitos mais detidamente e descobrimos que, até mesmo em períodos de conflito, quando o entendimento interpessoal é mais desafiado, as crianças da Comunidade ainda usavam significativamente mais estratégias de negociação do nível 2 do que qualquer dos outros grupos. Além disso, elas tinham muito mais experiências compartilhadas no decorrer de seus conflitos. Isto significa que a tensão de seus conflitos era moderada pelo estabelecimento de relações amistosas. Julgamos que as crianças da Comunidade eram mais bem-sucedidas, porque haviam aprendido atitudes e estratégias de negociação em sua sala de aula e porque se preocupavam mais em preservar seus relacionamentos.

A Atitude Geral do Professor Construtivista para com os Conflitos das Crianças

Como um resultado de termos observado e conversado com professores sobre a condução do conflito, identificamos a atitude geral do professor que dá suporte a princípios específicos de ensino. Portanto, os primeiros três princípios de ensino são as bases dos 14 princípios apresentados na próxima seção.

1. Seja Calmo e Controle Suas Reações

É preciso prática, mas o professor deve aprender a parecer calmo em face de estados de perturbação violenta que as crianças atingem, algumas vezes. Mesmo se o professor não se sente calmo, é importante transmitir tranqüilidade às crianças. Isto significa controlar a linguagem corporal, expressões faciais e tom da voz. O professor deve evitar agir de acordo com seus impulsos ou correr em auxílio, exceto para evitar danos físicos. As crianças aprenderão a receber bem esta força tranqüila como um apoio na condução de suas dificuldades.

2. Reconheça que o Conflito Pertence às Crianças

O professor construtivista não assume os problemas das crianças e não impõe uma solução. Ele acredita que é importante que as crianças sejam donas de seus conflitos. Esta atitude leva aos princípios de ensino que apóiam e facilitam a resolução dos conflitos pelas próprias crianças.

3. Acredite na Capacidade das Crianças para a Solução de Seus Conflitos

O sucesso no trabalho com crianças em situações de conflito depende de acreditar que elas podem solucioná-los. Impressionamo-nos sempre com a competência de crianças pequenas que tiveram o apoio de uma atmosfera sócio-moral construtivista, mas um professor terá de construir sua própria confiança a partir de experiências que revelam os potenciais das crianças.

Princípios do Ensino em Situações de Conflito

Os 14 princípios seguintes de ensino foram conceitualizados ao longo do trabalho com muitos professores, durante mais de 20 anos, mas especialmente no trabalho com professores no HDLS, durante os últimos 13 anos.

Oferecemos exemplos que revelam os modos como é expressado o respeito pelas crianças em intervenções efetivas.

1. Assuma a responsabilidade pela segurança física das crianças.

Obviamente, o professor deve evitar danos físicos, se possível. Quando uma criança está tentando machucar outra, o professor pode colocar seu braço sem fazer pressão em torno do agressor para evitar ferimentos. Nesta situação, o professor deve expressar seus próprios sentimentos. Considere os exemplos seguintes.

 (Na classe de Investigadores de Peige [P], K está chorando).
P: O que houve, K?
K: S me empurrou.
P: S empurrou você?
K: Foi.
P: Por que você não fala com ele sobre isso? Diga a ele como você está se sentindo. Você acha que pode ir até lá falar com ele?
K: (Parece concordar)
P: Vamos até S para você poder falar o que sente. S?
S: O quê?
P: Precisamos de você.
S: (Aproxima-se e senta-se no colo de P)
P: Pode falar, K.
K: Eu não gosto quando você me empurra. Isto me deixa triste.
P: Ela não gosta quando você a empurra. Fica triste. Houve algum problema que o deixou aborrecido?
S: (Assente)
P: O que o deixou triste? Você estava chateado com K?
S: (Balança a cabeça)
P: Não, está certo. Mas deixe-me que lhe diga, S. Se você está chateado com K, se ela faz alguma coisa que lhe aborrece, você pode falar com ela sobre isso. Você pode vir e me pedir ajuda, eu ajudo você a falar com ela ou eu falo também. Mas sabe, S (vira-o para poder fitá-lo), não vou deixá-lo bater nas crianças e também não vou deixar os outros baterem em você. Então, se você preferir falar com outros na classe, poderei ajudá-lo nisso. Quando você preferir bater em alguém ou empurrar durante as aulas, isso não vai funcionar, porque não posso deixá-lo fazer isso. Você já acabou de brincar com a massinha ou quer brincar mais um pouco?
(Peige, portanto, ajuda S a sair do conflito para uma atividade positiva).

Em uma outra situação na classe de Investigadores, R está chorando e K está por perto. Os dois estavam marcando os pontos em um jogo de empurrar o saco de areia. Peige (P) vê o incidente do outro lado da sala. Enquanto conforta R, ela explora o problema da seguinte maneira, em um tom casual e não crítico.

P: (Segura R) E aí, K? O que houve?
K: Eu quero escrever no meu papel [marcar os pontos].
P: Você quer marcar no seu papel? Bem, tenho uma pergunta. Quando você começou a arranhar e a empurrar seu colega e todas essas coisas, será que isso lhe ajudou a decidir quem iria escrever a pontuação do jogo?
K: Não, mas eu queria escrever no meu papel.
P: Você queria escrever no seu papel. Quando você empurrou ele e chutou, será que isso fez com que ele soubesse que você precisava escrever em sua folha? Será que empurrá-lo ajudou você a marcar os pontos no papel?
K: Não.
P: Acho que você pode dizer a ele algumas palavras. Ele está bem aqui. O que você quer dizer? Ela tem algo que precisa dizer-lhe, R. Tudo bem, ele está pronto e nós também.
K: Eu quero marcar meus pontos.
P: Ela quer marcar seus próprios pontos. O que ele pode escrever?
K: Ele pode marcar os pontos dele no papel.
P: Você mesmo pode anotar seus pontos. Mas quando é sua vez de escrever seus pontos, quem você quer que escreva?
K: Eu lembro que marquei 2 pontos.
P: Você marcou 2? Ela marcou 2 e queria escrever direitinho os pontos.
R: Não.
P: Não?
R: Ela não marcou 2 pontos.
P: Ah, ele diz que você não teve dois pontos. Quantos pontos ela fez?
R: Ela marcou 1.
P: Oh, K, ele diz que você não marcou 2 pontos. Você marcou apenas 1. Então ela pode escrever 2?
R: Não.
P: Quantos pontos ela pode anotar?
R: Ela pode anotar só 1.
K: (Parece concordar)
P: O que você (R) tem a dizer a K?
R: Nada.
P: Nada? Você quer dizer a ela como se sentiu por ser empurrado? Sim? Como foi? Ou, não, você não quer falar sobre isso? Não? Você está se sentindo melhor? Pronto para algumas atividades? Talvez vocês dois pudessem ficar juntos e brincar mais um pouco

com o saco de areia, agora que cada um sabe o que o outro precisa.

Aqui, Peige descobre a raiz do problema em uma disputa sobre os pontos marcados por K. Ela dá uma oportunidade, mas não pressiona R a falar sobre seus sentimentos. Ela investiga se ele se sente melhor, a fim de garantir que ambas as crianças dão por resolvido. Satisfeita porque houve a resolução entre os sentimentos das crianças, Peige orienta-as de volta ao jogo cooperativo.

2. Use métodos não-verbais para acalmar as crianças.

Além de uma resposta calma ao conflito das crianças, freqüentemente é útil inclinar-se ou sentar e colocar um braço em torno de cada criança. Se as crianças estão demasiadamente aborrecidas para falar, dê-lhes tempo para se recomporem antes de insistir em uma conversa.

3. Reconheça/aceite/valide os sentimentos de todas as crianças e suas percepções dos conflitos.

As crianças têm o direito de sentir o que sentem. Mesmo quando o professor acredita que uma criança é culpada por violar os direitos de outra pessoa, é importante respeitar os sentimentos das crianças. Sob seu ponto de vista, as ações podem ser justificadas. Além disso, o adulto não deve presumir uma compreensão de uma situação até ouvir ambos os lados da história. "Eu vejo que vocês dois estão chateados. Podem me contar o que aconteceu?" Após ouvir o que as crianças têm a dizer, o adulto pode reconhecer sentimentos específicos. "Você está chateado porque K pegou seu carrinho, e está triste porque J o agrediu". O leitor encontrará muitos exemplos deste princípio nas transcrições que ilustram outros princípios de ensino.

4. Ajude as crianças a verbalizarem sentimentos e desejos umas às outras e a escutarem o que outras têm a dizer.

É importante não tomar partido, mas ajudar cada criança a compreender o ponto de vista de outras, reconhecer os sentimentos de outra criança e sentir empatia. As comunicações verbais de crianças pequenas freqüentemente não são muito coerentes e, portanto, as crianças têm dificuldade de entender umas às outras. Além disso, as crianças podem não prestar atenção umas às outras. O professor exerce um importante papel como mediador, ajudando as crianças a tornarem suas idéias mais claras, repetindo-as e ajudando-as a trocar idéias e sentimentos. Considere a seguinte situação, na qual Peige (P) trabalha com crianças de 3 anos e tenta ajudar C a descentrar-se para se tornar consciente das conseqüências de empurrar e beliscar outros.

> (Peige mantém seu braço delicadamente em torno de C, enquanto Z conversa com ela)
> Z: Eu não gosto quando — Eu sinto sobre isso... Eu me sinto triste.
> P: Oh, C, você ouviu isso? Olhe para o rosto de Z. Z, pode dizer isso novamente?
> Z: Eu não gosto disso e eu... não...
> P: E como você se sente?
> Z: Eu não quero mais ser sua amiga.
> P: (Para C) Veja, quando você empurra ou quando belisca Z, ela não quer mais ser sua amiga.
> C: (Luta para libertar-se) Eu vou sair daqui. (Ela se afasta).
> P: Você está se sentindo um pouco melhor, Z?
> Z: (Assente)
> P: Muito bem.

Nesta situação, C parece não sentir empatia ou descentrar-se para pensar sobre os sentimentos de Z. Entretanto, ela pode ter aprendido que empurrar e beliscar resultarão em uma reação. Z certamente pareceu obter consolo ao expressar seus sentimentos e com o apoio de Peige. Considere também a discussão seguinte entre crianças de 5 anos sobre o uso de materiais. A professora (P) é Karen Amos.

> (Em uma atividade de construção de um barquinho, N toma uma tábua que está perto de E).
> E: Eu preciso disso também. Me devolva.
> N: (Corre, afastando-se).
> E: Êpa, Karen, ele não quer me dar a tábua de volta.
> P: Você usou suas palavras?
> E: Usei.
> P: Talvez eu vá junto e você possa usar suas palavras com ele.
> E: (Para N) Eu preciso da tábua de volta.
> N: Eu estou usando.
> E: Eu quero que ela fique perto de mim (agarra a tábua).
> P: Espere. Posso segurá-la? (Ela toma a tábua)
> E: — Pra poder fazer o meu barco.
> P: Será que este é o último pedaço de madeira?
> E: Não, ainda tem mais, mas eu preciso deste.
> P: Mas eu estou imaginando... se N tinha este pedaço de madeira e você simplesmente quisesse ter ele também.

E: Não, não.
P: Era seu?
E: Era.
N: Não, eu não vi a tábua nas mãos dele.
E: Mas era minha antes.
N: Era minha primeiro.
P: Sabe, eu ouvi N dizendo que ele não o viu segurando isso.
E: Estou deixando a tábua perto de mim, porque eu não podia segurar tudo ao mesmo tempo e montar o barco.
P: Entendo. A tábua estava aqui, N?
N: É, mais ou menos.
E: Mesmo assim é minha.
P: E estava com a tábua perto do barco. Ele pretendia usá-la. Ele disse que não conseguia segurar todos os pedaços ao mesmo tempo.
(Neste ponto, uma outra criança, J, estende uma tábua para E).
T: Então, a quem deveríamos dar isto (a tábua disputada)?
E: N.
P: Muito bem. Obrigada por compartilhar, J.

Algumas vezes, as crianças não sentem empatia. Isto ocorreu na classe de crianças de 4 anos de Peige. Z mostrara-se insensível ao sofrimento de C, quando esta fora beliscada por ela. Peige (P) aproveita a oportunidade para tentar fazer com que Z reflita sobre os sentimentos da vítima.

Z: W machucou minha perna e eu falei para ele e ele continuou brincando com os blocos, me apertando. Ele me machucou bem aqui. Vê?
P: Hum... Estou vendo que você fica bem chateada com isso.
Z: Bem aqui, foi o que ele fez.
P: Sabe Z, este é um problema, porque hoje pela manhã, C também ficou chateada porque você a machucou, mas será que você a ajudou a sentir-se melhor?
Z: Não.
P: Não? Naquela primeira vez em que você beliscou C, você parou de fazer isso ou machucou-a ainda mais?
Z: Machuquei um pouco mais.
P: Veja, estou entendendo que você acha que machucar é uma boa idéia quando você faz isso. Achou uma boa idéia quando W machucou você?
Z: (Sacode a cabeça) Não.
P: Mas estou vendo que você considera uma boa idéia machucar, porque estava machucando C. Talvez, se parasse de mostrar às pessoas que acha que ferir é uma boa idéia, as pessoas pudessem

saber que Z acha que machucar é uma má idéia e pensassem "Eu não vou machucar Z".
C: E se ela machuca os amigos, então não vai mais ter muitos amigos.
P: Com certeza.

No incidente seguinte, duas crianças de 3 anos discordam sobre o uso dos materiais. A professora (P) é Karen Capo.

(H colocou uma pequena escada atravessada no buraco que serve como alvo para jogarem um saquinho com feijão. M não quer a escada ali).
P: Sinto muito, mas não consigo lhe ouvir. Pode repetir?
H: (Inaudível)
P: Ah, então, para tornar as coisas mais divertidas, você colocou a escada lá? Assim fica mais difícil acertar o saco, ou mais fácil?
H: (Inaudível)
P: Bem, M, você acha que seria divertido brincar assim?
M: (Inaudível)
P: Ah, H diz que para ele fica mais divertido.
M: Fica pior.
P: Bem, por que você não diz isso a H? O que você gostaria de dizer a ele?
M: Eu não sei. (Esta transcrição continua abaixo, para ilustrarmos o princípio de ensino.)

5. Esclareça e declare o problema.

Após certificar-se do problema, o professor deve verbalizá-lo, para que as crianças compreendam o que o outro vê como sendo o problema. Algumas vezes, as crianças não estão falando sobre o mesmo tema. O conflito relatado anteriormente continua:

P: Bem, o que vocês acham que devemos fazer porque H gosta de brincar com o alvo deste modo?
M: (Encolhe os ombros, diz algo inaudível)
P: H, H, sabe de uma coisa? (Senta-se no chão ao lado de H) Vejo que temos um problema. Você sabe qual é? (H continua brincando com a escada e não parece estar ouvindo). H, você pode me ouvir? Eu acho que você gostaria de brincar com isso (pega a escada). M diz que ele *não* gostaria de brincar com isto. Então o que vocês deveriam fazer?
H: Eu quero que ele brinque (inaudível).
P: M, você ouviu a idéia dele? Qual é sua idéia, H?
H: (Inaudível)

P: Você ouviu a idéia dele?
M: Um hmmm. Depois de tirarmos a escada (inaudível).
P: H, você pode ouvir a idéia de M?
H: Posso.
P: Vamos ouvir. Qual é sua idéia, M?
M: Eu disse-
H: (Joga o saco de feijão, parece não ouvir)
P: H, vamos ouvir a idéia de M, porque eu soube que ele tem uma idéia legal (A professora pega o saco de feijão.) H, vamos parar de brincar um pouquinho com os sacos para podermos ouvir a idéia dele. Qual é essa outra idéia, M?
M: Depois de você tirar a escada, pode botar novamente.
P: Ah, isto lhe parece uma ser boa idéia?
H: Não, quero fazer assim.
P: Ele quer jogar assim agora.
M: Bem, ele pode brincar por 2 segundos mais com aquela coisa vermelha (aponta para a escadinha) e depois eu brinco (aponta para o buraco e para a escada). Bem, acho que a gente pode, eu não sei.
P: Talvez pudessem dividir? Você acha que poderia dividir, H? M disse que assim funcionaria.
H: (Inaudível)
P: Ok! Sabe, quando vocês fizerem uma tentativa, digam-me se precisam de alguma ajuda, mas aposto que vocês podem se entender. (Ao observar uma atitude cooperativa e sentindo que os meninos poderão encontrar uma solução, ela os deixa).
(H e M conseguem brincar juntos, jogando o saquinho de feijão no buraco).

6. Dê uma oportunidade para que as crianças sugiram soluções.

No conflito sobre o uso da uma escada atravessada no buraco-alvo para o saquinho de feijão, Karen Capo tem o cuidado de indagar, após declarar o problema: "Então, o que vocês deveriam fazer?" "Qual é sua idéia?" As crianças freqüentemente sugerem soluções que não nos parecem soluções, mas o importante é que se sintam satisfeitas. Karen, portanto, não veta a sugestão, mas simplesmente volta-se para a outra criança, a fim de descobrir se esta poderia ser praticável.

7. Proponha soluções quando as crianças não têm idéias.

As crianças nem sempre têm idéias quanto a soluções. Nesta situação, o professor pode propor uma idéia para a consideração dos alunos. Essas sugestões devem ser propostas, não impostas. Considere a seguinte situação na casinha de bonecas da classe. Peige (P) emprega outros princípios de ensino, até ver que as crianças estão em um impasse. Ao perceber que as crianças discutem, ela se aproxima.

P: O que está havendo, garotos?
G: Esta é a cadeira de balanço do papai. É a cadeira do papai. (Para M) Você não mora aqui e não é dono desta cadeira (tenta empurrar M para fora da cadeira).
P: M, eu acho que isso nunca será solucionado, se você sentar e não falar. Você provavelmente terá de falar para lhe dizer o que pensa sobre o assunto.
M: Um, mas você saiu da cadeira e eu sentei.
G: Bem, mas você não vive aqui. Nós sim. Combinamos que moramos aqui. Você não mora aqui. Esta é a cadeira de balanço do papai.
M: Desculpe. Eu... você levantou e eu sentei.
P: Ele disse que você levantou e ele se sentou.
G: Bem, esta cadeira é a do papai.
P: Tudo bem, mas o papai não saiu?
G: Bom, ele saiu para comer, e então voltamos para casa.
P: E então—
C: E então — onde — quando ele sai para comer, eu não vou lá pegar suas coisas.
P: Quando você sai para comer, ela não vai lá pegar suas coisas.
M: Porque eu não moro aqui.
C: Mas nós moramos aqui.
G: Bem, nós moramos aqui, é.
P: Eles dizem que moram aqui e você mora em outro lugar.
K: Porque eu sou a irmã.
G: É, é, e eu sou a mamãe, certo?
M: Então o que C está fazendo aqui? C não deveria estar aqui.
P: Talvez ele seja um irmão. Você gostaria de ser um irmão?
M: (Assente)
P: Ele disse que gostaria de ser um irmão.
C: Ok, e assim teremos outra irmã, e então teremos outro irmão, mas este é o último.
M: (Salta da cadeira para juntar-se a C como irmão).

Em um outro incidente, a mesma professora percebe que D está tentando pegar a bola de basquete de Y. D é uma criança problemática, com alguns comportamentos autistas, que tem grande dificuldade em se relacionar com outras crianças. Peige diz: "Sabe, Y, você poderia jogar uma vez e depois poderia dar a bola a D e D poderia jogar. Depois, D poderia dar-lhe a bola e você teria sua vez jogando". Para D, ela sugere: "Se você quiser ter sua vez, por que não pede a Y? Diga: 'Y, jogue uma vez. Depois será a minha vez'".

8. Enalteça o valor do acordo mútuo e ofereça oportunidade para que as crianças rejeitem soluções propostas.

Uma parte importante do papel do professor construtivista é insistir sobre a importância de empenhar-se em fazer acordos. Às vezes, existe tentação de aceitar a primeira solução oferecida sem verificar se a outra criança concorda. No conflito sobre a escada, no jogo com saquinho de feijão, a professora pede a opinião de H. Depois, ela volta-se para M: "Você ouviu a idéia dele?" Após certificar-se de que H ouve a idéia de M, ela indaga: "Esta lhe parece uma boa idéia?". Considere também o exemplo seguinte, no qual duas crianças de 5 anos desejam ser, ambas, as primeiras em um jogo. Aqui, torna-se claro que a competição no jogo está dentro de uma moldura de cooperação. A professora (P) é Rebecca Krejci.

P: Quem deveria ir primeiro?
Y: Eu.
C: Eu.
P: Vocês dois desejam ir primeiro.
Y: *Bubble Gum, Bubble Gum** (Começa uma rima apontando alternadamente para si mesmo e para C, a fim de escolher quem começa).
C: Eu não gosto de fazer "*Bubble Gum, Bubble Gum*".
Y: Vamos votar.
C: Não. Não há pessoas suficientes querendo votar.

As estratégias das duas crianças estão acima da mera insistência sobre o que desejam. Elas se focalizam no método para a decisão. A professora serve como moderadora para manter a discussão em andamento.

P: Ok, até aqui, falamos sobre "*Bubble Gum, Bubble Gum*" ou votação e nenhum dos dois gostou dessas escolhas. O que você acha, C?
C: Eu acho que vou escolher quem joga primeiro.
P: Y, você gosta desta idéia?
Y: Não.
P: Não?
C: Eu vou escolher.

---

* (N. de T.) Equivalente ao nosso método infantil de escolha, de *uni duni tê*.

Y: Não, eu disse isso antes e depois você veio e falou quando eu estava falando. Então eu vou fazer *"Bubble Gum, Bubble Gum"*.
C: Ok. Mas isso me chateia muito.

A insistência de Y acerca do que deseja causa um outro impasse, com cada uma das crianças repetindo sua solução. C concorda, relutantemente, em fazer o que Y deseja, mas expressa sua insatisfação. Para a professora, o problema é respeitar os sentimentos de C, mas tentar fazer com que este considere a idéia de justiça.

P: Você acha que *"Bubble Gum, Bubble Gum"* estaria bom para você, C?
C: Não está bom para mim, mas se ele quer assim (ele encolhe os ombros).
P: Você acha que seria justo você mesmo escolher, C?
Y: Não, eu acho que C não deveria escolher.

Com uma reafirmação do impasse, a professora continua delegando às crianças a responsabilidade de chegar a um acordo, mas sustenta o valor de um acordo mútuo. Respeitando as idéias de ambas as crianças, ela expressa a idéia de que a resolução do conflito deve considerar os sentimentos de todos.

P: Vamos ver se vocês podem chegar a uma solução que agrade a ambos.
C: Eu só quero escolher alguém e não gosto de *"Bubble Gum, Bubble Gum"*.
Y: Tudo bem (ele decide tentar uma votação). Quem prefere dizer *"Bubble Gum, Bubble Gum"*? (Ele levanta sua mão).
C: Ninguém. Eu não prefiro.
Y: (Volta-se para a professora) Você quer fazer *"Bubble Gum, Bubble Gum"*?
P: Bem, se eu votar, então qualquer coisa que eu disser acontecerá, porque vocês dois estão discordando.
C: Para mim que você fizer está bom, porque é o adulto aqui.

A professora tenta levar o pensamento das crianças além da identificação de justiça com aquilo que uma autoridade adulta deseja, sustentando a idéia da importância de um acordo entre os jogadores.

P: Mas vocês estão jogando também. Acho que vocês também devem decidir.
C: Ah! eu gostaria de escolher.
P: Y, você tem alguma outra idéia?
Y: Você também precisa votar.
C: Bom, Y, a única coisa que não me aborrece é *"eenie, meenie, miney, moe"*. Você pode dizer isso, mas não *"Bubble Gum, Bubble Gum"*.
Y: Ok. *Eenie, meenie, miney, moe.*

9. Ensine procedimentos imparciais para resolver disputas em que a decisão é arbitrária.

Como foi mostrado no exemplo acima, algumas discordâncias das crianças envolvem privilégios que só podem ser decididos arbitrariamente. É útil ensinar a elas como tomar decisões arbitrárias de uma forma imparcial. No exemplo seguinte, Peige (P) ensina N e A a jogar um jogo de mesa. Essas crianças de 4 anos sabem que dizer "*Eenie, meenie, miney, moe*" é um método para resolver disputas, mas elas construíram apenas parte da forma do procedimento.

P: Quem joga primeiro.
A: Eu!
N: Eu!
A: Eu nunca consigo.
N: Eu quero.
A: Você sempre diz isso! Nunca é a minha vez (dobra os braços e faz beicinho).
P: (Imita A). Oh, eu também não. Como vamos decidir?
N: Vamos fazer "*Eenie, meenie, miney, moe*".
P: Ok.
A: *Eenie, meenie, miney, moe* (simplesmente recita a rima).
N: Você não está apontando!
P: Você não está apontando!
A: (Começa novamente). *Eenie, meenie, miney, moe. Catch a monkey by the toe. If he hollers, let him go.* Minha mãe mandou eu escolher este daqui. (Enquanto recita, A aponta vagamente e depois obviamente espera, a fim de apontar para si mesmo).
N: (Olha para a professora, com uma expressão de dúvida).
P: Assim está bem?
N: Talvez.
P: Talvez. Ok. Então você será o seguinte e eu começo depois de você.
N: Tudo bem.

Peige oferece a N uma oportunidade para protestar, reconhecendo que este não ficou plenamente satisfeito. Entretanto, interessada em dar andamento ao jogo, ela não investiga a concordância relutante dele.

Devemos ficar atentos à possibilidade de identificarmos níveis desenvolvimentais no uso de rimas. Inicialmente, as crianças simplesmente vêem as rimas como uma espécie de ritual. Depois, elas parecem tentar usar o procedimento como bem entendem e usam sua inteligência para imaginar um meio de fazer com que o procedimento favoreça a elas próprias. Em um determinado ponto, elas "despertam" para os esforços similares de outros e discutem quem administrará o procedimento da rima, já que qualquer um que a diga obtém o privilégio! Quando as crianças não vêem procedimentos de rima como um mecanismo imparcial, o professor pode propor outros procedimentos, tais como sortear um número, tirar no palitinho e outros similares.

10. Quando ambas as crianças perdem o interesse em um conflito, abandone-o.

Dora Chen recebe uma queixa de M, uma criança de 4 anos, na classe dos Investigadores. Ela não pode acompanhá-lo imediatamente. Quando consegue ir até o menino, a professora descobre que o problema já foi dissipado ou solucionado. "Você falou com C sobre isso?" "Seu problema já foi solucionado ou não?" "Está tudo resolvido? Sim? Ok." Garantindo que as crianças estão satisfeitas com sua resolução, ela também abandona o assunto.

11. Ajude as crianças a reconhecerem sua responsabilidade em uma situação de conflito.

Freqüentemente, uma criança ofendida contribuiu, de algum modo, para o conflito. Pode ser bastante útil se as crianças percebem seu papel em um mal-entendido ou altercação. Considere o exemplo seguinte de um conflito no qual Karen Amos (P) intervém. Por algum motivo, as crianças acham interessante colar fita adesiva em suas bocas. M arranca a fita da boca de D, machucando-o; D responde beliscando M.

    (M e D estão correndo. Um cai sobre o outro e M agarra a camisa de D).
P: M, qual é o problema?
M: Ele me beliscou.
D: Porque você (inaudível) e eu tive — porque ele tirou a fita — (de minha boca) e eu não queria. Eu não tirei sua fita depois que você colou na sua boca.
P: Ele beliscou você?
M: Bem aqui.
D: Não, não...mas ele-ele-ele fez isso primeiro.
P: Ele fez o que, primeiro? Colou a fita em sua boca?
M: Não, ele puxou a fita.
P: Então, qaundo ele puxou a fita de sua boca, com bastante força, como você se sentiu?
D: Não foi legal porque arranhou meu rosto.
P: A fita arranhou seu rosto. E o que você fez depois disso?

D: Dei um beliscão.
P: Você sabe por que ele o beliscou, M?
M: Sei, eu não puxei com força (ele demonstra).
D: Não, não. Foi com bastante força. Foi rápido. E rápido dói.
P: Como é que foi quando você puxou sua própria fita?
M: Ah, eu puxei devagar.
P: Hmmm...
M: Eu puxei com força.
P: E como é que foi?
M: Não senti nada.
P: Você não sentiu nada? Bem, D sentiu e isso o deixou muito zangado e é por isso que ele preferiu beliscá-lo. Mas isso também não é legal. O que você deveria ter feito, ao invés de beliscar?
D: Eu não gosto (inaudível).
P: Você não gosta do quê? Do que ele fez, que você não gosta?
D: Eu não gostei quando ele puxou com força a fita.
P: Você pode dizer-lhe isso agora?
D: Eu não gosto quando você puxa a fita com força.
M: E eu não gosto quando você me belisca.
P: Você consegue entender por que ele fez isso? Eu sei que ele provavelmente deveria ter usado palavras, mas você compreende por que ele fez isso?
N: (Confirma assentindo).
P: Você não usou suas palavras. Então M, o que você deve fazer na próxima vez, se D tiver fita colada na boca novamente? O que você deve dizer para ele?
M: Tire a fita.
P: E o que você acha que D provavelmente fará? Será que agora está tudo bem? Será que não estão mais zangados? Está tudo legal?
(Os meninos confirmam e voltam a brincar).

12. Dê oportunidades para a compensação, se apropriado.

Quando uma criança violou os direitos de outra, é importante tornar possível uma compensação. Se a criança agressora pode fazer algo para que o outro se sinta melhor, então estará menos propensa a levar consigo sentimentos de culpa ou ressentimento. As compensações preparam o terreno para o restabelecimento de uma relação amigável depois que o conflito termina e também ajudam o perpetrador a manter uma imagem positiva — aos olhos de si mesmo e de outros. Quando ocorre um ferimento físico, o professor deve demonstrar preocupação e apelar para a empatia: "O que o choro dele mostra pra gente sobre o que ele está sentindo?" O professor pode indagar: "O que você poderia fazer para que ele se sentisse melhor?"

Se a criança sugere algo, o professor deve perguntar à criança machucada: "Será que isso vai fazer que você se sinta melhor?" Se a criança machucada concorda, o professor pode ajudar o perpetrador a compensar a ofensa. Em nossa *Lab School*, as compensações favoritas dizem respeito a levar a criança machucada até a cozinha para obter um pouco de gelo e/ou um curativo para o machucado. Muitas vezes, um abraço pode sanar o problema, depois que os sentimentos de raiva se dissiparam.

No exemplo seguinte, as crianças da classe de Investigadores de Peige semeiam flores em pequenos vasos. Alguns alunos levam suas sementes para casa, enquanto outros preferem deixá-las na escola para vê-las crescer. S puxa a planta de C, quebrando-a na raiz. C chora e Peige (P) leva as duas crianças para um cantinho, a fim de falar-lhes. O que se segue é uma transcrição editada de uma longa discussão entre S, C e Peige.

P: Muito bem, S. Você puxou a flor de sua colega para fora do vaso. Você não puxou a raiz junto. Agora, a flor não vai mais crescer. E então, o que você fará?
S: Eu não sei.
P: Hmmm. Você tem uma flor?
S: Não.
P: Não? Por que não?
S: Minha mãe deve ter levado para casa.
P: Bem, já que sua mãe levou sua flor para casa, será que isso significa que você pode destruir as flores de outras pessoas?
S: Sim.
P: Você acha que gostaria, se C fosse à sua casa e destruísse sua flor?
S: Não.
P: Então você tem sua flor. O problema é que você arrancou a flor de C. O que você fará sobre isso?
C: Eu quero plantar ela de novo para poder crescer.
 (Peige aceita o desejo de C de replantar a flor como uma experiência válida, mas explica que, sem raízes, ela provavelmente não crescerá).
S: Eu quero ir arrumar a sala.
P: Mas S, você não me deu uma solução. Você puxou a planta de C e agora ela não tem mais uma flor. O que você fará sobre isso?
S: Eu não sei.
P: C, você tem alguma idéia sobre o que ele pode fazer?
C: Eu não sei.
P: Eu também não.
C: Ele não deve fazer isso.
P: Ele não deveria ter feito isso.
C: Vai levar muito tempo para crescer outra flor.
 (Eles falam sobre o tempo que as flores levam para crescer).

P: Bem, S, não consigo imaginar o que você pode fazer para melhorar a situação de C. Estou sem idéias.
S: E se tivesse mais sementes?
P: Semear mais sementes no vaso?
S: Sim.
P: Se tivermos mais sementes. Teremos de perguntar a Coreen (professora da pré-escola), porque ela usou as sementes. Por que vocês não vão lá e perguntam a Coreen se ela tem mais sementes?
(Esta solução satisfaz C e, assim, as duas crianças saem da sala a fim de obterem mais sementes para semeá-las para C).

Peige coloca a responsabilidade pela compensação diretamente nos ombros de S. Ela não culpa o menino, mas afirma simples e casualmente que, já que ele arrancou a planta de C, deve fazer algo para que esta não se sinta tão triste. O fato de perguntar a S se ele gostaria se C arrancasse sua flor, serviu a uma dupla finalidade — ajudar S a ver a situação sob o ponto de vista de C e ilustrar a inadequação de uma solução de "olho por olho...". Eventualmente, S pensa em encontrar outras sementes e semeá-las. C alegra-se com a solução e S consegue novamente ficar bem aos olhos de C.

Gostaríamos de ressaltar que jamais pedimos que as crianças desculpem-se. Esta visão é uma reação à prevalência desta insistência nas casas e escolas, o que leva as crianças a simplesmente dizerem as palavras que fazem com que o adulto "largue o seu pé". Pedidos forçados de desculpa geralmente são insinceros e operam contra o descentramento e o desenvolvimento de empatia.

13. Ajude as crianças a restaurarem o relacionamento, mas não as force a serem insinceras.

Coreen (P) encontra um relacionamento seriamente abalado entre duas grandes amigas de 5 anos, R e N, durante a limpeza da sala. Ela não entende como o problema começou. Como descobrimos mais tarde, R acidentalmente causou um "galo" na cabeça de N. Neste caso, outras crianças intervêm, assim como a professora. Neste relato abreviado, vemos os esforços de várias crianças para auxiliarem R e N. G, em particular, compartilha opiniões baseadas em experiências de seus conflitos com uma amiga.

R: Foi sem querer. Minha mãe (inaudível).
N: Cale a boca!
R: Pare com isso!
S: Vocês estão brigando?
P: É mesmo, o que está-
R: Eu não sou sua amiga.
S: Meninas, parem de brigar.

R: (Caminha até N e bate nela)
N: Não me bata.
P: Ok, R, eu preciso que você use suas palavras. É claro que você pode querer não ser amiga de N, mas não pode bater nela. Isto não é legal. Será que seria bonito se os professores deixassem ela bater em você quando está zangada? Algumas vezes, nos zangamos com nossos amigos, mas podemos dizer com palavras que estamos zangados.
R: Ela não quer resolver o problema! Por mim está tudo bem.
P: Ela não quer?
N: Eu quero sim.
R: Não, ela não quer.
N: Eu quero, mas-
R: Ela não quer! Não quer, porque está tapando o ouvido. É por isso que não vou falar com ela.
P: Você está tapando o ouvido?
N: Eu fiz isso antes, porque não queria (inaudível).
P: Ah, talvez por isso ela ache que você não quer ouvi-la. Mas se você quer, precisa-
N: Eu quero resolver o problema!
R: Bom, eu não vou resolver o problema com *você*!
P: Hmmm...
N: Mas tem que.
R: Mas não vou.
P: Eu acho que R está realmente chateada agora e não está pronta pra conversar. R, você precisa de algum tempo? Ela não está pronta agora. Talvez fosse melhor esperar um pouco. N, você pode dar uns minutos a R? Não? Você quer resolver o problema agora?
R: Eu nem vou resolver, mesmo se você não me der um tempinho.
P: Será que isso significa que vocês não vão mais ser amigas?
R: (balança a cabeça)
G: (Em tom forte e cético). Ah, R, eu acredito. Às vezes os amigos brigam feio, como eu e C brigamos, às vezes, mas a gente se acerta.
P: É, isso acontece.
G: Não é verdade, C?
P: E vocês, meninas (R e N), superarão também. Vocês já fizeram isso no passado. Talvez possam tentar fazer como na última vez. O que vocês fizeram na última vez que brigaram?
N: A gente se separou um tempo. Então, um dia, R chegou pra mim (inaudível).
P: Bem, talvez isso funcione novamente. Por que vocês não tentam de novo? Parece que ela precisa de algum tempo. Eu não quero forçá-la a falar agora.

N: Às vezes, eu chego pra R e digo: "Por que a gente não brinca um pouco?"
P: Ah, então vocês duas fazem isso?
G: Às vezes, N fica furiosa com R.
R: Pare! Por que não me deixa em paz, N?
G: Às vezes, N fica aborrecida com R e R tenta fazer N se sentir melhor. Agora, R ficou chateada com N só por causa de um galo na cabeça. N está tentando fazer R se sentir melhor. Então, eu acho que as duas realmente se amam muito, mas às vezes os amigos também brigam.
P: É, é isso mesmo.
G: Como eu e C, que somos as melhores amigas. Às vezes, a gente briga, né C?
C: Às vezes, brigamos que nem gato e cachorro.
(As crianças pedem para sair, e a professora dá permissão. R sai da sala. Coreen e N ficam na sala e guardam os blocos de madeira).
P: Estou contente por você ter tido paciência e ser capaz de esperar por R.
R: (Entra novamente na sala). N, estou indo lá fora.
(N segue R até o pátio e junta-se a um jogo "Mãe, posso ir?"com outras crianças. R observa N, mas não se junta ao jogo. Ela parece triste).
N: Você quer entrar no jogo? É divertido. A gente faz assim: 1, 2, 3 (ela bate os pés com força, imitando passos de gigante, espalhando areia ao seu redor).
(Ambas riem e N abraça R e a leva para o jogo).

Em uma outra situação, dois meninos da pré-escola entram em um intenso conflito sobre um jogo de damas. J salta corretamente sobre uma das peças de K, mas este sinceramente acredita que J moveu ilegalmente duas casas seguidas. Os dois não conseguem entrar em um acordo, e a discussão deteriora-se até virarem o tabuleiro e espalharem peças pela mesa e pelo chão. Quando a professora intervém, J e K choram e gritam um com o outro. A professora tenta falar com cada um individualmente, mas não consegue, já que os meninos continuam gritando um com o outro, enquanto tapam os ouvidos. Uma criança que observava, E, comenta: "Eles não estão ouvindo um ao outro". A professora pede que K e J fiquem afastados um do outro até sentirem-se aptos a falar e J vai para o banheiro, enquanto K senta-se sobre uma mesa. Surpreendentemente, K começa de imediato a vigiar a porta do banheiro até que J reaparece. Do outro lado da sala, K inicia uma espécie de mímica com J e imita o modo de J caminhar, com as pernas rígidas e balançando-se de lado a lado. Ao chamar a atenção de J, K dá um assopro em seu próprio braço, fazendo um som grosseiro. Quando J ri, K aproxima-se. Interceptando K, a professora pergunta:

"O que vocês acham que devemos fazer primeiro? Conversar ou arrumar a bagunça?" K responde à professora: "Arrumar". E para J, ele propõe: "Vamos arrumar". A professora pergunta a J se ele deseja arrumar com K. K e J sorriem um para o outro e começam a recolher as peças do jogo de damas do chão. K continua soprando seu braço, para a alegria e espanto de J.

O relacionamento, portanto, é restaurado por brincadeiras tolas que possibilitam o restabelecimento de uma interação positiva pelos meninos. Com esta história simplesmente desejamos chamar a atenção do leitor para o fato de que as crianças podem ter seus próprios modos de restaurar um relacionamento. Neste caso, elas não conseguiram resolver a discussão em si, mas a força de sua amizade e o desejo de fazer as pazes levaram a uma solução toda própria.

14. Encorage as crianças a resolverem seus conflitos por si mesmas.

O objetivo a longo termo é que as crianças sejam capazes de resolver seus conflitos sem a intervenção do professor. Os professores construtivistas, portanto, evitam intervir se as crianças estão solucionando ou podem solucionar seus problemas. Quando as crianças aproximam-se do professor para queixarem-se das ações de outra criança, os professores encorajam-nas a lidar com o problema sozinhas. "O que você poderia dizer a ele?", "Você poderia usar suas própria palavras e dizer-lhe que não gosta disso?","Você pode pensar um jeito de resolver o problema?" Se as crianças precisam de ajuda, obviamente o professor responde.

Em uma atmosfera sócio-moral construtivista, as crianças desenvolvem uma atitude de querer resolver os conflitos e utilizam uma variedade de estratégias de negociação. O prazer e intimidade das experiências compartilhadas proporcionam um contexto geral para o amadurecimento de relacionamentos íntimos e para o desejo de mantê-los. Considere o conflito seguinte, entre três grandes amigos da pré-escola, M, D e N, que estão jogando um jogo chamado "Memória". Eles se revezam virando dois cartões de cada vez, tentando obter uma combinação. N finge tocar uma guitarra e canta: "*I got to rock-a-my-*". M expressa aborrecimento quando D e N não conseguem encontrar uma combinação, bem como quando ele próprio fracassa.

    M: (Vira os cartões, grita) Olhe! Consegui uma combinação! Olhe, consegui combinar! (Aqui, devemos dizer ao leitor que M é uma criança excepcionalmente ativa e exuberante, cujos gritos agudos têm sido objeto de muitas discussões na classe).
    D: M, não grite!
    M: (Parece triste)

D: N, isso não dói seus ouvidos?
M: (Volta as costas para os garotos e esconde a cabeça nos braços cruzados).
N: Não.
D: Isso machuca meus ouvidos. N, isso não machuca nem um pouquinho seus ouvidos?
N: Ah, você deixou M triste. Foi isso que aconteceu.
D: (Para M) Desculpe. Você pode ser meu amigo. É só que você estava machucando um pouquinho meus ouvidos.
N: Olhe, ele não machucou meus ouvidos. Eu não fiz ele chorar. Você fez. Mas tudo bem, porque eu consigo fazer ele ficar feliz (Vai até M e fita-o).
D: Ele estava machucando um pouquinho meus ouvidos.
N: M, você quer brincar?
M: (Volta-se com uma expressão alegre) Sabe de uma coisa, N? Olhe, eu consegui uma combinação!
D: E eu consegui uma também! (Mostra a M).
M: Êêê!
N: Eu tenho cem combinações.
M: E eu tenho uma (mostra a D).
D: E eu consegui uma combinação! (Mostra a M).
M: Você conseguiu!
N: Não vamos mais jogar esse jogo.

Esta é a espécie de entendimento interpessoal posto em ação que esperamos resultar da atmosfera sócio-moral construtivista.

CONFLITO ENTRE PROFESSOR E ALUNO

O conflito entre professor e aluno não é raro. Ele ocorre quando uma criança se zanga com o professor por ações que considera injustas ou por ações que simplesmente não lhe agradam. O conflito também ocorre quando o professor irrita-se com uma criança. Abaixo, discutimos essas situações.

Quando a Criança Acha que o Professor Está Sendo Injusto

A percepção da injustiça ocorre quando a criança sente que foi malcompreendida. Este problema é evitado, quando o professor empreende esforços para compreender as crianças e evita julgá-las ou impor culpa. Os princípios de ensino discutidos acima incluem salvaguardas contra mal-entendidos. Esses sentimentos geralmente não ocorrem, quando o professor tem o cuidado de aceitar os sentimentos e percepções das crianças, esclarecer e afirmar o problema sob todos os ângulos e envolver as crianças para que se concentrem em um modo de solucionar o problema. Quando uma criança sente-se malcompreendida e irritada ou magoada, o professor deve reconhecer e aceitar este sentimento e, depois, transmitir à criança que está preocupado com seus sentimentos.

Às vezes, as crianças não entendem e/ou não podem entender as ações dos adultos. Este ocasionalmente é o caso, apesar de todos os esforços do professor para explicar a situação. Nessas raras situações, o professor pode ser capaz apenas de comunicar seu pesar pela tristeza da criança. Portanto, é importante encontrar um modo de restabelecer o relacionamento.

Quando a Criança não Gosta de Algo que o Professor Fez

O professor ocasionalmente surpreende-se por descobrir-se como a causa da tristeza de uma criança. Nesta situação, os comentários acima aplicam-se. Os esforços para explicar e restabelecer o relacionamento são importantes. Recordamos uma ocasião, em uma classe da pré-escola, quando uma criança não aceitou a votação do grupo para encenar uma história diferente daquela que desejava. Ele começou a chorar. Nesta situação, a professora precisou defender a regra da escolha pela maioria. Ela reconheceu seu desapontamento e tentou consolá-lo, indicando que poderiam encenar sua história em um outro dia. É importante que as crianças da maioria sintam empatia com os sentimentos da minoria. Em face de um severo desapontamento, o professor pode desejar consultar o grupo, para verificar a possibilidade de uma negociação. Em alguns casos, entretanto, não é possível realizar o que a minoria deseja. Um dos nossos objetivos é que as crianças superem atitudes egocêntricas e aceitem a regra da maioria pelo bem de manterem o sentimento de afiliação ao grupo.

Quando o Professor Zanga-se com uma Criança

Na maior parte do tempo, os professores conseguem administrar seus sentimentos e assumem uma atitude profissional em relação às crianças. Entretanto, por serem humanos, em alguns momentos os professores irritam-se com as crianças, apesar de todos os esforços profissionais para manter essas emoções sob controle. Sabemos de casos nos quais os professores irritam-se com uma criança porque esta machucou outra. Também conhecemos situações nas quais um professor zanga-se por ser chutado ou agredido por uma criança.

Quando um professor está tão zangado com uma criança a ponto de ter dificuldade para manter o controle, devemos pedir que ele mantenha o controle ainda e abdique de seu papel de mediador. O professor não pode mediar efetivamente um conflito quando ele próprio é um dos participantes. Nesta situações, duas opções estão disponíveis para o professor. Um método é explicar à criança que está demasiadamente zangado ou aborrecido para falar sobre o assunto imediatamente e que deseja esperar até obter um controle maior. Depois, o professor deve encontrar um tempo para falar calmamente com a criança sobre o problema, quando a raiva não for mais destrutiva para a criança. A segunda opção é buscar outro professor para servir como mediador. Então, o professor pode expressar seu ponto de vista, ouvir a perspectiva da criança e tentar uma resolução.

RESUMO

Neste capítulo, examinamos o papel do conflito no desenvolvimento, observando as duas formas de conflito na teoria de Piaget. O conflito intra-individual (dentro do indivíduo) é discutido como a fonte particular de progresso no desenvolvimento cognitivo. O conflito interindividual (entre os indivíduos) pode causar conflito intra-individual e, portanto, também é uma fonte importante de progresso cognitivo e moral. O conflito interindividual é um contexto importante para o desenvolvimento de estratégias de negociação pelas crianças e para o entendimento interpessoal que elas refletem. As pesquisas sugerem que a atmosfera sócio-moral construtivista é um contexto melhor para a promoção do entendimento interpessoal do que atmosferas autoritárias. A atitude geral do professor construtivista para com os conflitos das crianças deve ser a de permanecer calmo e controlar suas reações, reconhecendo que os conflitos pertencem às crianças envolvidas e acreditando nas capacidades dessas para a solução de seus próprios conflitos. Estratégias específicas para lidar com os conflitos das crianças são enunciadas em 14 princípios de ensino. Finalmente, o caso do conflito entre professor e criança é discutido. Quando uma criança zanga-se com o professor, a tarefa deste é restabelecer o relacionamento. Nas raras ocasiões em que se zanga com uma criança, o professor deve manter suficiente autocontrole para afastar-se da situação. Se uma discussão posterior do problema permanece difícil, o professor deve encontrar outra pessoa para que esta assuma o papel de mediador entre o professor e a criança.

6

A HORA DA RODA

De todas as atividades da sala de aula, a hora da roda pode ser a mais importante, em termos da atmosfera sócio-moral. Para muitos professores, esta também pode ser a hora mais difícil e desafiadora do dia. Neste capítulo, discutimos os objetivos construtivistas para a hora da roda. Apresentamos o papel do professor no planejamento e na condução da hora da roda, discutimos atividades para este momento e oferecemos recomendações para a realização dos trabalhos.

OBJETIVOS PARA A HORA DA RODA

Os objetivos para a hora da roda enquadram-se em duas amplas categorias: sócio-morais e cognitivos. Discutimos esses dois domínios separadamente, mas lembramos ao leitor de que eles são, na verdade, inseparáveis.

Objetivos Sócio-Morais

O objetivo primordial da hora da roda é promover o raciocínio social e moral. Este objetivo leva o professor construtivista a construir um senso de comunidade atuante entre as crianças, incentivá-las ao autogoverno e envolvê-las para que pensem sobre questões sociais e morais específicas.

A fim de construírem uma comunidade, os professores utilizam atividades que promovem uma sensação de pertencer àquele grupo. Canções favoritas e mímicas engajam as crianças em um repertório de rituais compartilhados e contribuem para uma sensação de identidade do grupo. A coesão também pode surgir a partir da identidade do grupo, simbolizada pelos nomes dados às classes. No HDLS, na Universidade de Houston, por exemplo, as classes são chamadas (em ordem de idade) de "Exploradores", "Experimentadores", "Investigadores" e "Inventores". Esses nomes são especialmente significativos para as crianças mais velhas que discutem o que significa ser investigador ou inventor.

Os professores construtivistas comprometem gradualmente as crianças no autogoverno. Ao planejarem projetos de grupo e dividirem a responsabilidade pelos cuidados de sua classe, as crianças experienciam metas grupais que transcendem as necessidades e desejos do indivíduo. Enquanto participam do estabelecimento de regras, da administração de problemas da classe, da proposta e escolha entre as opções para a atividade da classe e da tomada de outras decisões, elas aprendem numerosas lições de democracia. As crianças aprendem que todas as vozes têm uma chance de ser ouvidas, que nenhuma opinião tem mais peso do que outra e que têm o poder de decidir o que ocorre em sua classe. As crianças praticam o respeito e a cooperação mútua enquanto trabalham juntas, escutam umas às outras, trocam opiniões, negociam problemas e votam para tomar decisões que afetam todo o grupo. Discutimos a tomada de decisões e a votação nos Capítulos 7 e 8.

Os professores construtivistas incentivam o raciocínio moral através da discussão de dilemas sociais e morais tanto da vida real quanto hipotéticos. O objetivo é que as crianças desenvolvam sentimentos de necessidade de saber que é certo e errado, bom ou mau, justo e injusto. As discussões sociais e morais são o tópico do Capítulo 9.

Subjacente a todas essas atividades sócio-morais, está o objetivo geral de promover o descentramento das crianças de uma única perspectiva para a consideração e tentativa de coordenar múltiplas perspectivas. Isto leva a preocupações com o equilíbrio e com a justiça em uma comunidade na qual as pessoas preocupam-se umas com as outras.

Objetivos Cognitivos

O primeiro objetivo cognitivo para a hora da roda é promover o desenvolvimento geral do raciocínio e inteligência. Descentrar para considerar e coordenar pontos de vista é um esforço tanto intelectual quanto social e moral.

Nosso segundo objetivo cognitivo para a reunião em grupo é promover a construção do conhecimento em uma variedade de conteúdos. O trabalho em grupo é uma ocasião para focalizar uma faixa ilimitada de conteúdos cognitivos específicos. Esses incluem conhecimento lógico-matemático, quando as crianças raciocinam sobre números em atividades variadas tais como a lista de presença, confecção de calendários, adição e subtração embutidas em canções e mímicas, além de votações. O conhecimento lógico-matemático e físico é promovido quando as crianças são encorajadas a pensar sobre o que ocorrerá em demonstrações de atividades de conhecimento físico tais como afundar-flutuar ou experiências com pára-quedas. As crianças entram em contato com a língua escrita ao ouvirem histórias, observarem os nomes escritos dos colegas e pensarem sobre como escrever e ler as letras de músicas, histórias, projetos, votações e assim por diante. O conhecimento convencional e lógico-matemático está envolvido em pensar sobre os dias da semana, meses, feriados e temas especiais (tais como nomes e classificação dos dinossauros). Os aspectos cognitivos da rodinha, incluindo a definição dos três tipos de conhecimento, serão discutidos em detalhes adicionais no Capítulo 15.

O PAPEL DO PROFESSOR

O professor tem um papel duplo durante a roda. Em primeiro lugar, antes da hora da roda, ele a planeja. Uma boa reunião do grupo não ocorre espontaneamente, mas exige um cuidadoso planejamento. Em segundo lugar, durante a roda, o professor assume um papel de liderança um pouco diferente do papel de professor em outros momentos do dia. Iremos discuti-los separadamente.

Planejamento para a Roda

O planejamento para a hora da roda é importante a fim de que não ocorram contratempos. Temos percebido que os professores mais bem-sucedidos com a roda freqüentemente têm uma agenda escrita que inclui uma ou duas alternativas no caso de as crianças não responderem ao que foi apresentado. As agendas diferem, dependendo do tipo de roda. Algumas rodas são para contar histórias. Algumas rodas são formados para a prática de jogos envolvendo várias crianças ou a classe inteira. Reuniões da classe podem ser organizadas para lidar com problemas especiais ou planejar projetos. Descrevemos uma reunião de grupo para a limpeza, no Capítulo 12.

Em geral, a manhã começa com boas-vindas ao grupo, o que inclui músicas e experiências do repertório do grupo, lista de chamada, identificação do Ajudante Especial do dia, marcação do dia no calendário e apresentação das atividades especiais daquele dia. A roda é um bom momento para envolver as crianças com o conhecimento físico ou atividades artísticas que podem ser continuadas durante a hora da atividade. Se uma demonstração é planejada, o professor deve realizá-la previamente, para garantir que funcione. Ter tudo em mãos é essencial, a fim de evitar que a roda se disperse ou que sua atenção seja perturbada.

Planos especiais para a roda dependerão das necessidades, capacidades e interesses do grupo. Alguns grupos podem ser capazes de escolher a canção que desejam cantar, ou o livro do qual desejam ouvir, enquanto em outros grupos o professor precisará decidir. Da mesma forma, ao envolver as crianças num planejamento ou tomada de decisões, o professor deve discernir quanto à espécie de decisões que as crianças podem tomar e as coisas que são mais bem-decididas por adultos.

O Professor como Líder

Como foi afirmado, o papel do professor durante a roda é um pouco diferente de outros momentos do dia. Durante a hora da atividade, as crianças, via de regra, assumem o comando em suas brincadeiras e trabalhos. O papel do professor, como discutimos em maiores detalhes no Capítulo 11, é apoiar, sugerir e facilitar os esforços das crianças. O professor esforça-se para ter o mesmo poder que as crianças. Durante a roda, entretanto, o professor deve ser o líder. Alguns professores construtivistas relataram-nos que se sentiram desconfortáveis no papel de líder, porque este parecia-lhes heterônomo. Eles consideraram difícil equilibrar esses dois papéis aparentemente contraditórios. Tentamos mostrar como esses dois papéis não são contraditórios, mas, na verdade, complementares.

Os modos específicos pelos quais os professores exercem a liderança sem autoritarismo são discutidos na próxima seção sobre condução da hora da roda. Aqui, diremos simplesmente que a liderança na hora da roda é um papel legítimo para o professor construtivista. O professor não deve ser tímido sobre como liderar o grupo. Temos visto professores, que demonstravam confusão sobre como equilibrar a igualdade com a liderança, levantarem suas mãos quando desejavam falar ou pedirem permissão para dizer algo. Essas ações confundem as crianças. É necessário ser claro a respeito de quem está liderando. Se uma criança está no papel de liderança (temos visto isto ser feito de forma muito efetiva com crianças da pré-escola), então o professor deve agir como um membro do grupo e seguir as práticas costumeiras, tais como levantar a mão. Contudo, se o professor está guiando o grupo, então ele deve ser líder sem sentir-se obrigado a pedir licença.

Ter em mente os objetivos e metas gerais da educação construtivista ajudará o professor a manter o papel de liderança em perspectiva. Isto é, o objetivo da roda *não* é cantar, ler a história ou marcar a data no calendário. Essas atividades estão a serviço de objetivos mais amplos, de longo prazo, tais como o desenvolvimento da auto-regulagem, cooperação e adoção de perspectiva. O papel do professor é facilitar o desenvolvimento infantil criando um ambiente que ampare esses objetivos. Especialmente frente a reuniões de grupo onde as crianças estão inquietas, onde ninguém quer cantar ou ficar quieto ou ouvir, manter esses objetivos de longo termo em mente ajudará o professor a saber o que fazer, quer isso signifique encerrar mais cedo a roda, fazer algo totalmente diferente ou engajar as crianças em uma discussão acerca do que fazer quando ninguém quer participar.

A liderança não se traduz em um poder coercivo. A liderança efetiva baseia-se em apelos à razão, ao respeito mútuo e à responsabilidade compartilhada. Os adultos reconhecem que é muito mais fácil seguir um líder respeitoso e razoável do que outro, coercivo e punitivo. Neste aspecto, crianças e adultos não são diferentes. As crianças estarão muito mais inclinadas a cooperar com um líder razoável e respeitoso em relação a elas.

ORGANIZANDO E DIRIGINDO A RODA

Nesta seção sobre a condução da roda, focalizamo-nos sobre o que fazer e como fazer. Cobrimos três aspectos da roda: aspectos formais, manejo e conteúdo. Concluímos com alguns exemplos de atividades frutíferas para a hora da roda.

Aspectos Formais da Roda

Os aspectos formais incluem organização e definição dos assentos e duração da roda.

Organização dos assentos

Recomendamos que o trabalho em grupo seja conduzido no chão, em um círculo, de modo que as crianças possam ver umas às outras. A menos que isto seja fisicamente impossível, o professor também deve sentar-se no chão como parte do círculo. Isto serve como um símbolo tangível de que o professor é um do grupo. A exceção a isso deve ser quando histórias são contadas, quando então é apropriado para o professor sentar-se em uma cadeira, para que as crianças possam ver o livro.

Alguns professores insistem que as crianças sentem-se com pernas cruzadas e mãos sobre o colo. Consideramos esta injunção desnecessária e coerciva. Desde que as crianças não estejam machucando outras, atrapalhando a visão ou perturbando o grupo com movimentos excessivos dos membros, acreditamos que é mais respeitoso permitir-lhe que se sentem na posição que consideram mais confortável.

O fato de os locais das crianças no círculo serem determinados pelo professor ou decididos pelas crianças depende da capacidade de auto-regulagem delas. Já vimos classes nas quais o professor precisava determinar os lugares, porque algumas crianças não conseguiam controlar-se quando sentadas próximas a certas outras. Um modo de fazer isso é usar almofadas com os nomes das crianças afixados. O professor pode decidir onde colocar as almofadas em um círculo antes de as crianças agruparem-se. Uma outra abordagem que pode funcionar para crianças mais velhas é discutir o problema com as crianças em particular. O professor pode dizer: "Eu sei que você e _____ são amigos especiais e gostam de brincar juntos, mas quando brincam durante a roda isto nos perturba e vocês perdem o que estamos fazendo. O que podemos fazer para solucionar este problema?" Com o apoio e apreciação do professor, a criança freqüentemente decide não se sentar ao lado do amigo. O objetivo construtivista geral é que as crianças sejam auto-reguladas e, desta forma, permitir que decidam onde sentar é um objetivo que faz sentido a longo prazo.

O professor já deve estar no seu lugar antes de as crianças chegarem ao círculo e o trabalho em grupo pode iniciar quando a primeira criança senta-se. Canções favoritas, brincadeiras com os dedos e outros rituais dão às crianças que já estão no círculo algo para fazer enquanto as outras chegam e funcionam como atrativo para aquelas que relutam em participar. Alguns professores têm canções que só são cantadas para trazer as crianças ao grupo, de modo que sempre que começam a cantá-la as crianças sabem que devem formar o círculo.

Duração da Roda

A duração da roda é uma decisão prática que depende do interesse e capacidade de manter a atenção das crianças. Apenas encorajamos os professores a serem sensíveis às necessidades e capacidades das crianças. Em geral, a roda durará de 5-10 minutos para crianças com menos de 3 anos, 10-20 minutos para crianças de 3-4 anos e 30 minutos para crianças de 5 anos ou mais. Essas durações são aproximadas. Se as crianças estão comprometidas e interessadas em um tópico e não estão inquietas, a reunião pode durar mais. Temos visto rodas de 30 minutos com crianças de 3 anos e outras de 45 minutos com crianças de 4 anos, quando elas estavam muito interessadas em um tópico. Se as crianças estão interessadas, mas inquietas, o professor pode terminar a roda e comunicar-lhes que continuarão falando sobre o tópico na próxima roda.

Estratégias de Manejo

Freqüentemente, é difícil para a criança pequena sentar-se tranqüilamente, prestar atenção em um tópico e ouvir umas às outras, de modo que o professor deve estar preparado com medidas preventivas que evitem problemas e estratégias diretas que lidem com os problemas quando esses ocorrem.

Estratégias preventivas

A roda é frágil, em termos de dinâmica grupal, e o papel do professor é manter o foco e a continuidade do grupo. O que de mais efetivo o professor pode fazer para evitar problemas é manter o trabalho do grupo em contínuo progresso. Manter o ritmo tem importância crítica para segurar o interesse e a atenção das crianças. Uma longa lacuna de silêncio deve ser evitada sempre que possível, porque isto leva as crianças a encherem o vazio e o professor, portanto, perde o comando. Atividades extensas que só podem ser realizadas por uma pessoa de cada vez também devem ser evitadas. Quando não estão ativamente engajadas, as crianças tornam-se entediadas, inquietas e iniciam suas próprias atividades.

O professor deve monitorar seus padrões de fala, eliminando palavras demasiadamente elaboradas ou frases gratuitas que as crianças logo aprendem a ignorar e que não lhes fazem pensar. Exemplo destas frases são: "Estou esperando vocês fazerem silêncio" ou "Vamos nos organizar para realizar o trabalho". Além disso, o professor deve se acautelar contra o uso de frases estereotipadas como: "Obrigado por compartilhar isto", faladas de um modo casual. É melhor dizer: "Obrigado por nos contar sobre sua viagem para ver sua tia". As respostas às crianças devem transmitir a mensagem de que o professor ouviu e interessou-se pelo que ela tinha a dizer.

O professor deve se esforçar para evitar interrupções que o afastem do grupo. Os pais podem ser uma dessas interrupções. O professor deve comunicar aos pais o horário em que está disponível para reuniões e deve desencorajá-los firmemente quanto a conversas durante a roda. Se há um assistente na classe, este deve falar com os pais. Ocasionalmente, são necessárias comunicações de última hora, mas os pais devem ser orientadas a dar tais instruções a outra pessoa, a escrevê-las ou a telefonar mais tarde. A roda pode desandar com uma interrupção ou ausência, mesmo que breve, do professor.

Crianças atrasadas também podem perturbar o grupo. Uma solução para este problema é fazer com que um assistente permaneça próximo à porta. O assistente pode receber a criança e ajudá-la com seus pertences (casaco, mochila, lancheira, etc.), ao mesmo tempo em que a acalma para levá-la ao clima de tranquilidade da roda.

Manejo direto

Apesar de todos os esforços dos professores para evitar problemas na roda, haverá momentos que exigirão estratégias mais diretas de manejo. Nós abordamos o que os professores podem fazer quando o interesse pelo trabalho em grupo parece diminuir, quando as crianças falam ao mesmo tempo, quando falam apenas com o professor e quando medidas disciplinares são necessárias.

Quando o interesse diminui. O professor deve evitar observações disciplinares e usar meios indiretos para resgatar o interesse perdido. Professores experientes sabem que, se a atenção desvia-se, iniciar uma canção ou jogo pode reconquistá-la. Em geral, uma leve inquietação de uma ou duas crianças pode ser ignorada. O professor pode prosseguir com o círculo, desde que a maioria das crianças esteja prestando atenção. Entretanto, se muitas crianças estão inquietas, isto deve ser tomado como um sinal de que perderam o interesse. Perder o interesse não é uma ofensa digna de punição! Quando isto ocorre, o professor deve abandonar o resto de seu plano e encerrar rapidamente.

Quando todos falam ao mesmo tempo. Com freqüência, o tópico interessa tanto às crianças que todas desejam falar ao mesmo tempo. Isto ocorre por diversas razões. O egocentrismo e a impulsividade geral das crianças fazem com que elas não consigam pensar em algo sem falar em voz alta. Elas podem sentir que devem competir com outras por uma oportunidade para falar. Quando mais de três ou quatro crianças têm algo a dizer sobre um tópico, o professor deve estabelecer uma seqüência e garantir aos alunos que todos terão sua vez de falar. "Eu começarei com _____ e vou chamar cada um seguindo a ordem da roda. Todos terão oportunidade. Portanto, podem abaixar as mãos". Ao permitir que cada criança tenha sua vez (com a opção, obviamente, de não falar), o professor evita problemas. As crianças não se sentem compelidas a sacudir as mãos no ar enquanto dizem: "Eu!Eu!" e podem relaxar sabendo que terão sua vez de falar e então podem ouvir umas às outras, ao invés de se concentrarem em tentar obter a atenção do professor.

Recomendamos aos professores não usarem a estratégia de chamar crianças que, em silêncio, levantam as mãos. Se muitas crianças estão quietas com as mãos levantadas, escolher sobre quem chamar torna-se arbitrário. Temos observado muitas rodas nas quais uma criança senta-se pacientemente no círculo, com a mão levantada em silêncio, e jamais atrai a atenção do professor. É fácil negligenciar uma criança quieta ou passiva. Passar a palavra por todo o círculo e dar a cada criança uma oportunidade para falar evita que isso aconteça.

Quando todas as crianças falam ao mesmo tempo e o círculo torna-se ruidoso, o professor deve evitar gritar acima das vozes. Algumas estratégias úteis incluem sentar-se em silêncio e esperar que o barulho diminua, mantendo as mãos sobre os ouvidos, parecendo sentir dor, falando baixinho. O objetivo é voltar ao revezamento para falar. Insistir que as crianças fiquem quietas geralmente não funciona e prejudica o papel de liderança do professor. Em casos extremos, iniciar uma canção leva as crianças de volta a um objetivo comum.

O objetivo máximo no controle de conversas na roda é que não haja necessidade para regulá-las. Isto é, gostaríamos que as crianças fossem capazes de falar na rodinha sem levantarem as mãos nem fazerem revezamento, mas com a reciprocidade informal das conversas educadas. Entretanto, esta é uma tarefa difícil até mesmo para os adultos, algumas vezes, e, portanto, alguma forma de regulagem pelo professor pode ser necessária. As crianças podem ser encorajadas a solucionar o problema de pessoas que desejam falar ao mesmo tempo, e suas soluções podem ser experimentadas.

Quando as crianças falam apenas para o professor. As crianças devem ser encorajadas pelo professor a falar para o grupo inteiro, não apenas para ele. Isto é difícil, porque as crianças sempre dirigirão seus comentários para o professor. Pode ser necessário ser explícito e dizer algo como "Conte isto para todos. Turma, R quer nos contar alguma coisa".

Quando a disciplina é necessária. Comentários disciplinares devem ser usados com parcimônia. Quando necessários, entretanto, eles devem ser claros, concisos, não-críticos e diretos. Por exemplo, quando uma criança estava fazendo barulho no círculo, ouvimos uma professora afirmar, com muita naturalidade: "S, por favor, leve esse 'Ah-ah-ah' para fora da sala. Quando tiver terminado, então gostaríamos que voltasse à roda". Esta mesma professora, quando uma criança caminhava no meio do círculo fingindo ser um cachorro, disse: "T, você quer ser um cachorro e abandonar o círculo ou quer ser um menino e sentar-se em seu lugar?" Quando ele preferiu sentar-se, ela respondeu: "Ah, estou muito contente por sua decisão de ficar. Gostamos de ter você na rodinha".

Ocasionalmente, uma criança poderá ser muito perturbadora. Cada criança é única, com diferentes razões para o comportamento disruptivo e, portanto, não podemos oferecer regras rígidas ou rápidas para o trabalho com crianças difíceis (veja Capítulo 16). O professor deve responder a toda a história, necessidades e circunstância de cada criança individualmente. Tendo isto em mente, a conseqüência lógica de uma perturbação na roda é que a criança deixe-a até estar apta a voltar e participar. Se uma criança precisa sair do círculo, o professor ainda pode mostrar respeito por ela, afirmando: "Você pode sair do círculo sozinho ou precisa de ajuda?"

Oferecer opções às crianças é um bom meio de mostrar respeito, estabelecendo, ao mesmo tempo, limites claros. Isto dá à criança a responsabilidade pela regulagem do seu comportamento possibilitando-lhe ser auto-regulatória. Por exemplo, quando duas crianças não conseguem evitar falar uma com a outra, o professor pode dar-lhes a opção de deixar o círculo e continuar sua conversa onde não perturbem o grupo ou permanecer neste, parando de falar. Geralmente, quando as atividades de grupo são interessantes, as crianças preferem ficar. O professor também pode dar às crianças a opção de sentarem-se próximas ao amigo e ficarem quietas ou se afastarem.

No exemplo seguinte, extraído da classe de crianças de 3 anos e meio a 4 anos e meio de Peige Fuller no HDLS, a professora (P) deve lidar com uma criança (S) com uma história de problemas comportamentais e emocionais. Neste trabalho de grupo em particular, ele está aborrecendo outra criança (C), pegando nela e apertando-a. C está na *Lab School* há pouco tempo e não é muito assertivo. Portanto, ele precisa do apoio da professora para lidar com o que ele sente, obviamente, como sendo uma violação. Desejamos chamar a atenção do leitor para o modo não-crítico como ela fala com a criança-problema.

(Na primeira roda da manhã, C está sentado entre S e a professora. S coloca sua mão na perna, ombro e em torno do pescoço de C. C move a mão de S, depois aproxima-se mais da professora).
P: (Para C) Você pode dizer a ele: "Não me toque".
(Pouco depois, S novamente coloca seu braço em torno de C. C esquiva-se e remove o braço de S. S toca a perna de C).
P: S, ele não quer ser tocado. Ele diz não, ele não gosta disso (remove a mão de S). Então, é melhor que você se afaste para não tocar nele (afasta S de C). Aí está. Você não pode tocar C, porque ele não gosta disso. Tudo bem? C, se ele tocar em você novamente e não parar, então o que você tem a fazer é mudar de lugar, está bem? Assim, você não terá este problema. Você pode vir aqui (dá um tapinha no local, junto a si mas no outro lado).
(S continua colocando sua mão na perna de C. C aproxima-se ainda mais da professora e S junta-se mais a C).
P: (Para C) Você gostaria de mudar de lugar?
C: (Assente)
P: Tem um lugar aqui. (C move-se). Isso!
(S começa a mover sua almofada para onde C recém mudou-se).
P: S, seu lugar é bem aqui, veja. C não gostou quando você continuou aproximando-se, grudando nele o tempo todo. Ele não queria isso. Então, já que você não parava, quando ele lhe pediu e nem mesmo quando eu lhe pedi, ele mudou de lugar. Agora ele não tem mais este problema.
(Mais tarde, a professora lê uma história. S atravessa-se na frente da professora e toca em C).
P: (Tira a mão de S, olha-o diretamente nos olhos e fala em tom casual). S, se você não consegue manter suas mãos longe das crianças, então terá de sair do círculo. Você está nos perturbando. Então, se você tocar nas crianças, terá de sair daqui.
(A professora continua a história. O entra e senta-se perto de S. S toca-o).

O: (Sussurra para a professora) Peige, ele está me incomodando.
P: Então você terá que mudar de lugar.
O: (Muda-se para outro local).
P: S, estamos com problemas. Você continua tocando em todas as crianças e elas não gostam e por isso ficam mudando de lugar. Agora você não terá mais ninguém a seu lado.

Em nenhum momento a professora zanga-se com S. Na verdade, em um certo ponto, reconhecendo sua necessidade de afeto, ela coloca S próximo a si e o acaricia, permitindo que ele toque sua perna, braço, rosto, etc., enquanto prossegue com a roda. Entretanto, ela mantém os direitos das crianças de decidir quem as toca e como. Ela mostra para S que a conseqüência lógica de tocar crianças quando essas não desejam ser tocadas é que ninguém mais quer se sentar perto dele. Veja o Capítulo 10 para uma discussão sobre o uso das conseqüências lógicas e o Capítulo 16 para mais detalhes sobre o manejo da criança seriamente disruptiva.

Conteúdo da Roda

Diversas atividades da roda não são especificamente construtivistas, mas são comuns a todos os bons programas de desenvolvimento infantil. Incluídas nesta categoria estão música, literatura, rotinas diárias como lista de chamadas e marcação do calendário, celebrações, tais como aniversários e feriados, temas especiais e introdução de atividades especiais que estarão disponíveis durante a hora da atividade. As atividades de natureza particularmente construtivista incluem a confecção de regras e tomada democrática de decisões (ver o Capítulo 7), votação (ver Capítulo 8) e discussões sociais e morais (ver Capítulo 9). Além disso, a roda construtivista inclui solução grupal de problemas e planejamento de passeios e outras atividades. Damos exemplos dessas atividades não discutidas em outras seções. Além disso, apresentamos um exemplo de um modo singular de celebrar aniversários, inventado por uma professora construtivista. Finalmente, o leitor pode perceber que não incluímos atividades de relatos envolvendo ou não a apresentação de algo trazido de casa, as quais são quase universais. Discutimos esta atividade controvertida e explicamos por que não a incluímos em nossa lista de atividades para a roda.

Discussão de Problemas Individuais

No Capítulo 4, mencionamos que os problemas que envolvem apenas uma ou duas crianças devem ser tratados em particular, ao invés de no grupo. Demos um exemplo de exceção, quando um problema com uma criança envolve todo o grupo. Também esperamos que o grupo seja considerado como um recurso, quando uma criança deseja auxílio dos colegas para um problema pessoal. No exemplo seguinte, extraído de uma classe de jardim de infância, S traz ao grupo seu problema de sempre chegar muito atrasada à escola para ser a Ajudante Especial na primeira rodinha (neste exemplo, P1 representa a professora líder, Coreen Samuel, e P2 representa a professora-assistente, Karen Amos).

S: Eu estava querendo saber se alguém tem alguma idéia de um jeito de eu poder chegar na escola mais cedo.
N: Hmmm... Por que a gente não manda um bilhete para sua mãe e seu pai e aí eles podem ler e aí eles podem lhe trazer mais cedo.
S: Não, não, não.
P2: Por que isso não daria certo?
S: Porque já falei com minha mãe sobre isso.
J: Hmmm, eu acho... Diga à sua mãe para acordar você mais cedo.
P1: Sabem de uma coisa? Eu acabei de falar com a mãe de S e ela estava me dizendo que há um problema, porque ela acorda cedo, mas às vezes é difícil acordar S.
S: (Assente).
P1: Então, se é difícil para ela acordar você de manhã, o que você pode fazer, S?
S: Porque... porque minha irmã fica brincando comigo de noite.
N: Vocês dormem em um beliche?
S: Não.
P1: Ei meninos, A está realmente disposto a dar uma idéia.
S: A?
A: Shhh, Shhh. Silêncio. Eu tenho uma idéia. Sua mãe e seu pai têm um despertador velho no sótão ou no porão? Ou então você pede a alguém que compre um despertador, e você podia-
S: (Interrompe) Não, a gente já-
A: -Você pode pedir para eles acertarem a hora e então o alarme toca e você levanta mais cedo.
S: Eu já tenho um despertador. É novinho em folha. Ganhei no Natal, mas meu pai ajusta o horário.
H: Peça à sua mãe.
S: Minha mãe não pode fazer isso porque está esperando um bebê.
P1: Então ela não pode botar o alarme, hein? Muito bem, mas S-
S: Ele nem está ligado na tomada.
P1: Talvez isso seja algo que você mesma possa fazer, botar o alarme.
S: Posso pedir pro meu pai, porque ele nunca fez isso. Minha mãe disse para ele fazer, mas ele ainda não fez e já tem um tempão.
A: Bem, por que você não faz uma reunião com seus pais e fala pra eles tudo que você está perdendo na escola?

S: (Fala com a mão segurando o nariz e não pode ser entendida).
P2: Diga novamente. Não consigo ouvir você assim, S.
Crianças: (Risadas).
P2: Nós queremos lhe ajudar, mas parece que você está brincando, S.
A: Se você não está realmente falando sério sobre isso, então vamos parar com a conversa.
P2: Nós podemos fazer alguma outra coisa. Você deseja nossa ajuda?
A: Então deixe de ser tão boba.
P2: Ok, bem, o que você estava dizendo, quando tapou sua boca assim, sobre a reunião?
S: Bem, talvez no jantar eu pudesse falar com meus pais.
P2: Esta é uma boa idéia.
A: Você poderia escrever assim tipo umas regras.
P2: Qual é sua idéia, E?
E: Quando sua mãe tirar o bebê de dentro da barriga, ela pode acertar o despertador.
S: Mas isso vai demorar muito, porque então não vou poder levantar bem cedo na minha vez de ser Ajudante Especial. Aí vou ter de ser a última na lista para Ajudante Especial.
P1: Bem, vejamos. C?
C: Bem, o jeito que eu tenho de chegar cedo é acordar um pouquinho antes, me vestir bem rápido e depois minha mãe vem bem depressa para a escola.

As crianças continuam oferecendo sugestões para que S possa levantar e chegar à escola mais cedo. Durante toda a discussão as crianças mostram-se engajadas, interessadas e preocupadas com o problema de S e desejam genuinamente ajudá-la. Quando S começa a brincar, A chega a repreendê-la gentilmente, lembrando-a de seu problema e que, se ela deseja solucioná-lo, deve considerá-lo seriamente. Discussões como esta contribuem para a sensação de comunidade, pelo fato de todos se envolverem na ajuda a uma amiga com um problema. Os professores não manifestam julgamento sobre as idéias das crianças, até mesmo aquelas absurdas, como a idéia de S de que sua mãe não pode acertar o relógio por estar grávida, apóiam e desenvolvem as sugestões.

A roda, naturalmente, também é um bom momento para que as crianças envolvam-se na geração de soluções a problemas que afetam a todos. No Capítulo 12, relacionamos a história de uma classe de jardim de infância que apresentava problemas na participação igualitária na hora da limpeza.

Planejamento de um Projeto de Grupo

Projetos de grupo, festas e passeios podem ser atividades úteis para a roda. O professor precisará decidir quanto do planejamento pode ser realizado pelas crianças e quanto deve ser feito pelo professor. No exemplo seguinte, Peige (P) discute com sua classe de alunos de 3 e 4 anos a proposta deles de um passeio ao zoológico, para descobrirem se perus podem voar (veja o Capítulo 8 para a história completa sobre o questionamento das crianças quanto à capacidade de voar dos perus). Ela ouve com atenção as idéias das crianças e as elabora de modo que as crianças participem plenamente do planejamento.

P: Nós já discutimos se os perus podem ou não podem voar lembram? Decidimos ir ao zoológico e verificar isso, não é? Agora, acho que precisaremos de certas coisas para irmos ao zoológico. Precisaremos obter a permissão dos pais e mães e precisaremos que pelo menos duas outras mães ou pais possam ir conosco.
B: Eu tenho uma mãe.
M: Eu tenho uma mãe.
P: Vocês têm uma mãe? E precisaremos algumas pessoas extras para dirigir seus carros.
G: Eu tenho uma mãe.
K: Meu pai pode dirigir.
P: Será que ele nos levaria? Você acha?
(As crianças continuam oferecendo suas mães, pais e automóveis).
C: Peige, eu tenho uma idéia.
P: Ah, C tem uma idéia. Qual é sua idéia, C?
C: Se a gente telefonar para todas as mães e "dizer" que a gente vai pro zoológico e que a gente precisa de mais duas mães, aí elas iam querer vir com a gente.
W: Mas o meu pai não pode vir, porque ele precisa trabalhar.
P: Ouçam, meninos. W disse que seu pai não pode vir porque precisa trabalhar. Agora, eu estava pensando que não podemos ir hoje porque as mães e pais vão ter que tirar uma folga no trabalho. Talvez pudéssemos escrever uma carta para eles e então faríamos com que J (a secretária) tirasse xerox para que cada mãe e pai pudesse ter uma cópia.
G: Talvez J pudesse vir com a gente.
P: Ah, talvez J pudesse vir conosco.
Z: Ou talvez A (a assistente de diretoria).
P: Talvez A pudesse. Podemos perguntar a elas também. O que vocês acham de escrevermos um bilhete para que as mães e pais soubessem que queremos ir ao zoológico? Então eles poderiam tentar uma folga no serviço para levar-nos. Vocês acham que esta é uma boa idéia?

W: É.
C: Também acho.
G: E assim a gente ia ter um monte de pais e mães.
P: Poderíamos ter muitos pais e mães, sim.
(Peige pede ao Ajudante Especial para pegar papel e uma caneta).
C: E a gente ia poder andar no trenzinho. E podia ver alguns animais e outros bichos diferentes.
P: C estava dizendo que poderíamos ver animais diferentes, não apenas um peru, mas também muitos animais diferentes.
G: E eles têm passarinhos.
T: E outros pássaros.
(As crianças sugerem animais que gostariam de ver no zoológico).
P: (Começa a ditar enquanto escreve) Queridos pais e mães. O que desejamos dizer-lhes?
C: Queremos ir ao zoológico.
P: Nós queremos ir ao Zoológico?
D: Que queremos que as mães e os pais venham com a gente.
P: (Escrevendo) Nós queremos ir ao zoológico. Vocês sabem como se escreve "zoológico"?
Crianças: Zê-O-O!
P: Z-O-O... Desejamos ir ao zoológico. O que precisamos, dos pais? O que precisamos dizer pra eles que nós precisamos?
S: Dinheiro.
G: A gente precisa de dinheiro para andar de trenzinho.
P: Ah, precisamos de algum dinheiro para andar no trenzinho?
K: E sabe de uma coisa, a gente precisa pagar os ingressos.
P: Precisamos de ingresso para andar no trenzinho, então temos que ter dinheiro para fazer isso. E precisamos de dinheiro para irmos ao zoológico também. Ok. Então precisamos de dinheiro para andar no trenzinho e para entrar no zoológico. Certo? Agora também precisamos que as mães e pais dirijam seus carros. Como podemos pedir-lhes isso? Alguém tem uma idéia?
C: Por favor, dirija seu carro.
P: Ok. E precisamos que algumas mães e pais venham conosco. Como podemos pedir-lhes isso?
N: Com muita educação.
P: Com educação? E de que modo educado podemos pedir isso?
N: Por favor.
P: Por favor o quê?
C: Por favor, venham com a gente. Que tal? Por favor dirijam seus carros. Por favor, venham com a gente.
P: Vejamos. Precisamos decidir que dia iremos.
Z: Será que a gente pode ir hoje?

P: Vocês gostariam de ir — Não, não podemos ir hoje, porque os pais e mães precisam primeiro ler o bilhete.
W: Porque estão trabalhando.
P: Eles estão trabalhando. Eles precisam dar dinheiro e vir até a escola e tudo isso. E que tal se fôssemos na próxima segunda-feira?
Crianças: É!
Criança: Não!
C: Eu tenho uma grande idéia. A gente podia ir quinta-feira.
P: Quinta-feira? Vocês acham que haveria tempo suficiente para que os pais e mães recebessem o bilhete e preparassem tudo?
C: Dá, porque na terça o bilhete fica pronto. Aí, na quarta-feira, eles vão ler e na quinta podem vir.
P: Eu tenho uma idéia. Por que não vamos na sexta-feira? Então eles teriam dois dias para se prepararem.
C: Por quê?
P: Bem, porque às vezes demora algum tempo para que os pais e mães consigam uma folga e todas essas coisas.
B: E o que você acha de irmos na sexta-feira?
C: E por que não na segunda-feira?
P: Ok. Então iremos na sexta ou na próxima segunda-feira. Meninos, vocês terão que votar. Tudo bem. Hoje é terça-feira. O mais perto que poderíamos ir seria sexta-feira, mas mais pais e mães poderiam participar se fôssemos na próxima segunda. Então, a votação é: será que devemos ir na sexta ou na próxima segunda-feira? (Eles votam e decidem pela sexta-feira).
P: Muito bem. Agora nosso bilhete diz: "Por favor, venham conosco, e desejamos ir sexta-feira".
C: Que horas?
P: Ah, C perguntou a que horas vamos. Devemos ir pela manhã?
C: Sete horas.
P: Não, nós não estamos na escola às 7 horas. Nosso horário começa às 9. Talvez pudéssemos sair às 9 e meia.
Crianças: É!
P: Ok. Desejamos ir sexta-feira, às nove e meia. Ah, será que devemos levar lanche para comer lá?
Crianças: É!
P: Ok. Isso é o que diz o bilhete (Lê). Queridas mães e pais. Estamos querendo ir ao zoológico. Precisamos de algum dinheiro para andar no trenzinho e para entrar no zoológico. Por favor, dirijam seus carros. Por favor, venham conosco. Desejamos ir sexta-feira às 9h30min. Desejamos levar lanche para um piquenique. Ok. Agora, de quem é este bilhete?
Crianças: Investigadores.
P: Devemos assinar "Investigadores" aqui?

Crianças: Sim!
Professora: (Assina) Investigadores.

Este segmento editado de uma roda ilustra como os professores podem envolver as crianças no planejamento de um passeio. A professora escuta as crianças, solicita suas opiniões e respeita suas decisões, guiando o processo, mas sem controlá-lo.

Celebrações

A roda é um bom momento para celebrações, tais como aniversários. Nós fomos testemunhas de um ritual de aniversário particularmente comovente, inventado por Peige Fuller em uma classe de crianças de 3 anos e meio a 4 anos e meio. Geralmente os pais trazem bolo e docinhos para a escola no dia do aniversário de seus filhos e faz-se uma festa, após as atividades matinais. Peige (P) coloca o bolo no centro do círculo, segura o aniversariante em seu colo e conta esta história:

P: Era uma vez, um homem e uma mulher e seus nomes eram V e M. Eles se amavam muito, muito mesmo e aí se casaram. Pouco tempo depois, a barriga de V começou a ficar cada vez maior. E vocês sabem o que estava crescendo lá dentro?
N: O quê?
C: Um bebê.
P: Ela estava com um bebê crescendo na barriga. E um dia o bebê nasceu. Os pais chamaram aquele bebezinho de M.
K: M!
P: Isso mesmo. E ele era tão pequenininho que a gente conseguia segurá-lo nos braços (faz mímica de quem segura um bebê). E ele tinha dedinhos pequeninos, pezinhos pequeninos e um narizinho muito pequenininho. Pouco depois, ele começou a fazer ruídos assim (Ela imita ruídos de bebês). Exatamente assim. Barulhinhos de bebê. Bem, depois ele cresceu, cresceu... E quando estava com um ano, sabem o que já conseguia fazer?
Crianças: O quê?
P: Andar. Ele podia andar um pouquinho, apenas passinhos de bebê. E quando queria algo, ele dizia: "Té-bó" e isso significava "Eu quero a bola".
Criança: Por quê?
P: Ele dizia: "Eu-au-a" e isso significava "Eu quero água".
C: Água!
P: Hum-hum, bem assim. Quando ele era um bebê. E num piscar de olhos, ele cresceu mais ainda e já estava com 2 anos e podia fazer muitas coisas. Agora, ele já conseguia falar mais direitinho.

W: Ele era um rapazinho.
P: Depois ele cresceu ainda mais. Veio à escola, fez amigos, como K, N e C.
S: E como eu também.
P: E ele fez amigos como D, N e K, e como W, S, N, S, e P. Então, ele fez três anos e, certo dia, sabem o que aconteceu?
Crianças: O quê?
P: Certo dia, este menino, que já fora um bebezinho e que já tivera 1 ano, 2 anos, 3 anos, completou 4 anos.
S: É M!
P: Está certo.
(Peige então acende as velinhas de aniversário, as crianças cantam "Parabéns pra Você" e M sopra as velinhas).

Peige contava uma história de aniversário para cada criança, adaptando-a sempre para aquela determinada criança, incluindo nomes de irmãos e outras informações relevantes. Ocasionalmente, ela mostrava fotografias da criança quando bebê ou fotos da mãe grávida. As crianças adoravam essas histórias e nunca se cansavam delas.

A Questão do "Mostre e Fale"

Muitas classes de educação infantil escolhem um dia da semana para que cada criança traga um objeto do qual gosta muito e o mostre à classe ou conte aos colegas sobre algo que fizeram recentemente. Embora não desejemos dar a impressão de que achamos que as crianças não devam compartilhar esses interesses pessoais com o grupo, gostaríamos de abordar os problemas que temos visto com este tipo de compartilhamento institucionalizado. Em primeiro lugar, as crianças freqüentemente esquecem quando é o seu "Dia de Compartilhar", não trazem nada para compartilhar com a classe e depois ficam muito aborrecidas quando chegam à escola e percebem seu erro. Já vimos crianças tão chateadas que precisaram sair da aula com um assistente a fim de serem acalmadas. Em segundo lugar, às vezes as crianças não têm algo que desejem compartilhar, mas sentem-se compelidas a fazer isso. Elas gaguejam, tropeçam nas palavras e se sentem desajeitadas e inadequadas. Em terceiro lugar, algumas crianças são muito tímidas e consideram a idéia de falar aos colegas dolorosa e embaraçosa. Compartilhar, para elas, é simplesmente uma ocasião para ficarem embaraçadas e serem lembradas de sua timidez. Finalmente, algumas crianças dominam o horário de compartilhar, falando sem parar sobre seu passeio ao circo ou sobre a cobra que encontraram no quintal. É difícil fazer com que essas crianças sejam breves sem cortá-las e deixá-las tristes e mais de uma criança falando na hora da roda pode tornar o compartilhamento excessivamente longo, fazendo com que as crianças fiquem inquietas e irritadiças.

O que podemos fazer sobre os problemas com o "Mostre e Fale"? Reconhecemos os benefícios de fazer com que as crianças tragam coisas de casa e possam dividi-las com a classe. As crianças sentem-se especiais, têm uma oportunidade para ser "o centro das atenções" e desenvolvem boas habilidades de discurso em público. Em primeiro lugar, sugerimos que o compartilhamento ocorra espontaneamente. Se não o institucionalizamos, o compartilhamento provavelmente ocorrerá com menor freqüência e envolverá contribuições mais significativas. Quando apenas uma ou duas crianças têm algo especial a compartilhar, isto pode ser incorporado com facilidade na roda. Quando mais de uma ou duas crianças desejam compartilhar, sugerimos deixar a troca para a hora da atividade. Se as crianças contam ao professor antes da hora da roda que têm algo a compartilhar, este pode anunciar esta oportunidade como parte da descrição das atividades. Uma mesa, prateleira ou qualquer outro espaço pode ser escolhido para que as crianças coloquem ali coisas que trazem de casa. As crianças podem ficar nesta mesa durante o início do período de atividade e contar, às crianças que chegam para olhar, tudo sobre o objeto. Elas podem fazer sinais descrevendo-o e decidir se as pessoas podem tocá-lo ou não. Algumas crianças podem preferir compartilhar até mesmo durante as atividades, ao invés de durante a roda. Esta forma de compartilhar pode eliminar os problemas na condução do "Mostre e Fale" durante a roda, ao mesmo tempo que não priva as crianças da oportunidade de compartilhar as coisas que trazem de casa.

FRACASSO E RECUPERAÇÃO DA RODA

A história seguinte descreve uma classe construtivista de jardim de infância que experienciava problemas com a roda e as medidas adotadas pelos professores enquanto tentavam lidar com o problema.

Era uma vez, uma classe de jardim de infância que possuía duas rodas a cada manhã. Durante a primeira, às 9 horas, todos tinham muitas coisas a fazer. Geralmente, a roda iniciava-se com uma ou duas canções. Era escolhido o Ajudante Especial para aquele dia. O Ajudante Especial contava quantas pessoas estavam na classe. Algumas vezes, ele tinha problemas para contar e precisava recomeçar várias vezes enquanto a classe esperava. Depois, as crianças que deveriam apresentar algo naquele dia mostravam aos colegas o que haviam trazido. Às vezes, 4 ou 5 pessoas compartilhavam seus objetos e isto consumia muito tempo. Depois, os professores introduziam as atividades para a manhã e discutiam algumas delas. Isto também levava muito tempo. Às vezes, o professor lia uma história ou um poema. Outras, tinham problemas para solucionar e votavam para tomar decisões. Freqüentemente, as atividades iniciavam-se apenas por volta das 9h50min.

Muitas crianças tinham dificuldade em sentar-se quietas e prestar atenção por muito tempo. Elas se mostravam inquietas e falavam para o grupo esquecendo de levantar suas mãos. Às vezes, ocorriam conflitos entre as crianças na roda e isto perturbava os professores, que desejavam que as crianças ouvissem umas às outras e demonstrassem respeito mútuo.

Após as atividades da manhã, a classe tinha uma outra roda. Nesta segunda rodinha, elas falavam sobre o que haviam feito durante as atividades. Às vezes, tinham histórias e canções. Se as crianças que deveriam partilhar não haviam tido uma chance na primeira roda, compartilhavam neste segundo horário. Logo, a segunda roda também tornava-se muito longa. As crianças mostravam inquietação e ansiavam por sair e brincar no pátio. Os professores mostravam-se frustrados porque as crianças pareciam não ouvir a eles ou umas às outras.

Finalmente, certo dia, os professores decidiram dar um basta! Eles acharam que as crianças não gostavam da roda, de modo que simplesmente abandonaram esta atividade. Na segunda-feira, quando as crianças chegaram à escola, foram comunicadas que não haveria mais uma roda. "Vamos direto às atividades", eles disseram. "Nós não teremos mais roda, a menos que as crianças queiram". As crianças gostaram da idéia, deram vivas e disseram que não gostavam da roda. Por dois dias não houve rodinha.

No terceiro dia, uma criança decidiu que era preciso planejar a festa do Dia das Bruxas. Mas como podiam planejar, se não tinham mais roda? Ela circulou pela classe coletando o nome das crianças que desejavam uma segunda rodinha para planejarem a festa. Todas, menos 4 crianças, assinaram a folha. Assim, todos aqueles que queriam planejar permaneceram na sala e formaram um grupo para a discussão.

Lentamente, a roda começou a ocorrer novamente, após as atividades. As crianças tinham a opção de permanecer para a roda ou sair para o pátio. Inicialmente, muitas delas saíam, mas logo todas estavam ficando para a roda. Elas gostavam de reunir-se, de falar sobre o que haviam feito durante as atividades, cantar e escutar histórias.

Após cerca de 3 semanas, elas começaram a ter a primeira roda novamente. Ninguém jamais perguntou: "Devemos ter a primeira rodinha novamente ou não?" Isso simplesmente aconteceu. Porém, quando voltaram a ter a primeira roda, foi diferente. Não mais passavam muito tempo fazendo a chamada e desistiram da atividade de compartilhamento de objetos. Os professores falaram sobre ter rodas mais curtas e começar logo as atividades. Com grupos mais curtos, as crianças prestavam mais atenção e não se mostravam tão inquietas. Elas ainda esqueciam de levantar as mãos ocasionalmente, mas não tanto quando antes. Os professores não precisavam mais passar tanto tempo pedindo que as crianças fizessem silêncio, levantassem suas mãos, se revezassem e escutassem seus amigos. Todos pareciam gostar mais da roda.

Terminar com a roda foi uma decisão relativamente dramática, mas os professores julgavam ser necessário. Eles esperavam que as crianças reconhecessem a utilidade da roda e sentissem sua falta. Isso aconteceu e, quando as crianças descobriram suas próprias razões para participar na roda, sugeriram que essas acontecessem novamente. Entretanto, os professores também aprenderam algo com esta experiência. Eles aprenderam que a parte importante da hora da roda era o desejo de estarem juntos como uma comunidade de pessoas que escutam umas às outras, planejam coisas juntas e tomam decisões em grupo.

RESUMO

Os objetivos da rodinha incluem a promoção do desenvolvimento intelectual, social e moral por meio de atividades envolvendo auto-regulagem, cooperação e coordenação de perspectivas. O professor assume um papel de liderança mais ativo durante a roda do que durante a hora da atividade. Existem possibilidades especiais, na roda, para o apoio a um sentimento de comunidade entre as crianças. O conteúdo das atividades inclui música, literatura, celebrações, temas especiais, rotinas, tais como a lista de chamada, planejamento de passeios e introdução de atividades especiais disponíveis durante a hora da atividade. Além disso, a roda inclui estabelecimento de regras, tomada de decisões democráticas e discussão de problemas na classe e dilemas sociais e morais. O professor deve também preocupar-se com questões formais do planejamento, como o lugar de cada um e duração da roda e com estratégias especiais de condução para evitar ou lidar diretamente com os problemas. Quando as crianças não parecem valorizar a roda, como ocorreu em uma classe de jardim de infância, o professor pode suprimi-la e ajudar as crianças para que descubram suas próprias necessidades para a roda.

7

ESTABELECENDO REGRAS E TOMANDO DECISÕES

Uma característica singular da educação construtivista é que a responsabilidade pela tomada de decisões é dividida com todos na comunidade da classe. Em uma sala de aula construtivista, o professor entrega às crianças muito do poder para decidir como a classe será operada. Neste capítulo, apresentamos os objetivos de envolver as crianças na tomada de decisões e processos de estabelecimento de regras. Depois, oferecemos orientações para a condução de discussões para tomada de decisões e estabelecimento de regras e apresentamos exemplos. A votação, uma ferramenta democrática para a tomada de decisões pelo grupo, é discutida separadamente, no Capítulo 8.

OBJETIVOS

O objetivo mais amplo de envolver as crianças na tomada de decisões e estabelecimento de regras em sua classe é contribuir para uma atmosfera de respeito mútuo, na qual os professores e crianças praticam a autoregulagem e cooperação. O convite para que as crianças estabeleçam regras e decisões é uma forma pela qual o professor pode reduzir a heteronomia e promover a autonomia. Piaget (1932/1965) comentou que "Cada regra, quer seja imposta sobre a criança mais jovem por aquela mais velha, quer sobre a criança pelo adulto, começa sendo algo externo à mente, antes de se tornar realmente interiorizada" (p. 185). Discutimos, no Capítulo 3, a importância da cooperação do professor com as crianças e a redução do exercício da autoridade desnecessária. Em resumo, isto significa dar às crianças a possibilidade de regular seu comportamento voluntariamente. Também discutimos, no Capítulo 3, a importância da criação de um ambiente no qual as crianças cooperem umas com as outras. Pelo estabelecimento de regras e tomada de decisões em grupo, o professor construtivista conquista todos esses objetivos inter-relacionados.

Três objetivos mais específicos de envolvimento das crianças no processo de tomada de decisões são (1) promover o sentimento de necessidade de regras e de justiça, (2) promover o sentimento de propriedade das regras, procedimentos e decisões da classe e (3) promover o sentimento de responsabilidade compartilhada pelo que ocorre na classe e pela forma como o grupo relaciona-se na sala de aula.

Ao refletirem juntas sobre os problemas da sala de aula, as crianças podem ser levadas a perceber a necessidade de haver regras. Participando na determinação do que ocorre na classe, elas podem perceber que as decisões lhes pertencem. Assim, terão a chance de compreender por que existem certas regras e por que fazem certas coisas de determinadas maneiras. O senso de propriedade resultante da participação, no processo de tomada de decisões, leva as crianças a desenvolverem um senso de responsabilidade compartilhada pelo que ocorre na classe, quer seja bom ou mau. Isto se estende até mesmo para a responsabilidade pela obediência às regras e procedimentos na sala de aula.

ESTABELECIMENTO DE REGRAS

O estabelecimento de regras representa uma clara oportunidade para que as crianças exercitem a autonomia. Muitos professores, inicialmente, sentem-se inseguros, por entregarem o processo de estabelecimento de regras às crianças. Eles podem acreditar que as crianças não são capazes de estabelecer regras. Podem temer que os alunos criem regras inaceitáveis, ou, pior ainda, não criem absolutamente qualquer regra. Esses temores não têm se confirmado em nossas experiências de observação das crianças pequenas enquanto participam no estabelecimento de regras. Naturalmente, o professor construtivista não entrega tudo às crianças, mas, ao invés disso, exercita a liderança ao orientar o processo de estabelecimento de regras e desenvolvimento das atitudes e conhecimento das crianças sobre o estabelecimento de regras. Sugerimos algumas diretrizes para a condução de discussões para o estabelecimento de regras, oferecemos algumas idéias de como registrar e afixar as regras criadas pelas crianças e discutimos o envolvimento delas no cumprimento das regras e a determinação de conseqüências para o não-cumprimento das mesmas.

Orientação para Discussões sobre o Estabelecimento de Regras

Os professores que jamais envolveram as crianças no estabelecimento de regras podem ser tentados a iniciar com algumas regras criadas por eles próprios e, simplesmente convidar as crianças a acrescentarem algumas feitas por elas mesmas. Aconselhamos os professores a evitarem este procedimento. Embora reconheçamos que os professores realmente sentem que certas regras são necessárias, esperamos convencer o leitor que, com cuidadosa orientação, as crianças poderão propô-las, de um modo ou de outro, embora não na forma que o professor poderia tê-las formulado.

Se um professor acredita que determinada regra é importante, ele deve descobrir como apresentá-la à classe de tal modo que as crianças também vejam sua necessidade. O professor deve examinar as razões para as regras que considera necessárias. Ocasionalmente, os professores impõem regras específicas sem refletirem se realmente são necessárias ou se são apenas "como as coisas sempre foram feitas". Por exemplo, considere uma regra comum nas primeiras séries: "Façam fila para andar nos corredores". Isto habitualmente parece arbitrário e coercivo para as crianças. Imagine-se como professor, tentando fazer com que as crianças considerem necessária esta regra. Qual é a justificativa para ela? Será que este é um problema na escola? As crianças fazem barulho no corredor e perturbam outras classes? Se assim for, ainda é possível evitar a imposição arbitrária de uma regra. Ao invés disso, o professor pode apresentar o problema: "Eu percebi que, às vezes, as crianças fazem muito barulho quando caminham pelo corredor e isto perturba as outras classes. Outros professores disseram-me que seus alunos não conseguem ouvir uns aos outros quando nossa classe passa por suas salas. O que podemos fazer para resolver este problema?" As crianças podem pensar em soluções diferentes de caminhar em fila única, tais como fazer uma regra para que as crianças fiquem quietas no corredor, ou que caminhem pelo corredor com suas mãos tapando suas bocas para evitar que falem. Isto solucionaria o problema, permitindo, ao mesmo tempo, que as crianças fossem auto-reguladoras.

É importante manter as regras em perspectiva. Na visão construtivista, as regras não são apenas um meio para se adquirir uma organização da sala de aulas. Embora sirvam a esta função, as regras são também um fim em si mesmas. As experiências das crianças no estabelecimento de regras satisfazem objetivos desenvolvimentais. Em um nível prático, esperamos convencer o leitor de que as regras feitas pelas crianças são mais poderosas do que regras já prontas, entregues sem discussões.

Oferecemos aqui dez diretrizes para a condução de discussões de estabelecimento de regras, com exemplos que as ilustram.

1. Evite a palavra regra já de início.

As crianças podem não compartilhar do entendimento do professor quanto à palavra. Elas podem associar "regras" apenas com proibições pelos adultos. A fim de evitar obter das crianças uma lista de todos os "nãos" que ouvem dos adultos, os professores podem introduzir o estabelecimento de regras com frases assim "como tornar nossa sala de aula segura e feliz", "orientações", "coisas para lembrar" ou "Como desejamos ser tratados". Entretanto, se as crianças usam o termo *regras*, o conhecimento deve ser respeitado usando-o também, mas seu uso deve ser ampliado para "regras para tornar nossa classe um lugar feliz", por exemplo.

2. Conduza as discussões sobre o estabelecimento de regras como uma resposta a uma necessidade ou problema específico.

Em geral, não é uma boa idéia simplesmente pedir que as crianças sugiram regras para sua classe sem selecionar a necessidade pelas regras com problemas específicos. Temos experimentado com colegas professores o estabelecimento de regras no início do ano escolar. Os resultados dessas experiências têm sido mistos, quando o professor simplesmente indaga questões abertas como "Vocês podem pensar em regras que precisamos em nossa sala de aula?" Este convite é demasiadamente amplo e geralmente leva a longas litanias de "nãos" que, freqüentemente, não têm qualquer relação com as necessidades na vida da sala de aula. Por exemplo, já ouvimos sugestões das crianças de regras abordando problemas que jamais ocorreram na classe, tais como "Não jogar blocos de madeira no aquário" e "Não atirar cadeiras longe". Também ouvimos crianças repetindo regras que conheciam de outros contextos, tais como "Jamais fale com estranhos". Em um caso, vimos crianças entrando em uma competição para a regra mais incomum ou elaborada. Percebemos que as crianças estavam sugerindo regras apenas porque os professores solicitavam isso, não por qualquer necessidade pessoal de imaginar como regular a si mesmas.

É muito melhor começar uma discussão sobre o estabelecimento de regras com a introdução: "Percebi que estamos tendo um problema com (o fato de as crianças machucarem outras, revezamento com os blocos de madeira, ser capaz de ouvir as palavras de outros na roda, e assim por diante). O que podemos fazer sobre este problema?" Isto focaliza a discussão sobre um tópico que todas as crianças podem compartilhar. A atenção de crianças pequenas para discussões sobre regras pode ser razoavelmente curta, de modo que a discussão sobre regras para um problema de cada vez permite ao professor terminar a discussão quando percebe que seus alunos mostram-se inquietos, afirmando: "Fizemos um bom trabalho para a solução deste problema. Talvez, em um outro momento, possamos solucionar o problema de _____ (se as crianças mencionaram um outro problema)".

Por exemplo, na Comunidade construtivista descrita no Capítulo 1, Mary Wells apresenta o problema de que algumas crianças estão maltratando o porquinho-da-índia. Outras crianças queixam-se disso. Mary transforma esta em uma ocasião para perguntar: "Será que precisamos construir regras sobre como tratar o porquinho-da-índia?" As seguintes regras foram feitas pelas crianças:

- Peça à profesora, antes de tirar o porquinho-da-índia da gaiola.
- Tenha cuidado — não machuque o porquinho-da-índia.
- Não aperte, deixe cair ou jogue o porquinho-da-índia. Segure-o com delicadeza.
- Não o coloque no chão. Mantenha-o no colo.
- Não puxe seus pêlos. Seja gentil.
- Não puxe suas patas nem sente nele.
- Não o deixe andar solto. Segure-o com um cobertor.
- Segure-o como um bebê.

Este exemplo mostra, particularmente, a importância de que as crianças criem suas próprias regras. As regras que fazem sentido para as crianças incluem muitas que os adultos jamais pensariam em propor. As crianças freqüentemente são melhores juízes do que os adultos sobre as regras que serão mais efetivas na solução de problemas.

Se um professor deseja que as crianças formulem regras no início do ano, sugerimos focalizar a atenção das crianças sobre áreas de problemas potenciais. Por exemplo, o professor pode liderar perguntando: "Será que toda a classe poderia brincar com os blocos ao mesmo tempo? Que diretrizes precisamos para que todos possam ter sua vez com os blocos?"

3. Saliente as razões para as regras.

Use palavras que transmitam a mensagem de que a finalidade das regras é tornar a sala de aula um local seguro e feliz para todos. Os professores podem falar sobre sua responsabilidade de garantir que todas as crianças estejam seguras. Considere o exemplo seguinte, da classe de Angie Quesada (P) de crianças jardim de infância e de primeira série na *Sunset-Pearl Elementary School* em Houston. Algumas das crianças foram suas alunas no ano anterior e estão familiarizadas com a idéia de formular regras para a sala de aula. Este é o terceiro dia do ano letivo, na segunda roda da manhã.

P: Ok, então já fizemos atividades, já tivemos nossa hora da roda e, às vezes, tudo correu muito bem e nos divertimos, mas algumas

vezes tivemos problemas. O que poderia ser uma boa idéia, já que iniciamos um novo ano escolar? O que poderíamos fazer?
C: Regras.
P: Uma lista de regras. Por que vocês acham que precisamos de algumas regras? Alguém tem alguma idéia *por que* precisamos de regras?
E: Pra ninguém se machucar quando estiver brincando.
(Eles decidem começar uma lista intitulada "Regras da Classe").

Continuamos com este exemplo abaixo para ilustrarmos outras diretrizes para o estabelecimento de regras.

Quando as crianças sugerem uma regra, pergunte: "Por que precisamos desta regra?" ou "Por que esta é uma regra boa?" Se elas não conseguem responder, pergunte: "O que aconteceria se as crianças (fizessem algo que a regra proíbe)?" Em geral, as crianças respondem que bater, chutar, etc., machuca. Inclua a razão no enunciado da regra. Exemplos que temos visto de regras feitas pelas crianças incluem: "Não bata em outros, porque isto machuca", "Não chute a porta, porque você pode estragar a porta e machucar seu pé" e "Não jogue areia, porque ela pode entrar nos olhos de outra pessoa".

É importante que a discussão seja suficiente para que todas as crianças sintam a necessidade da regra. Se o professor simplesmente escreve uma regra sem uma discussão sobre sua razão, as crianças podem não sentir necessidade de segui-la.

4. Aceite as idéias, palavras e organização das crianças.

Mesmo se as crianças se expressam por palavras confusas, utilize-as de qualquer modo. A gramática importa menos do que o espírito da regra. As crianças recordarão e respeitarão mais a regra, se esta estiver em suas próprias palavras. No exemplo seguinte, Peige Fuller (P) está se preparando para uma discussão durante a hora da roda porque suas crianças de 4 anos têm machucado umas às outras. Antes do início da discussão, Z xinga C, e N chama a atenção da professora para isso.

N: C está triste.
P: Estou vendo. Sabe por quê?
C: Z me chamou de menina nojenta.
P: Você é uma menina nojenta?
C: (Chorando) Nãããoooo!
(Peige sugere que talvez algumas das crianças próximas a C possam abraçá-la e fazê-la sentir-se melhor. Elas fazem isso e C começa a mostrar-se mais alegre).

P: Ah, estou vendo um sorriso! Acho que ela sente que é amada! Muito bem, agora C, como você quer ser chamada?
C: Meu nome.
P: Seu nome. Então devemos fazer uma regra sobre chamar as pessoas por seus nomes?
Crianças: Sim!
P: Como devemos escrever isso? Digam-me.
C: Escrevendo "Chame as pessoas pelo seu nome".
C: Não chame elas de menina nojenta ou menino nojento.
P: (Escreve e repete) "Não chame elas de menina nojenta ou menino nojento". Ok, isso resolverá o problema de as crianças usarem palavras que magoam. E quando ao uso de pés e mãos para machucar os outros?

A regra sugerida contém uma gramática questionável, mas o significado é claro para as crianças. A formulação da regra lembra às crianças por que C desejou criá-la e por que precisam desta regra neste momento.

Aceite a organização das regras pelas crianças. Não tente impor uma estrutura organizacional sobre as regras que as crianças não podem entender. A continuação da discussão sobre regras na classe de Angie (introduzida acima) oferece um exemplo do que acontece quando a lógica das crianças não pode aceitar uma organização sofisticada. As crianças sugerem cinco regras: "Não dar tapas no rosto", "Não acertar o olho de ninguém", "Não beliscar", "Não chutar" e "Não lutar". Então, E sugere que transformem a regra simplesmente em "Não machuque ninguém" e apaguem todas as outras regras. Ele explica: "Não machucar ninguém seria o mesmo que escrever tudo o que já está aí". Está claro que muitas crianças na classe não compreendem a lógica de inclusão por classe utilizada por E, em que a categoria de "Não machucar" inclui todos os tipos específicos de agressões. As crianças continuam sugerindo regras que E julga estarem incluídas sob sua regra de não machucar. Ele objeta: "Não faz sentido ter algumas coisas e as mesmas regras que significam a mesma coisa. Isto é um desperdício de papel". Angie sugere que votem sobre deixar ou apagar a regra de "Não dar tapas no rosto", já que E afirma que a regra "não machucar" já inclui não dar tapas no rosto. As crianças votam por eliminar a regra sobre dar tapas e D exclama: "Podemos dar tapas no rosto dos outros! Não temos uma regra para isso!" Quanto mais as crianças discutem, mais claro torna-se para Angie que nenhuma das outras crianças compreende o significado inclusivo da regra de E. Apesar dos protestos deste, as crianças votam por manter todas as regras, incluindo a de "Não machuque ninguém". A lista resultante, portanto, não tem uma clara forma lógica, mas faz sentido para as crianças. Nesta situação, o professor pode dizer: "Esta é uma boa idéia E, mas as outras crianças não concordam, hoje." (Este incidente contribuiu para uma reavaliação da colocação de E e para sua mudança subseqüente da classe mista de jardim de infância — 1ªsérie, para a classe mista de 1ª e 2ªséries).

5. Guie as crianças para regras sem "nãos".

Crianças pequenas, quando convidadas pela primeira vez a gerar regras para a sala de aula, tendem a sugerir regras com "Não". Os exemplos acima da classe de Angie são típicos. As crianças consideram muito mais fácil pensar em regras como proibições. O professor não deve rejeitar as regras com "Não". Entretanto, as crianças podem ser levadas a pensar em coisas que podem fazer. Ao final do exemplo da classe de Peige (acima), a professora pergunta às crianças o que elas deveriam fazer quanto às crianças que usam mãos e pés para machucar outras. A discussão continua.

G: Isto machuca as pessoas e não é legal.
P: Isto machuca e ninguém gosta disso. Então, o que devemos pedir para as crianças fazerem?
K: Use suas palavras.
P: Dizer para usar suas palavras? (Ela escreve e repete) "Use suas palavras".
K: E se as palavras não funcionam, chame a professora.
P: (Escreve e repete) "E se as palavras não funcionam, chame a professora". Ok. Há alguma outra orientação que precisamos para podermos ter pessoas amáveis em nossa classe?
D: Mãos amigas.
Y: E palavras amigas.
P: (Escreve e repete) "Mãos amigas e palavras amigáveis". Será que é assim que todos querem ser tratados pelos amigos? Com mãos amigas e palavras amigas? Ok.
W: Sem bater.
P: Ok. (Escreve e repete) "Sem bater." Investigadores, gostariam de ouvir o que escreveram? Vamos ler para que vocês saibam quais são nossas orientações para termos pessoas felizes em nossa classe. Tudo bem. (Ela lê). "Chame-as pelo nome. Não chamem de menina nojenta ou menino nojento". Isto vai deixar a gente feliz?
Crianças: Vai!
P: Ok. "Usem suas palavras. E se as palavras não funcionarem, chame a professora". Isto vai ajudar as pessoas?
Crianças: Vai!
P: A número 3 diz: "Mãos amigas e palavras amigas".
C. Número 4.
P: Número 4: "Sem bater". Acho que é isso. Isso mesmo, apenas quatro pequenas regrinhas. Quatro regrinhas que nos farão muito felizes na classe dos Investigadores.

Ajudadas por Peige, as crianças criam um misto de regras afirmativas e regras com negativas, que expressam como desejam ser tratadas na sala de aulas.

6. Não dite as regras para as crianças.

O professor pode levar as crianças a formular regras, mas não deve sugeri-las especificamente. Quando as decisões são tomadas por outros, as crianças as experienciam como sendo impostas. O professor, entretanto, pode sugerir sutilmente algumas regras, sem na verdade declará-las. Assim, as próprias crianças têm a satisfação de pensar em suas regras. Por exemplo, se tem havido um determinado problema na classe, o professor pode dizer algo como: "Eu percebi que algumas crianças não estão se dando bem com outras durante trabalhos com blocos. O que podemos fazer sobre isso?" Temos visto crianças sugerindo regras tais como limitar o número das crianças durante trabalhos com blocos, limitar o número de blocos que cada criança pode usar e fazer com que os alunos tenham que se inscrever para participar do canto dos blocos.

7. Cultive a atitude de que as regras podem ser mudadas.

Ocasionalmente, as regras precisam ser mudadas, por uma ou outra razão. No exemplo seguinte, extraído da classe de jardim de Coreen, surge uma ocasião em que a professora (P) pensa que talvez uma regra sobre estruturas com blocos precise ser mudada. A regra, feita pelas crianças, declara que as estruturas com blocos podem permanecr intactas por 1 dia e depois precisam ser desmontadas, durante a hora da limpeza. Uma criança, S, está triste porque sua construção com blocos foi derrubada de acordo com a regra. Ela desejava que o pai a visse quando fosse pegá-la naquela tarde.

P: Então, S, ainda deveríamos manter aquela regra, de esperar um dia?
Crianças: Sim. Não.
S: Eu acho... eu prefiro... eu prefiro que ficassem 3 dias.
P: Por 3 dias? Ok.
Criança: Não.
P: Bem, se vocês têm outra idéia, então levantem as mãos e poderemos ouvi-los. S acha que deveríamos manter as construções por 3 dias. H quer dizer algo sobre isso.
H: Quero dizer alguma coisa. Se ela pode ficar com sua construção 3 dias, então a gente também pode ficar com as nossas.
M: Se S fica com 3 dias e a gente não, não é justo. Então tem que ser 3 dias.

S: Vocês podem ter 3 dias, se quiserem.
P: Então vocês acham melhor 3 dias. C, o que você acha? Há algum problema nisso?
C: Bem, eu acho que a gente devia ficar com nossas construções 5 dias, e depois de 5 dias, a gente tinha que destruir.
P: Mas sabe, cinco dias é mais ou menos como uma semana. Vocês acham que devem manter as construções a semana inteira?
C: (Assente, confirmando)
Crianças: Sim. Não.
P: Parece que vocês realmente querem manter suas construções por um período mais longo. Alguém vê algum problema se deixarmos as construções por 3 ou 5 dias? Não há problema? N, o que você acha, poderia haver algum problema se deixássemos as construções por tanto tempo?
N: Se ficar 5 dias, então é igual a uma semana inteira. E então depois de uma semana as outras crianças vão ter que deixar as construções por mais uma semana e se for uma coisa grande que bloqueie o caminho como as pessoas poderiam andar? E como as pessoas vão passar? Será que elas iam derrubar tudo?
P: Ok, sim, sabe, eu também acho que há um problema. E o outro problema é que temos quantas crianças na sala? Temos 18 crianças. O problema é: será que alguém poderia ter sua vez de construir com os blocos, se os mantivéssemos por 3 dias? É por isto que fizemos a regra de 1 dia. Porque há muitas crianças na sala.
(A classe vota e decide permitir que as estruturas com blocos permaneçam montadas por 5 dias).
P: Muito bem. Parece que muita gente quer manter suas estruturas por um longo tempo. E a maioria não vê qualquer problema nisso. Então, tentaremos para ver o que acontece. Se isto não funcionar, então precisaremos voltar atrás e tentar uma solução melhor. Ok. Então, quem fizer uma construção pode mantê-la durante a semana inteira.

A professora deixa a situação em aberto, afirmando que tentarão a solução votada pela classe, mas que sempre podem voltar e tentar novamente, se isto não funcionar. Isto ajuda as crianças a aprenderem que as regras não são sagradas e imutáveis; ao invés disso, elas existem para servir a finalidades específicas. Quando as regras já não servem à finalidade para a qual foram criadas, ou quando a situação muda, a regra também deve mudar.

8. Quando as crianças sugerem regras inaceitáveis, responda com persuasão e explicação.

Provavelmente, ocorrerão momentos em que as crianças sugerirão regras impraticáveis. No exemplo da classe de Coreen (acima), a professora não vetou a decisão das crianças de deixar as estruturas com blocos por até 5 dias, embora previsse problemas com este arranjo. A menos que a professora pense que a regra pode levar a conseqüências que não podem ser permitidas, as crianças devem ter a oportunidade de descobrir por si mesmas que uma regra não é aceitável. Deste modo, ao revisarem a regra, elas provavelmente farão isso com um conceito mais diferenciado do problema que abordam. Um pensamento mais complexo reflete o progresso tanto intelectual quanto sócio-moral.

Às vezes, as crianças sugerem regras que o professor não pode aceitar. Mais tarde, neste capítulo, vemos que Peige diz às crianças por que elas não podem ir a um piquenique longe da escola com apenas uma professora supervisionando. Quando a professora vetar uma sugestão, é importante explicar o motivo pelo qual esta deve ser rejeitada. Isto pode ser realizado de um modo respeitoso, tratando a criança como um ser humano racional que certamente desejará mudar de idéia, quando a razão for explicada.

9. Desenvolva um procedimento pelo qual todos possam concordar com as regras.

Como discutimos no Capítulo 8, a votação é necessária quando as crianças discordam sobre uma regra. A maior parte das discussões para o estabelecimento de regras, entretanto, resultará em uma regra ou lista de regras com o consenso do grupo. Pode-se fazer uma votação para aceitar a lista de regras, mas oferecer uma oportunidade para votar contra as regras pode ser um convite para uma atitude negativa que não existia antes. Pode-se tornar desagradável se alguém vota por não aceitar a regra. Parece uma idéia melhor fazer com que as crianças assinem uma lista, indicando que todos concordam com as regras e que elas pertencem a todos na classe.

O professor também deve assinar a lista de regras, para salientar que igualmente é um membro do grupo e deve seguir as mesmas regras que os demais na classe. Conhecemos uma professora que, às vezes, violava intencionalmente uma regra, a fim de dar às crianças uma oportunidade para lembrá-la sobre esta. Por exemplo, quando havia uma regra da classe proibindo sentar-se nas mesas, ela sentava-se casualmente enquanto falava com uma criança. Inevitavelmente, um dos alunos percebia isto e a corrigia, quando, então, ela exclamava: "Oh, eu esqueci de nossa regra! Não podemos sentar nas mesas. Sentamos em cadeiras e no chão."

10. Saliente que os professores também devem seguir regras.

Piaget (1932/1965) salientava que os adultos podem contribuir para o desenvolvimento moral das crianças enfatizando suas próprias obrigações para com os outros. Mais tarde, neste capítulo, apresentamos um exemplo de uma decisão de grupo na qual a professora explica que precisa seguir algumas diretrizes que a impedem de levar as crianças para fora do prédio para uma caminhada sem a companhia de uma outra pessoa.

Ficamos impressionadas com uma professora construtivista que respondeu positivamente quando as crianças sugeriram algumas regras a serem seguidas por ela. Isto pode ser especialmente reconfortante para crianças que já tiveram uma experiência anterior com um professor heteronômico. Exemplos de regras para os professores poderiam incluir: "Não grite com as crianças" e "Não jogue fora os trabalhos artísticos dos alunos". Os professores também podem sugerir regras para si mesmos. O professor pode propor a seguinte regra: "O professor respeitará as crianças, deixando que elas escolham suas atividades".

Registro e Exposição das Regras

As regras criadas pelas crianças devem-se tornar parte da cultura da classe. Um modo de se conseguir isso é perguntar às crianças: "O que poderíamos fazer, se desejássemos lembrar desta sugestão? Será que seria uma boa idéia escrevermos nossas idéias?" Descobrimos que até mesmo crianças que não sabem ler reconhecem e recordam as regras escritas quando estão envolvidas em sua criação. Por este motivo, as regras devem ser escritas e colocadas em um local onde as crianças possam encontrá-las e consultá-las facilmente. Elas podem ser escritas em uma folha de cartolina e afixadas na sala de aulas, escritas no quadro ou em um mural. Uma professora, Karen Capo, após formular as regras com sua classe de jardim de infância, fez um livro com cada uma das regras em uma página isolada e pediu que as crianças ilustrassem cada uma delas. Cada criança assinou a capa. Karen então plastificou as páginas e as amarrou de um modo tal que, se necessário, novas páginas poderiam ser acrescidas. O livro de regras permaneceu no centro de leitura da classe durante o ano inteiro e, muitas vezes, ela viu crianças correrem para o livro, pegá-lo, apontar para uma página e dizer: "Olhe, aqui diz que você não pode fazer isso. Você tem que seguir nossa regra".

Afixar as regras das crianças na sala de aula também permite que o professor saliente que a autoridade moral da classe vem não do professor, mas das próprias crianças. Cerca de 2 semanas após a discussão sobre regras (acima) na classe de Peige, ela preocupou-se com um aumento nas violações e iniciou o círculo da manhã lendo novamente as regras para as crianças.

P: Antes de iniciarmos o roda da manhã, vocês lembram sobre o que eram essas regras?
H: Não.
P: Essas são as regras que vocês me pediram para escrever. Me ditaram e eu escrevi suas próprias palavras. Elas falam sobre como desejamos ser tratados em nossa sala de aula. Lembram disso? Porque algumas pessoas estavam machucando os sentimentos e corpos de outras e escrevemos essas palavras para que as pessoas soubessem como ser amigas na classe. Lembram quais eram as regras?
C: As regras eram sobre como podemos fazer crianças felizes e alguns não estão obedecendo.
P: Exatamente. Vamos ler novamente, para que vocês lembrem quais eram as regras (Aponta para as regras escritas). Esta aqui diz: "Chamem as crianças por seus nomes. Não chame de menina nojenta ou menino nojento".
G: Esta é C.
P: Então as pessoas desejam ser chamadas por seus próprios nomes. Ok.
C: Z não me chamou pelo meu nome.
P: "Use suas palavras. E se as palavras não funcionarem, chame a professora". Se as palavras não funcionam, vocês podem beliscar e depois chamar a professora?
Crianças: Não!
P: Se suas palavras não funcionam, vocês podem bater e depois ir contar à professora?
W: Onde está a minha?
P: D, se suas palavras não funcionam e alguém lhe dá um chute, você pode retribuir com um chute também?
D: Não, eu não chuto também.
P: O que você faz?
C: Vou e conto à professora.
D: Você sabe o que aconteceu lá fora hoje? B jogou areia em minha boca.
P: É mesmo? O que você fez?
D: Eu contei para a professora.
P: E a professora ajudou você a falar com B?
D: Ajudou.
P: Isto é importante. Esta aqui diz: "Mãos amigas e palavras amigas". Então, queremos usar mãos amigas e palavras amigas. Ei, vocês sabem o que poderíamos fazer? Poderíamos praticar mãos amigas.
G: O que é isto?

P: Cruzem um braço sobre o outro (demonstra). Agora, segurem a mão da pessoa ao seu lado. Agora balancem. Este é o maior cumprimento. E essas são mãos amigas, não são?
N: M não cruzou os braços.
P: Está bem. Agora esta aqui diz: "Não bater".
W: Eu fiz esta.
P: Crianças, vocês se lembram dessas regras?
Crianças: Lembramos!
P: O que vocês acham? Acham que podem recordá-las durante o horário no pátio e durante a hora da atividade?
Crianças: Podemos!

Especialmente com crianças pequenas, é importante rever as regras com freqüência, para ajudá-las a recordar. Esta não precisa ser uma tarefa desagradável. Como vimos, Peige fez da leitura das regras uma ocasião para uma experiência compartilhada de afeto.

Aplicação das Regras

Anteriormente, afirmamos que um dos objetivos de comprometermos as crianças no processo de elaboração de regras é a promoção do sentimento de propriedade das regras da classe. Esse sentimento de propriedade, por sua vez, traduz-se em uma disposição para aplicá-las corretamente. A experiência de Karen Capo com o livro de regras da classe, descrita acima, é um exemplo disso. Quando se sentem donas das regras, as crianças recorrem a elas quando elas são necessárias ou quando outros não as obedecem. As crianças pequenas podem desenvolver a capacidade de assumir responsabilidade pela regulagem do próprio comportamento.

No exemplo seguinte, Peige (P) ajuda as crianças a lembrarem umas às outras sobre as regras, na roda. Uma regra da classe afirma: "Não toque quando as pessoas dizem 'Não'". As crianças fizeram esta regra em resposta ao problema de algumas crianças tocarem outras de formas que não as agradavam.

G: (Coloca sua mão na perna de D)
D: Pare com isso, G.
G: (Ininteligível)
D: (À professora) G me tocou.
P: (Para D) E o que você vai fazer?
D: Eu não... (para G) Eu não quero... Não! (para P) Você tem de dizer "A regra diz _____" para G.
P: Ah, você pode dizer a G o que a regra diz.
D: (para G) A regra diz "Não toque".
L: "Quando eles dizem não".

W: "Quando eles dizem não".
L: "Não toque quando as pessoas dizem não".
D: Isso mesmo.
P: "Não toque quando as pessoas dizem não". Muito bem.

Peige não assume a responsabilidade de lembrar a regra a G, mas apóia e encoraja D para que esta o faça. Ela permanece por perto, para o caso de sua ajuda ser necessária, mas expressa confiança na capacidade de D para resolver a situação.

As crianças também podem ser envolvidas na decisão das conseqüências de quebrar as regras, embora ocasionalmente isto possa não sair como desejamos. As idéias de crianças pequenas sobre a justiça freqüentemente são muito rígidas e elas podem mostrar incisivamente falta de empatia ao lidarem com infrações a regras. Por exemplo, em uma classe de jardim de infância onde as crianças derramavam água no chão enquanto trabalhavam com água, uma delas escorregou no chão molhado e a professora solicitou uma reunião da classe para tratar do problema. Ela explica que o chão molhado é perigoso e pergunta às crianças o que acham que deveria ser feito a este respeito. Uma das crianças sugere que aqueles que fazem bagunça ao trabalharem com água nunca mais poderão trabalhar com as bacias de água. Embora esta seja uma conseqüência lógica, é demasiadamente rígida. A professora chama atenção: "Nunca mais é muito tempo. Eu sei que, às vezes, sou desajeitada e derramo água no chão acidentalmente. Será que elas poderiam brincar com água novamente se prometessem ser cuidadosas?". Finalmente, a classe decide que, se uma pessoa fizer bagunça com água, ela não poderá brincar por 3 dias.

TOMADA DE DECISÕES

As crianças podem ser envolvidas em muitas outras decisões além da elaboração de regras, como por exemplo decisões sobre atividades, procedimentos em sala de aula e problemas especiais. Em geral, as diretrizes para a tomada de decisões são muito similares àquelas para o estabelecimento de regras. O professor também deve conduzir as discussões de tomada de decisões com as crianças sem, na verdade, tomar as decisões por elas. Poderíamos apenas acrescentar aqui dois outros pontos a lembrar. Em primeiro lugar, decida quanto às oportunidades de tomar decisões cuidadosamente. Alguns temas são demasiadamente complexos para serem abordados por crianças e permitir que elas tomem essas decisões pode resultar em fracasso. Em segundo lugar, disponha-se a concordar com as idéias das crianças sempre que possível. Lembre-se de que o professor não tem poder de veto após o fato consumado. O professor pode chamar a atenção para problemas decorrentes das idéias das crianças, mas uma vez cedido, o poder de decidir dificilmente pode ser retirado. Se você, como professor, sabe que não pode conviver com determinada decisão, então não ofereça este tema como uma oportunidade para a tomada de decisões.

Decisões acerca de Atividades na Sala de Aulas

Como discutimos no Capítulo 2, oferecer às crianças oportunidades para fazer escolhas é muito importante para seu desenvolvimento intelectual e moral. Acreditamos que as crianças devem receber oportunidades para optarem por atividades nas quais desejam se engajar durante, pelo menos, alguma parte do dia. As crianças também são capazes de muitas decisões em grupo sobre atividades em sua sala de aula. Ocasionalmente, elas podem ser envolvidas no arranjo da classe, na definição de lugar dos materiais e na escolha de atividades na classe.

No Capítulo 4, descrevemos a experiência de Peige de perguntar às crianças o que desejavam saber e depois decidir sobre planos de lições envolvendo os interesses das crianças. Reconhecemos que o currículo freqüentemente é obrigatório nas escolas públicas. Entretanto, o professor ainda possui uma considerável liberdade quanto ao modo de abordar tópicos específicos, e as idéias das crianças ainda podem ser solicitadas. Quando certos tópicos são exigidos, o professor ainda pode abordar outros conteúdos sugeridos pelos alunos. Tópicos obrigatórios podem ser elaborados com as idéias das crianças. Opcionalmente, o professor pode exibir a lista e explicar que "Essas são as coisas que todos os alunos de primeira série podem aprender". O professor pode perguntar às crianças que tópicos elas gostariam de aprender primeiro e como poderiam fazer isso.

Projetos especiais da classe representam uma oportunidade maravilhosa para a tomada de decisões pelas crianças. Temos visto crianças elaborando um cantinho para brincar de restaurante, planejar uma "loja de brinquedos" para o Natal, na qual podem construir e "vender" brinquedos para as crianças menores, asim como planejar festas para os pais, preparando toda a decoração, alimentos e entretenimento. Esses projetos podem ser desafios para o professor, que deve trabalhar "nos bastidores" para garantir que as coisas transcorram com razoável tranqüilidade, mas sem assumir o controle.

Tomando Decisões sobre Procedimentos da Classe

As crianças podem assumir a responsabilidade por decidir muitos procedimentos da sala de aula, tais como formas de regular o revezamento como Ajudante Especial, dividir privilégios e assim por diante. Nas discussões sobre essas decisões, o professor deve salientar os valores de justiça e igualdade, pois pode ser que as crianças ainda não os tenham elaborado (veja Capítulo 8 para uma descrição da experiência de duas classes na resolução do revezamento como Ajudantes Especiais e o Capítulo 12 para a história sobre uma classe que decidiu como regular a hora da limpeza de uma forma justa). Se o professor apresenta a necessidade de determinado procedimento, e o que este deve ser capaz de realizar, e se convidar as crianças para que participem na decisão sobre como fazê-lo, o resultado poderá ser um aumento nos sentimentos de propriedade dos procedimentos da classe.

Na classe de jardim de infância de Coreen (P), uma criança (W) objeta sobre o modo como regulam a vez de falar no círculo, quando a professora chama as crianças cujas mãos estão levantadas. Ele acha que existe um modo melhor.

P: Eu acho que a melhor idéia é levantar a mão. Eu sabia que E queria falar porque ela levantou a mão. W, você não quer levantar sua mão?
N: (Sem levantar a mão). Então ele não deve falar mais.
P: W, que idéia seria melhor, ao invés de levantar a mão? O que você acha? Alguém aqui sabe de algo melhor para que todos possam falar, mas sem falar todos ao mesmo tempo?
W: Eu sei.
P: E qual é esse outro jeito?
W: Esperar até que o outro tenha terminado.
P: Bem, suponha que duas pessoas decidam falar, depois que alguém tenha terminado.
W: Não. Olhe, a razão que eu espero até alguém terminar é que, assim quando A estava falando e ela terminou, então eu falava e então C falava, e ele esperava até eu terminar.
P: Esta é uma boa idéia.

Eles discutem esta questão por um tempo razoável. W está convencido de que as crianças podem se revezar falando, sem levantarem as mãos. Ele começou a perceber o ritmo de conversas educadas. A professora não acredita que isto funcionará e apresenta o problema do que fazer, se mais de uma pessoa falar ao mesmo tempo. W modifica sua idéia e o grupo concorda que, se uma pessoa tiver algo a dizer, esta pessoa pode falar sem levantar a mão, mas se mais de uma pessoa falar, então será necessário levantar a mão. Este sistema funciona durante o resto do ano.

Tomando Decisões sobre Problemas Especiais

As crianças podem tomar decisões sobre problemas que surgem na classe. No exemplo seguinte, Peige (P) apresenta aos Investigadores (de 3 anos e meio a 4 anos e meio) um problema. Ela explica que operários de construção estão no pátio, tornando muito perigoso brincar lá. Observe que Peige não hesita em informar às crianças quando uma idéia impraticável ou inaceitável é sugerida. Entretanto, quando isto é necessário, ela explica claramente as razões, de modo que as crianças compreendam.

P: Os operários estão no pátio e eles têm ferramentas e coisas perigosas. Então não podemos ir lá. O que devemos fazer?
S: Brincar só na entrada do pátio (no próprio pátio).
P: Mas não podemos. A (a assistente da diretoria) disse que não podemos brincar lá fora de jeito nenhum.
C: E na cabine (a cabine de observação para visitantes)?
P: Na cabine? Eu já estou escutando pessoas lá. Vocês podem pensar alguma coisa que poderíamos fazer fora, que não fosse brincar no pátio?
W: Talvez a gente possa dar um jeito.
P: Dar um jeito? Mais ou menos como irmos a algum lugar e fazer algo interessante? O que vocês acham?
C: A gente podia ir à jaula da onça (onde vive a mascote da Universidade).
P: Poderíamos ir à jaula da onça.
M: Poderíamos assistir a um filme.
P: Poderíamos ver a onça e assistir a um vídeo?
N: Podíamos ver as fontes.
P: Você quer dizer as fontes na entrada do prédio?
N: É.
P: Ok. Poderíamos fazer isso. Poderíamos ver as fontes e ir à jaula da onça. O que mais, S?
S: Passear.
C: E assistir a um filme também.
P: Passear e assistir a um filme também. Talvez tenhamos tempo para o filme, ao voltarmos. O que você acha, G?
G: Talvez um passeio de ônibus fosse legal (o ônibus da Universidade).
P: Um passeio de ônibus seria bom. O que você acha, Z?
Z: Talvez a gente podia procurar lagartas.
P: E você acha que poderíamos encontrar lagartas enquanto estamos fora. Ok. O que vocês acham disso? Poderíamos aproveitar as idéias de todos. Poderíamos dar um passeio de ônibus, depois ir à jaula da onça. Depois, ao voltarmos da jaula da onça, veríamos as fontes. Durante todo o tempo, iríamos procurando lagartas pelo chão.
N: E algumas sementes de carvalho.
P: E sementes de carvalho. Depois disso, voltaríamos para a escola e, se tivéssemos tempo, poderíamos assistir a um filme.

Crianças: Oba!
P: O que vocês acham?
G: Vamos sentir fome.
P: Sentiremos fome ao voltar.
G: A gente podia levar nosos lanches no passeio de ônibus.
P: Esta é uma boa idéia. O que vocês acham?
C: E podia comer perto da fonte.
P: O único problema, G, é que se fizermos o lanche lá, não teremos tempo para o filme. Então teremos de votar. Piquenique ou vídeo.
H: Sabe de uma coisa? Eu andei de ônibus e vi um cartaz nele que dizia: "Proibido Comer no Ônibus".
P: Se levarmos nossos lanches dentro de nossas mochilas será que podemos?
H: Não, acho que não.
P: Você acha que não? Mas já estive em um ônibus antes, H, e se eu guardar meu lanche em um saquinho, eles não proíbem. Só se eu comê-lo dentro do ônibus.
H: Você deixa o lanche no saco?
P: Deixo e não como.
H: Você pode levar seu lanche e eles não proíbem?
P: Não, eles não proíbem. Não tem problema se eu só levar, mas se eu desembrulhasse e começasse a comer, eles me diriam para não fazer isso. Eles diriam para eu guardá-lo.
Z: Você tentou abrir seu lanche?
P: Eu tentei uma vez, porque não conhecia esta regra. E então o moço disse: "Você não pode comer no ônibus. Guarde-o". Então eu guardei e ficou tudo bem. Ok, vamos ver. Z, você quer fazer o piquenique ou assistir o vídeo? Ah (para E, a atendente), a que horas você tem de ir embora?
E: 11h15min.
P: Ah! Temos um problema. Isto não será possível. Ei, este é um problema sério.
H: O quê?
P: Não podemos fazer um piquenique.
G: Por quê?
T: Porque E precisa sair e voltar à aula dela.
(*Obs.:* Esta discussão está ocorrendo aproximadamente às 10h30min. O problema é que a pessoa que deveria substituir E às 11h15min não saberia onde encontrar a classe, se todos saíssem para caminhar).
C: A gente podia deixar ela ir embora agora.
P: Mas também há apenas uma professora. O que aconteceria se algum de vocês tivesse um problema?
C: Então a gente ia ter que esperar A (a assistente da diretoria).

P: É, mas vejam, eu estaria completamente sozinha com todas essas crianças e sabe de uma coisa? Existem algumas regras que os professores devem seguir. São as diretrizes para cuidar de crianças. Como a gente se preocupa com as crianças, também temos regras para cuidar delas. E essas regras dizem que tem que ter uma professora para cada sete ou oito crianças. Isto significa que temos de ter duas professoras para este grupo. Se temos apenas uma professora, estamos violando as regras, e eu não posso fazer isso.
C: A gente podia levar A.
P: E veja se alguém mais pode vir conosco.
(E retorna com a notícia de que há alguém disponível para acompanhá-los na caminhada).
Crianças: Eba!
P: Ok, jóia. Vamos decidir. Z, piquenique ou filme? (Eles votam um por um e decidem pelo piquenique).

Peige desejava envolver as crianças na decisão quanto ao que fazer, já que não podiam sair para o pátio. Entretanto, ela não considerou necessário votar cada idéia. As idéias das crianças estavam fluindo livremente e, na maioria, elas encaixavam muito bem. Neste caso, se Peige colocasse cada idéia em votação, eles teriam passado o tempo todo decidindo e não teriam tido tempo para fazer a caminhada. Peige sabia disto e, assim, exerceu a liderança na discussão, sem dominá-la.

RESUMO

As crianças, nas salas de aulas construtivistas, têm uma sensação de propriedade, necessidade e responsabilidade em relação às regras da classe, que é resultado de fazerem suas próprias regras. O estabelecimento de regras e a tomada de decisões são atividades nas quais as crianças praticam a autoregulagem e a cooperação. Dando às crianças este poder, os professores reduzem a heteronomia. O papel do professor é selecionar temas para a discussão das crianças, orientar o estabelecimento de regras e a tomada de decisões, registrar e expor as regras e colocá-las em prática, com o auxílio das crianças.

8

VOTAÇÃO

A votação faz parte da atmosfera sócio-moral da sala de aula construtivista. Entretanto, como muitas atividades construtivistas, a mera votação não é suficiente para garantir que esta seja uma atividade construtivista. A votação pode ser conduzida de tal forma que destrói as finalidades construtivistas. Neste capítulo, discutimos os objetivos para a votação. Depois, apresentamos seis diretrizes para transformar a experiência da votação em algo benéfico, em termos desenvolvimentais.

OBJETIVOS

A racionalização por trás da votação divide-se em três elementos fundamentais. Em primeiro lugar, votar é um processo de auto-regulagem. Quando as crianças exercem a iniciativa de tomar decisões no grupo, elas se sentem no controle do que ocorre em sua sala de aula. As crianças sentem-se motivadas para formular e expressar opiniões. Pelo intercâmbio de pontos de vista, as crianças podem ser persuadidas ou fazer novos esforços para persuadir outros. Elas têm a oportunidade de construir a idéia de igualdade, à medida em que vêem que a opinião de cada pessoa é valorizada e recebe peso igual no processo de tomada de decisões.

Em segundo lugar, as crianças começam a ter um senso da finalidade cooperativa do grupo que transcende as necessidades e desejos do indivíduo. As crianças conseguem conciliar a idéia de regra da maioria e, ainda, desenvolvem sensibilidade para a posição da minoria.

Em terceiro lugar, as crianças têm oportunidades, durante a votação, para pensar sobre a escrita e números. Por meio da conceitualização e registro de questões e votos, é cultivada a convicção sobre a utilidade da linguagem escrita. De modo similar, enquanto contam os votos, decidem o resultado e predizem quantos votos mais são necessários para determinada decisão, as crianças começam a pensar em números em um contexto pessoalmente significativo.

DIRETRIZES PARA A VOTAÇÃO

A observação da votação em salas de aulas e a experimentação sistemática com a votação entre crianças levou-nos a conceitualizar diversos princípios didáticos. Esses são apresentados aqui juntamente com exemplos extraídos de nossas observações e pesquisas.

1. Escolha temas apropriados.

A questão é: como o professor decide que temas são apropriados para serem votados pela classe. Em primeiro lugar, as crianças devem se engajar na votação em vista de seus próprios interesses e finalidades. De outro modo, este será apenas um exercício realizado por elas para agradarem ao professor.

Em segundo lugar, o tema trazido para uma votação deve afetar toda a classe. A votação é um processo de grupo, no qual as crianças tomam decisões que dizem respeito à sua vida em comum. Se um tema refere-se a uma só criança, ou a duas delas, ele pode ser mais bem resolvido por aqueles envolvidos.

No Capítulo 6, descrevemos um incidente no qual toda a classe discute se devem ou não mudar a regra que regula o tempo em que as estruturas com blocos podem permanecer montadas no cantinho de blocos. Embora a questão seja notada pelo grupo em razão do sofrimento de uma criança, está claro, pela discussão, que este é um tema que afeta a cada membro da classe. Todas as crianças gostam de brincar no cantinho dos blocos e todas têm opiniões que anseiam por compartilhar. Ao final, as crianças votam para decidir o que a regra deve dizer e a professora apóia-as em sua capacidade para tomar decisões em grupo. Ela garante-lhes que, se tiverem problemas, sempre poderão voltar atrás e discutir sobre isto novamente.

Em terceiro lugar, não vote a menos que seja esperada uma diferença de opiniões. Por exemplo, em uma roda de jardim de infância a que assistimos, a professora sugeriu jogarem o jogo preferido pelas crianças. Elas demonstraram sua alegria de forma unânime quando a professora fez a sugestão. Ela então sugeriu uma votação. Um voto não era necessário nesta situação, já que havia um apoio geral para a idéia.

Em comparação, em uma outra classe de jardim de infância, durante a roda a professora sugeriu contar uma história. Algumas crianças gritaram: "Os Três Ursos!" enquanto outras pediram outra história. Nessas circunstâncias, uma votação era altamente apropriada.

Embora os temas trazidos à votação devam envolver uma questão de opiniões, tenha cuidado para não usá-la como um meio de determinar a verdade. Por exemplo, em uma classe de alunos de 4 anos, as crianças tinham uma diferença de opinião acerca da capacidade de voar dos perus. A professora, Peige Fuller, relatou-nos a seguinte história:

> As crianças estavam discutindo com tanto entusiasmo, se os perus podem ou não voar, que cheguei a pensar que iriam apelar para os socos. A situação estava ficando fora de controle, com gritos de "Não, eles não voam!" e "Claro que voam!" Alguém pulou e disse: "Vamos votar!" Eu estava sentada mais atrás, porque a roda era das crianças e eu queria ver o que acontecia. Então, as crianças realizaram uma votação e decidiram que os perus não podiam voar, o que foi o melhor dos resultados, quando levamos a história até sua conclusão. Eu levantei minha mão e perguntei: "Bem, os perus podem ou não voar?" A resposta foi *não*. Tínhamos votado e a questão estava acabada, isto é, os perus não podiam voar. Eu disse: "Votamos e dissemos que os perus não podem voar. Mas e se eles realmente puderem voar?" Perguntei-lhes se podemos votar acerca de algo *ser* ou *não ser*. Eu usei o exemplo de "peixes nadando" para ilustrar isto. Os peixes podem nadar? Sim. Mas e se votássemos que os peixes não nadam? Será que eles ainda nadariam? O poder de ter 4 anos, às vezes, é esmagador. Alguns disseram que é claro, que eles ainda poderiam nadar. Mas parte dos alunos simplesmente não tinha certeza. "Como podemos descobrir?", perguntei. Bem, poderíamos ir ver os perus. A minha tarefa seria descobrir perus. Felizmente, havia perus no zoológico. Estávamos decididos a descobrir a resposta para esta questão.

A classe fez um passeio ao zoológico, onde perguntaram ao tratador dos animais se os perus podiam voar. Peige continua:

> Estávamos errados — os perus *podem* voar! Assim, podemos votar sobre algumas coisas, mas não sobre outras. Algumas coisas precisam ser descobertas investigando-se o mundo.

Como um prelúdio para a testagem da hipóteses, uma votação ("Quantas pessoas *acham* que os perus podem voar?") pode ser útil. Entretanto, vemos, por este exemplo, que a professora deve ter cuidado para que as crianças não fiquem com a noção de que, se mais pessoas acham que os perus não podem voar, então eles realmente não voam.

Em quarto lugar, evite temas sobre direitos individuais. No exemplo da regra sobre a montagem com blocos, um problema levantado por um indivíduo era uma questão que interessava à classe inteira. Ocasionalmente, entretanto, uma questão levantada por um indivíduo não é apropriada para ser submetida à decisão grupal. Em particular, o professor precisa ter cuidado para que os temas levantados para a votação não favoreçam uma criança apenas ou privem uma criança de seus direitos.

Apresentamos duas situações nas quais as crianças estavam em risco de ter seus direitos violados por uma votação da classe. Ambas envolvem o revezamento das crianças como Ajudantes Especiais. O Ajudante Especial tem certos deveres que agradam às crianças, tais como avisar 5 minutos antes da hora da limpeza, acender e apagar as luzes quando necessário, etc. O privilégio muda de uma criança para outra, de acordo com uma lista de nomes exposta na parede. No primeiro exemplo, de uma classe de jardim de infância, V anuncia que, já que estará ausente alguns dias e perderá seu dia como Ajudante Especial, ele deverá ser o Ajudante Especial, ao invés de A, que é a próxima na lista. A protesta e a professora (P) questiona V sobre isto.

P: Bem, V, talvez você possa explicar por que você só tem mais 2 dias.
V: Porque depois vou pro casamento de minha tia Lucy e acho que vou faltar alguns dias.
P: Bem, isto significa que você não poderá mais ser Ajudante Especial?
V: Não.
P: Porque eu vejo que seu nome está bem próximo, na lista.
V: Não.
P: Sabe, A acabou de dizer que não acha que isto é justo para ela. Então, eu não sei...
V: Vamos votar.
P: Veja, este é um problema que vocês têm que resolver sozinhos, mas eu não sei...
J: E também algumas pessoas gostam de brincar com A e outras pessoas (ininteligível)
N: Eu gosto mais de A do que de V.
P: Então, é por isso que você vai votar para A? Bem, A, você deseja votar sobre isso, ou acha que simplesmente deve ter seu dia?
A: Eu quero ter meu dia.
V: Não, vamos votar.
P: Bem, o que vocês acham, crianças? Talvez devêssemos votar para sabermos se devemos votar.

A professora, neste exemplo, começa sustentando o ideal de justiça, consultando A acerca da possibilidade de desistir de seu dia em favor de V. Contudo, ela começa a ter problemas quando diz que acha que as duas crianças deveriam decidir. Este problema de seguir a ordem dos nomes das crianças na lista é excessivamente complicado para V, que acha que perderá seu dia. Na verdade, V não exercerá seu dia como Ajudante Especial até retornar de sua viagem, que tomará apenas um fim de semana e mais um ou dois dias. Seu entendimento quanto ao tempo, entretanto, não é muito avançado e ele pensa que estará ausente por muito tempo. Este é um problema para a professora resolver com V, mostrando que ele será o Ajudante Especial ao retornar.

A professora comete um grande erro quando sugere que as crianças votem quanto a votar ou não. Ela dá à classe inteira o poder de remover o direito de A de ser Ajudante Especial naquele dia. J e N apontam para a injustiça da votação quando afirmam que as pessoas poderiam votar em favor de A porque gostam mais desta do que de V. Um dos perigos de votar é que isto pode se transformar em uma competição de popularidade. Ao final, as crianças votam duas vezes: quanto a votar ou não e quanto a quem deve ser o Ajudante Especial. Felizmente, para a professora, o grupo decide que A deve permanecer com seu direito de ser a Ajudante Especial. Entretanto, ninguém sente-se melhor por isto. A passa pelo estresse de quase perder seu dia e V sente-se rejeitado e mal-compreendido pelo resto da classe.

Em uma classe de alunos de 4 anos, surge um problema semelhante. C era o próximo na lista de Ajudante Especial no dia anterior, mas ele não estava na escola (ele apenas vai à escola nas terças e quintas-feiras), de modo que o privilégio de Ajudante Especial foi para M. Hoje, C está na escola e a questão é: quem deve ser o Ajudante Especial? Devem voltar atrás na lista para que C possa ter sua vez ou ele perdeu o direito de ser Ajudante Especial? Isto nunca aconteceu antes, já que este é o início do ano letivo. A professora pergunta às crianças o que elas acham que deveria acontecer, quem deveria ser o Ajudante Especial. Cada criança sugere seu próprio nome. A professora afirma, muito gentilmente, a cada criança que não pode ser assim, que é preciso seguir a lista sistematicamente. Ela pergunta ao grupo se C deve ter sua vez hoje e as crianças exclamam: "Não!" Finalmente, a professora sugere uma votação entre permitir que C tenha sua vez ou não. Depois que C vota (para ter sua vez), a criança seguinte diz que C deve perder sua vez, levando a professora a refletir sobre o que está acontecendo. Subitamente, ela percebe que o grupo pode votar contra o direito de C. Nesta situação difícil, a professora precisa cancelar a votação.

Turma, sabe de uma coisa? Não estou certa se estamos sendo justos. Agora, pensem nisso. Eu sou a professora, certo? E parte de meu trabalho é garantir que todos tenham sua vez, certo? Quer dizer, as crianças têm um revezamento justo para fazer isso, ajudar, e têm um revezamento justo para realizarem atividades e também para lancharem. Bem, se eu deixar que vocês votem que C não pode ter sua vez, então isto não é justo para C, não é mesmo? De jeito nenhum! Eu não estaria fazendo o meu trabalho direito, porque uma das coisas que preciso fazer é garantir que todos tenham sua vez. Então, sabem de uma coisa? Não faz sentido votar, porque C precisa ter sua vez. É meu trabalho garantir que todos tenham sua vez. N tem sua vez, seu nome está bem aqui, e T também tem sua vez, seu nome está aqui (a professora percorre a lista toda, apontando o nome de cada criança e sua posição na lista). Todos têm sua vez. Então, sabem, não podemos votar (apaga o quadro) para que C não tenha sua vez. Isto não seria justo. Então C, você é o Ajudante Especial hoje. Tivemos de descobrir isso. Você poderia vir até aqui, por favor?

Neste exemplo, a professora não tem uma política claramente definida sobre o que fazer quando o Ajudante Especial estiver ausente. Ela recorre às crianças para que essas decidam algo que seria mais bem decidido por ela sozinha. Entretanto, a professora percebe seu erro e cancela a votação antes de C perder, possivelmente, seu direito de ser o Ajudante Especial. Além disso, ela explica o que aconteceu em uma linguagem que as crianças podem entender, em termos de justiça para todos.

Este exemplo também ilustra um outro ponto importante. Isto é, o professor não deve permitir que as crianças votem sobre qualquer coisa, a menos que esteja disposto a aceitar qualquer decisão do grupo. A professora deste segmento percebe, logo após iniciar o processo de votação, que não poderá aceitar um resultado, o de que C seja privado de seu direito de ser o Ajudante Especial do dia. As crianças freqüentemente podem tomar decisões que parecem curiosas aos adultos e, certamente, nem sempre é possível predizer como as crianças votarão. Portanto, se o professor precisa tomar uma determinada decisão de agir de determinada maneira, não deve sugerir uma votação.

2. Encoraje a discussão e defina as alternativas.

É importante conduzir uma discussão completa sobre os prós e contras das alternativas oferecidas pelas crianças. Peça que as crianças compartilhem o motivo de apoiarem determinada opção. Se as alternativas ainda não estiverem definidas, peça que as crianças ajudem nesta definição. Certifique-se de que as alternativas sejam claramente declaradas, de preferência pelos próprios alunos. O professor pode repetir as palavras de uma criança, se necessário, para garantir que o grupo as compreenda. Com freqüência, será necessário ajudar uma criança a articular suas idéias, para que essas fiquem claras. Se as crianças não compreendem sobre o que estão votando, não farão a conexão entre o processo de votar e seu resultado e as conseqüências parecerão arbitrárias.

Durante este período de discussão, é importante escrever as alternativas no quadro ou em uma grande folha de papel, usando uma linguagem apropriada para a idade das crianças. Isto as ajuda a entender o motivo para estarem votando.

Perceba no trecho seguinte como a professora, Dora Chen (P), esforça-se para esclarecer exatamente o que as crianças querem dizer. Neste exemplo de uma classe de crianças de 3 anos e meio a 4 anos e meio, uma criança percebe que outra ainda está comendo seu lanche durante a hora da limpeza. Ela acredita que isto vai contra as regras e levanta este tema no círculo. Algumas crianças sugerem uma mudança na regra.

P: Então vocês acham que, quando uma luz se apaga por mais 5 minutos, há tempo ainda de terminar de comer? Exatamente como há tempo para terminar de escrever seus nomes ou terminar seus desenhos e outras coisas. Mas quando as duas luzes apagam-se, mostrando que é hora da limpeza, então não há tempo para terminar de escrever os nomes e também não é hora de terminar o lanche.

A: Ou a gente podia, um dia se a gente quisesse fazer um desenho que não terminou, se a gente pudesse começar a desenhar e terminar.

P: A, você pode repetir isso? Eu não entendi muito bem.

A: Se você não termina seu desenho na escola, e então leva pra casa, você pode trazer no outro dia e desenhar o que falta.

P: Você poderia terminá-lo no dia seguinte?

A: É.

G: Ou poderia terminar em casa.

P: Esta é uma outra boa idéia. Alguém mais tem alguma idéia sobre isto? C?

C: Eu tenho. Assim, primeiro, a gente está desenhando naquela mesa ali, antes da hora da limpeza ou por mais 5 minutos, aí quando é hora da limpeza a gente limpa tudo. Daí quando é hora do recreio a gente pode ficar aqui mais tempo para terminar.

P: Você acha que quando é hora da limpeza as crianças deveriam limpar, mas, quando todos vão para o recreio depois da roda, quem ainda não terminou um desenho poderia ficar e terminá-lo?

N: Mas, se você deixa seu lanche na mesa, então a gente vai pensar que a pessoa já acabou de comer e vamos ter que jogar fora, porque a gente tem que fazer isso. A gente limpa a mesa do lanche sempre, na hora da limpeza.

P: Mas C estava dizendo que, se eles não terminam o desenho, será que isto se aplica também ao lanche? Se eles não terminam o lanche, C, então depois da hora da limpeza ou da roda, se o lanche foi guardado no armário por exemplo, eles podem voltar e terminar de comer, ou levar para fora, sentar em um banco e comer, é isso?

C: (Assente). É!
P: Muito bem. Então podemos votar se alguém pode guardar o lanche que não terminou de comer, para comê-lo durante o recreio, ou se a pessoa terá de limpar tudo e jogar o resto fora. É isso?
A: Eu sei.
P: A?
A: E se a luz apagar e alguém não deu uma mordida no lanche e outra pessoa pega ele e...
M: Bem, eles podem reconhecer a mordida.
P: Deixe A terminar seu pensamento.
A: E se eles, as pessoas que querem comer e nem derem uma mordida... se alguém joga o lanche fora?
P: Então se alguém já deu uma mordida no lanche, este precisa ser jogado fora durante a hora da limpeza, A? Então você está se referindo ao período de mais 5 minutos.
A: Não. Estou falando da hora da limpeza.
P: Ah, na hora da limpeza. Bem, se eles já estivessem comendo o lanche ou se começaram a comê-lo e continuam por mais 5 minutos e então a lâmpada se apaga, eles precisam jogá-lo fora?
A: E se comem todo o lanche durante a hora da limpeza, isso não pode.
P: Muito bem. Então quando a lâmpada apaga para a hora da limpeza, eles não podem comer o lanche. Eles terão de jogá-lo fora, porque a hora da limpeza é como qualquer outra atividade. Ok, esta é a idéia de A. E a idéia de C é a de darmos uma chance para que a pessoa volte e coma depois do grupo, depois da limpeza. Certo? Bem, B, você tem mais alguma coisa a dizer sobre o lanche?
B: Eu acho que talvez devia... a gente podia trazer o lanche para o pátio se não terminar e podia comer enquanto os outros estão brincando.
P: Ok, lá fora? Então B e C estão dizendo que, se alguém começou a fazer seu lanche no prazo dos últimos 5 minutos antes da hora da limpeza e se durante a hora da limpeza a pessoa ainda não terminou de comer, ela poderia guardá-lo num guardanapo de papel e talvez colocá-lo sobre a mesa e guardá-lo até depois da limpeza e depois da roda. E quando todos estivessem lá fora, a pessoa poderia comer? Dar uma chance para terminar de comer o lanche depois da roda?
B: (Assente)
P: Ok, então vamos fazer uma votação sobre isso. (Levanta-se, escreve no quadro) "Não devemos terminar de comer o lanche durante" — quando é a hora da limpeza? E se eu dissesse "quando a luz apagar?" Será que assim fica claro?
Crianças: Não!

P: (Lendo) "Não devemos terminar o lanche quando a lâmpada apaga-se". Bem, e se eu dissesse "Jogue fora seu lanche durante a hora da limpeza"? Será que fica claro?
Crianças: Não!
T: (Apaga o quadro) Vamos tentar novamente. Acho que hoje não estou dizendo as coisas certas. Vamos ver. E quanto a "As crianças devem jogar fora o lanche durante a hora da limpeza"?
A: Não. Não.
P: E como devemos dizer, A?
A: Diga, se você... eu também não sei.
M: Eu sei, eu sei.
P: Sim, M?
M: Hmmm... se as crianças dão uma mordida em seu lanche e dão mais umas mordidas quando faltam 5 minutos, e depois a lâmpada apaga, ela pode colocar o lanche no armário, não ali, mas naquele outro, e depois-
A: Esta é a parte boa.
P: Esta é a parte boa, como A diz. J (estagiária)?
J: E que tal: "Não devemos mais comer na hora da limpeza"?
Crianças: É!
P: Isto é ótimo. (Escrevendo) "Não devemos mais comer na hora da limpeza". Isto significa que você precisa jogar o seu lanche fora. Significa que você não vai comer, nem mesmo depois, ok? (Escrevendo) "Jogue fora seu lanche". E neste lado aqui, votaremos a idéia de C e B sobre poder terminar o lanche no recreio, durante o tempo do recreio, depois da roda. Tudo bem? Então fica assim (escrevendo) "Você pode terminar o lanche depois da hora da limpeza e da roda". Ok, vamos começar com... Pensem em como vamos votar, está bem?

A professora conduz a votação e as crianças decidem que a regra dirá que o lanche precisa ser jogado fora durante a hora da limpeza. Desejamos chamar a atenção para a extensa discussão que ocorre. As crianças têm fortes opiniões sobre este tópico e lutam para fazerem-se compreendidas tanto pela professora quanto pelos colegas. Também desejamos chamar a atenção para o modo cuidadoso pelo qual a professora certifica-se de registrar no quadro as regras exatas sugeridas pelas crianças. Ela escreve, apaga, verifica com as crianças e reescreve, até conseguir escrever o que as crianças desejam ver declarado pela regra.

Enquanto ajudam as crianças a compreenderem as alternativas que serão votadas, os professores devem estar alertas para o fato de que as crianças freqüentemente não vêem um problema lógico em votar por duas possibilidades mutuamente exclusivas. Por exemplo, se as opções de passeio são "zoológico" e "fazenda", as crianças podem levantar as mãos entusiasticamente para ambos. É por isso que recomendamos votar com procedimentos de "pesquisa de opinião" ou eleição (discutidos abaixo). Quando as crianças recebem a pergunta: "Vocês queriam ir ao zoológico ou à fazenda?", a natureza mutuamente exclusiva da escolha torna-se mais clara.

Temos observado duas espécies de erros dos professores nas definições de temas para a votação. Um deles é o fracasso para apresentar alternativas e o outro é a confusão no processo de indicação para a votação.

Os professores inexperientes, mas comprometidos com a idéia da votação, freqüentemente não apresentam alternativas e, ao invés disso, pedem que a criança vote quanto a uma única atividade. Por exemplo, observamos uma professora de jardim de infância que perguntou: "Quem deseja cantar *Down by the Bay* levante a mão!" Sem uma alternativa, as crianças que levantavam as mãos não estavam realmente fazendo uma escolha, mas simplesmente respondendo ao entusiasmo da professora. Se as crianças não concordassem com a sugestão da professora, poderia ter sido criado um vácuo e ela ficaria presa em um círculo de sugestões rejeitadas. A votação deve ser empregada para decidir-se entre duas (ou mais) alternativas positivas tais como "Cantar uma canção" ou "Ouvir uma história".

Temos observado situações nas quais as crianças achavam que estavam escolhendo alternativas, mas os professores interpretavam como votos. Por exemplo, em uma classe de jardim na qual uma tartaruga fora acrescida recentemente à coleção de animais, a professora sugeriu, durante o círculo, que eles poderiam dar nome ao bichinho. Ela percorreu o círculo, pedindo a cada criança uma sugestão e anotando cada uma delas. Depois, ela olhou a lista, percebeu que dois nomes haviam sido sugeridos duas vezes, então declarou que aqueles dois nomes haviam recebido mais "votos" e a escolha seria, portanto, entre eles. O resto das idéias de nomes sugeridos pelas crianças foi apagado. Isto foi bastante decepcionante para as crianças que tiveram suas idéias descartadas.

Similarmente, em uma classe de jardim de infância, as crianças planejam um piquenique para um feriado. No dia anterior, as crianças deram sugestões na roda sobre os alimentos que gostariam de levar para o piquenique. Neste círculo, a professora fez uma votação sobre os alimentos para o piquenique. Entretanto, ela decidiu arbitrariamente limitar a votação para os itens que obtiveram mais "votos" (significando sugestões) no dia anterior. Ela olhou para a lista e viu quatro itens que poderiam ser considerados como sobremesas: sorvete, pirulitos, chiclete e chocolate quente com *marshmallows*. O sorvete e os pirulitos receberam mais sugestões, de modo que ela perguntou: "Quem gostaria de ter sorvete?" Ela não especificou que a votação era entre sorvete e pirulitos e ignorou a sugestão de chicletes e chocolate quente com *marshmallows*. Depois, observou a lista de proteínas e perguntou: "Quem quer sanduíche em forma de coração?" sem apresentar uma outra opção. Ao chegar às bebidas, ela indagou: "Quem quer limonada?", deixando de mencionar as sugestões para Coca-Cola e leite.

Em defesa desta professora, podemos dizer que ela desejava que as crianças tomassem decisões para o piquenique e também desejava garantir uma refeição balanceada. Contudo, ela poderia ter realizado alguma organização sem ser coerciva ou retirar o envolvimento dos alunos e, assim, poderia ter tido uma discussão de classe muito mais fácil e proveitosa. Nossa sugestão é que ela poderia ter categorizado, ou recrutado o auxílio das crianças, categorizando a lista de idéias de alimentos por grupos (proteínas, frutas, sobremesa, bebida, etc.). Depois, a classe poderia votar sobre as escolhas dentro de cada categoria. Desta forma, as crianças teriam sido envolvidas no processo, satisfazendo, ao mesmo tempo, a preocupação da professora com uma refeição equilibrada.

3. Use procedimentos de votação que possam ser compreendidos pelas crianças.

Ao preparar-se para conduzir a votação, é crucial que o professor garanta a compreensão do método de votação pelas crianças. Se as crianças não conseguem compreender, o resultado parecerá arbitrário, prejudicando integralmente a própria finalidade do procedimento. O método específico de votação usado em qualquer classe variará, dependendo da idade e nível desenvolvimental dos alunos. Os métodos de votação que revisamos aqui incluem levantar as mãos, fazer pesquisa de opinião, voto secreto e contar corpos em uma fila. Também discutimos como lidar com empates na votação e votos coagidos.

Contagem de mãos levantadas. Provavelmente, o método mais familiar de votação, o de contagem das mãos levantadas, apresentará sérios problemas quando usado com crianças pequenas. Não podemos recomendá-lo por uma variedade de razões. Com freqüência, crianças muito pequenas (com 4 anos ou menos, e algumas crianças de 5 anos inexperientes) sentem-se tão excitadas ao levantarem suas mãos que tão logo a professora diz "Levantem suas mãos se...", as mãos são lançadas ao ar. O fato de não terem ouvido sobre o que estão votando não tem, para elas, qualquer importância.

As crianças freqüentemente levantam as mãos a "meio-pau", ou simplesmente abanam, ou levantam e abaixam, dificultando a contagem. Ocasionalmente, as crianças brincam com o professor, dizendo: "Eu estava apenas coçando a cabeça!" Quando o professor consegue contar todos os votos na primeira opção, algumas crianças podem já ter esquecido que votaram e votar novamente para a segunda opção. O professor termina tendo de insistir para que as crianças mantenham suas mãos levantadas, não votem duas vezes e assim por diante. Com freqüência, todos terminam confusos acerca do que aconteceu.

Como mencionamos anteriormente, as crianças que votam mais de uma vez podem não compreender a exclusividade mútua das alternativas. Crianças com idade suficiente para compreender que se deve votar apenas uma vez ainda acreditam que é injusto alguém votar duas vezes, porque, deste modo, é como se o voto valesse o dobro. Elas ainda não assimilaram a idéia de que, se votam duas vezes, e há apenas duas opções, os dois votos cancelarão um ao outro. Portanto, o melhor modo de lidar com o problema da votação dupla é simplesmente usar métodos onde isto não possa ocorrer.

Quando o professor conta as mãos a uma certa distância, as crianças freqüentemente não têm certeza de que suas mãos foram contadas. O professor pode olhar para as crianças enquanto conta, ou apontar, ou até mesmo citar seus nomes (B, 1; F, 2; C, 3, etc.), mas ainda é possível que os alunos não percebam que foram contados. As crianças pequenas precisam de algo concreto que as assegurem que seu voto foi incluído. Além disso, se as crianças são demasiadamente pequenas para entender que os números representam quantidades, o simples anúncio de "Cinco pessoas querem X e sete pessoas querem Y, então faremos Y", não é uma boa idéia. Quando as crianças não sabem o que 5 e 7 significam, este anúncio pode deixá-las confusas acerca do que aconteceu.

Feitas estas ressalvas, se surge uma situação em que levantar a mão é o único método de votação disponível, existem modos de melhorá-la. Peça que uma das criança faça a contagem. Saliente a exclusividade mútua das escolhas. Se o voto é entre X e Y, afirme: "Se você quer X *e não* Y, levante sua mão". Depois, "Se você quer Y *e não* X, levante sua mão". Não poderemos garantir que isto ajudará, mas esta é uma possibilidade.

É importante pedir votos para todas as opções. Não subtraia o número de votos dados a X do número total de crianças e determine os votos para Y. A maioria das crianças não consegue acompanhar esta aritmética. As crianças pensarão que, já que não votaram, seu voto não foi contado.

Pesquisa de opinião. Consideramos a pesquisa de opinião como um dos melhores métodos de condução de votação com crianças pequenas. Embora existam muitas variações, todos os métodos de pesquisa ou eleição envolvem basicamente pedir que as crianças declarem, individualmente, como votam.

Um modo de se fazer isso é percorrer o círculo ou a classe sistematicamente, perguntando individualmente a cada criança qual o seu voto. Quando as crianças declaram em voz alta "Eu voto para X", elas tornam-se mais conscientes dos pontos de vista tanto de si próprias quanto dos outros. Elas também tem um maior senso de propriedade das decisões da classe. O voto é um símbolo concreto da participação da criança no grupo. Mesmo a criança mais tímida pode sussurrar ao professor o que deseja e, deste modo, partilhar das decisões do grupo.

Permita as abstenções. Algmas vezes, as crianças não se importam com o resultado da votação e, assim, não devem ser forçadas a fazer uma escolha. Crianças pequenas aprendem facilmente que, se não querem votar, podem dizer: "Eu passo".

O perigo da votação irrefletida foi construído por uma aluna da primeira série que se absteve de votar quando solicitada a dizer quem queria para presidente dos Estados Unidos. Questionada sobre o motivo para ter "passado", ela respondeu: "Se você não sabe quem é a melhor pessoa, você pode acidentalmente ajudar a pessoa errada".

A pesquisa de opinião exige uma representação escrita de cada voto. Os adultos habitualmente fazem isso com traços que representam os votos, mas recomendamos esta representação apenas para crianças mais velhas, com experiência em votação. Crianças menores compreendem melhor a pesquisa de opinião, quando seus votos são representados por seus nomes ou iniciais. Quando a professora escreve uma lista de votantes sob uma opção escrita, as crianças podem ver seu voto e saber que este foi contado para a alternativa preferida.

Também temos usado cartões com nomes, na pesquisa de opinião, com grande sucesso. A professora pode segurar um cartão do qual consta o nome da criança, perguntar como esta vota e depois colocar o cartão na pilha ou fileira daquela opção.

Não importando como os votos são registrados, coloque-os em uma correspondência física, lado a lado, vertical ou horizontalmente. Isto é muito útil para crianças que ainda não têm um entendimento consistente sobre números. Elas podem olhar as fileiras ou pilhas e ver qual tem mais, sem contar. O professor pode apontar o comprimento das duas listas, perguntando: "Qual delas parece ter recebido mais votos?" A contagem fará mais sentido quando combinada com uma forte sugestão visual.

Envolva as crianças na contagem dos votos. Como afirmamos antes, votar é uma excelente experiência com números. Quando se interessam verdadeiramente pelo resultado da votação, as crianças tornam-se mais interessadas em compreender o aspecto numérico. À medida que se tornam mais capazes de raciocinar sobre números, elas começam a fazer predições. Por exemplo, se há 15 crianças na classe e a votação está em 8 a 4, algumas crianças podem dizer: "Agora não importa mais, 8 é a maioria. Aquela fileira tem 8, então ela venceu". Não aconselhamos o professor a cessar a votação neste ponto, porque as crianças que ainda não votaram poderiam sentir-se desconsideradas. O professor pode parar brevemente para perguntar: "Como vocês sabem? Por que vocês acham que X vencerá? Vamos ver se isto funciona". O professor, portanto, aproveita as experiências espontâneas de matemática que surgem durante a votação.

Voto secreto. Um dos problemas com o método de pesquisa de opinião é o fato de ser conduzido em público. Especialmente com crianças com mais de 5 anos, a pressão por companheiros pode se tornar um problema. Ocasionalmente, as tentativas de persuasão pelas crianças podem se transformar em provocações ou competição de popularidade. Quando este é um problema, alguma forma de votação secreta pode ser usada. Isto pode ser feito, por exemplo, com cédulas neutras (pedaços de papel, peças de um jogo de damas, etc.) e "urnas" para cada escolha. Outra forma também pode ser com uma urna neutra e diferentes cédulas para as escolhas (tais como pedaços de papel nos quais as crianças escrevem suas escolhas). Isto pode ser conduzido abertamente ou em segredo, dependendo das necessidades do grupo. Tudo o que dissemos acima sobre contagem dos votos, quando é realizada uma pesquisa de opinião com as crianças, aplica-se também aqui. Não importando como isto seja feito, certifique-se de contar os votos de modo que as crianças possam acompanhar e considerar o processo significativo.

Contagem de corpos. Neste tipo de votação, as crianças votam com seus corpos, permanecendo em pé, sentando ou indo para o local designado para a opção de voto desejada. Este é um bom método se a classe está fora da sala de aula e a professora não tem acesso a papel e lápis. Entretanto, não obtivemos bons resultados usando este método com crianças de 4 anos ou mais jovens. Com freqüência, a professora consegue ver ambas as filas claramente, mas as crianças, não. Mesmo após chamar a atenção para a correspondência biunívoca, fazendo com que as crianças de uma fila dêem as mãos às companheiras correspondentes da outra e observem quantas sobraram sozinhas na fila com maior número de pessoas, as crianças ainda não têm certeza por que aquela fila tem mais elementos. Entretanto, com crianças que compreendem a importância e implicações da correspondência, este método pode funcionar.

Um outro problema que temos visto com este método de votação é que, quando as crianças estão em um círculo, pedir a elas que se levantem para votar é como convidar ao caos e confusão. Este método provavelmente deve ser usado apenas quando as crianças já estão de pé.

Empate nos votos. Os empates nas votações são grandes oportunidades para envolver as crianças na solução de problemas sociais. "O que devemos fazer? Seis crianças preferem X e seis crianças querem Y. O que seria justo fazermos?" Algumas crianças sugerem que a solução justa para um empate nos votos é fazer ambas as coisas, mesmo com duas opções mutuamente exclusivas. Outras crianças sugerem votar novamente e isto, às vezes, embora nem sempre, resulta em um resultado diferente. Em uma de nossas experiências, a votação para a escolha do livro a ser lido pela professora, em uma classe de crianças de 4 anos, deu empate. A única solução que as crianças puderam pensar foi a leitura de quatro páginas de cada livro. Assim, a professora leu quatro páginas de um livro, depois leu quatro páginas do outro. As crianças mostraram-se imensamente surpresas ao perceberem a inadequação de sua solução.

Uma outra solução para o empate nos votos é fazer com que as crianças alinhem-se em duas fileiras, cada uma fitando uma criança da fileira oposta (de acordo com a opção pela qual votaram). Por um certo período de tempo (digamos, 1 minuto), dê a cada criança na fila votando para X a oportunidade para tentar persuadir a criança na outra fila, para que esta mude seu voto. Em seguida dê a mesma opotunidade para as crianças da fila oposta. Após este período de intensa persuasão política, tente outra votação (esta solução pode ser mais apropriada para crianças mais velhas).

Lidando com o voto coagido. Como mencionados anteriormente, em algumas ocasiões, as crianças podem empreender esforços vigorosos para coagir outras (por exemplo, ameaçando a perda da amizade, a menos que uma criança vote de determinada maneira). Uma leve coação pode ser algo bom, dando às crianças experiência para negociarem com outras. Isto certamente mostra que as crianças compreendem o processo e respeitam seu poder. O papel do professor é garantir que a pressão não se torne destrutiva. Nos casos em que a pressão de uns sobre os outros parece estar escapando ao controle, o professor pode intervir com lembretes gentis de que "K pode votar como quiser, e você também pode votar como quiser. É por isso que votamos, para que todos possam dar suas próprias opiniões".

Algumas vezes, as crianças darão "vivas" quando são dados votos para o que desejam e vaiarão quando isto não ocorrer. Isto pode aborrecer as crianças cujos votos estão em minoria, e o melhor meio de lidar com a situação é apontar como os outros sentem-se quando as crianças fazem esta algazarra. Peça que uma criança da minoria diga àqueles que estão dando vivas como se sente. Lembre-os de outros momentos em que as crianças que dão vivas estavam no lado da minoria e tente fazer com que assumam o ponto de vista dessa minoria.

Participe como Eleitor

Aconselhamos que os professores tomem parte na votação. Isto ajuda a demonstrar que o professor participa integralmente da comunidade e que sua opinião não vale nem mais nem menos do que a opinião de qualquer outra pessoa. Tendo trazido um tema para a votação, é imprescindível que o professor não tenha o poder de veto no processo de votação da classe. O voto do professor é um entre muitos. O professor pode tentar persuadir, mas ao final deve aceitar os desejos da maioria, exatamente como as crianças. Na votação sobre o tempo em que as estruturas com blocos devem permanecer montadas (consulte o Capítulo 7), a professora acreditava que 5 dias era um período excessivamente longo. Contudo, ela não via qualquer perigo em permitir que as crianças experienciassem o resultado de sua decisão. Se 5 dias provasse ser demais, isto ficaria aparente para as crianças em algum momento e então elas mudariam a regra.

Uma professora contou-nos que freqüentemente é a última a votar, ou quase a última, e vota com a minoria sempre que possível. Ela explicou que sua finalidade é demonstrar que é possível sentir-se desapontado com o resultado da votação, mas, ainda assim, lidar com este desapontamento. Desta forma, ela oferece um modelo por estar na minoria e apóia a sensibilidade aos pontos de vista da minoria.

Ao votar por último, ou entre os últimos, a professora pode sutilmente manipular o resultado. Se um empate é iminente, o voto da professora pode desempatar, se em sua opinião precisa haver um desempate. A professora também pode criar o empate, se as crianças já estão aptas a discutir o que fazer neste caso.

Os professores também podem demonstrar como lidar com as diferenças de opinião, votando opostamente uns aos outros. Se existem dois adultos na classe, um deles pode respeitosamente discordar do outro, votando em contrário. As crianças vêem que as discordâncias não significam que as pessoas não são amigas, mas que têm apenas opiniões diferentes.

4. Apóie a aceitação da regra da maioria e o respeito por opiniões da minoria.

Após a votação ter sido concluída, o professor deve interpretar o resultado para a classe, demonstrando uma atitude de aceitação do ideal da regra da maioria. Declare algo como: "Esta votação significa que mais pessoas desejam X do que Y, então faremos X". Use a linguagem da justiça, apontando que "Já que a maioria das pessoas votou por X, a coisa justa a fazer é X". Evite a linguagem relativa a vencer ou perder. Reconhecemos que isto pode ser difícil, porque as crianças utilizam esses termos espontaneamente. Ouvimos, amiúde, as crianças irromperem em uma cantilena espontânea de "Ganhamos! Ganhamos!". Esta é uma oportunidade para lembrá-las gentilmente de seus amigos, que desejavam a outra opção e de como eles devem estar se sentindo agora.

O professor também deve mostrar-se sensível ao ponto de vista da minoria. Na classe de Investigadores, após uma votação do livro a ser lido, E levantou a mão e, quase chorando, disse: "Meu livro sempre perde". A professora, Peige Fuller, conta que debateu intimamente o que fazer com a opinião da minoria. As crianças tinham opiniões firmes. "Este livro venceu". Peige decidiu agir como "defensora de E". "Sim, mas E está triste. Ela diz que seu livro não ganha nunca". Algumas crianças já queriam que o livro fosse lido logo. Peige narra: "Finalmente, chegamos a um acordo, no qual o livro que vencera seria lido primeiro e o outro que seria lido a seguir

— na segunda roda ou quando fosse possível. Esta foi uma poderosa lição sobre justiça. O que significa ser justo e levar todas as opiniões em consideração?"

Se a votação é para definir a escolha de duas coisas, o professor pode sugerir que, talvez, em um outro dia, a classe possa executar a outra opção. O professor pode salientar o valor de todas as escolhas, declarando casualmente: "Tivemos duas sugestões realmente boas e votamos decidindo por esta aqui". Nos casos em que a votação aborda um problema, o professor pode afirmar que a solução escolhida será tentada e, se depois de algum tempo esta não funcionar, poderão voltar e se reunir e tentar encontrar uma outra solução. Isto deixa aberta a possibilidade de tentar a outra opção, aquela que recebeu menos votos.

RESUMO

O objetivo educacional da votação é, principalmente, promover a autoregulagem das crianças, dando-lhes o poder real de tomar decisões acerca do que ocorre em sua classe. A votação também dá às crianças a possibilidade de virem a aceitar a regra da maioria e desenvolver sensibilidade quanto aos sentimentos das minorias. Além disso, as crianças podem construir seu conhecimento sobre a linguagem escrita e números em um contexto pessoalmente significativo. O professor construtivista escolhe os temas a serem votados com base no interesse do grupo como um todo e quando uma diferença de opiniões é esperada. A discussão é encorajada e as alternativas são definidas. Os procedimentos de votação que podem ser compreendidos pelas crianças envolvem pesquisa de opinião e voto secreto e não incluem a contagem de mãos erguidas. Um empate nos votos desafia as crianças a encontrarem uma resposta para o que fazer. Casos de coação e pressão dos companheiros refletem uma negociação ativa e apreciação do processo de votação. Entretanto, se isto se torna exagerado, o professor pode abordar o modo como a minoria sente-se quando muitas pessoas estão festejando a derrota da proposta desta minoria. Os professores construtivistas participam como eleitores e oferecem modelos de discordância entre adultos e, ocasionalmente, usam seus votos para a criação de um empate e para ilustrarem a aquiescência da minoria aos desejos da maioria.

9

Discussões Sociais e Morais

Nos capítulos anteriores, discutimos modos pelos quais os professores podem estabelecer uma atmosfera sócio-moral construtivista por meio do apoio à comunidade e uma atitude de cooperação, delegação do poder de tomar decisões às crianças, votação e resolução de conflitos. Os professores também podem incluir em seus planos de aula atividades especificamente voltadas para a promoção do desenvolvimento sócio-moral. Um interesse focalizado em como resolver dilemas sociais e morais é um aspecto importante da atmosfera sócio-moral. Neste capítulo, discutimos como os professores utilizam as discussões para promoverem reflexões das crianças sobre questões sociais e morais.

Em primeiro lugar, explicamos o que queremos dizer com discussões "sociais" e "morais" e por que usamos o termo sócio-moral. Oferecemos uma breve fundamentação teórica para o entendimento do julgamento moral, depois discutimos duas diferentes espécies de discussões sociais e morais e oferecemos conselhos sobre onde e como encontrar materiais para essas. Apresentamos seis diretrizes para a condução de discussões sociais e morais na sala de aulas. Finalmente, descrevemos as pesquisas sobre a condução de discussões sobre dilemas morais nas salas de aulas no HDLS da Universidade de Houston.

O QUE É "SOCIAL", "MORAL" E "SÓCIO-MORAL"?

O leitor pode cogitar sobre a distinção entre "social" e "moral", bem como sobre o significado de "sócio-moral". Alguns pesquisadores do desenvolvimento moral (Nucci, 1981; Smetana, 1983; Turiel, 1983) fazem uma distinção entre questões de moralidade e questões de convenção social. Usando protótipos puros, tais como empurrar uma criança para fora do balanço como um exemplo de questão moral, e chamar os professores por seus primeiros nomes como um exemplo de uma convenção social, eles demonstram que mesmo crianças muito pequenas fazem distinções entre questões sociais e morais e raciocinam diferentemente nos dois domínios. Entretanto, descobrimos que freqüentemente os temas que surgem nas vidas de crianças pequenas não são tão claramente sociais ou morais.

Algumas questões que surgem nas salas de aulas de crianças pequenas podem ser categorizadas como nitidamente morais. Por exemplo, temas envolvendo machucar outros são morais, porque lidam com o direito humano básico de integridade física. Similarmente, a destruição ou furto de propriedade são considerados como temas morais em nossa cultura ocidental.

Embora todas as questões morais sejam sociais por natureza, uma questão pode ser social sem ser moral. No Capítulo 6, descrevemos um incidente no qual uma criança trouxe um problema social para ser resolvido pelo grupo. Ela buscava idéias de outras crianças sobre como chegar à escola a tempo, para não perder sempre sua vez como Ajudante Especial. Este problema não continha implicações morais, mas estritamente sociais.

Algumas vezes, pode não haver um acordo quanto aos temas serem sociais ou morais. Por exemplo, o fato de dizermos "por favor", ao fazermos uma solicitação, ou "obrigado" ao recebermos um presente ou favor, é considerado por alguns como uma questão de convenção social acerca do que é considerado como boas maneiras em uma determinada cultura. Entretanto, outros podem considerar que modos polidos refletem respeito por outros e, portanto, é uma questão de moralidade. É possível também argumentar que a gentileza moral existe apenas quando a atitude de um indivíduo é verdadeiramente respeitosa quanto aos sentimentos de outros.

Muitas questões não podem ser claramente categorizadas como sociais ou morais, porque contêm elementos de ambos. Algumas questões que superficialmente parecem ser questões de convenção social podem ter implicações morais subjacentes. Por exemplo, a regra de que as crianças devem comer o lanche apenas na mesa específica para isto é uma convenção social. Parece não haver uma razão moral para que as crianças façam seu lanche ali, ao invés de em qualquer outro local. Entretanto, a implicação moral subjacente de fazer o lanche na mesa que serve especificamente para isto é que, se as crianças fazem o lanche em outro local da sala, a classe ficará suja com restos de alimentos, tornando difícil a limpeza, atraindo insetos e, em geral, tendo um efeito negativo sobre a qualidade de vida de todos na sala de aula. Similarmente, o número de crianças permitido no centro de montagem de blocos, uma questão de convenção social prática, pode tornar-se moral. Por exemplo, em uma classe de jardim de infância, na *Sunset-Pearl Elementary School*, a regra era que quatro crianças poderiam estar no centro de blocos. Quando uma quarta criança foi até o centro e encontrou apenas quatro blocos disponíveis para o uso, o que era uma questão de simples praticidade tornou-se uma questão moral, envolvendo os direitos de todas as crianças de participarem igualmente no centro de blocos.

Um problema encontrado ao separarem-se os componentes sociais e morais de uma questão gira em torno de se distinguir entre os meios e os fins de uma situação. Por exemplo, a questão do revezamento na sala de aulas é moral, no sentido de que a justiça exige que direitos iguais sejam respeitados. A igualdade é um fim moral. O debate acerca dos meios pelos quais o revezamento deve ser regulado, entretanto, é estritamente social.

Um outro problema, ao tentarmos separar o social e o moral, é que as crianças pequenas nem sempre distinguem entre os dois. Por exemplo, elas com freqüência percebem o fato de não obterem o que desejam como injusto e, portanto, como uma questão moral. Inversamente, para a criança pequena, contar algo que não é verdade pode representar simplesmente um modo inteligente de evitar punição, ao invés de ser uma questão moral.

Seguidamente, consideramos difícil, na prática, manter uma distinção clara entre o social e o moral. As situações podem variar no grau em que são mais ou menos sociais do que morais. Portanto, usamos o termo "sócio-moral" para referirmo-nos aos fenômenos que são tanto sociais quanto morais.

TEORIA DO JULGAMENTO MORAL

Nosso trabalho sobre o desenvolvimento sócio-moral tem sido fundamentado primordialmente por três teóricos — Jean Piaget, Lawrence Kohlberg e Robert Selman. Discutimos Piaget e Selman em maiores detalhes no Capítulo 2. Aqui, revisamos brevemente o trabalho de Kohlberg sobre os estágios desenvolvimentais do raciocínio moral.

Utilizando o trabalho de Piaget como o ponto de partida, Kohlberg realizou extensas pesquisas sobre o raciocínio moral em crianças e adultos. Com entrevistas sobre dilemas morais, ele investigou para revelar como as pessoas raciocinam sobre questões morais e identificou seis estágios no desenvolvimento do raciocínio moral. Tais estágios parecem ser hierárquicos e seqüenciais e os cinco primeiros têm sido identificados, desde então, em numerosos estudos (ver Colby & Kohlberg, 1987; Kohlberg, 1984, para revisões). Apresentamos aqui um esboço dos primeiros quatro desses estágios, relacionados às crianças.

Os Estágios 1 e 2 são muito individualistas e chamados de moralidade pré-convencional. No Estágio 1, o certo ou correto é definido em termos do que evita punição ou está em obediência a uma autoridade maior, tal como os pais e outros adultos. As ações são consideradas em termos físicos, ao invés de psicológicos. Isto é, a preocupação da criança é com o dano material a pessoas ou coisas, ao invés de preocupar-se com intenções. O interesse de outros não é considerado. Na verdade, não há reconhecimento de que os interesses de outros diferem daqueles da própria criança.

No Estágio 2 (freqüentemente chamado de estágio da finalidade instrumental e intercâmbio), o direito é definido como aquilo que vem em favor dos próprios interesses. À medida que a criança reconhece que todos têm interesses próprios, o que é certo é visto como simplesmente relativo. Este é o estágio no qual vemos a moralidade de "olho por olho" e no qual as crianças estão preocupadas com a rígida igualdade — por exemplo, medir para ver se todos têm a mesma quantidade de bolo no prato. As crianças, neste estágio, começam a cooperar umas com as outras, a fim de obterem o que desejam, uma espécie de mentalidade de "uma mão lava a outra".

Os Estágios 3 e 4 apresentam uma natureza mais social e são chamados de moralidade convencional. O Estágio 3 é aquele dos relacionamentos mútuos, e o que é certo é definido em termos do sistema social imediato (família, classe, círculo de amigos, etc.). A criança começa a agir em termos de expectativas das pessoas que lhe são importantes. As crianças, neste estágio, estão preocupadas em ser "uma boa menina" ou "um bom menino" e agirão no sentido de obter aprovação. A Regra de Ouro é compreendida de um modo concreto, como colocar-se "na pele" dos outros.

No Estágio 4, o sistema social mais amplo começa a entrar no quadro e o certo é definido em termos das normas sociais, leis, deveres e expectativas. Há o reconhecimento de que todos devem se submeter a um sistema de leis compartilhadas para o bem comum.

Resumindo, ao percorrer os estágios de Kohlberg, a perspectiva social da criança torna-se gradativamente mais ampla. A criança avança da posição de olhar simplesmente para si mesma, até considerar uma outra pessoa; depois, considera um grupo um pouco maior, tal como sua família ou classe e, finalmente, um grupo ainda mais amplo, tal como a sociedade como um todo. Nos Estágios 5 e 6, que Kohlberg chama de moralidade pós-convencional, a perspectiva torna-se mais abrangente e considera a humanidade em geral. Cada estágio sucessivo também envolve uma transformação no modo como a criança pensa sobre o que é direito ou correto.

Kohlberg e muitos outros pesquisadores demonstraram em pesquisas com crianças mais velhas que, ao longo do tempo, as discussões sobre dilemas podem apoiar o desenvolvimento ao longo dos estágios (revisto em Power, Higgins & Kohlberg, 1989). Quando são expostas ao raciocínio, em um estágio superior a seu estágio atual de desenvolvimento, as crianças tendem a preferir o raciocínio de nível superior àquele em que estão. Quando as discussões sobre dilemas ocorrem em um contexto de sala de aula, o crescimento moral individual ocorre, bem como o crescimento na cultura moral da comunidade.

DILEMAS MORAIS

A maior parte das discussões morais focaliza-se sobre dilemas. Antes de mais nada, definimos o que queremos dizer com dilemas, discutimos os diferentes tipos de dilemas e sugerimos fontes de dilemas apropriados para discussões com crianças pequenas.

Definição de Dilema Moral

Um dilema moral é uma situação na qual reivindicações, direitos ou pontos de vista conflitantes podem ser identificados. Por exemplo, o dilema moral clássico usado nas pesquisas de Kohlberg (1984) é mostrado como o dilema de Heinz. A esposa de um pobre homem chamado Heinz está morrendo de uma forma rara de câncer. Um farmacêutico da cidade descobriu uma droga que salvaria sua vida; contudo, ele deseja US$2.000 pela droga. Heinz não tem tanto dinheiro. Ele deve roubar a droga? Aqui, os direitos conflitantes são o direito de viver, da esposa de Heinz, e o direito à propriedade, do farmacêutico.

Não existe uma solução claramente correta ou incorreta para o dilema. Kohlberg examinou os argumentos por trás das respostas das pessoas para as questões sobre o que o personagem do dilema faria. Ele afirma que as pessoas podem defender a mesma ação por razões muito diferentes, que representam distintos estágios do raciocínio. Por exemplo, uma criança poderia dizer que Heinz deveria roubar a droga porque, se sua esposa morrer, ele não terá mais quem cozinhe para ele — raciocínio do Estágio 2 — ou porque, se sua esposa morre, seus filhos ficarão muito tristes e ficarão aborrecidos com ele — raciocínio do Estágio 3. Em comparação, as pessoas podem defender diferentes ações usando o raciocínio do mesmo estágio. Por exemplo, uma criança do Estágio 1 poderia dizer que Heinz não deveria roubar a droga, porque poderia ser descoberto e preso, ou que Heinz deveria roubar a droga, porque, se não o fizesse, o pai de sua esposa poderia bater nele. Ao avaliar o nível do julgamento moral, a ênfase está sobre o modo como as pessoas raciocinam, não sobre as ações específicas que defendem.

Tipos de Dilemas

Um dilema para a discussão pode assumir uma de duas formas — hipotéticas ou da vida real, extraídos das experiências das próprias crianças. Em nossa opinião, as discussões focalizadas em ambos os tipos podem ser úteis, uma vez que cada um tem seus pontos fortes e fracos com relação à finalidade de promover o desenvolvimento do julgamento sócio-moral das crianças.

Dilemas hipotéticos não têm uma carga emocional tão grande quanto dilemas da vida real, uma vez que as crianças não estão pessoalmente envolvidas na questão. Existe algum distanciamento emocional entre as crianças e a história. Ninguém está parado em frente à classe irritado, ferido ou sangrando. Questões impessoais podem amiúde ser discutidas de um modo mais racional e é mais seguro expressar opiniões quando ninguém reagirá pessoalmente ou sofrerá uma conseqüência real. As crianças podem se engajar em pensamentos do tipo "E se____?" e podem discutir o que é certo ou errado sem o risco de magoar os sentimentos de alguém por deixarem de tomar esta ou aquela posição sobre a questão.

Por outro lado, os dilemas da vida real também oferecem certas vantagens para a discussão. Já que ocorrem de maneira espontânea, as situações são intimamente familiares para as crianças. Os atores envolvidos são elas próprias e os companheiros de classe, e as situações em geral têm conseqüências diretas sobre a vida na sala de aula, de modo que os alunos têm uma preocupação genuína sobre o que acontecerá. Elas também oferecem a vantagem de ter conseqüências que as crianças podem reconhecer e avaliar com relativa facilidade.

Fontes de Bons Dilemas para a Discussão

A literatura infantil é uma boa fonte de dilemas sociais e morais hipotéticos. Entretanto, muito lentamente, estamos descobrindo bons dilemas morais na literatura infantil. As histórias para crianças freqüentemente têm lições morais, mas não dilemas morais. Com isto, queremos dizer que há lições e respostas corretas embutidas nas histórias. Por exemplo, a moral da história do menino que gritava "lobo" é que não devemos enganar as pessoas porque, quando contarmos a verdade, não teremos crédito. Esta é uma boa moral e pode ser uma boa história para ser lida para os alunos, mas não é um dilema.

A vida cotidiana, na sala de aula, é uma outra fonte de dilemas. As crianças são as primeiras a se queixarem de que "Isto não é justo!" quando algo ocorre na classe violando seu senso de justiça. Os professores podem ouvir essas queixas e algumas vezes encontrar bons tópicos para a discussão. Por exemplo, se as crianças deixam os pincéis-atômicos sem as tampas, eles secam e ficam inutilizados, o que deve acontecer? Será justo privar todas as crianças das canetas, porque algumas delas não têm o devido cuidado? Se a classe ganha novas canetas, será que as crianças responsáveis pela inutilização das antigas devem usá-las? As crianças podem lidar com essas questões morais, cujas respostas lhes são importantes. Elas tendem a demonstrar fortes sentimentos em relação a esta espécie de questões. Em um ponto posterior deste capítulo, discutimos histórias que escrevemos em resposta à necessidade de propor dilemas morais extraídos das vidas cotidianas das crianças, mas que podem ser discutidas como se fossem hipotéticas.

OBJETIVOS DAS DISCUSSÕES SÓCIO-MORAIS

Nosso objetivo a longo prazo, na condução de discussões sócio-morais é que tais experiências contribuam para o progresso das crianças em relação aos estágios de adoção de perspectiva e raciocínio moral. Especificamente, desejamos que as crianças pensem sobre questões interpessoais de formas mais diferenciadas, tornando-se mais capazes de pensar além de sua própria perspectiva, para verem e considerarem múltiplas perspectivas em qualquer questão.

Entretanto, antes que as crianças possam progredir nos estágios de pensamento sobre discussões sociais e morais, é necessário o reconhecimento dos dilemas. Isto é mais difícil do que se pode pensar. Em vista de sua capacidade limitada de adoção de perspectiva, as crianças pequenas tendem a focalizar-se apenas em um lado da questão e a não reconhecer as duas perspectivas que definem o dilema. Portanto, nossos objetivos são, talvez, um pouco mais modestos do que aqueles de outros que já trabalham com crianças mais velhas. Nosso primeiro objetivo, ao usarmos os dilemas morais com crianças pequenas, é fazer com que reconheçam a existência de pontos de vista opostos na situação. Tendo conquistado este objetivo, tentamos, então, ajudar as crianças para que pensem sobre a resolução de questões morais de forma justa para todos os envolvidos, gerando e avaliando possíveis soluções para todos os participantes.

DIRETRIZES PARA A CONDUÇÃO DE DISCUSSÕES SÓCIO-MORAIS HIPOTÉTICAS

A condução de discussões sócio-morais é uma questão delicada. Apresentamos seis diretrizes concretas.

1. Selecione um tema sobre o qual você pode esperar encontrar uma diferença de opiniões.

A discordância entre as crianças é necessária para o sucesso de uma discussão sobre dilemas. De certo modo, este é o teste de um dilema — se existe ou não um conflito na história. Por exemplo, na história sobre o menino que gritava "lobo", se o professor pergunta às crianças: "Será que era certo o menino enganar as pessoas da aldeia dessa forma?" provavelmente nenhuma dirá que *sim*. Entretanto, tome, por exemplo, a história dos três porquinhos. Embora os porquinhos sejam os "mocinhos" e o lobo seja o "bandido", algumas crianças poderiam se solidarizar com o lobo. Se indagadas: "Será que era certo o lobo soprar as casas dos porquinhos para comê-los?", algumas crianças podem afirmar que o lobo estava faminto e que precisava comer, também. O livro infantil *The True Story of the Three Little Pigs* ["A Verdadeira História dos Três Porquinhos"] (Scieszka, 1989) apresenta esta história familiar sob a perspectiva do lobo. Este livro pode ser uma boa base para uma discussão moral.

2. Leia muitas vezes histórias com dilemas para as crianças.

Uma de nossas hipóteses é que as crianças precisam ouvir muitas vezes uma história para poderem pensar sobre as perspectivas de todas as diferentes personagens e todas as sutis nuances dos dilemas. As crianças podem não perceber o dilema na 1ª, 2ª ou até mesmo na 15ª vez em que ouvem a história. Seja paciente.

Um livro infantil que temos visto ser usado nas discussões morais é *Heckedy Peg* (Wood, 1987). Nesta história, uma bruxa roubou os filhos de uma mulher, com a intenção de comê-los. A mãe vai à casa da bruxa com a intenção de pegar de volta seus filhos e, no processo, engana a bruxa. Peige Fuller afirma que leu esta história pelo menos uma centena de vezes para sua classe de Investigadores. Eles a abandonaram e a sabiam de cor. Peige não esperava que o livro fosse tema de uma discussão moral. Então, certo dia, quando chegaram à parte em que a mãe engana a bruxa, uma criança diz: "Ela está mentindo!" Peige (P) decide seguir a partir deste comentário. O dilema nesta história torna-se a obrigação da mãe de contar a verdade *versus* sua obrigação de salvar os filhos.

> P: (Lendo). "Deixe-me entrar!", a mãe gritou. "Eu quero meus filhos de volta!". "Você não pode entrar", disse Heckedy Peg. "Seus sapatos estão sujos". "Então eu tiro os sapatos", disse a mãe. E assim ela fez. "Deixe-me entrar!", a mãe gritou. "Eu quero meus filhos de volta!". "Você não pode entrar", disse Heckedy Peg. "Suas meias estão sujas". "Então eu tiro as meias", a mãe disse. E assim ela fez.

"Deixe-me entrar!", a mãe gritou. "Eu quero meus filhos de volta!". "Você ainda não pode entrar", disse Heckedy Peg. "Seus pés estão sujos". "Então eu corto meus pés fora", a mãe disse. E ela foi embora.

E: Ela não vai cortar. Ela está mentindo para a bruxa.
P: "Ela foi embora como se fosse cortar os pés. Mas ao invés disso-"
J: (Ininteligível) seus pés. Ela está mentindo.
C: Ela está enganando a bruxa.
P: "...a mãe ajoelhou-se, escondendo suas pernas atrás de si, e rastejou até a porta da bruxa". Eu tenho uma pergunta. C diz que a mãe está apenas enganando a bruxa e J e E dizem que a mãe está mentindo.
L: Eu sei! Ela está enganando a bruxa!
E: Hum-hum.
P: Bem, E, eu tenho uma pergunta. Você acha que está certo o que a mãe está fazendo?

Voltamos a este exemplo em breve e mostramos como a discussão continua. Aqui, frisamos simplesmente que Peige escuta seus alunos e percebe a discordância sobre a mãe estar mentindo ou não. Entretanto, tentamos a mesma história com algumas crianças que não conseguiam compreender a questão. A história passou despercebida, porque elas ainda não compreendiam o conceito de mentira. A lição é escutar atentamente seus alunos e estar preparado para discutir as questões morais que as crianças descobrem em histórias conhecidas.

3. Ajude as crianças a reconhecerem todos os pontos de vista em uma história.

Um tema familiar nas histórias infantis é o de uma criatura pequena ou fraca enganando uma criatura maior ou mais perigosa, a fim de salvar sua própria vida ou a vida de alguém querido. As histórias que assumem esta forma podem, freqüentemente, ser efetivas para que as crianças examinem múltiplas perspectivas. O livro *Doctor DeSoto* (Steig, 1982) segue este tema. Uma raposa tem dor de dente e vai ao único dentista na cidade, um rato chamado Dr. DeSoto. O Dr. DeSoto tem uma política de não tratar gatos e outros animais perigosos, mas a esposa do Dr. DeSoto comove-se com a situação da raposa, que sente uma imensa dor, e o casal decide tratá-la. Torna-se claro que a raposa planeja comer os ratos, após ter seu dente tratado, de modo que o Dr. DeSoto e sua esposa formulam um plano para enganar a raposa para que esta não possa comê-los. Eles pintam o dente machucado com uma "fórmula secreta" que, conforme dizem à raposa, evitará que sinta dor novamente. Mas, na verdade, a fórmula secreta é cola e eles colam os dentes da raposa temporariamente, tornando impossível para esta comê-los. As crianças geralmente acham genial o fato de os ratos terem sido mais espertos que a raposa. Após ler a história, a professora pergunta a um grupo de crianças do jardim: "Estava certo o Dr. DeSoto enganar a raposa assim?" A maioria das crianças diz que sim, que os ratos não queriam ser comidos, etc. Entretanto, algumas crianças assumem a perspectiva da raposa. Elas preocupam-se porque, com a boca colada, a raposa pode morrer de fome. Uma criança preocupa-se com a possibilidade de a raposa ainda sentir dor de dente, porque a cola não é realmente a fórmula secreta. As crianças conseguem ver a história sob a perspectiva da raposa e pensam sobre seus direitos, bem como sobre o direito dos ratos.

Na classe de crianças de 4 anos, as respostas à mesma questão são unânimes. Todas as crianças consideram que isto está certo e dão vivas nesta parte da história. Contudo, uma criança surpreende-nos com seu raciocínio. Enquanto a maior parte das crianças afirma que isto é certo, porque os ratos não desejavam ser comidos, esta criança afirma que está certo, porque, se a raposa comer o Dr. DeSoto, então não haverá ninguém para tratar os dentes das pessoas da cidade. Ela assume a perspectiva da comunidade maior. Este parece ser o Estágio 4 dos estágios de Kohlberg, um nível de raciocínio impressionantemente alto para uma criança de 4 anos. Lembre-se de perguntar as razões para as respostas das crianças.

4. Faça perguntas abertas.

Se você pergunta às crianças se algo é certo, direito ou justo, continue a discussão. Indague questões como: "Por que você acha que esta era a coisa justa a fazer? O que você acha que _____ deveria fazer? O que aconteceria se _____ fizesse isso? Como as outras pessoas da história se sentiriam?" Investigue para obter o raciocínio das crianças. Não presuma que sabe o que as crianças pensam. Faça-as explicar seu raciocínio, se puderem. Às vezes, elas não conseguem, mas quando o fazem a conversa progride e se aprofunda.

A discussão sobre *Heckedy Peg*, iniciada acima, continua enquanto Peige sonda o raciocínio das crianças sobre o motivo para pensarem se é correto ou não a mãe enganar a bruxa.

    E: Hum-hum, ela está mentindo.
    P: É certo mentir em um caso assim?
    E: Hum, hum.
    Crianças: Não!
    P: Não? Por quê? Podem dizer-me por que não é certo?
    E: Porque é feio.

J: É feio e a bruxa vai olhar e dizer: "Você tem pés" e ela vai dizer: "Sim, eu tenho". Isto é uma mentira, certo?
P: É uma mentira? Bem, C, o que você acha? Você acha que está certo a mãe dizer à bruxa que está sem os pés?
C: (Ininteligível) ela faz.
L: Ela está enganando a bruxa.
P: A mãe está com os dois pés. Mas ela disse à bruxa que cortou os pés fora. É certo a mãe dizer isso?
L: É.
P: É? Por que é certo?
C: Porque não é (ininteligível) nada.
P: Por que não é (ininteligível) nada? Por que você acha certo a mãe ter dito à bruxa que cortou os próprios pés?
N: Eu acho que ela estava mentindo porque — porque ela só falou pra bruxa que estava escondendo os pés.
P: Ela foi esperta, né?
H: Ela estava mentindo.
P: Estava? Será que era certo mentir ou era errado?
H: Era certo.
P: Por quê?
H: Se a gente, se a gente não (ininteligível), então não é legal, mas se você está enganando alguém para não fazerem uma coisa assim, então você pode mentir, está certo.
P: Entendo.
E: Não mesmo! Você está errado! Você não sabe nada!
P: A, estou vendo sua mão levantada.
E: Eu sei mais! Você não pode mais vir à minha casa.
A: Eu acho que ela estava só tentando enganar a bruxa. Acho que ela só estava tentando pegar as crianças de volta.
P: Ela estava apenas tentando pegar seus filhos de volta? Então está certo mentir, neste caso?
A: Está.
H: Era isso que eu queria dizer.
Crianças: É!
E: Não!
A: Só se for muito importante.
P: (para H) Era isso o que você queria dizer?
H: Era sim. Eu queria dizer o que ela disse.
P: Ok. E discorda. (Para E) Diga-nos o que você pensa. Você acha que A e H estão certos, que é legal mentir para salvar os próprios filhos?
E: Não mesmo. Não é certo.
P: Não?
E: É feio.

P: E será que alguma vez não é feio mentir?
E: Não!
J: Não.
P: Nunca?
Crianças: Sim.
P: Sim? Bem, temos uma diferença de opiniões.
C: Você poderia chamar alguém para ajudar.
P: Sim, poderíamos chamar alguém para ajudar. Vamos ver o que a mãe faz (continua a leitura).

As questões de Peige são formuladas de modo a encorajar as crianças para que elaborem as razões para suas crenças.

5. Ajude as crianças a esclarecerem seu raciocínio, repetindo o que elas afirmam de volta para elas.

Ocasionalmente, as palavras das crianças são desconjuntadas, mal-articuladas ou mesmo difíceis de interpretar. Um bom hábito (e isto vale não apenas para discussões morais, mas para todas as discussões com crianças) é repetir para elas o que você acha que elas disseram, com uma inflexão de questionamento em sua voz. Isto freqüentemente poderá levá-las a elaborar o que disseram, oferecendo razões ou correções.

A repetição das idéias das crianças de uma forma clara ajuda as outras crianças a compreenderem e as inspira a formular suas próprias opiniões. O professor deve se esforçar para apoiar a discussão franca *entre as crianças* sobre as questões morais que estão sendo apresentadas, não apenas a discussão entre uma criança e o professor. Tornar-se consciente das diferentes opiniões dos colegas pode ser um mecanismo para a reavaliação e crescimento. Dentro de uma discussão em grupo, o papel do professor é manter o foco da conversa em questões de justiça e igualdade.

6. Aceite todas as opiniões e posições.

É importante, mas extremamente difícil, que o professor não faça julgamentos de valor sobre o raciocínio das crianças. Se fizer isto, estará enviando uma mensagem de que há respostas certas a essas questões e que o professor sabe quais são. Na discussão sobre *Heckedy Peg*, citada acima, Peige não emite julgamentos sobre as razões das crianças quanto à correção ou impropriedade de se mentir. Ela questiona, investiga, repete e acompanha, mas se abstém de aprovar ou desaprovar as idéias das crianças.

Tente resistir ao anseio de fazer com que a classe chegue a um consenso sobre uma questão hipotética. Mantenha em mente que o objetivo das discussões é apoiar a conscientização de diferentes pontos de vista pelas crianças, não as convencer de uma determinada regra moral. O consenso não é necessário nem particularmente desejável. O professor, contudo, pode declarar novamente as posições opostas ao final da discussão. Isto serve para encerrar a discussão e salientar que as opiniões das pessoas podem diferir. Por exemplo, ao final de uma discussão sobre *Doctor De Soto*, o professor pode dizer algo como: "Então algumas pessoas acham que era certo o Dr. DeSoto enganar a raposa, porque ele não queria ser comido. Mas algumas pessoas acham que isto não era certo, porque os dentes da raposa foram colados e ela não podia comer e, assim, poderia morrer de fome." Não se preocupe se a questão não chegar a uma resolução.

Esses princípios de ensino aplicam-se também a discussões morais na vida real e a dilemas hipotéticos extraídos de experiências da vida real, discutidos a seguir.

DISCUSSÕES MORAIS NA VIDA REAL

Um ambiente social ativo inevitavelmente oferece dilemas na vida real. Essas são situações nas quais os direitos de uma criança entram em conflito com os direitos de outra ou do grupo. Os conflitos envolvendo o acesso a brinquedos, suprimentos e espaço para brincar podem tornar-se questões morais. Nós encorajamos os professores a tirar vantagem dessas situações como oportunidades de focalizar a atenção das crianças sobre direitos, justiça e consideração por outros. O ponto importante a recordar nessas situações é o apoio ao valor da justiça para todos os envolvidos. A tarefa do professor é lembrar as crianças sobre a justiça e garantir que elas sintam que foram tratadas justamente.

Em um incidente, na classe de jardim de infância da *Lab School*, a professora assistente, Karen Amos, introduz a consideração pelos sentimentos daqueles que agem mal. As crianças têm deixado os pincéis-atômicos sem tampa, fazendo com que eles sequem. Karen trouxe os seus próprios pincéis-atômicos para a escola, com base no acordo de que as crianças teriam cuidado com eles e depois poderiam pedir que a vice-diretora comprasse canetas novas. Entretanto, uma criança sugere uma nova regra: quem deixar as canetas destampadas, não poderá mais usá-las. Segue-se uma discussão moral. A discussão é moral no sentido do debate acerca da justiça contra o perdão. A criança que sugere a regra de que aqueles que usam mal as canetas não poderão mais usá-las assume o lado da justiça e Karen argumenta pelo perdão, assumindo o papel de defensora daqueles que esquecem as regras e não cuidam dos pincéis-atômicos. Inicialmente, as crianças sugerem que aqueles que não têm cuidado jamais os usarão novamente. Karen faz com que elas especifiquem um prazo e elas sugerem

3 dias. Karen acredita realmente que 3 dias é um tempo muito longo para privar as crianças dos pincéis. Ela sugere que talvez devessem lembrar as crianças sobre a regra para repor as tampas nas canetas e prossegue defendendo as crianças que se esquecem de fazer isso, afirmando: "Eu sei que também esqueço, às vezes". A opinião popular, contudo, vai contra a sua. As crianças votam e decidem que a regra dirá que as crianças que não cuidam dos pincéis-atômicos não poderão usá-los por 3 dias.

Com freqüência, o que parece, superficialmente, ser um dilema moral, na verdade é um conflito entre as crianças, embora a distinção entre os dois possa, às vezes, ser confusa (veja Capítulo 5 para uma discussão sobre a resolução de conflitos). Geralmente, em um conflito entre as crianças, os direitos de uma delas foram violados por outra e a vítima protesta. Contudo, em um dilema moral, o conflito não é tanto entre as crianças, mas entre direitos. Por exemplo, em um determinado ano, na classe de jardim de infância na *Lab School*, as crianças tinham 1 dia a cada semana designado como o dia de compartilhar, quando podiam trazer itens de casa para mostrar à classe inteira. Uma criança, mostrando seu item aos colegas enquanto caminhava pela roda, permitia algumas crianças, seletivamente, tocassem no objeto, proibindo a outras o toque. As crianças protestaram: "Isso não é justo!" A questão era quem tinha o direito de decidir se as crianças podiam tocar objetos de outra pessoa. Algumas crianças consideravam que esta deveria ser uma proposição de tudo ou nada. Todos podiam tocar, ou ninguém podia fazê-lo. Outras crianças pensavam que o dono do objeto tinha todo o direito de decidir quem poderia tocá-lo. Questões como esta são difíceis de solucionar e não existem respostas fáceis.

Como afirmamos antes, a tarefa do professor em discussões sócio-morais é sustentar a justiça, igualdade e reciprocidade. Um problema com as discussões morais que surgem na vida real é que nem sempre está claro o que é justo, mas, ainda assim, as soluções são necessárias. Como na situação sobre pegar no material trazido para ser partilhado com a classe, uma decisão é necessária com relação a como a classe vai lidar com o problema. Geralmente, não é apropriado submeter questões morais a uma votação. Entretanto, se não existe um precedente moral claro, freqüentemente a melhor coisa que o professor pode fazer é conduzir uma discussão completa e depois fazer com que a classe vote para decidir como lidar com a situação. O ponto importante é discutir exaustivamente o tema, porque é na discussão que as crianças desafiarão o raciocínio umas das outras e, talvez, criarão um novo entendimento da questão moral.

DILEMAS HIPOTÉTICOS EXTRAÍDOS DE EXPERIÊNCIAS DA VIDA REAL

Um outro problema com a condução de discussões morais acerca de eventos da vida real é que são imprevisíveis. Nunca sabemos quando um tema surgirá ou sobre o que será. Este problema levou-nos a escrever e a ilustrar nossas próprias histórias de dilemas, extraídas de experiências reais com crianças pequenas. Diferentemente dos dilemas usados nas pesquisas de Kohlberg, que são demasiado distantes da experiência de crianças pequenas, as situações nessas histórias são aquelas com as quais as crianças provavelmente estão familiarizadas. Com essas histórias, os professores podem conduzir discussões morais sem terem de esperar que surjam problemas na sala de aulas e sem se preocuparem com uma real violação nos direitos das crianças.

Uma dessas histórias é chamada "Quando Amigos Recusam-se a Compartilhar". Nesta, a regra da sala de aulas é que quatro crianças podem brincar no centro de blocos. Três crianças estão lá, construindo um elaborado zoológico com jaulas para os animais e uma cerca envolvendo tudo. Uma outra criança chega, vê que há lugar para ela e começa a construir um edifício alto. Entretanto, somente quatro blocos não foram usados no zoológico e ela pede alguns dos blocos que estão sendo usados pelos outros. Estes recusam, dizendo que trabalharam muito no zoológico e agora desejam brincar com ele. O dilema é entre o direito da criança de brincar com os blocos e o direito das outras que estavam lá antes de usar tantos blocos quantos necessitem para seu zoológico.

Na discussão desta história com as crianças do jardim, elas inicialmente mostravam-se solidárias principalmente com a criança que desejava mais blocos e sugeriam várias maneiras de compartilhar ou de encontrar mais blocos. Então, introduzimos a questão relativa a se seria justo que as outras três crianças desmontassem seu zoológico. Algumas crianças mudaram de idéia e defenderam as crianças que construíam o zoológico. Em geral, as crianças assumiam um lado da história e não conseguiam coordenar as reivindicações opostas. Uma criança sugeriu um acordo, pelo qual as crianças fariam casas mais baixas e uma cerca mais baixa para o zoológico, desta forma liberando mais alguns blocos para a outra criança. A dificuldade que as crianças têm para verem mais de uma perspectiva, nesta história, torna claro porque têm tais dificuldades em conflitos da vida real.

Nossos objetivos neste dilema eram, primeiro, que as crianças fossem levadas a pensar sobre o problema sob ambas as perspectivas. Desejávamos que elas vissem que ambas as partes possuíam argumentos válidos e que, às vezes, os problemas não podem ser solucionados simplesmente descobrindo-se qual dos lados tem razão. Em segundo lugar, queríamos que as crianças pensassem sobre como as crianças na história se sentiam geralmente, crianças pequenas só conseguem pensar em um repertório pequeno de sentimentos (referimo-nos a isto como "zangadas, tristes, contentes", porque esta parece ser a extensão de seu pensamento sobre sentimentos). Queremos que as crianças pensem de forma mais diferenciada sobre os sentimentos. Tentamos introduzir palavras tais como *desapontada, frustrada* e *com medo,* para descrever os sentimentos das crianças.

Finalmente, esperávamos que as crianças começassem a explorar modos diferentes de solucionar o problema, quer fosse com revezamento, compartilhamento ou alguma outra solução, e como essas soluções propostas afetariam os sentimentos das crianças na história.

Uma outra história, intitulada "Quando um Amigo Rouba", é sobre um menininho, Jack, que chega à escola faminto todos os dias, porque não se levanta suficientemente cedo para tomar o café da manhã. Sua solução é pegar algumas coisas dos lanches dos colegas enquanto estes estão brincando fora da sala. Às vezes, a professora o descobre furtando alimentos e a classe discute o assunto. As crianças dizem a Jack que não gostam que seus alimentos sejam furtados. A professora, na história, pergunta às crianças se elas podem pensar em alguma solução para o problema de Jack.

Nas discussões com as crianças da *Lab School* sobre esta história, as crianças sugerem numerosas soluções para que Jack possa resolver seu problema de sentir fome pela manhã. Elas sugerem coisas que o menino pode fazer, tais como levantar mais cedo, conseguir um relógio despertador ou um galo para acordá-lo e embrulhar algo para comer no carro, a caminho da escola. Elas também sugerem coisas que a classe inteira pode fazer, tais como escrever um bilhete aos pais de Jack pedindo-lhes para fazer-lhe um lanche para comer na escola e trazer alimentos extras para que Jack possa comer pela manhã. Isto leva a uma questão moral. Será que Jack deveria ser punido por tirar alimentos das crianças, ou as crianças devem tentar ajudá-lo? Na classe de jardim encontramos uma diferença de opiniões. Uma criança mostra-se muito firme acerca da punição a Jack, porque este "tira coisas da lancheira dos outros". A injunção de não furtar é poderosa e, sob este ponto de vista, a punição é a conseqüência esperada — nenhuma justificativa é necessária. Uma outra criança, contudo, discorda. Ela acha que os colegas devem ajudar Jack. Quando indagado por que, ele explica: "Porque aí ele vai parar de roubar. Se botarem ele de castigo, talvez ele roube duas coisas, ao invés de uma, das lancheiras". Ficamos impressionados como uma criança de 5 anos podia entender que a punição é inefetiva e que os métodos cooperativos são preferíveis. Isto reflete a espécie de raciocínio que esperamos promover nas crianças.

RESUMO

As discussões morais são um modo pelo qual os professores podem promover o raciocínio moral em crianças pequenas e contribuir para seu desenvolvimento moral. O professor construtivista planeja-se especificamente para as discussões de grupo sobre dilemas sociais e morais como um modo de promover a adoção de perspectiva e raciocínio moral. Os professores podem usar os dilemas morais extraídos da literatura infantil, do cotidiano na classe ou podem usar histórias hipotéticas extraídas do dia-a-dia. O importante é ter em mente que não há respostas certas ou erradas para um dilema moral. Todas as idéias são valorizadas e o objetivo não é chegar a um consenso, mas promover o raciocínio. As diretrizes para a condução de discussões sociais e morais focalizam-se em ajudar as crianças a reconhecerem pontos de vista opostos e a pensarem em como resolver questões de forma justa para todos os envolvidos.

10

ALTERNATIVAS COOPERATIVAS À DISCIPLINA

"Disciplina", geralmente, refere-se a métodos de controle e punição das crianças, a fim de socializá-las. A definição do verbo *disciplinar* em um dicionário (Morris, 1973) relaciona dois usos, incluindo (1) "treinar por instrução e controle; ensinar a obedecer à autoridade ou aceitá-la" e (2) "punir ou penalizar". Uma vez que esses usos pressupõem que os adultos fazem algo *às* crianças, dizemos, portanto, que não "disciplinamos" as crianças. Ao invés disso, trabalhamos *com* as crianças enquanto elas constroem gradualmente suas próprias convicções sobre as relações com outros. A construção, não a instrução, é nosso objetivo para as crianças. Além disso, não "treinamos" crianças para o autocontrole obediente. Como discutimos no Capítulo 3, a auto-regulagem autônoma é nossa meta, ao invés da obediência à autoridade.

Isto não significa, naturalmente, que as crianças em salas de aulas construtivistas podem "fazer o que bem entenderem". Na verdade, os professores devem desenvolver estratégias para o manejo de uma classe de crianças e lidar com inevitáveis rupturas na cooperação. Os professores construtivistas não são passivos. Pelo contrário! Eles são altamente ativos em seus esforços para facilitar a auto-regulagem das crianças. Sua atividade, entretanto, não assume formas unilaterais de treinamento, exercícios ou punições. Ao invés disso, ela assume formas cooperativas para permitir que as crianças construam convicções e sigam suas próprias regras sociais e morais, independentes da coerção adulta. As regras sociais e morais construídas pelas próprias crianças estão enraizadas em suas experiências pessoais no dia-a-dia. Essas experiências pessoais com companheiros e adultos levam-nas a construir relações de causa e efeito entre suas ações e as reações dos outros.

O que queremos dizer com "disciplina" por meio da cooperação é que o professor co-opera em termos do ponto de vista da criança (o hífen em "co-opera" visa a salientar a operação em termos da perspectiva da criança). Isto é, o professor estabelece uma atmosfera na qual as crianças sentem que o professor preocupa-se com elas, gosta quando estão juntos e as respeita, levando seus sentimentos, interesses e idéias em consideração. Quando vivenciam a cooperação do professor, as crianças tendem a cooperar de bom grado com este e umas com as outras.

Neste capítulo, abordamos a questão do papel da experiência pessoal no desenvolvimento social e moral. A distinção que Piaget faz entre dois tipos de sanções é apresentada, com exemplos. Finalmente, sugerimos diretrizes para a implementação de alternativas construtivistas para a disciplina.

O PAPEL DA EXPERIÊNCIA PESSOAL NO DESENVOLVIMENTO SOCIAL E MORAL

O desafio de socializar crianças é descobrir como ajudá-las a controlar seus impulsos, pensar além do aqui e agora e tornarem-se capazes de refletir sobre as conseqüências de suas ações. Isto envolve o descentramento necessário para considerar visões e sentimentos de outros. As alternativas para a disciplina, que discutimos neste capítulo, são orgânicas em sua integração das preocupações pessoais, sociais e morais das crianças à vida diária da sala de aula.

Em sua pesquisa sobre o julgamento moral das crianças, Piaget (1932/1965) ressaltou que as crianças freqüentemente podem raciocinar em um nível superior quando centram-se em suas próprias experiências, ao invés de centrarem-se em situações hipotéticas. Nas experiências pessoais, as crianças estão mais propensas a perceber que suas próprias intenções são relevantes para o julgamento de suas ações. Parece provável, portanto, que por meio das experiências pessoais as crianças possam, pela primeira vez, começar a considerar as motivações por trás das ações. Ao fazerem isso, elas começam a perceber os outros não mais como objetos, mas, sim, como sujeitos de idéias e sentimentos. Na educação construtivista, portanto, defendemos uma ênfase sobre as experiências pessoais das crianças para o apoio do desenvolvimento social e moral. Essas experiências pessoais ocorrem em um contexto natural, no qual as crianças escolhem e vão em busca de seus interesses.

DOIS TIPOS DE SANÇÕES

Ao discutir como os adultos lidam com as faltas cometidas pelas crianças, Piaget (1932/1965) faz uma distinção entre sanções expiatórias e sanções por reciprocidade, descritas abaixo.

Sanções Expiatórias ou Punitivas

Piaget descreveu sanções expiatórias como reações a transgressões com coerção e punição dolorosa. As sanções expiatórias são arbitrárias, no sentido de "não existir um relacionamento entre o conteúdo do ato culposo e a natureza de sua punição ... Tudo que importa é que uma proporção precisa deve ser mantida entre o sofrimento infligido e a gravidade da falta" (p. 205). As sanções expiatórias visam a fazer a criança sofrer.

As sanções expiatórias ou punitivas, por serem arbitrárias, transmitem a idéia vingança ou retaliação. Algumas pessoas acham que fazer a criança sofrer é uma medida preventiva. Piaget (1932/1965) descobriu, entretanto, que as crianças mais velhas vêem essas punições como ineficazes e que elas simplesmente tornam "o ofensor insensível e friamente calculista" (p. 225). A atitude é de: "Papai vai me castigar, mas depois disso não vai fazer mais nada!" (p. 225). Piaget comentou ainda: "Com que freqüência, na verdade, vemos crianças suportando estoicamente sua punição, porque decidiram de antemão agüentá-la ao invés de cederem" (p. 225). Uma de nós (BZ) ouviu a história de uma adolescente que fôra proibida por seus pais de furar as orelhas. Em um fim de semana em que os pais estavam fora da cidade, ela pediu a uma amiga que lhe furasse as orelhas. Quando os pais retornaram e viram o que a filha fizera, ficaram furiosos. Sua punição foi passar a ferro as roupas da família por 6 meses. Vinte e cinco anos depois, ela ainda insiste que a punição valeu a pena.

Punições expiatórias incluem surras, fazer com que a criança fique de pé em um canto e fazer com que escreva "Eu não ____" 100 vezes. Humilhar e castigar as crianças de uma forma emocionalmente intensa também são formas de sanções expiatórias. Qualquer punição que vise a fazer a criança sofrer ajusta-se a esta categoria.

Piaget descobriu que as crianças pequenas acreditam que a punição é necessária e, assim, quanto mais dura, melhor. Elas acreditam que a punição infligida deve ter uma relação de quantidade com a falha cometida. Crianças mais velhas, em comparação, não avaliam o valor de uma punição em termos de sua severidade. Ao invés disso, elas acreditam que a punição, cuja finalidade é fazer o indivíduo que errou sofrer, não faz sentido. Elas crêem que as sanções por reciprocidade são mais justas e mais efetivas. Os professores construtivistas concordam com elas. Não punimos as crianças. Ao invés disso, os professores construtivistas invocam sanções que têm a característica de reciprocidade.

Sanções por Reciprocidade

Embora as sanções expiatórias sejam adequadamente chamadas de *punições*, este não é o caso das sanções por reciprocidade. Infelizmente, o tradutor para o inglês de *The Moral Judgment of the Child* ["O Julgamento Moral da Criança"] de Piaget (1932/1965) traduziu *sanções* como *punições*. Ao invés de ver as sanções por reciprocidade como punições, recomendamos pensar nessas como conseqüências. Contrastando com as sanções expiatórias, as sanções por reciprocidade salientam a ruptura do vínculo social pelo mau comportmento de uma criança. Todas as faltas ocorrem em um contexto social, envolvendo relacionamentos sociais que são, de alguma forma, perturbados como resultado do mau ato. Quando os materiais são usados incorretamente ou quebrados, outros que também desfrutam de seu uso são privados de fazê-lo e podem ficar zangados ou tristes. Quando alguém mente, outros podem sentir que não podem mais confiar naquele que contou a mentira. Ocorre uma perturbação no vínculo social, que exige reparo. Assim, o professor apenas precisa chamar a atenção para a conseqüência da ruptura das relações sociais. Piaget afirma que "a censura não precisa mais ser enfatizada por meio de punição dolorosa: ela é exercida plenamente, desde que as medidas tomadas por meio da reciprocidade façam com que o transgressor perceba o significado de suas mãos" (p. 206).

Para que uma sanção seja efetiva, a criança deve valorizar o vínculo social e desejar sua restauração. Portanto, relacionamento pessoal próximo entre os professores construtivistas e as crianças oferece uma importante base para o uso efetivo de sanções por reciprocidade. Da mesma forma, as relações das crianças umas com as outras também são cruciais para a efetividade das sanções por reciprocidade.

As sanções por reciprocidade têm em comum a comunicação do rompimento de um vínculo social tal como desapontamento, raiva ou perda da confiança. Isto é, a disponibilidade mútua em um relacionamento foi interrompida. Em uma sanção por reciprocidade, a pessoa prejudicada responde à ofensa ou ferimento retirando a confiança ou boa-vontade. Ela sinaliza claramente que a mutualidade está perturbada e que o causador do dano não pode mais desfrutar dos prazeres e vantagens do relacionamento anterior. A fim de restabelecer a antiga mutualidade, aquele que errou deve agir no sentido de compensar o sentimento de desconforto e restaurar o relacionamento.

Piaget (1932/1965) discutiu seis tipos de sanções por reciprocidade que oferecem uma maneira útil de pensar sobre como enfrentar as transgressões em sala de aula. Cada um desses tipos é descrito abaixo, com exemplos. O leitor deve ter em mente que qualquer dessas sanções por reciprocidade pode ser implementada de um modo punitivo, o que restringe a reciprocidade e a transforma em punição. Além disso, as crianças podem ainda interpretar as sanções por reciprocidade como expiatórias. Portanto, deve-se tomar muito cuidado ao aplicar-se essas sanções. Algumas vezes, entretanto, apesar de todos os esforços do professor, uma criança pode vivenciar e interpretar uma sanção por reciprocidade como sendo injusta.

As sanções por reciprocidade incluem conseqüências naturais e lógicas. As conseqüências lógicas incluem compensação, privar o transgressor do objeto mal-utilizado, exclusão, fazer com a criança o mesmo que esta fez: a censura.

Conseqüências Naturais

As conseqüências naturais resultam diretamente das ações. Essas assumem um significado especial quando o transgressor sabe que o grupo social também sofre conseqüências. Se páginas de um livro são rasgadas, a conseqüência natural é que ninguém mais poderá lê-lo. Se a falta de cuidado resulta em dano ou perda das peças de um jogo, este não será mais tão agradável de usar. Se você fica conversando e não escuta a apresentação de atividades na roda, não saberá o que pode fazer. Se você não coloca as tampas das canetas coloridas, estas secam e ninguém mais pode usá-las. No Capítulo 12, descrevemos como um professor deixou que as crianças vivenciassem a conseqüência natural de não guardarem seus brinquedos e materiais. No dia seguinte, ao chegarem, a sala estava uma completa balbúrdia! Ninguém ficou satisfeito e a maioria das crianças começou a encarar a arrumação mais seriamente, lembrando umas às outras e se ajudando mutuamente.

Compensação

Compensar significa pagar, consertar ou substituir um objeto quebrado ou furtado, a fim de restaurar a situação anterior ao erro. H, uma criança do jardim de infância, por exemplo, trouxe um novo dinossauro para a classe a fim de substituir aquele cujo rabo ele arrancara com uma mordida. K, que rasgou o desenho que E fizera, consertou-o e devolveu-o a ela. Ações assumidas com o fim de restaurar o relacionamento rompido também são compensações. Pedidos de desculpas, quando livremente oferecidos com espírito de arrependimento, podem ser uma forma de compensação. Embora os professores construtivistas jamais exijam pedidos de desculpas (veja Capítulo 5), eles alegram-se ao testemunharem solicitações sinceras de perdão como um sinal de que as crianças reconhecem como suas próprias ações afetam o modo como são tratadas por outros. No Capítulo 5, sugerimos como, algumas vezes, as compensações são apropriadas em conflitos.

Privar o Transgressor do Objeto Mal-Usado

Privar a criança de objetos e oportunidades, quando estes são mal-usados, pode ajudá-la a construir atitudes responsáveis. Exemplos deste tipo de conseqüência incluem pedir que uma criança encontre outra atividade, quando utiliza mal os materiais. Na classe de jardim de infância dos Inventores, Coreen perguntou se as crianças que não arrumavam poderiam usar os materiais. A (5 anos de idade) respondeu: "Não, porque não sei se posso acreditar que amanhã eles vão guardar tudo depois das atividades. Como quando E levou embora o _____ e sumiu com ele, e eu não sabia se ainda podia confiar nela".

Em um outro incidente na classe de Investigadores, quando K e G correm pela sala de uma forma perigosa no carpete, Peige proíbe a correria no carpete.

> K e G, sentem-se, por favor. Correr pela sala pode derrubar as pessoas. Preciso garantir que vocês tenham segurança. Eu sou a professora e é minha obrigação tomar conta de vocês. Se vocês ficarem correndo aqui dentro, então vão ter que ficar sentados bem quietos em uma cadeira e ler um livro, só isso. Eu preciso saber que vocês estão seguros e, se não estão, devo fazer algo para garantir que fiquem, e esta é a única solução que tenho no momento. Tudo bem, vocês têm algumas escolhas a fazer por mais 5 minutos (tempo suficiente para terminar o período de atividade). Vocês não podem ficar neste tapete, porque eu já vi que vocês estão fora de controle nele, mas podem pintar, brincar com blocos, pintar com os dedos, montar quebra-cabeças e ler qualquer livro que quiserem.

Com Piaget mostra, as crianças pequenas podem interpretar essas conseqüências como punitivas. Com explicações e apoio emocional, entretanto, a criança gradualmente virá a entender a lógica da reciprocidade envolvida nesta conseqüência.

Exclusão

A exclusão do grupo é uma conseqüência lógica para a violação dos direitos de outros. As crianças freqüentemente excluem outras das brincadeiras, quando essas violam direitos. Z, de 3 anos, por exemplo, responde aos beliscões de R dizendo-lhe que não quer mais ser sua amiga. Se uma criança comporta-se agressivamente no parquinho, o professor pode exigir que ela brinque sozinha por algum tempo. A exclusão está envolvida no exemplo descrito no Capítulo 6, quando S não parava de tocar C durante a roda. Quando S continuou com seus toques indesejáveis, Peige permitiu que C mudasse de lugar e, quando O sentou-se perto de S e foi igualmente perturbado, ela também moveu-se. Peige ressaltou conseqüência de exclusão a S, ao dizer: "Você continua tocando todas as crianças e elas não gostam, por isso ficam mudando de lugar. Agora não tem ninguém sentado ao seu lado".

Esta conseqüência freqüentemente é difícil de ser aplicada sem transformá-la em punição. O procedimento de "retirada de atividade" é uma punição amplamente usada que não é uma sanção por reciprocidade. Discutimos abordagens a esta conseqüência na seção abaixo, sobre princípios de ensino.

Fazer à Criança o Mesmo que Ela Fez

Esta sanção é muito pouco apropriada para os adultos usarem com crianças. Entretanto, já vimos uma situação na qual uma professora apropriadamente lembrou às crianças que essas recusavam-se a ajudá-la e isto fazia com que ela se sentisse relutante em ajudá-las também. Entre as crianças, esta sanção é usada, muitas vezes, de uma forma punitiva. Podem surgir situações nas quais uma criança recusa-se a cooperar, mas depois deseja cooperação de alguma outra criança. Uma criança que machuca outra pode não reconhecer a reciprocidade quando outra machuca-a. No Capítulo 5, contamos que Z não demonstrou remorso ao machucar C, mas queixou-se quando W machucou-a. Peige lembrou-lhe que ela fizera a C o que W lhe fizera.

Censura

Piaget (1932/1965) ressaltou que a simples censura (a mera opinião de alguém de que foi, de alguma forma, decepcionado ou prejudicado por ações do outro ou de que este, de alguma forma, prejudicou o relacionamento) é uma sanção por reciprocidade quando possibilita que "o transgressor perceba como rompeu o vínculo da solidariedade" (p. 209). Rheta DeVries recorda vividamente o dia em que, quando estava com 4 ou 5 anos, sua mãe respondeu a algo errado que ela fizera puxando-a para perto de si e, com um tom de tristeza, disse-lhe o quanto estava desapontada. O remorso resultante foi bem mais forte do que uma possível surra.

Devemos advertir enfaticamente que, a fim de ser uma sanção por reciprocidade, a censura não pode ser apresentada como proveniente da autoridade. Ela deve estar baseada na perturbação do relacionamento.

Piaget (1932/1965) notou que as sanções por reciprocidade realmente contêm um elemento de sofrimento. Contudo, ele mostrou que este sofrimento não é infligido para finalidade de sofrimento, mas é "simplesmente um resultado inevitável da quebra do vínculo da solidariedade" (p. 206). O objetivo da conseqüência é comunicar que aquele que errou perturbou um relacionamento interpessoal.

DIRETRIZES PARA A IMPLEMENTAÇÃO DE ALTERNATIVAS CONSTRUTIVISTAS DA DISCIPLINA

A fim de reduzirmos a possibilidade de as crianças enxergarem essas conseqüências como arbitrárias e punitivas, sugerimos a implementação dos seguintes princípios construtivistas de ensino.

1. Evite sanções expiatórias ou de punição.

Não é raro um adulto achar que uma criança deve sofrer por ter cometido uma falta. Isto pode ser uma vingança baseada na raiva, ou pode se derivar da idéia comum de que, se a criança sofre, ela não errará novamente. O sofrimento *pode* levar a criança a não agir mal novamente, ou pode levá-la a ressentir ou até mesmo detestar o perpetrador do sofrimento. Pode levar a criança a sentir, intimamente, que é má e, portanto, negar a auto-estima. Pode, ainda, levar a criança a ser mais calculista na próxima vez, para que o adulto não descubra seus maus atos. Sob o ponto de vista do desenvolvimento psicológico da criança, as punições são arriscadas e estão mais propensas a ser contra-produtivas, se o adulto deseja promover o desenvolvimento moral da criança.

Está claro que qualquer conseqüência, mesmo as conseqüências de reciprocidade, pode tornar-se expiatória se implementada com um tom e atitude punitivos. A fim de evitar transformar as conseqüências de reciprocidade em punição, aja naturalmente e dê apoio à criança.

2. Encoraje a apropriação das conseqüências lógicas pelas crianças.

As conseqüências lógicas freqüentemente podem ser discutidas com as crianças como um grupo. O professor pode ajudá-las a se conscientizarem de um problema, garantir que as crianças concordam e realmente acreditam na existência do problema e pedir-lhes opiniões acerca do que fazer sobre o problema, com uma ênfase na prevenção de ocorrências futuras. Uma vez que o grupo tenha concordado sobre uma conseqüência lógica, as crianças estão mais propensas a compreender a lógica da conseqüência. Os professores construtivistas indicam que, mesmo quando as crianças são alertadas quanto às conseqüências, algumas vezes elas ainda parecem surpresas ao confrontá-las. Às vezes, as crianças podem não ser capazes de pensar nas conseqüências, até experienciá-las.

3. Quando as crianças sugerem uma conseqüência demasiadamente severa, peça para quem errou dizer como se sente e apóie este sentimento.

Ao consultar as crianças sobre conseqüências, o professor deve estar preparado para sugestões expiatórias (punitivas). Em uma classe, por exemplo, o Ajudante Especial estava utilizando um *spray* de água para ajudá-lo a limpar algumas coisas. Quando D, uma adulta de um escritório próximo à sala, passou por ali, a criança deliberadamente molhou-a com um jato de água. Na segunda rodinha, as crianças discutiram o evento e votaram, decidindo que ele deveria ser privado de seus privilégios de Ajudante Especial pelo resto do dia e que esses deveriam ser assumidos pela professora. O erro, aqui, foi deixar que a questão fosse resolvida pelo grupo. Ela deveria ter sido tratada como uma questão individual entre D e a criança. Como mediadora, a professora poderia ter guiado a criança para um entendimento sobre o ponto de vista de D. A ação da classe, em comparação, apenas levou a criança a ressentir-se com a punição.

Na classe de Experimentadores de Peige (crianças de 3 anos), notou-se que havia urina no piso do banheiro durante vários dias. Peige não sabia quem era o responsável, mas suspeitou do envolvimento de mais de uma criança. Ela imaginou que não havia intenção maliciosa, mas que apenas achavam engraçado fazer aquilo. Ela trouxe o problema ao grupo para discussão. Eles falaram sobre o aspecto sanitário, o odor desagradável, o problema de tentar não pisar na urina, etc. As crianças geraram um conjunto elaborado de regras, que foram afixadas no banheiro. Essas regras incluíam "Faça xixi no lugar certo", "Lave as mãos depois de fazer xixi", etc. Também foi feito um cartaz com a conseqüência que as crianças criaram para quem rompesse as regras. Esta era: "Você não poderá mais usar o sanitário na escola". Peige não questionou a severidade desta conseqüência porque sabia que esta fazia sentido para as crianças e que elas não mudariam de opinião até serem confrontadas com sua implementação. Uma semana depois, as crianças flagraram K urinando no chão. Uma reunião da classe foi conclamada para discutirem o que fazer. K estava terrivelmente chateado e Peige pediu que a professora assistente lhe desse colo e atuasse como sua defensora. Ela própria não poderia fazer isto, uma vez que sua responsabilidade era ser a voz moral da classe. Quando as crianças insistiram que K não poderia mais usar o sanitário da escola, ele começou a chorar. Peige perguntou-lhe se a idéia não o agradava. Ele conseguiu dizer: "Mas e se eu precisar ir ao banheiro e não puder esperar até chegar em casa? Vou molhar as calças!" Peige então conseguiu elaborar os pensamentos do menino e representar esta opinião para a classe. Ela apontou que esta conseqüência causaria muita bagunça e seria triste para K. Peige convidou K a dizer se já abandonara a idéia de urinar no piso. O grupo não retirou sua conseqüência, mas decidiu que o menino teria mais uma chance, para seu alívio.

4. Verbalize a relação de causa-efeito, quando ocorrem conseqüências naturais.

As crianças nem sempre percebem a conexão de causa-efeito, quando ocorrem conseqüências naturais. Peige (P) trouxe uma dessas conseqüências à atenção das crianças, quando mostrou-lhes um objeto da decoração da sala de aula quebrado na roda.

P: Antes de começarmos a história, temos um probleminha. Vocês lembram quando falamos sobre sermos cuidadosos com os objetos delicados em nossa classe? (Segura o objeto quebrado)
Crianças: Lembramos.
P: E decidimos que gostávamos deste aqui?
Crianças: Lembramos.
P: Bem, este enfeite delicado foi destruído e terá de ser jogado fora, porque as pessoas não tiveram cuidado (um tom casual e não-crítico de voz evita a possibilidade de as crianças ouvirem isto como uma repreensão).

5. Permita, seletivamente, a ocorrência de conseqüências naturais.

Muitas vezes, os professores impedem que as crianças sintam as conseqüências naturais e perdem uma oportunidade de que elas construam a relação entre ação e conseqüência. Por exemplo, o professor pode separar as crianças em uma briga sem deixá-las experienciar as reações do outro. Ou, ainda, o professor pode tampar constantemente os pincéis-atômicos. Compreendemos a preocupação com o desperdício, mas cremos que a lição sobre as conseqüências valerá a caneta perdida.

Dois meninos do jardim, quando faziam biscoitos durante a hora da atividade, foram descuidados e não prestaram atenção à receita. Eles colocaram uma *xícara* de fermento em pó, ao invés de uma *colher de chá*. A professora observou o erro e poderia tê-lo evitado. Contudo, ela achou que o único modo de os meninos serem mais sérios e cuidadosos ao cozinharem era vivenciando os resultados de sua falta de cuidados. Na hora do lanche, quando todos experimentaram os biscoitos, as crianças mostraram-se desapontadas e disseram que sentiam "um gosto ruim". A professora conseguiu rever a receita com os garotos, ajudando-os a perceber o erro. Ao fazerem biscoitos novamente, eles mostraram mais seriedade e cuidado.

No exemplo envolvendo correr dentro da sala de aula, mencionado acima, Peige decide intervir antes da ocorrência de uma conseqüência natural. Sua responsabilidade com a segurança dos alunos é demasiadamente importante para arriscar que ferimentos fossem uma conseqüência natural do comportamento descontrolado de K e G. Assim, ela fala com K e G e aplica uma conseqüência lógica, privá-los do que foi mal-usado (neste caso, a oportunidade para brincar no carpete).

6. Ofereça oportunidades para a compensação.

A compensação ajuda uma criança a readquirir a dignidade e auto-respeito, após uma falta, bem como a reparar o vínculo social entre aquele que errou e a vítima. No exemplo seguinte, Peige (P) atua casualmente na situação em que G bate na mão de K e faz com que este deixe cair seu objeto de argila úmida no suéter da professora. Após dar atenção à batida na mão, ela diz:

P: Você sabe o que aconteceu? Você derrubou o que ele fez e poderia tê-lo quebrado e derramou em meu suéter. Eu não gostei nada de ver argila em meu suéter. Então, será que você poderia ajudar a tirar a sujeira da minha roupa?
G: Tá certo.
P: Ok. O que você pode fazer?
G: Tirar a argila com um pano molhado
P: Ok, muito obrigada.
G: Você pode retirar o jogo da prateleira para mim?
P: Lembre-se, G, você estava indo pegar alguma coisa para limpar meu suéter, porque já está ficando grudento.
G: (Pega toalhas de papel e limpa o suéter) O sujo sai bem fácil.
P: Obrigada.

A compensação pode ser também a forma de fazer com que uma criança magoada sinta-se melhor. Uma vez que uma discussão sobre um conflito esteja indo na direção do reconhecimento da dor do outro, o professor pode abrir caminho para a compensação. Alertamos que, se for feita como um resultado de coerção, a compensação transforma-se em punição.

7. Quando a exclusão é utilizada, abra caminho para a readmissão.

A exclusão como conseqüência jamais deve ser invocada pelo professor sem indicar como ou quando a criança poderá ser readmitida como participante no grupo. É melhor quando o controle da exclusão pode ser dado à própria criança. Quando W queixa-se a Peige que D continua dando-lhe cabeçadas, Peige faz vários esforços para mediar uma resolução do conflito, mas isto não parece levar a uma redução na agressividade. Peige então aproxima-se de D da seguinte maneira: "Se você vai machucar as crianças, não pode ficar com elas. Então, você tem de parar de machucá-las ou, se continuar, precisará afastar-se de seus colegas. O que você prefere?"

Na roda, as crianças pequenas, algumas vezes, conversam ou brincam e perturbam outros. No Capítulo 6, discutimos como abordar as crianças de formas respeitosa, para que tenham oportunidade de regular seu comportamento voluntariamente. Se uma criança perturba seriamente, o professor pode precisar pedir-lhe que saia. Uma estratégia que, às vezes, funciona bem é dar à criança a oportunidade de sair da roda, sentar-se em silêncio na carteira e voltar quando sentir-se pronta. O professor, portanto, coopera com a criança reconhecendo que ela pode não desejar estar no círculo e oferecendo uma forma não-punitiva para retirar-se que protege sua autonomia. Embora isto seja diferente do uso arbitrário e punitivo da "Hora de sair", ainda pode ser experienciado pela criança como punitivo.

Também gostaríamos de dizer que há determinados momentos em que uma criança recusa-se a sair voluntariamente e o professor precisa fazê-la retirar-se, a fim de proteger os direitos das crianças que desejam participar da roda. A fim de reduzir a coerção tanto quanto possível, o professor deve explicar por que a criança precisa sair. Se nenhum assistente está disponível no momento, o professor deve encontrar um momento, mais tarde, para falar com a criança. Esta conversa deve ser calma e solidária, mas firme, sobre a lógica da conseqüência. Ao tentar captar a perspectiva da criança, o professor pode ser capaz de levá-la a compreender algo sobre a perspectiva dos outros no grupo.

8. Quando as crianças excluem outras, ajude o excluído a encontrar um modo de reingressar na brincadeira e melhorar a relação com os companheiros.

Seria desrespeitoso para os sentimentos das crianças uma insistência para que brincassem com uma criança que eles próprias excluíram. No Capítulo 5, contamos a história da criança excluída da brincadeira de faz-de-conta. Quando a professora pergunta se o menino pode ser um dos irmãos na brincadeira, as outras concordam alegremente. Com freqüência, o professor pode ajudar a criança excluída a encontrar um papel que será valorizado pelas outras crianças. Em alguns momentos, o problema é mais difícil de solucionar, caso reflita uma experiência de longa duração das crianças umas com as outras. Por exemplo, uma criança agressiva pode ser excluída "porque você sempre machuca". Ou uma criança excessivamente competitiva pode ser excluída enquanto as outras queixam-se: "Você rouba o tempo todo e não ouve o que a gente fala!" Nesses casos, o professor terá de esforçar-se para ajudar a criança a descentrar-se e cooperar, para que seu comportamento seja mais aceitável pelo grupo de colegas.

9. Evite conseqüências indefinidas.

Uma conseqüência deve ser clara e definida, para que a criança saiba o que fazer para evitá-la no futuro e o que fazer para retratar-se quando ela for aplicada. No exemplo seguinte, a professora deixa a conseqüência tão vaga que as crianças têm dúvidas quanto ao que podem fazer para consertarem a situação. Quando as crianças espalham tijolinhos de montar por todo o chão, apesar do esforço da professora para que sejam usados na mesa, esta invoca a conseqüência lógica de privar as crianças da possibilidade de usar esses materiais. Após juntarem todos os tijolinhos, três crianças, H, S e C, saem da sala de aula para devolver o joguinho à classe do jardim de onde o tomaram emprestado. As crianças brincam no corredor, H cai e se machuca. A professora tem a seguinte conversa com cada criança.

P: S, você realmente gosta de fazer coisas especiais e ir à sala de aula de outras pessoas. Você gosta de fazer isso?
S: (Assente)
P: Mas quando você faz isso, sabe o que acontece? Você prefere ficar zanzando, ao invés de simplesmente ir e fazer o que precisa. Então S, isto significa que você se arrisca, ao fazer essas coisas, e se é assim, então não pode fazê-las. Portanto, isto será algo que você não poderá fazer por algum tempo, até mostrar-nos que sabe como controlar-se e vai direto até a sala de aula dos outros e volta.

A professora não oferece às crianças qualquer indicação quanto ao período em que vigorará esta revogação em seus privilégios, ou o que elas podem fazer para reconquistar sua confiança.

Em comparação, depois que uma criança de 4 anos é excluída de passeios com a classe, Peige ajusta os planos de aula para ajudar a criança a ser reincluída. R era um problema sempre que os Investigadores saíam em um passeio, correndo para longe do grupo e violando outras regras. Coletivamente, eles discutiram as regras dos passeios e decidiram que qualquer criança que não pudesse prestar atenção à professora e seguir as regras estabelecidas para o passeio seria proibida de sair no próximo passeio. No passeio seguinte, de visita ao jornal do *campus*, R realmente foi impedido de ir. Contudo, Peige sabia que um grande passeio ao zoológico aproximava-se e ela não queria deixar R de fora. Assim, ela planejou dois pequenos passeios antes da ida ao zoológico. No primeiro, R não foi permitido a ir em uma caminhada pelo *campus* para subir nas árvores favoritas da classe. Peige salientou que esta era a conseqüência sobre a qual o grupo concordara. Antes do segundo passeio ao *campus*, Peige conversou com R sobre seu comportamento, explicando que, se ele não seguisse as regras para o passeio, não poderia ir ao zoológico com a turma. Ela lhe perguntou se podiam confiar nele nos passeios, a partir de agora. Ele disse que sim. Peige deu-lhe a oportunidade de readquirir sua confiança no segundo passeio, de modo que ele não passou pelo desapontamento de perder um grande programa.

RESUMO

Os professores construtivistas não "disciplinam" as crianças no sentido de controlá-las ou puni-las. Ao invés disso, as alternativas construtivistas a este tipo de disciplina centram-se em estratégias de apoio à construção, pelas crianças, de convicções sobre o relacionamento cooperativo com outros. A distinção de Piaget entre sanções expiatórias e por reciprocidade é a base para o planejamento das reações a maus atos. Mais especificamente, o critério de reciprocidade leva os professores construtivistas a seis tipos de sanções (discutidas por Piaget) que salientam os vínculos sociais rompidos pelas faltas das crianças. A fim de reduzirem a possibilidade de as crianças sentirem as conseqüências como arbitrárias e punitivas, os professores construtivistas seguem nove diretrizes que protegem a autonomia das crianças e levam ao seu desenvolvimento.

11

Hora da Atividade

Embora dediquemos muito deste livro às atividades na roda, as crianças nas salas de aula construtivistas passam uma porção significatva do tempo a cada dia em atividades individuais ou de pequenos grupos. Por 1 hora a 1h30min, a cada manhã e tarde, elas escolhem e engajam-se livremente em atividades, tais como jogos de grupo, atividades de conhecimento físico, jogos de faz-de-conta, atividades de leitura, construção com blocos e artes.

Este período do dia algumas vezes é chamado, na educação infantil, de "tempo livre". Nas melhores salas de aula, o "livre" refere-se à liberdade de escolha das crianças dentre uma variedade de atividades. Na pior das salas de aula, o "livre" é abrir mão da responsabilidade de ensinar, pelo professor. Uma professora nova no HDLS entendia o tempo livre desta segunda maneira e comentou que este não existia em nossas salas de aula. Ela via o brinquedo livre como um momento no qual o professor lê ou fica envolvido com tarefas burocráticas ou arrumação da sala de aula enquanto as crianças brincam sozinhas. Neste sentido, nossa hora da atividade não é hora de brinquedo livre. Embora a hora da atividade em uma sala de aula construtivista possa parecer muito com tempo livre para o observador não treinado, um observador treinado perceberá o papel bastante ativo do professor construtivista.

As crianças interagem muito durante a hora da atividade. O desafio para o professor é aproveitar esta oportunidade para cultivar uma atmosfera sócio-moral de respeito e cooperação mútua na qual as crianças estão interagindo e são intelectualmente ativas. Após a apresentação dos objetivos e os fundamentos para a hora da atividade, ilustramos como os professores construtivistas respondem a este desafio discutindo três categorias de conhecimento refletidas nas atividades, planejamento e implementação da hora da atividade.

OBJETIVOS E FUNDAMENTAÇÃO

O objetivo geral da hora da atividade é que as crianças sejam mais ativas intelectual, social e moralmente e cada vez mais capazes de se auto-regular. No Capítulo 4, apresentamos os fundamentos para a atmosfera sóciomoral construtivista, que é, também, uma atmosfera intelectual. É sóciomoral e intelectual porque a atitude do professor envia mensagens específicas às crianças sobre deverem ser intelectual e moralmente ativas. Por exemplo, os professores construtivistas pedem que as crianças, em uma atividade de conhecimento físico, reflitam sobre o motivo para alguns objetos flutuarem e alguns afundarem, encorajam-nas a considerar opiniões contraditórias e apóiam a busca da verdade pela atuação e discussão dos resultados. O professor construtivista também pede que as crianças pensem sobre formas de revezamento na atividade de afundar/flutuar, ajudando a perceberem que muitos desejam brincar ao mesmo tempo e sugerindo que tentem descobrir uma forma de chegar a um acordo que satisfaça a todos.

Quando se recusam a ser oniscientes ou todo-poderosos, os professores construtivistas abrem o caminho para que as crianças lidem com as questões e não dependam dos adultos para obterem verdades e valores. Os professores que assumem uma atitude de "chefe" levam as crianças a esperar que os adultos definam tanto a verdade quanto os valores morais. Quando verdades "pré-fabricadas" e valores são "fixados" no entendimento egocêntrico da criança, esses são conceitos vazios que não transformam seu raciocínio. Pelo contrário, a cooperação adulta libera a mente da criança para construir suas próprias crenças sobre a verdade e sobre os valores. Ao invés de dizer à criança o que é verdadeiro e correto, o professor cooperativo a convida a discutir esses temas. Este convite comunica que as verdades e valores estão abertos à reflexão e busca mútua.

Um modo de deixarmos claro nosso objetivo fundamental para as crianças durante a hora da atividade é indicando o capítulo de Eleanor Duckworth, "*The Having of Wonderful Ideas*" em seu livro com o mesmo título (1987). Desejamos que as crianças engajem-se a tal ponto na busca de seus interesses e metas que, a partir daí, surja a inspiração para terem idéias maravilhosas. Esta é a essência do processo de construção dos valores morais e verdades intelectuais.

TRÊS CATEGORIAS DE CONHECIMENTO REFLETIDAS NAS ATIVIDADES

A distinção de Piaget (1964, 1969/1970) entre três espécies de conhecimento é útil para que os professores pensem sobre a hora da atividade. Essas consistem de conhecimento físico, conhecimento lógico-matemático e conhecimento arbitrário convencional. Descrevemos brevemente cada uma das categorias e discutimos como elas podem ajudar o professor construtivista na hora da atividade.

Conhecimento Físico

O conhecimento físico é baseado em experiências com ações sobre objetos e na observação de suas reações. Essas podem ser ações simplesmente para se descobrir o que acontecerá, sem quaisquer idéias pré-concebidas. Por exemplo, uma criança pode deixar cair um objeto na água para descobrir se este afunda ou flutua. Um segundo tipo de ação é descobrir se o objeto reagirá conforme nossa espectativa. Um exemplo é a criança que acha que um objeto deva afundar, antes de deixá-lo cair na água. A fonte do conhecimento físico está, portanto, parcialmente na observaçõ das propriedades do objeto. A criança não pode construir o conhecimento físico sem obter informações sobre as reações dos objetos às ações exercidas sobre ele. Entretanto, o conhecimento físico não pode ser elaborado sem o raciocínio lógico: o conhecimento sobre a propriedade de boiar exige observação de várias espécies de objetos e inferências extraídas dessas observações, como nos exemplos abaixo, sobre a atividade com cilindros.

Conhecimento Lógico-Matemático

O conhecimento lógico-matemático é o resultado de ações mentais de reflexão sobre os objetos, que introduzem características que esses objetos *não* têm nas idéias do indivíduo sobre eles. Por exemplo, o número não é uma propriedade de qualquer grupo de objetos. Ao invés disso, ele é um sistema de relacionamentos criados pelo sujeito. Isto é, atribuir a um livro e a uma xícara a condição de "dois", é algo que não existe em qualquer dos objetos em si mesmo, mas é produto da mente de quem conhece que dá aos objetos esta característica numérica. O sujeito cognoscente não teria de ver os dois objetos como "dois", mas poderia simplesmente vê-los como um livro e uma xícara. A fonte do conhecimento lógico-matemático consiste, portanto, dos próprios processos construtivos de quem conhece.

O conhecimento lógico-matemático é sobremaneira importante porque a inteligência pode ser descrita como um entrelaçamento de relacionamentos lógico-matemáticos potenciais. Na educação infantil, os professores construtivistas reconhecem que a criança pequena ainda é dependente dos contextos que envolvem a ação física para a construção de relacionamentos lógico-matemáticos que constituem tanto o conhecimento quanto o desenvolvimento raciocínio. Vejamos um exemplo.

Em uma atividade com cilindros, as crianças tentam construir catapulta usando cilindros e tábuas. Uma criança, R, consegue fazer com que esponjas e bolas de papel voem no ar. Ele coloca uma tábua sobre um cilindro de madeira, posiciona um objeto na extremidade da prancha que repousa no chão e pula sobre a extremidade elevada da prancha. O raciocínio de R inclui diversos relacionamentos lógico-matemáticos. Um desses é o relacionamento entre a extremidade levantada da catapulta e a ação de saltar sobre ela. Um outro é o relacionamento entre a extremidade da prancha onde o objeto é colocado e a extremidade oposta, na qual R salta. Enquanto R trabalha em sua catapulta, percebemos um lapso notável em sua coordenação desses relacionamentos. Em determinado momento, R coloca sua esponja não na extremidade inferior, mas na extremidade levantada da tábua. Ele chega a ir à extremidade inferior e flexiona seus joelhos, em preparação para o salto. Neste momento, ele percebe que cometeu um erro e o corrige, mudando a esponja para a extremidade inferior da prancha e saltando sobre a extremidade superior, para fazê-la voar. Este exemplo mostra que os relacionamentos lógico-matemáticos de R são instáveis. Eles ainda não estão consolidados em uma rede bem coordenada. Especulamos que R pensa momentaneamente que, se deseja mandar a esponja *para cima*, no ar, ele deve colocá-la na extremidade "para cima" da prancha. Ele pensa sobre os relacionamentos observados acima em uma seqüência de passos individuais, ao invés de pensar sobre eles como um sistema coordenado. Em uma rede coordenada, seria impossível cometer o erro descrito, porque a extremidade levantada não poderia ser ao mesmo tempo a extremidade de salto e a extremidade ocupada pela esponja.

Este exemplo oferece uma ilustração de como um sistema de relacionamentos lógico-matemáticos torna-se gradualmente coordenado e consolidado no curso da experiência física com objetos e de como a experiência física é organizada pelo raciocínio lógico. Crianças pequenas ainda pensam, com predominância, ativamente em termos de conteúdo específico, físico e observável.

Conhecimento Convencional Arbitrário

A terceira espécie de conhecimento, o conhecimento convencional arbitrário, é o da verdade arbitrária, reconhecida por convenção (tal como o fato de 25 de dezembro ser o Dia de Natal) e regras reconhecidas pela coordenação de pontos de vista (tais como a regra de que os automóveis devem parar quando o semáforo está vermelho). A fonte do conhecimento convencional arbitrário são as outras pessoas, através de variados meios de comunicação.

Uso das Três Espécies de Conhecimento de Piaget

Tendo feito essas distinções, Piaget imediatamente adverte que é difícil conceber um conhecimento puramente físico ou convencional. Virtualmente, todo conhecimento envolve a construção lógico-matemática. Em relação ao conhecimento físico, por exemplo, a criança que empurra uma bola pode notar que este objeto reage diferentemente de um cubo ou outro objeto. A diferença não existe nos objetos. Ela é criada pelo sujeito cognoscente. A criança que coloca objetos na água pode perceber similaridades e diferenças, tais como que coisas de madeira flutuam e coisas de metal afundam. Com relação ao conhecimento convencional arbitrário, a criança que conhece a cor azul conhece-a em um sistema de similaridades e diferenças com outras cores. Uma criança que sabe que Houston é no Texas construiu uma relação de inclusão espacial e lógica. Essas são relações lógico-matemáticas construídas pelas crianças. A primeira autora recorda-se de uma criança de 5 anos sentada próxima a ela em um avião. Quando o avião deixou Houston, o menino comentou: "Houston é perto do Texas?", indicando a falta de inclusão espacial e/ou falta do conhecimento convencional de que Houston é o nome de uma cidade no Texas, que é o nome de um Estado.

De que forma essas distinções são úteis para o planejamento? Em primeiro lugar, elas são úteis porque o professor construtivista percebe que as crianças pequenas constróem o conhecimento lógico-matemático especialmente no curso de atividades de conhecimento físico. Isto o leva a planejar atividades nas quais as crianças possam agir sobre os objetos e raciocinar acerca dos relacionamentos embutidos no pensamento sobre as reações.

Em segundo lugar, o professor construtivista usa a distinção entre as três espécies de conhecimento para pensar sobre o tipo de conhecimento envolvido nos tópicos do currículo. Por exemplo, um estudo sobre dinossauros envolve muito conhecimento convencional arbitrário sobre a natureza, tais como nomes dos dinossauros e os nomes de classe: carnívora, herbívora e onívora. As crianças só conseguem construir o conhecimento sobre herbívoros, carnívoros e onívoros se o professor explicar o significado dessas palavras. Embora os nomes sejam convenções arbitrárias, a classificação dos dinossauros é lógico-matemática. Isto é, as crianças têm a possibilidade de compreender a natureza mutuamente exclusiva das subcategorias de herbívoro, carnívoro e onívoro e sua relação hierárquica com a categoria superior de "dinossauros". Em contraste, nas atividades de afundar/flutuar, as crianças são motivadas a construir relações lógico-matemáticas a fim de compreenderem por que os objetos reagem desse modo. Embora o professor provavelmente não hesitasse em informar às crianças a definição de herbívoro, ele não falaria às crianças sobre o princípio da gravidade específica. As três espécies de conhecimento, portanto, ajudariam o professor a tomar decisões a respeito de como se relacionar com as crianças nas atividades. Continuamos esta discussão na seção apresentada abaixo, sobre o apoio ao raciocínio. Os leitores que desejam ler mais sobre a distinção entre os três tipos de conhecimento, além de consultarem as referências aos escritos de Piaget, podem consultar DeVries e Kohlberg (1987/1990) e Kamii e DeVries (1978/1993).

PLANEJAMENTO PARA A HORA DA ATIVIDADE

O professor precisa ter uma competência especial para organizar uma hora da atividade produtiva que satisfaça os objetivos sócio-morais e intelectuais. O primeiro desafio é prever uma gama de atividades que possam ocorrer simultaneamente, o que exige um cuidadoso planejamento. O professor planeja a variedade de atividades de modo que sua assistência e intervenção não sejam exigidas além de sua disponibilidade. Por exemplo, afundar e flutuar e fabricar pára-quedas não seriam planejados para o mesmo dia, porque cada uma dessas atividades exige a intervenção do professor para favorecer o raciocínio das crianças.

A educação construtivista não é um "currículo tipo/livro de receitas culinárias". Portanto, falamos sobre uma abordagem geral e oferecemos exemplos de planejamento para que os professores possam criar seus próprios currículos ajustados para as necessidades das crianças. Um dos segredos para uma hora da atividade bem-sucedida é planejar visando a atrair os interesses, objetivos, raciocínio e cooperação das crianças. Discutimos esses itens a seguir, após uma apresentação de categorias gerais de atividades.

Categorias Gerais de Atividades

Os professores no HDLS formulam planos de aulas que, além das atividades da roda, incluem a cada dia uma atividade de conhecimento físico (veja Kamii & DeVries, 1978/1993), um jogo especial em grupo (veja Kamii & DeVries, 1980), uma atividade artística, atividades especiais de leitura e escrita e um tema para as brincadeiras de faz-de-conta. Justificativas são elaboradas para que, do ponto de vista do desenvolvimento infantil, sejam esclarecidos os objetivos da atividade e seja possível orientar sua implementação. Nessas estão incluídas diversas atividades há muito associadas com o que chamamos de enfoque ao desenvolvimento infantil na educação infantil. Outras atividades específicas da educação construtivista são jogos de grupo e atividades de conhecimento físico.

As justificativas para categorias gerais de atividades foram escritas por Rheta DeVries e pelos professores na *University of Houston Lab School*. Elas são afixadas no corredor, em um mural para os pais, de modo que os professores não precisam repeti-las nos planos semanais de aulas (veja Apêndice). Exemplos de justificativas para atividades específicas são dados adiante, na seção sobre planejamento para o aspecto cognitivo das crianças.

Atraia o Interesse das Crianças

No Capítulo 4, discutimos a importância do interesse como o combustível afetivo da atividade, que leva ao progresso intelectual e sócio-moral. Como o professor construtivista seleciona atividades que interessem às crianças? Nem sempre é possível ter certeza, de antemão. Os professores construtivistas assumem uma atitude experimental. Contudo, você pode iniciar com as categorias gerais de atividades citadas acima, como sendo capazes de atrair os interesses das crianças.

A observação cuidadosa das atividades espontâneas das crianças pode ser uma fonte de novas idéias para atividades interessantes para as crianças. As sugestões diretas das crianças são excelentes recursos para atividades. Descrevemos, no Capítulo 4, como uma professora construtivista consultou as crianças sobre o que estas desejavam saber. Os professores da *Lab School* fazem isso de forma rotineira, atualmente, e consideram-na um modo importante de comunicarem às crianças a possibilidade de descobrirem o que elas desejam aprender na escola. As crianças têm uma energia especial para as atividades derivadas da expressão de seus próprios interesses.

Atraia os Objetivos das Crianças

O interesse é a mola-mestra para o estabelecimento de metas. O interesse geral pelos objetos dá ao professor a oportunidade para instigar as crianças a irem em busca de um objetivo específico. Temos a firme convicção, que devemos ajudar as crianças a descobrirem *suas* metas nas atividades. Este princípio, entretanto, não significa que o professor jamais deva sugerir objetivos.

Quando dizemos que as atividades devem ser significativas para as crianças, desejamos transmitir a idéia de que elas devem descobrir, nas atividades, algo que se sintam motivadas a fazer por interesse próprio e não porque o professor pede-lhes que façam. Por exemplo, se um professor estabelece uma atividade de confecção de barquinhos, o objetivo é tornar a atividade tão fascinante que as crianças desejem descobrir como fazer um barquinho e testar para ver se este flutuará.

Contrastando com essas atividades, considere uma atividade que certa vez nos foi descrita, na qual o objetivo do professor era que as crianças aprendessem as cores. Em determinada semana, o tema era "azul". Tudo o que as crianças faziam relacionava-se à cor azul. Elas mexiam com massa de modelar em tons de azul, faziam e bebiam um refresco azul na hora do lanche, pintavam com tinta azul, etc. O problema com esta espécie de abordagem é que o "azul", em si mesmo, não tem significado para crianças ativas. Ao invés disso, as metas das crianças eram modelar em azul, misturar e beber o refresco e criar pinturas. Reconhecer e dar nome à cor azul não é uma tarefa difícil para uma criança pequena e é melhor ensinado como um objetivo secundário em atividades artísticas, nas quais as crianças têm que descobrir modos de fazer alguma coisa. Se o objetivo do professor limita-se a ensinar quando usar a palavra *azul*, objetivos mais válidos podem perder-se e o professor pode não pensar em envolver as crianças em uma atividade mais estimulante.

Atraindo o Pensamento das Crianças

Além de ter que ser atraente para os interesses e metas das crianças, o raciocínio vem logo a seguir. O professor construtivista planeja em termos de possíveis objetivos interessantes que prenderão o raciocínio. Por exemplo, Marti Wilson, professora dos Exploradores (dos 18 aos 30 meses) no HDLS, escreveu sobre seu plano para uma determinada semana da seguinte maneira:

> Nas Artes, as crianças explorarão diferentes materiais, para descobrirem como esses funcionam. Elas experimentarão com gizpastel, lápis de cera e canetas hidrográficas. As crianças estarão descobrindo a melhor forma de segurar esses materiais, a fim de produzirem efeitos sobre o papel. Se a ferramenta for segurada de uma maneira diferente, ainda será capaz de produzir traços? Será que a quantidade de pressão usada afeta o resultado da produção? Por meio dessas experiências com diferentes materiais, as crianças podem começar a construir alguns relacionamentos de causa e efeito, tais como: "Quando movimento muito minha mão, obtenho grandes marcas, mas quando movimento só um pouquinho, tenho marcas menores". Não espero que as crianças verbalizem esses relacionamentos, mas acredito que elas serão capazes de observar essas diferenças. Eu verbalizarei aquilo que as crianças estiverem fazendo, para ajudá-las a tornarem-se conscientes de suas ações (por exemplo, "Eu vejo que você está empurrando com mais força").

Stephanie Clark, a professora dos Investigadores (dos 3 anos e meio aos 4 anos e meio), escreveu:

> As atividades de conhecimento físico centrar-se-ão em aspersores. Segunda-feira, colocarei potes sem furos na mesa onde trabalhamos com água. Terça-feira, perguntarei às crianças se elas têm alguma idéia sobre a confecção de chuveiros e regadores com essas vasilhas. Usaremos uma variedade de ferramentas para fazermos essas alterações. Onde preciso fazer os furos? Quantos furos precisamos? Podemos usar esses vasilhames furados para alguma coisa útil, como regar as plantas? Quinta-feira, colocarei

uma variedade de latas perfuradas para facilitar o fluxo de água. Que vasilha deixa passar a maior quantidade de água? Eu espero que as crianças sugiram a lata maior (com apenas um furo pequeno). Depois, mostrarei as perfurações (algumas apenas perto da borda, algumas em uma linha reta no meio da lata e muitas por todo o fundo de uma lata pequena).

Peige Fuller escreveu o seguinte, quando era professora da classe dos Investigadores:

> Brincaremos de sardinhas no pátio. Este jogo é uma espécie de esconde-esconde ao contrário. Uma pessoa esconde-se e todos os outros saem em sua busca. Quando as crianças encontram a criança escondida, vão se juntando a ela, até que eventualmente todas estão amontoadas no esconderijo. As crianças vivenciam o desequilíbrio quando vêem que não podem escolher a mesma espécie de lugar usado quando brincam normalmente de esconde-esconde, porque os locais não são suficientemente amplos.

Está claro, nesses planos, que os professores levam em consideração os níveis de raciocínio e pensamento das crianças e quais são os desafios possíveis para sua imaginação.

Um elemento crítico para o planejamento de atividades que promovem o raciocínio das crianças é escolher materiais que não exijam uma única resposta e que possam ser abordados em mais de um nível desenvolvimental. Crianças em variados níveis podem, portanto, encontrar algo estimulante para fazer. Por exemplo, em atividades envolvendo sombras, crianças muito pequenas apenas começarão a ver a correspondência entre as forma dos objetos e suas sombras. Crianças um pouco mais velhas considerarão instigante imaginar como afastar-se de uma tela na qual sua sombra está projetada sem perdê-la (permanecendo no feixe de luz). As crianças que conseguem fazer isso ainda podem considerar difícil imaginar como fazer uma sombra no teto. Outras ainda, que já perceberam as relações espaciais entre luz, objeto e sombra, sentir-se-ão intrigadas com a mudança de densidade nas sombras, se as sombras que se juntam a outras ainda estão ali e com a natureza da luz. Em qualquer classe, os professores podem ter crianças em vários níveis e a mesma atividade pode ser estimulante para todas elas.

Ao planejar, é importante não subestimar ou superestimar o que desafiará o raciocínio infantil. O objetivo de ensinar sobre "azul", por exemplo, é muito fácil para as crianças. Embora as atividades com azul ofereçam desafios, a professora não planejou qualquer aprendizagem além do nome da cor. Se ela tivesse pensado nas vantagens didáticas de modelar e misturar pós para refresco, o objetivo do nome da cor teria recebido uma ênfase secundária. Ao planejar sem levar em conta o raciocínio das crianças, é improvável que a professora intervenha de forma a promover o raciocínio.

Contrastando com atividades demasiadamente fáceis, muitos programas de educação infantil estabelecem objetivos excessivamente avançados para as crianças. Por exemplo, é irrealista, além de não ser particularmente útil, ensinar crianças de 5 anos a contar até 100. Mesmo que consigam decorar, isto não tem efeito sobre sua capacidade para entender os números como um sistema de relacionamentos ou solucionar um problema numérico.

Atraindo a Cooperação das Crianças

No Capítulo 4, discutimos por que é importante apelar para a cooperação das crianças. O planejamento para a cooperação significa pensar sobre que espécie de cooperação pode ser possível ou necessária nas atividades. Isto pode variar desde simples preparação para atividades, tais como colocar deliberadamente somente um grampeador para 4 crianças compartilharem na mesa de artes, até atividades de conhecimento físico que exigem o trabalho em dupla, tais como brincar com blocos e conversar em telefones feitos com copinhos de plástico e cordão. Cozinhar é uma atividade particularmente boa para a promoção da cooperação, se for organizada como um trabalho de equipe no qual elas precisam negociar quem lerá os ingredientes necessários, irá buscá-los na despensa, lerá a receita, medirá os ingredientes, agitará a massa e assim por diante.

Não queremos dizer que todas as atividades devam ser cooperativas ou que as crianças não devam ou não possam brincar sozinhas. As crianças ocasionalmente desejam e precisam ficar sozinhas e seus desejos devem ser respeitados. Os professores construtivistas, entretanto, permanecem atentos para formas de facilitar a cooperação entre as crianças durante a hora da atividade.

IMPLEMENTAÇÃO DA HORA DA ATIVIDADE

A implementação da hora da atividade é uma espécie diferente de desafio, em comparação com a roda. Nas atividades da roda, o professor é claramente o líder. Durante a hora da atividade, contudo, a liderança do professor é mais sutil, já que as crianças são encorajadas a assumir o comando. Abaixo, discutimos cinco princípios gerais de ensino relacionados com a implementação da hora da atividade.

Desperte os Interesses das Crianças

A hora da atividade inicia, de certo modo, ao final da roda, quando o professor apresenta as atividades especiais que estarão disponíveis naquele dia. Apresentamos três modos gerais para despertar os interesses das crianças.

Sugira Possíveis Metas

Discutimos a importância de considerar os possíveis objetivos a serem perseguidos pelas crianças em uma atividade. Ocasionalmente, em especial com materiais não familiares aos alunos, o professor quer deixar em aberto uma atividade para que quaisquer objetivos sejam buscados. Na atividade com cilindros, por exemplo, Maureen Ellis apresenta a atividade dizendo: "Vejam o que vocês conseguem pensar em fazer com essas coisas". Quando os materiais são familiares ou quando o professor deseja promover uma determinada meta, esta pode ser sugerida às crianças. Nas atividades com sombras, por exemplo, percebemos que as crianças estavam pensando sobre a sombra, o objeto e a luz, mas não sobre o que ocorre no espaço entre os três. Portanto, trabalhamos com Coreen Samuel no sentido de desenvolvermos situações que inspirassem as crianças a pensar sobre o que acontece entre a luz e o objeto e entre este e a sombra. Em uma atividade, suspendemos um recorte bidimensional de uma casa, pendendo do teto. Coreen recortou uma porta e janelas, fazendo cortinas com abas, para que essas aberturas também pudessem ser fechadas. Ela recortou uma silhueta do "Tio Wiggily" (inspirada pelo livro *Uncle Wiggily's Happy Days*, de H. R. Garis, 1947) e colou-a por trás das cortinas de uma janela. Dois cenários móveis foram preparados para representar a floresta e o rio. Esses foram colocados por trás um do outro, entre a casa e a parede. A parede possuía um arco-íris permanente pintado. Finalmente, um projetor de *slides* foi posicionado por trás da casa com um cone de papel sobre a lente, para lançar a luz sobre um local circular na parte traseira da casa. A meta sugerida às crianças era: "Vocês conseguem descobrir como fazer a sombra do tio Wiggily aparecer na floresta, depois no rio e, finalmente, na terra do arco-íris?" As crianças sentiram-se intrigadas por esses materiais e assumiram ansiosamente esta meta, imaginando como abrir as cortinas na casa e fazer o tio Wiggily aparecer na floresta e remover as barreiras seqüencialmente para fazê-lo aparecer no rio e no arco-íris.

Sugira Técnicas Possíveis

Ao introduzir as atividades, muitas vezes é útil mostrar às crianças alguns exemplos do que poderiam tentar fazer em uma atividade. Por exemplo, ao introduzir esculturas com papel, Dora Chen mostrou um exemplo de tiras de papel formando laços em U invertidos colados em cada extremidade sobre um pedaço plano de papel cartolina. Algumas tiras eram franjadas, algumas vincadas, como um acordeom, e algumas lisas. Ela perguntou às crianças como elas achavam que aquelas esculturas foram feitas e sugeriu que elas tentassem algumas dessas idéias e pensassem em outras, a fim de fazerem uma escultura.

Marti Wilson apresenta as atividades cuidadosamente a seus Exploradores (dos 18 aos 30 meses de idade), a fim de inspirá-los ao raciocínio. Ela traz para a roda, por exemplo, um pequeno vasilhame com tinta, uma folha de papel, na qual imprimiu algumas figuras com "carimbos" de batatas, e uma folha branca de papel. Ela sugere a técnica da seguinte maneira:

> Hoje pela manhã eu imprimi essas figuras no Centro de Artes. Olhem. Sabem como fiz isso? Eu peguei esta batata e passei tinta nela e então pressionei sobre a minha folha de papel (demonstra duas impressões e segura o papel mostrando o resultado às crianças). Temos batatas e tintas no Centro de Artes. Se vocês quiserem trabalhar com isso, o que precisam vestir? (As crianças respondem em coro "Aventais!").

Depois, Marti mostra às crianças uma caixa com recortes de animais, alguns de papel laminado e outros de feltro.

> Eu tenho alguns bichinhos aqui (inclina a caixa para mostrar o conteúdo às crianças). Alguns desses bichinhos ficarão presos no quadro quando vocês colocarem lá (coloca um animal de feltro sobre uma prancha revestida de flanela). Outros não ficarão (coloca desenho laminado do animal contra o flanela e este cai). Alguns deles caem quando nós os colocamos no quadro (tenta um outro animal laminado). Vejam se vocês podem descobrir quais ficarão presos em nosso quadro e quais deles cairão. Tem muitos animais aqui para vocês experimentarem.

Organize uma Discussão sobre as Idéias das Crianças

Em alguns casos, é útil levar em frente uma breve discussão sobre as idéias das crianças acerca de um fenômeno físico com o qual estarão em contato. Isto serve a uma finalidade diagnóstica para que o professor descubra como as crianças pensam no início da experimentação. Também serve para conscientizar as crianças quanto às suas próprias idéias e as de outros. No início de um projeto de 10 semanas sobre sombras, Coreen Samuel liderou uma discussão com seus Inventores de 5 anos de idade. Anunciando misteriosamente "Hoje, iremos à Terra das Sombras", ela estimulou a explicitação de idéias das crianças sobre sombras. "O que é uma sombra?" R disse: "É uma coisa que vem para o corpo da gente quando estamos andando". B disse que um pequeno cavalo de madeira "podia fazer uma grande sombra, se quisesse", mas um cavalo grande faz uma sombra grande porque "É isso que ele quer fazer". Algumas crianças imaginavam que a sombra mostraria os pontos de um dado grande, mas outras discordavam. Coreen então encorajou uma atitude experimental: "Vamos ver o que acontece".

Permita que as Crianças Escolham as Atividades

Nunca é demais salientar a importância de permitir-se que as crianças se movam livremente pela classe, buscando atividades de sua própria escolha. Isto é importante para o desenvolvimento de autonomia em todos os domínios. A criança com uma sólida experiência em regular a busca de interesses também está mais propensa a ser ativa na auto-regulagem pela cooperação para resolver disputas com justiça.

No Capítulo 4, dissemos que não concordamos com a prática de alguns professores de distribuírem as crianças em centros de atividades e fazerem rotação nos grupos após um certo período de tempo. Nós objetamos esta prática, porque ela nem respeita os interesses das crianças nem incrementa seus objetivos. Mesmo se uma criança está interessada em uma atividade imposta, este interesse deve cessar no momento determinado pelo professor para a mudança de atividade. Em resposta a esta espécie de controle, algumas crianças simplesmente não investem nas atividades, porque já sabem que serão forçadas a abandoná-las.

No Capítulo 1, foi possível observar que a Gerente da classe da Fábrica permitia que as crianças escolhessem atividades apenas depois que completavam seus deveres ou outros trabalhos. Discordamos desta prática porque ela também desrespeita os interesses das crianças. Ela reflete o interesse do professor nos temas acadêmicos como a prioridade mais importante. Embora algum valor possa estar vinculado a atividades como essas, elas são usadas como recompensas pelo trabalho acadêmico e pouco esforço é investido em torná-las atraentes e instigantes.

Não queremos dizer que os professores construtivistas jamais devam alocar períodos de tempo reservados para atividades privilegiadas. Por exemplo, na *Sunset-Pearl Elementary School*, os professores estavam preocupados porque as crianças não liam muito por conta própria. Em parte, isto parecia ser devido ao barulho durante a hora da atividade. Após muita discussão com as crianças, decidiu-se instituir uma hora de leitura para toda a escola, chamada de SQUIRT, sigla em inglês para Hora da Leitura Individual Sem Interrupções, Silenciosa e Solitária. Esta acontecia todos os dias (geralmente após o almoço). A duração do SQUIRT variava de acordo com a idade das crianças, mas durante este período todos estariam em leitura silenciosa, até mesmo os adultos. As crianças podiam escolher qualquer coisa que quisessem ler. Elas podiam ler nas mesas, carteiras escolares ou até mesmo deitadas sobre almofadas no chão. A única exigência era que lessem sozinhas. O SQUIRT tornou-se um horário popular do dia, na escola inteira.

A conseqüência lógica de permitir que as crianças tenham liberdade para escolher suas atividades é que os professores têm muito pouco controle sobre o que as crianças escolhem. Isto raramente representa um problema, se os professores estabelecem atividades atraentes e interessantes para as crianças. Entretanto, às vezes, os professores podem enfrentar situações nas quais gostariam de influenciar as escolhas das crianças. Por exemplo, em uma classe de crianças de 3 e 4 anos, uma professora percebeu que um grupo de três meninas passava o tempo todo no canto do faz-de-conta brincando com bonecas. A professora desejava fazer com que elas se interassem por outras atividades sem ser coerciva. Ela decidiu começar por expandir as atividades de faz-de-conta. Removendo tudo do canto do faz-de-conta, ela envolveu a classe inteira na discussão de tipos de centros de faz-de-conta que os alunos gostariam de ter. Durante um período de cerca de 3 meses, as crianças tiveram um restaurante, um consultório médico, uma agência de viagens, uma loja de flores, um museu, um escritório, um salão de beleza, uma biblioteca e um minimercado. Os jogos de faz-de-conta foram enriquecidos e o centro de faz-de-conta tornou-se ligado a outros centros. Por exemplo, a agência de viagens levou à confecção de passaportes nos quais as crianças colocavam suas fotografias e narravam e ilustravam viagens imaginárias. O museu levou à criação de objetos de arte para a exibição. Quando a professora finalmente trouxe as bonecas de volta à classe, as meninas ainda brincavam com essas, mas seus interesses haviam sido ampliados para a busca de muitas outras atividades adicionais.

Encoraje o Raciocínio

Ao longo de todo este livro, tentamos mostrar que a atmosfera sócio-moral que promove o desenvolvimento moral também promove o desenvolvimento intelectual — e vice-versa. Essencialmente, esta atmosfera é caracterizada pelo respeito. Isto é, a aceitação e flexibilidade do professor às idéias das crianças encorajam-nas a terem idéias e a expressá-las. Para o apoio ao pensamento, sugerimos quatro considerações. Essas são o respeito ao pensamento pré-operatório, consideração da espécie de conhecimento envolvida, avaliação do nível desenvolvimental nas atividades infantis e intervenção em termos do pensamento das crianças. A seguir, discutimos brevemente estas considerações (para maiores orientações com relação à intervenção em dois tipos de atividades, o leitor pode consultar livros anteriores de Kamii e DeVries: *Group Games in Early Education*, 1980, e *Physical Knowledge in Preschool Education*, 1978/1993, que oferecem princípios úteis e exemplos de como ensinar nesses contextos).

Respeite o Raciocínio Pré-Operatório

No Capítulo 2 e ao longo de todo este livro, descrevemos o pensamento das crianças, que é qualitativamente diferente do pensamento de crianças mais velhas e de adultos. Os adultos freqüentemente riem quando as crianças dizem, por exemplo, que o "repórter meteorológico" fez chover ou que suas sombras dormem embaixo de suas camas, à noite. Essas idéias, entretanto, são o produto do pensamento honesto das crianças. Considerar o raciocínio infantil apenas como algo engraçadinho é desvalorizar o pensamento infantil e, portanto, desvalorizar as crianças como pensadoras. A atmosfera sócio-moral é melhorada quando o professor respeita as idéias e o raciocínio das crianças.

Considere os Três Tipos de Conhecimento

Os professores construtivistas utilizam a distinção entre as três espécies de conhecimento para poderem responder melhor às idéias incorretas das crianças. Se a idéia incorreta de uma criança diz respeito ao conhecimento convencional arbitrário, o professor não hesita em corrigi-la. Por exemplo, se uma criança diz incorretamente que está pintando com tinta azul, o professor pode dizer, brincando: "Eu pensava que esta tinta era verde". Se a idéia incorreta de uma criança diz respeito ao conhecimento lógico-matemático ou conhecimento físico, o professor evita corrigi-la. Se uma idéia errônea pode ser testada pela ação sobre os objetos, o professor pode oferecer esta oportunidade. Se as crianças pensam que a água pode fluir tanto morro acima quanto morro abaixo, por exemplo, atividades de conhecimento físico envolvendo o movimento da água em mangueiras podem oferecer-lhes uma oportunidade para experienciarem o conflito entre suas expectativas e suas ações. Se uma idéia é lógico-matemática, o professor não corrige, mas planeja o oferecimento de maiores oportunidades para que as crianças continuem raciocinando sobre o tema. Por exemplo, se uma criança comete o erro lógico de soma em um jogo de mesa (contar como "1" o espaço ocupado ao final da última jogada), o professor confecciona um dado apenas com 1s e 2s, de modo que a criança experimente com maior freqüência a contradição de contar "1" e não chegar a ponto algum. Idéias incorretas sobre o conhecimento físico ou conhecimento lógico-matemático não são corrigidas, pois, sendo incapazes de compreender as correções, as crianças podem experienciá-las como uma negação de si mesmas. Elas podem aprender a desconfiar de seus próprios pensamentos e a recorrer aos adultos como a única fonte de conhecimento. Desejamos que as crianças confiem em sua capacidade para serem pensadoras e aprendizes.

Avalie o Nível Desenvolvimental das Crianças

Já salientamos que as crianças constroem muitas idéias incorretas, no curso do progresso para um raciocínio mais avançado, sobre o mundo dos objetos e sobre o mundo de pessoas. Enquanto observa e envolve-se em atividades com as crianças, o professor construtivista avalia continuamente o modo como as crianças raciocinam.

Afirmamos freqüentemente que a educação construtivista tem o desenvolvimento como sua meta (veja, por exemplo, DeVries, 1992). Essencialmente, isto significa que, quando possível, os professores construtivistas pensam no progresso das crianças através de estágios seqüenciais e qualitativamente diferentes. Entretanto, as descrições de Piaget dos estágios desenvolvimentais freqüentemente não são úteis, porque o conteúdo não é apropriado para as atividades em salas de aula. Não tentamos, por exemplo, ensinar cada criança a conservar substâncias (veja Capítulo 3), porque este é um exemplo de conhecimento que, como Eleanor Duckworth (1987) colocou, "Ou ensinamos demasiadamente cedo e elas não conseguem aprender, ou chegamos tarde e elas já sabem". Ainda necessitamos de mais pesquisas que nos ajudem a reconhecer o desenvolvimento nas atividades de sala de aula, mas algumas pesquisas já existem. Exemplos são os estágios na prática de regras em jogos com bolinhas de gude, entre crianças (Piaget, 1932/1965), estágios no progresso no Jogo da Velha entre crianças (DeVries & Fernie, 1990) e Adivinhe em Que Mão Está a Moeda (DeVries, 1970) e estágios nos conceitos sobre os fenômenos de sombras pelas crianças (DeVries, 1986). O leitor pode querer ver um resumo dessas pesquisas (DeVries, 1992). Aqui, oferecemos um breve panorama geral dos estágios de Piaget na prática de regras, já que estes aplicam-se a todos os jogos.

Em suas pesquisas sobre o jogo de bolinhas de gude entre crianças, Piaget descobriu quatro estágios na prática infantil com regras. No primeiro estágio, de brincadeiras motoras e individuais, a prática da criança com as regras não é sequer social. A criança simplesmente joga com as bolinhas de gude, deixando-as cair uma a uma no carpete, jogando-as longe ou fingindo jogar.

O segundo estágio de brinquedo egocêntrico é definitivamente social, porque a criança tenta seguir regras, sentindo obrigação de jogar de acordo com a autoridade manifesta de outros. Contudo, o caráter social do brinquedo está mais na intenção do que na prática da criança. Isto é, as crianças praticam as regras egocentricamente — sem perceberem quando suas idéias sobre as regras são diferentes daquelas das pessoas à sua volta. No Jogo de Gude, por exemplo, as crianças podem, ocasionalmente, manter consigo as bolinhas que conseguem tirar de um círculo e, às vezes, substituí-las. As crianças imitam os aspectos observáveis dos jogos dos outros de uma forma em geral correta, mas incorreta quanto aos detalhes.

Neste estágio, as crianças podem brincar com outras sem tentar ganhar. Não existe a competição e "vencer" significa simplesmente seguir algumas regras e divertir-se. As crianças que brincam juntas podem até mesmo jogar seguindo diferentes regras, sem sequer perceber isto.

O terceiro estágio foi chamado por Piaget de cooperação incipiente e é caracterizado pelo aparecimento da atitude competitiva. As crianças tentam vencer e preocupam-se com a cooperação, jogando de acordo com regras mutuamente consentidas. Neste estágio, portanto, a competição existe dentro de uma moldura mais ampla de cooperação para chegar a um acordo, aceitar e obedecer às regras. A competição não é a motivação primária para entrar em um jogo. Ao invés disso, o motivo é brincar juntos em um jogo no qual todos têm uma chance igual de vencer. Neste estágio, as crianças não conhecem todas as regras e seu sistema incompleto de regras resulta em um jogo simplificado.

O quarto estágio envolve a codificação das regras. As crianças interessam-se em cooperar para antecipar todos os casos possíveis de conflito de interesses e para formularem um conjunto de regras que regulem o jogo. Quando ocorrem desacordos, os jogadores julgam que podem resolvê-los através da negociação. As regras podem ser qualquer coisa que os jogadores decidirem.

Esta pesquisa sobre os jogos infantis ajudam os professores a avaliar o nível desenvolvimental das crianças. O esforço de uma criança para jogar de acordo com as regras é um progresso em sentir a obrigação de seguir um sistema social de regras que vem de fora de si mesma. Esta atitude desenvolve-se antes de as crianças terem uma boa compreensão sobre as regras e antes de jogarem de modo competitivo. As pesquisas mostram que a emergência de atitudes competitivas é um progresso desenvolvimental e não deve ser desencorajada (embora algumas crianças precisem de auxílio especial para desenvolverem uma perspectiva cooperativa sobre a competição). Este é apenas um exemplo da utilidade de o professor pensar sobre os estágios do desenvolvimento ao avaliar as atividades das crianças.

Intervenha a partir do Pensamento das Crianças

O modo de lidar com o raciocínio incorreto das crianças é aceitá-lo e depois, quando possível, estabelecer uma situação na qual se torne necessária uma revisão dessas idéias pelas próprias crianças. O mais importante para se ter em mente é que as crianças constróem muitas idéias errôneas ao progredir na direção de um raciocínio avançado sobre o mundo de objetos e o mundo de pessoas.

Já percebemos que os professores construtivistas mais bem-sucedidos prestam muita atenção aos detalhes das atividades das crianças. Eles tentam descobrir o que as crianças pensam, a fim de compreenderem e decidirem como ou se devem intervir. Em uma atividade de confecção de barquinhos, por exemplo, Rebecca Peña oferece aos alunos de 3 anos, da classe dos Experimentadores, uma variedade de materiais em uma mesa próxima à mesa para atividades com água. Ela indaga: "O que vocês acham que serviria para se fazer um bom barco?" As crianças selecionam e experimentam vários materiais e Rebecca conversa com elas individualmente, enquanto tentam papelão, isopor e madeira. Quando A tenta fazer um barquinho com uma cesta de morangos diversas vezes (parecendo surpreso por esta afundar), Rebecca pergunta: "Será que você poderia fazer algo para ela flutuar?" Triunfantemente A coloca a cesta sobre um pedaço de isopor.

Participar de jogos de grupo com as crianças é uma excelente oportunidade para a avaliação e incentivo ao pensamento das crianças, tanto moral quanto intelectual. Quando todas as crianças desejam ser as primeiras a jogar, por exemplo, é uma ocasião para ajudá-las a confrontar o fato de outros terem desejos similares que entram em conflito com os seus. Esta também pode ser uma ocasião para ajudar as crianças a perceberem o valor de negociar um acordo satisfatório para todos. Em um jogo de estratégia, como o Jogo da Velha, o professor pode verbalizar estratégias que levem as crianças a tornar-se mais conscientes das relações temporais e espaciais. Por exemplo: "Eu vou colocar meu X aqui, porque se não fizer isso, você completará sua linha na próxima jogada. Preciso bloquear seu movimento".

Apoio à Auto-Regulagem e Cooperação Social

A auto-regulagem e a cooperação social podem ser apoiadas indicando-se algumas crianças para ajudar os colegas com problemas, promovendo-se o compartilhamento sem coerção e respondendo-se a incidentes de "trapaças" com uma avaliação das intenções. Discutimos esses princípios de ensino a seguir.

Encaminhe Crianças a Outras, para a Busca de Auxílio

Durante a hora da atividade, o professor inevitavelmente será coberto de solicitações por informações, assistência e intervenção. "Segure isso enquanto eu colo". "Onde está a fita adesiva?" "J não me deixa brincar". É impossível para os professores responderem a cada solicitação e eles devem decidir que necessidades realmente exigem o auxílio do adulto. As crianças podem aprender a ver uma às outras como recursos e não depender unicamente do professor. "Estou ajudando S agora. Talvez você pudesse pedir a L para segurar isso". "Eu acho que vi K com a fita adesiva. Por que você não pergunta a ele onde ela está?" "Tente dizer a J: 'Eu quero a fita adesiva. Quando você poderá me dar?'"

Na Coréia, a educação construtivista é realizada por uma professora com 40 alunos. A Sra. Young-Ae Choi, Diretora da *Moon Kyung Kindergarten*, em Seul, destaca que uma vantagem desta relação professor-alunos é que as crianças precisam depender umas das outras e a cooperação alcança um nível superior àquele das salas de aulas com menos crianças ou mais professores, quando a professora responde freqüentemente às demandas dos alunos. Embora não encorajemos a colocação de 40 crianças em uma sala de aulas com uma única professora, respeitamos a capacidade de nossos colegas coreanos de implementar com sucesso um programa construtivista desta forma.

Apóie a Negociação

As oportunidades para o apoio às habilidades de negociação das crianças são abundantes durante a hora da atividade. O Capítulo 5 oferece diretrizes para lidar com conflitos. Aqui, discutimos uma abordagem geral para lidar com problemas relativos ao compartilhamento de materiais e ao revezamento em atividades.

Gostaríamos de frisar que não defendemos o compartilhamento forçado em salas de aula construtivistas. Especialmente se o item em contenda pertence a uma criança (por exemplo, um barquinho feito por ela) ou foi escolhido primeiro por um dos alunos (por exemplo, um quebra-cabeças), o compartilhamento forçado é coercivo e desrespeitoso às crianças. Acreditamos que os direitos individuais devem ser respeitados e que as intervenções do professor devem direcionar-se à negociação. "Você perguntou a D se ele quer usar o barquinho com você ou se quer usá-lo sozinho?" "Você pode perguntar a P se ele quer ajuda com o quebra-cabeças. Ele não quer? Bem, talvez você possa montar um sozinho, ou encontrar um outro amigo para ajudá-lo". Se um item em disputa pertence a toda a classe, os professores ainda podem facilitar o compartilhamento sem serem coercivos. O modo de fazer isso é dar às crianças a responsabilidade por regularem o uso justo dos materiais. Por exemplo, na mesa de artes, um único grampeador pode levar a conflitos. O professor pode apoiar os direitos das crianças e amparar a cooperação por meio da negociação. "Eu acho que K está usando o grampeador agora. Por que você não pede para ele avisar quando terminar?" (Veja o Capítulo 5 para um maior esclarecimento sobre a resolução de conflitos).

O problema de como compartilhar recursos limitados com freqüência pode ser resolvido informalmente com as crianças que querem utilizá-los. Por exemplo, Mary Wells certa vez trouxe à sua classe de jardim de infância um pára-quedas de verdade em uma mochila e, durante a hora da atividade, as crianças tiveram uma oportunidade para experimentá-lo. Neste incidente, Mary (P) ajuda N a negociar com A, a fim de obter sua vez com o pára-quedas.

N: Ele não quer me dar.
P: Você já não teve sua vez, N? (Para A, que está com o pára-quedas) Você ainda não teve sua vez, A?
A: Não.
P: Bem, então você precisa dizer a N que ele poderá experimentar o pára-quedas depois que você terminar.
N: Ele não vai me dar.
P: A, o que você disse a N?
A: Eu disse que depois de terminar.
P: Está bem. (Para N) Venha cá escutar o que ele disse. Ele diz que vai lhe dar quando terminar. (Para A) Quando você vai terminar, A? Vamos olhar o relógio para ver quando você vai terminar. N, vamos olhar para o relógio e ver quando A terminou, para que você possa saber. Muito bem, o ponteiro está no 2, agora.
A: Eu darei quando estiver no 4.
P: No quatro. Ok. (Para N) Quando o ponteiro grande estiver no quatro, ele vai lhe dar o pára-quedas, está bem?
N: Ok.
P: Então preste atenção quando o ponteiro chegar ao 4.

Mary respeita o direito de A de usar o pára-quedas, reconhecendo, ao mesmo tempo, o desejo de N por também experimentá-lo. Ela trata A como uma pessoa razoável que dará o pára-quedas a N tão logo termine de usá-lo. Ela também trata o desejo de N por experimentar o pára-quedas como legítimo e pede que A responda a N. Com o auxílio de Mary, A e N negociam uma resolução.

Outros modos de lidar com a questão do compartilhamento incluem organizar listas de quem deseja brincar e escolher rimas do tipo uni-duni-tê (discutidas no Capítulo 5). Quando uma atividade é especialmente popular, um procedimento como o de lista de assinaturas é um modo justo de controlar a ordem de participação. As crianças assinam previamente uma lista, se desejam ter sua vez na atividade, e a consultam junto com o professor para ver quem é o próximo, depois que alguém termina. A lista elimina parte da arbitrariedade de decidir de quem é a vez e permite que as crianças predigam quem virá a seguir, evitando pedidos como: "Quando será a minha vez?" "Posso ser o seguinte?", "Mas eu pedi primeiro". O professor simplesmente responde: "Vamos ver a lista. Olhe para ver onde seu nome está".

Promova a Experiência Compartilhada

As interações das crianças durante a hora da atividade incluem experiências compartilhadas, bem como negociações. Como discutimos no Capítulo 2, experiências compartilhadas amistosas ocorrem quando não há desequilíbrio ou tensão a serem resolvidos em uma interação. As crianças que se envolvem em atividades absorventes têm muitas oportunidades para o compartilhamento com companheiros. É o prazer das experiências compartilhadas que fornece uma motivação fundamental para os tipos de interações que levam ao progresso no desenvolvimento sócio-moral. Quando vivenciam amizades especiais e a satisfação de brincarem com outras, as crianças são motivadas a evitar e a resolver os conflitos. Por exemplo, no Capítulo 5, descrevemos uma intensa discussão entre dois amigos de 5 anos em razão da legalidade de um lance no jogo de damas. Era um mal-entendido no qual ambos os meninos estavam absolutamente certos de estarem com a razão. A força da amizade recebe o crédito pelo fato de não terem chegado a trocar socos. Entretanto, o conflito tornou-se tão intenso que os dois gritaram, choraram, jogaram as peças do jogo ao chão, taparam os ouvidos e não podiam ouvir ou falar um com o outro. Quando seus esforços para a mediação provaram ser inefetivos, a professora pediu-lhes para separarem-se até poderem escutar e falar. Em alguns minutos, K estava tentando captar o olhar de J e, quando conseguiu, deu um assoprão em seu próprio braço para fazer ruídos rudes. Isto divertiu J e os dois meninos aproximaram-se um do outro. A professora perguntou se desejavam conversar primeiro ou juntar as peças do jogo do chão. Com grandes sorrisos de alívio, eles começaram a recolher as peças do chão. K continuou dando assoprões, enquanto J sacudia-se com risadas. Isto ilustra o papel que a experiência compartilhada pode ter na resolução de conflitos.

Para crianças pequenas, esta espécie de experiência compartilhada do nível 0 serve a uma finalidade de vinculação e não deve ser considerada como mera tolice ou desencorajada. Precisamos lembrar que o pensamento pré-operatório também é expressado no humor infantil, muito diferente daquele dos adultos.

Enquanto brincam, as crianças engajam-se em todos os níveis de experiência compartilhada, desde arrotar e fazer outros ruídos engraçados, até recitar juntas uma rima tola, compartilhar um segredo até refletir sobre o fato de que mesmo os melhores amigos brigam, "mas depois a gente faz as pazes, não é?"

Reaja a Trapaças Avaliando a Intencionalidade

O problema de trapaças é encontrado com maior freqüência em jogos de grupo (veja Kamii & DeVries, 1980). Este é um tema delicado, porque é fácil julgar erroneamente o comportamento de uma criança. A trapaça é uma violação intencional das regras a fim de beneficiar a si mesmo. As crianças pequenas freqüentemente violam as regras, entretanto, sem que haja a intenção de trapacear. A violação não intencional das regras deve-se, freqüentemente, a um entendimento inadequado daquelas, refletindo o que Piaget (1932/1965) chama de prática infantil egocêntrica de regras, discutida acima. Oferecemos algumas sugestões para a avaliação de intencionalidade e apresentamos algumas diretrizes para lidar-se com a violação das regras.

Sugestões para a avaliação da intencionalidade. A fim de determinar se uma criança está trapaceando, o professor deve considerar várias pistas quanto à intenção da criança. Uma violação furtiva é definitivamente um sinal de trapaça intencional! Por exemplo, uma criança pode virar o dado, sub-repticiamente, para que este mostre um 6 e fingir que a jogada foi justa. Uma violação flagrante das regras, contudo, freqüentemente não é trapaça. Provavelmente também não o é se a criança não faz tentativa alguma para encobrir uma violação. Por exemplo, virar o dado inconscientemente pode refletir simplesmente uma abordagem inteligente para vencer no jogo. Descobrir que tirar um 6 nos dados é uma vantagem é certamente um progresso cognitivo!

O professor também deve estar atento a uma forma de trapaça entre inocente e furtiva. Temos em mente aquelas ocasiões em que uma criança sabe que virar um dado para o 6, por exemplo, é contra as regras, mas faz isso abertamente, sem aparentemente perceber ou preocupar-se com a possibilidade de isto ser percebido por outros. Similarmente, nos jogos com cartas as crianças podem revirar o monte até encontrarem aquela que lhes serve. Essas violações podem refletir a impossibilidade da criança de apreciar a idéia de que o respeito pelas regras é necessário para um jogo justo e satisfatório. Os aspectos intelectuais e morais não são coordenados em um sistema. Em alguns casos, uma decisão consciente de violar uma regra vence por ser um modo inteligente de ganhar.

As crianças freqüentemente violam regras porque ainda não construíram a compreensão do que elas significam. Romper uma regra que não se entende não é trapacear. Portanto, é importante que o professor descubra como as crianças compreendem as regras. Em um jogo de mesa chamado de Terra dos Doces, os jogadores podem tomar um atalho, se caem na casa inicial deste. Entretanto, muitas vezes, as crianças revelam uma compreensão errônea da regra como se se pudesse tomar o atalho sempre, não importando em que casa esteja.

Enganos não são trapaças. Em jogos envolvendo a contagem, as crianças freqüentemente cometem enganos que refletem simplesmente a falta da construção de noções numéricas ou lógicas. Por exemplo, na contagem, uma criança pode recitar a seqüência numérica incorretamente. A correspondência pode ser imperfeita, entre os números falados e os pontos apontados em um dado ou espaços em um jogo de mesa. A criança pode cometer um erro lógico de adição (contar o espaço ocupado como "1", ao invés de mover-se para a frente na contagem de "1"). Uma criança pode saltar o espaço ocupado por um outro jogador, deixando de contá-lo em razão da falta da lógica de que todos os espaços devem ser contados na trilha, até o espaço final da vitória. Um indício sugerindo que esses comportamentos não são trapaças é que eles, algumas vezes, trazem desvantagem ao jogador. O professor só pode determinar se os erros de contagem são trapaças, observando a contagem realizada pela criança durante todo o jogo. Se a criança sempre conta corretamente, exceto quando o erro a beneficia, então ela provavelmente está trapaceando.

É importante avaliar se uma criança tem uma atitude competitiva. Como indicado acima, os esforços furtivos para trapacear indicam um progresso neste aspecto da prática de jogos. Embora os adultos vejam com freqüência uma espécie diferente de competição por recursos, como gritar "Primeiro eu!", as crianças pequenas não são naturalmente competitivas nos jogos. Elas freqüentemente acham, por exemplo, que o objetivo de um jogo é chegar ao seu final. Quando todos chegam ao fim, todos ganham. Para essas crianças não-competitivas, não existe uma corrida para a vitória.

É curioso que as crianças que têm uma atitude competitiva freqüentemente brincam de uma forma não-competitiva. Uma atitude competitiva freqüentemente coexiste com estratégias não competitivas. Por exemplo, em jogos de cartas, elas podem mostrar abertamente suas cartas ou olhar as de outros. Antes de concluir que isto é uma trapaça, o professor pode observar se conhecer ou não as cartas do oponente ajuda a criança a jogar melhor. As estratégias podem não estar desenvolvidas em um grau em que a criança pode compreender como usar estas informações. Não sendo capaz de usar as informações para sua própria vantagem, não existe razão para esconder as próprias cartas ou para não olhar as do oponente. As crianças podem desejar vencer sem saber quais as estratégias que produzem a vitória. A atitude competitiva é freqüentemente a inspiração para que uma criança imagine estratégias para vencer.

Diretrizes para lidar com violações de regras. O que, então, o professor deve fazer, quando uma criança viola as regras? Sugerimos quatro diretrizes.

1. Certifique-se de que a criança sabe qual é a regra. Isto pode ser feito referindo-se às regras. "Ah, achei que a regra dizia para rolar o dado assim (demonstrando). Vamos ver. É, aqui diz para rolar o dado". Se a criança continua violando a regra, ou ela está trapaceando ou não tem capacidade para entender a regra. Tenha em mente que as crianças freqüentemente esquecem onde estão, no tabuleiro de um jogo de mesa, e que jogadas com vários parceiros podem envolver um raciocínio espacial complexo.

Com três ou mais jogadores, freqüentemente observamos que as crianças têm dificuldades em seguir a ordem de jogada. Por exemplo, uma criança de 4 anos via sua posição como sendo a "seguinte" em relação aos dois outros jogadores. Portanto, ela explicava: "Agora é S, depois eu, T, depois eu, S, depois eu, T, depois eu". Quando as crianças não percebem que uma ordem inconsistente no revezamento seja um problema, é melhor deixar que regulem a ordem das jogadas, mesmo quando cometem erros.

2. Descubra se outros jogadores objetam quanto à violação. "Será que isto está certo? É assim que devemos fazer?" Se todas as crianças estão satisfeitas jogando de acordo com determinada regra, ou se elas sequer percebem que todas estão jogando de acordo com regras diferentes, então o professor provavelmente não deve insistir nas regras convencionais. Entretanto, o professor pode salientar as regras durante suas jogadas e tentar conscientizar as crianças sobre essas.

3. Se existe uma disputa entre as crianças sobre as regras, sustente o valor de um acordo mútuo. "D acha que devemos jogar desta maneira, e N acha que devemos jogar desta outra maneira. O que devemos fazer? Precisamos entrar em um acordo quanto às regras."

4. Ao participar como um dos jogadores, proteste contra violações das regras. Isto é especialmente importante quando as crianças também protestam, mas pode ser feito quando o professor acha que uma criança deve ser confrontada com um diferente ponto de vista. "Se você pode virar o dado para que este mostre um 6, então eu também posso fazer isso?" Se a criança responde "Não", então o professor pode prosseguir questionando: "Não me parece justo você conseguir qualquer número que você quiser, e eu precisar jogar o dado. Se você faz isso, eu também posso fazer". Se a criança diz "Pode", então o professor deve jogar de acordo com as regras dela e eventualmente salientar a desvantagem de todos os jogadores moverem-se 6 casas todas as vezes. O professor também pode servir como modelo para jogar corretamente, afirmando: "Eu gosto de sacudir o dado em minha mão e deixar que ele caia em qualquer número. Acho mais divertido quando não sei que número vai dar. Eu gosto de ser surpreendido".

Quando uma criança tenta trapacear sem dar a perceber, o professor deve protestar, mas em um tom leve. "Você está tentando olhar minhas cartas? Ah, não, não vai dar para fazer isso! Vou segurá-las bem perto de mim para você não poder vê-las. J, é melhor ter cuidado. L está olhando nossas cartas". Se uma criança trapaceia consistentemente, o professor pode desejar mostrar a ela, em particular, que a conseqüência lógica de trapacear é que as outras crianças não mais desejarão brincar com ela.

Resumindo, as trapaças refletem avanço no desenvolvimento cognitivo em crianças pequenas. Para trapacear é necessário um entendimento de como jogar e como vencer. O que falta, naturalmente, é o reconhecimento de que as trapaças violam os direitos de outros e que vencer por trapaças não é uma vitória real. Na medida em que jogam, as crianças gradualmente constroem esses "ajustes refinados". Quando as crianças estão trapaceando e ninguém parece preocupar-se, o professor pode deixar as coisas como estão. Contudo, quando as crianças trapaceiam e outras reclamam, o professor deve sustentar a idéia de justiça e de reciprocidade. "N não gosta quando você joga na vez dela. Você também não gostaria que pulasse sua vez."

Seja Flexível

Um ponto crucial para uma hora da atividade bem-sucedida é ser flexível. As crianças, freqüentemente, não fazem o que você espera e você precisa mudar seu objetivo. Por exemplo, as crianças de jardim de infância na classe de Mary Wells estavam testando na água os barquinhos que haviam feito. A maior parte das crianças fazia suas experiências da maneira esperada. Daí, certas crianças colocaram algumas nozes nos barcos para representarem pessoas e Mary perguntou quantas nozes elas podiam colocar e ainda manter os barcos boiando. Isto levou uma criança a tentar fazer seu barco afundar! Vendo que este saltava de volta à superfície quando a criança segurava-o no fundo, Mary mudou para o objetivo deste aluno: "Como é que você poderia fazê-lo permanecer no fundo? O que você teria de colocar dentro dele, para fazê-lo permanecer no fundo?" Uma criança sugeriu um tijolo e iniciou-se uma busca por modos de fazer o barco afundar.

Também é importante ser flexível quando as crianças não desejam participar de uma atividade planejada. Às vezes, uma atividade fracassa completamente. Quando isto ocorre, o professor construtivista tenta descobrir por que a atividade não captou o interesse das crianças. Em algumas vezes, modificações podem salvar a atividade, mas às vezes o professor descarta a idéia. Às vezes, uma atividade que se mostra atraente a um grupo não interessa a um outro. O professor construtivista assume uma atitude de investigação e tenta aprender com essas experiências.

TRÊS FONTES DE DIFICULDADE NA IMPLEMENTAÇÃO DA HORA DA ATIVIDADE

Ao longo dos anos, temos observado que as dificuldades dos professores na implementação da hora da atividade incidem em pelo menos um de três padrões.

Um deles é dedicar tanto tempo na administração da sala de aula que restam poucas oportunidades para observar o raciocínio das crianças. Quando a preocupação do professor permanece unicamente com a arrumação, manter os potes cheios de tinta e certificar-se de que os grupos estão em andamento, ele não se envolve com a necessária intensidade nas próprias atividades.

Um segundo padrão é oferecer poucas atividades que inspirem o raciocínio das crianças. Quando as crianças não encontram possibilidades instigantes, seu raciocínio permanece em um nível baixo.

Um terceiro padrão é relacionar-se com as crianças de uma forma autoritária, de modo que os alunos são orientados para descobrir o que o professor deseja que digam. O relacionamento autoritário com as crianças impede ou evita o florescimento de um raciocínio honesto e espontâneo.

RESUMO

A hora da atividade talvez seja o período mais importante do dia em uma sala de aula construtivista. Trata-se de um período no qual as crianças optam por envolver-se em jogos de grupo, jogos de faz-de-conta, atividades de conhecimento físico, leitura e escrita, construção com blocos ou artes. Os objetivos na hora da atividade, intelectuais, sociais e morais, podem ser resumidos como "Criando idéias maravilhosas". Os professores construtivistas utilizam a distinção de Piaget entre o conhecimento físico, lógico-matemático e convencional ao pensarem sobre o planejamento e intervenção nas atividades. As atividades construtivistas atraem os interesses e metas das crianças, desafiam seu raciocínio e estimulam sua auto-regulagem e cooperação. Durante a hora da atividade, o professor também apóia a negociação e experiência compartilhada entre as crianças. As fontes de dificuldades dos professores, na implementação de uma hora da atividade construtivista, incluem excesso de tempo dedicado à organização da sala de aula, oferecimento de poucas atividades que inspiram o raciocínio das crianças e o relacionamento autoritário com elas.

12

HORA DA ARRUMAÇÃO

Os professores de educação infantil que conhecemos consideram a hora da arrumação como um dos momentos mais difíceis do dia. Alguns professores solucionam este problema fazendo toda a arrumação da sala de aula sozinhos. Inquestionavelmente, é muito mais fácil para os adultos arrumar do que fazer com que as crianças o façam. Entretanto, esperamos convencer o leitor de que o envolvimento das crianças na arrumação é uma parte importante da atmosfera sócio-moral construtivista. Neste capítulo, apresentamos os objetivos para a hora da arrumação e discutimos como apresentar este tema à classe. Consideramos os problemas inerentes à hora da arrumação e, finalmente, descrevemos como quatro professores resolveram-no em suas classes.

OBJETIVOS

Em primeiro lugar, o objetivo da arrumação *não* é fazer com que a sala fique limpa. Nossos objetivos, ao fazermos com que as crianças arrumem (como o leitor já pode provavelmente prever), envolvem o senso de necessidade moral e responsabilidade em evolução nas crianças e o desenvolvimento do autocontrole.

Nosso primeiro objetivo, de promover sentimentos de necessidade moral em relação à ordem na sala de aula, é parte do senso de comunidade que discutimos no Capítulo 6. Desejamos que as crianças pensem sobre os cuidados do ambiente de sua classe em termos de consideração e justiça para com todos na comunidade da classe. Isto envolve a capacidade de descentrar-se para pensar sobre como os outros sentem-se em relação a salas de aula desorganizadas, sujas ou em relação a materiais danificados, mesas sujas e assim por diante. Esperamos que as crianças sintam a necessidade de ordem não como heterônoma, ditada de cima para baixo, mas como uma necessidade moral, emergindo de uma sensação de pertencer à comunidade.

Nosso segundo objetivo, de promover sentimentos de responsabilidade compartilhada pela manutenção da classe, está relacionado ao primeiro e surge a partir deste. Isto é, se as crianças sentem a necessidade moral de cuidarem de seu ambiente, então elas também terão um senso de responsabilidade pessoal e grupal para fazê-lo. Este senso de responsabilidade apresenta benefícios específicos de longo prazo, no sentido de que as crianças que cuidam de seu ambiente imediato podem, eventualmente, vir a cuidar de ambientes mais amplos, desde a praça do bairro até o planeta. Esperamos que as crianças que têm um senso de necessidade moral de cuidados com sua classe transformem-se em adultos que levam a sério os derramamentos de óleo nos oceanos, depósitos de lixo tóxico e águas poluídas com detritos industriais. Consideramos que a conscientização e responsabilidade ambiental inicia-se com a sala de aulas como um microcosmo para a sociedade maior.

Finalmente, nosso terceiro objetivo, de promover a auto-regulagem, é subjacente aos dois primeiros. Ao encorajarmos as crianças para que assumam responsabilidades pelos cuidados do ambiente em suas salas de aula, visamos a reduzir o exercício da autoridade adulta e entregá-la às próprias crianças. As crianças podem exortar umas às outras para cuidarem da sala de aulas, exigir que cada uma das outras participe na arrumação e repreender umas às outras por não participarem. Isto, por sua vez, serve para lembrar às crianças que a autoridade moral da classe vem, não do professor, mas de si mesmas.

COMO APRESENTAR A HORA DA ARRUMAÇÃO DA CLASSE

Problemas com a limpeza criam boas oportunidades para a discussão e decisão sobre regras pelas crianças (veja Capítulo 7). Essas discussões são também oportunidades para ajudar as crianças a conscientizarem-se das conseqüências naturais e lógicas do fracasso com os cuidados com o ambiente físico (veja Capítulo 10). Nessas discussões, as crianças podem construir por si mesmas a necessidade da arrumação. A fim de evitar uma situação na qual as crianças sintam-se levadas à obediência pela insistência, o professor pode salientar necessidades práticas e morais, discutidas a seguir.

Necessidades Práticas

O professor deve apresentar as razões práticas para a arrumação pelas crianças, de modo que essas compreendam o porquê de serem solicitadas a fazer isso. Não é suficiente dizer-lhes que elas precisam de uma sala de aula limpa. Crianças pequenas não aceitam isso como algo válido. Os professores devem ser específicos em suas explicações. Por exemplo, no HDLS, as crianças trazem seus lanches para a escola e os comem na hora do almoço, na sala de aula. Portanto, é necessário limpar as mesas após a hora da atividade, de modo que possa haver um local para fazer a refeição. Os professores enfatizam este problema, perguntando às crianças: "Como vocês se sentem quando sentam para comer e a mesa está suja? Vocês gostam de colocar seus sanduíches em cima de um monte de cola? Isto não parece uma coisa horrível?"

Os professores também podem enfatizar a necessidade de recolher os materiais do chão, para que não sejam destruídos. Um brinquedo quebrado ou um pedaço rasgado de um trabalho de arte de uma criança podem ser uma boa ilustração. "Ah, olhe o que acontece quando não tiramos as coisas do chão. A gente pode pisar nelas e, às vezes, quebrá-las. O que podemos fazer para garantir que isso não acontecerá novamente?"

Um outro tema prático que os professores podem apresentar às crianças é a necessidade de saber onde estão os materiais, de modo que as crianças possam ter acesso a eles, quando precisarem. Se as crianças são capazes de usar os materiais na classe, então esses precisam ser colocados novamente no mesmo local, sempre que são usados. Os professores podem requisitar a ajuda das crianças ao decidirem onde as coisas deverão ser mantidas. Assim, quando os materiais não forem guardados apropriadamente, os professores podem dizer, por exemplo: "Estou vendo a cola no centro do faz-de-conta. Onde é que decidimos guardar a cola?"

Necessidades Morais

Uma vez que o professor tenha apresentado as questões práticas da arrumação à classe, o terreno está preparado para uma mudança de foco para questões morais. Essas são mais difíceis de serem entendidas pelas crianças, porque envolvem a capacidade de descentrar-se para ver uma situação sob a perspectiva de outros. Entretanto, a maior parte das crianças tem, pelo menos, um entendimento rudimentar do significado de algo justo ou injusto, de modo que o professor pode iniciar com esta idéia.

As questões morais envolvendo a arrumação giram em torno das ações de uma pessoa que causam sofrimento a todos. Quando alguém deixa um brinquedo no chão e este é quebrado, todos na classe são privados do brinquedo, não apenas a pessoa que o deixou no chão. Quando uma pessoa deixa as canetas sem tampas e estas secam, todos se vêem privados delas. Quando uma pessoa faz uma grande bagunça, todos precisam viver nesta, não apenas a pessoa que a causou. O professor pode gentilmente chamar a atenção para a injustiça dessas situações, sem impor culpa. Em geral é melhor fazer isto antes que os materiais sejam realmente arruinados, de modo que ninguém receba a culpa. Por exemplo, se as canetas são deixadas sem as tampas, o professor pode trazê-las ao círculo e dizer: "Vejam o que encontrei em nosso centro de leituras. Essas canetas estão sem tampas. Vocês sabem o que acontece quando deixamos as canetas sem tampas? Elas secam e, então, ninguém pode usá-las. Isto seria muito triste. O que deveríamos fazer?" Via de regra, as crianças respondem que as pessoas que estavam usando as canetas deveriam colocar as tampas e guardá-las. O professor pode então prosseguir: "Boa idéia. Então todos poderemos usá-las".

Uma outra questão moral gira em torno de ser justo ou não que apenas algumas crianças arrumem toda a classe. Nesta situação, o professor pode solicitar o auxílio dos que arrumam. Esses podem vir ao círculo e contar aos outros como se sentem fazendo toda a limpeza. O professor também pode declarar seus próprios sentimentos sobre isso, dizendo: "Eu não gosto de limpar tudo sozinho. Não acho justo eu limpar tudo e outras pessoas não ajudarem".

PROBLEMAS COM A ARRUMAÇÃO

Temos percebido diversos problemas ao tentarmos fazer com que as crianças assumam a responsabilidade pela arumação. Essas se encaixam em três categorias: coerção, transição e distração.

O Problema da Coerção

Um dos grandes problemas da arrumação é que as crianças relutantes sentem-se coagidas a realizá-la. O entendimento que as criança pequenas têm sobre limpeza, freqüentemente, é de algo que são forçadas a fazer, mesmo quando participaram na elaboração de regras para a arrumação. Quando não compreendem a necessidade de arrumação e cuidados com sua classe, as crianças sentem-na como heteronômica. Por esta razão, o professor deve salientar continuamente as razões para a arrumação. O desafio para o professor é convencer as crianças de modo a criar a disposição para limpar.

O Problema da Transição

Um outro grande problema com a arrumação envolve a dificuldade que as crianças têm em fazer transições. A arrumação geralmente segue-se à hora da atividade. Mesmo se receberam um alerta de 5 minutos restantes ("Temos mais 5 minutos para realizarmos as atividades e, então, teremos de parar e arrumar tudo"), elas ainda considerarão muito difícil mudar de atividade e, ao invés de brincar com os materiais, terem de guardá-los. Os materiais podem ser tão convidativos que elas simplesmente não conseguem largá-los. Algumas vezes, as crianças podem não ter terminado o que estão fazendo e tentarão adiar a limpeza. "Rapidinho, só vou colar isto aqui". Isto pode continuar por um longo tempo. O desafio para o professor é descobrir como facilitar a mudança da hora da atividade para a limpeza.

O Problema da Distração

O problema da distração durante a arrumação é decorrente do sucesso de materiais e atividades que despertam tão vigorosamente os interesses das crianças que elas não querem que as atividades terminem. Os materiais são tão atrativos que, ao arrumá-los, provocam novas brincadeiras, ao invés da limpeza. Temos visto crianças transformando a arrumação em jogos, tais como tentar acertar peças do jogo de damas na cesta enquanto as recolhem. Esses jogos podem ser tão divertidos que as crianças esquecem de arrumar e sofisticam o jogo. O desafio para o professor é descobrir como ajudar as crianças a terminarem a limpeza.

SOLUÇÕES PARA PROBLEMAS DURANTE A ARRUMAÇÃO

O que podemos fazer com esses problemas? Reconhecemos que cada classe é única e que as soluções variarão, dependendo das necessidades da classe. Apresentamos aqui as soluções de vários professores para os problemas de suas classes com a arrumação. Não estamos dizendo que estas são as melhores soluções para todos os casos. Ao invés disso, esperamos ilustrar modos de pensar sobre problemas referentes à arrumação que possam inspirar os professores a descobrirem a melhor resposta aos problemas em suas classes.

A Classe de Karen

Em uma discussão sobre o planejamento de conseqüências para casos de quebra das regras, Karen Capo descreve uma experiência que teve com uma classe de crianças de jardim que tinha problemas com a arrumação.

As crianças pequenas nem sempre vêem a necessidade de conseqüências até estarem vivendo realmente com regras que foram quebradas. Por exemplo, embora uma classe tenha criado uma regra afirmando que cada pessoa deveria guardar aquilo com que brincava, a hora da arrumação da classe piorou gradualmente até que umas poucas crianças dispunham-se a assumir a responsabilidade pela limpeza. Eu tentei ler livros como *The Berenstain Bears and The Messy Room* ["Os Ursos de Berenstain e o Quarto Bagunçado"] (Berenstain, 1983) e *The Man Who Didn't Wash His Dishes* ["O Homem que Não Lavava Seus Pratos"] (Krasilovsky, 1950), que abordavam a necessidade de ordem, mas não vi qualquer generalização dos temas apresentados nas histórias para a nossa classe. Quando uma criança finalmente queixou-se de que estava realizando a maior parte da arrumação, sugeri que trouxéssemos o problema ao grupo, para uma discussão. Após falar sobre a situação por um período considerável, as crianças decidiram que as conseqüências de deixarem de arrumar eram desnecessárias. Na verdade, a própria arrumação era desnecessária! Conseqüentemente, passamos o restante do dia sem arrumar absolutamente nada! Como você pode imaginar, a sala estava uma balbúrdia completa ao final do dia. Eu deixei um bilhete para a equipe de serviços, explicando o que estávamos fazendo, e iniciamos o dia seguinte com a sala desarrumada. Ao chegarem na manhã seguinte, as crianças acharam difícil iniciar uma nova atividade quando restos da atividade do dia anterior ainda estavam ali. Deste modo, elas foram capazes de construir por si mesmas a necessidade de existir conseqüências para a desordem. As crianças mudaram a regra para: "Você só pode fazer uma atividade de cada vez e precisa guardar o seu material antes de iniciar uma nova atividade". Eu até recebi alguns comentários (e agradecimentos) de pais, dizendo que os filhos haviam levado e posto em prática esta regra em casa!

A discussão na hora da roda mostrou a Karen que as crianças não compreendiam por que a arrumação era necessária. Ela sabia que era necessária uma demonstração veemente para uma mudança no entendimento dos alunos e dispôs-se a permitir que as crianças sentissem as conseqüências naturais de não limparem a sala, a fim de causar esta mudança de atitude.

A Classe de Peige

No exemplo seguinte, a classe de alunos de 3 anos e meio a 4 anos e meio de Peige Fuller, na *Lab School*, tem muita dificuldade com a tarefa de arrumação. Peige (P) inicia a segunda roda com uma discussão sobre a arrumação.

P: Hoje, nós tínhamos planejado fazer umas coisas divertidas na roda, mas sabem de uma coisa? Não vamos poder fazer isso porque precisamos ter uma conversa sobre a hora da arrumação. Eu tenho uma pergunta. Por que arrumamos os brinquedos? Será que alguém tem alguma idéia? N?

N: Por que as crianças têm que arrumar e desligar a luz (o Ajudante Especial sinaliza, ao apagar as luzes, que é hora da limpeza nesta classe).

P: Hu-hum, as crianças precisam apagar as luzes e nos dizer que está na hora de arrumar. E então, na hora da arrumação, devemos guardar as coisas nas caixas e nas prateleiras. O que você acha, M? Por que você acha que precisamos arrumar as coisas?

M: Pra nossa classe ficar limpa.

P: Ah, vocês ouviram isso? Ele diz que acha que a gente precisa arrumar para que nossa classe fique limpa. K, M disse que precisamos garantir que nossa classe fique limpa. O que acontece quando nossa classe não está limpa?

G: A gente pisa nas coisas.

M: E aí a gente quebra as coisas, se a gente pisa nelas.

P: Se pisamos nas coisas, podemos quebrá-las. E se pisamos em todos os brinquedos e quebramos todos eles, isto é muito ruim. Sim, S?

S: Eles quebram.

P: Eles podem quebrar. Se não limpamos e arrumamos, as coisas podem quebrar. Sim, A?

A: Quem tava brincando tem que arrumar.

P: O quê? Diga de novo A.

A: Quem tava brincando tem que arrumar.

P: Então aqueles que estavam brincando precisam arrumar depois?

A: (Assente)

P: Sim, R?

E: A gente já quebrou xícaras e talheres.

P: É, nós quebramos xícaras e talheres porque eles não estavam arrumados nos lugares. Sim, K.

K: A gente quebra as coisas e depois joga fora. Quando a gente não brinca com elas, elas quebram.

M: Se jogamos fora nossas coisas, não temos nada para brincar.

P: É. Sabe, hoje eu estava pensando. Olhem pra isso, para essas coisas todas. Hoje tivemos problemas para arrumar os blocos de madeira, tivemos problemas para arrumar o jogo do Rato, mesa e tivemos problemas com este outro joguinho aqui (enquanto cita os nomes dos materiais, ela vai juntando-os e os coloca no meio do círculo). Tivemos problemas para arrumar este joguinho de encaixar. Tivemos problemas para arrumar todas essas coisas e

mais essas aqui e na casinha de bonecas. Tivemos problemas para arrumarmos as tintas de pintura com os dedos e as aquarelas e os lápis de cor.
G: Por que você não pára de juntar essas coisas?
P: Por que não paro de juntar? Vou explicar a você, G. É muito importante. Estou tentando deixar algo claro, aqui. Muito bem, se vocês fizeram desenhos com lápis de cor, levantem as mãos.
Crianças: Eu fiz! Eu fiz! (Muitas mãos são levantadas)
P: Muitas pessoas usaram os lápis de cor. Se vocês fizeram um desenho usando as aquarelas, levantem as mãos.
Crianças: Eu fiz! Eu fiz! (Muitas mãos são levantadas)
P: Se vocês brincaram com o jogo de Torta de Morango, levantem as mãos.
(Peige repete este procedimento com mais cinco itens).
P: Vocês lembram do que A estava dizendo? Que se vocês brincam com alguma coisa vocês têm a responsabilidade de arrumá-la e limpá-la depois? Muitas crianças estavam dizendo: "Ah, eu brinquei com isto". "Ah, foi superlegal!" e "Eu fiz isso" e "Eu fiz aquilo" e "Eu fiz um monte dessas coisas também".
C: Eu também fiz.
P: Será que isto significa que todas essas crianças brincaram com essas coisas e ninguém quer ter cuidado com elas?
K: Eu não.
P: Você não quer cuidar disso? Então o que podemos fazer é pegar todas essas coisas, todas as nossas coisas legais, empacotar tudo e tirar da sala de aula.
H: Não, eu não quero fazer isso.
P: Você não quer tirá-las da sala? Poderíamos fazer isso, porque, vejam bem, estou vendo que vocês não querem essas coisas na sala. Muito bem, podemos levá-las embora.
Crianças: Não!
P: Não? Mas, entendam, eu acho que vocês não gostam delas. Não estou vendo meus alunos cuidando dessas coisas. O que estou vendo é que as pessoas não estão interessadas em cuidar dessas coisas. E vocês não querem que elas quebrem. Então, ao invés de deixá-las quebrarem, podemos levá-las para outro lugar.
M: Eu não quero levá-las para outro lugar.
P: Você não quer? Não? Eu também não quero tirá-las daqui. Eu quero cuidar delas.
Crianças: Eu também!
P: É? Bem, vamos experimentar ter cuidado com nossas coisas. Vamos ver. C, você poderia vir aqui e cuidar dessas duas coisas, por favor? E, depois, pode se arrumar para sair.
Crianças: Eu posso! Eu posso!

P: É claro. G, você poderia ajudar-me a cuidar dessas duas coisas e depois ficar pronto, junto à porta?
M: Eu posso, Peige.
P: Todos terão uma chance de cuidar das coisas. Aí está, S. Você poderia guardar essas duas coisas? M, poderia pegar essas duas coisas aqui?
(Peige continua dando a cada criança duas coisas para guardar. Logo, todos estão envolvidos na arrumação da sala de aulas e a classe fica completamente limpa).
P: Quem participou em alguma atividade hoje, levante as mãos!
Crianças: Eu participei! (Todas levantam as mãos.)
P: Eu também. Quem ajudou a cuidar de nossa classe hoje, levante as mãos.
Crianças: Eu ajudei! (Todas levantam as mãos)
P: Todos ajudaram a cuidar de nossas coisas! Ótimo!

Peige começa o círculo chamando a atenção das crianças para o problema da desorganização dos materiais. Perceba que ela usa consistentemente o termo "cuidar" dos materiais, ao invés de simplesmente "arrumar". Desta forma, ela apresenta a razão para a arrumação desde o início. Sua ameaça (que era também uma conseqüência lógica) de tirar os brinquedos da classe, já que as crianças não cuidavam deles, pode ter parecido um tanto extremada, para o leitor. Entretanto, ela obteve sucesso em chamar a atenção das crianças e ativou suas consciências de quererem os materiais disponíveis. O ponto importante a salientar é que ela não deixou a situação no nível da ameaça. Ao invés disso, a professora deu às crianças uma chance de demonstrarem que desejavam cuidar de sua sala de aula. Ela transformou o que poderia ter sido uma interação muito coerciva em uma experiência positiva para as crianças. Quando terminaram de limpar a sala de aula, todas as crianças tinham a sensação de terem contribuído para os cuidados com esta. O "Eu ajudei" final era positivamente entusiástico. Antes de saírem, todos os alunos juntaram-se a um grande "Hip-Hip-Hurra!" a si mesmos.

A Classe de Stephanie

Em uma classe de crianças de 3 anos e meio a 4 anos e meio, no HDLS, a professora, Stephanie Clark, convenceu-se de que o problema com a arrumação era um problema de transição. As crianças ficavam simplesmente envolvidas demais com o que estavam fazendo para cessarem as atividades e limparem tudo. O horário matinal iniciava com a roda, seguida por uma hora de atividades. Depois, vinha a hora da arrumação e, depois desta, as crianças voltavam ao círculo para um lanche e uma segunda roda. Após o segundo círculo, todos saíam para brincar no parquinho da escola. A solução de Stephanie para o problema da transição da atividade para a arrumação foi uma mudança nos horários. Após as atividades, ela simplesmente fazia com que as crianças parassem e viessem ao círculo para o lanche e roda. Após o segundo círculo, as crianças arrumavam tudo e então saíam. A transição das atividades para o lanche era mais fácil do que das atividades para a arrumação. As crianças mostravam-se mais dispostas a cessar as atividades para comerem. A transição da hora da roda para a hora da arrumação era mais fácil, porque as crianças já estavam desligadas das brincadeiras. Além disso, elas tinham um outro incentivo. "Quando terminarmos de limpar, poderemos sair para o parque". Através de um simples rearranjo dos horários, Stephanie tornou a hora da arrumação muito menos perturbadora, em termos de sua interferência nos objetivos que as crianças traçavam em suas atividades.

A Classe de Coreen

A solução de Stephanie, na verdade, foi inspirada na sugestão de uma criança da classe de jardim de Coreen Samuel (P), no ano anterior. O ano escolar iniciou-se com problemas na hora da arrumação. Algumas crianças arrumavam, mas outras corriam pela sala. As crianças que arrumavam queixavam-se daquelas que não ajudavam e ninguém estava satisfeito. A discussão seguinte, sobre os problemas de arrumação, ocorreu durante a primeira semana de escola, após uma hora da arrumação particularmente difícil.

P: Nós fizemos uma boa arrumação hoje? O que vocês acham?
N: Estou vendo aquela mesa e ainda está uma bagunça.
M: Estou vendo aquela mesa.
C: Estou vendo aquela mesa.
P: Ok. Também percebi uma coisa. Percebi que algumas pessoas trabalhavam muito e outras estavam apenas brincando e correndo pela sala.
C: Eu estava. Eu estava limpando.
P: Eu notei que algumas crianças não precisaram ser lembradas, mas outras precisaram ser lembradas duas e três ou quatro vezes. O que devemos fazer quando as crianças preferem correr por aí e brincar? Eu cheguei a pedir para alguns acharem um lugar e sentarem, porque achei perigoso ficarem correndo e brincando quando outros tentavam arrumar tudo. Eles poderiam derrubar alguém.
C: E também poderiam escorregar.
P: Poderiam escorregar também. Há água na sala de aulas. Será que adianta manter a sala limpa quando vocês não pegam as coisas e

as colocam novamente no lugar certo? S, você tem alguma idéia sobre este problema?
S: Eu acho que talvez no dia seguinte, se a gente for fazer uma arrumação, acho que gente podia fazer bem rapidinho. Mas rápido mesmo. Não correndo, só fazendo tudo rapidinho, indo até a mesa que a gente quer limpar e limpar logo. Como essas duas mesas que ficaram bagunçadas. Turma, se vocês acham que a gente pode fazer tudo bem rápido para a Coreen, quando ela estivesse em algum lugar e voltasse pro nosso círculo, ela ia ficar surpresa com a grande arrumação que fizemos.
P: Eu gostaria de perguntar-lhes, se quando vocês estão limpando a sala, estão fazendo isso por mim ou para vocês mesmos?
E: Para nós mesmos e para você.
P: Vocês gostam de um lugar limpo? Se a limpeza faz com que se sintam melhor, então vocês não estão limpando para mim, na verdade. É que nos sentimos melhor em uma sala limpa.
N: Eu também me sinto melhor.
S: Eu fico chateado quando duas mesas estão bagunçadas e me sinto bem quando não tem nenhuma mesa suja.
P: A outra coisa é: nós temos um horário para o almoço e, se todas as coisas ainda estão desarrumadas, então como as crianças podem comer naquelas mesas, no horário para o almoço?

Eles decidem que o Ajudante Especial chamará voluntários para terminarem de limpar o que ainda está desorganizado ou sujo na sala. Isto soluciona o problema imediato, mas não enfoca o problema maior de as crianças sentirem que é certo brincar durante a hora da arrumação.

Cerca de um mês depois, a arrumação ainda é um problema nesta classe. Karen Amos (P), a professora-assistente, decide ter uma outra discussão sobre o problema no segundo círculo do grupo.

P: Será que alguém notou que algumas crianças estavam apenas caminhando pela sala, durante a hora da limpeza?
C: Notamos.
P: Minha pergunta é: vocês viram muitas crianças simplesmente caminhando por aí? Não me digam o que vocês estavam fazendo. Apenas respondam minha questão. Vocês viram muitas crianças simplesmente andando, sem limpar? C?
C: E (resmunga algo)
P: Eu não quero saber quem estava fazendo, porque eu vi muitas crianças e nem consigo dizer o nome de todas. Mas vocês acham que isto é o certo, caminhar por aí quando é hora da arrumação?
Crianças: Não.

P: Alguém teve alguma idéia — vocês podem levantar as mãos — sobre o que deveríamos fazer, quanto ao problema da hora da arrumação? J?
J: Àh, a gente devia, hmm... ter um círculo antes da hora da arrumação.
P: Deveríamos ter um círculo? O que aconteceria, se tivéssemos um círculo antes da hora da arrumação?
J: Bem, a gente podia, os professores podiam pedir... a gente tem que limpar. Quem não limpar precisa sentar.
R: E não sair para o pátio.
P: Deixem-me tentar entender. Deveríamos ter um círculo antes da hora da arrumação. E depois, o que faríamos no círculo?
J: Falava sobre isso.
P: Falava sobre o quê? Sobre a arrumação?
J: (Assente)
P: Ok. M, sua mão está levantada? Ok.
M: Bom, eu acho — eu não acho que é justo outros limparem e alguns ficarem andando por aí.
R: Não é certo.
S: Eu tenho uma idéia. Bom, eu acho que gente devia dar... devia deixar eles sentar e não sair. Só ficar sentados.
P: Ok.
J: Não. Não é justo.
P: Bem, esta é apenas uma idéia.
S: E então a gente podia deixar alguma coisa para eles limparem.
P: Então eles podem simplesmente ficar na sala enquanto os outros estão no pátio e limpar tudo?
C: Podem.
K: Isto não é justo.
P: Bem, precisamos pensar em algo, porque o que estamos fazendo agora não está dando resultado. Então precisamos pensar em algo. Coreen?
Coreen: Bem, acho que não deveríamos fazer qualquer atividade que faça sujeira, como fazer bolos e brincar com massa de modelar e coisas assim. Deste jeito, as crianças não teriam muita coisa para limpar.
G: É uma boa idéia.
Coreen: Que tal "nenhuma atividade que faça sujeira"? Apenas atividades que possam abandonar a qualquer momento?
E: Eu sei. Eu sei o que podemos fazer.
P: Ok. E, qual é sua idéia?
E: Podíamos, àh... fazer um círculo antes da hora da arrumação. E depois, se as pessoas não limpam, elas não podem ir para o pátio.
P: Eu ouvi duas pessoas dizerem que deveríamos ter um círculo antes da hora da arrumação. Ouvi uma pessoa dizer para não fazermos

atividades que causem bagunça. Ouvi alguém dizer que as crianças que não arrumam deveriam ficar na sala enquanto os outros saem e deveriam arrumar o que não foi limpo ainda. Ok. A?
A: Sabe de uma coisa?
K: O quê?
A: Bem, eu acabei de descobrir que, antes, porque à tarde, veja, nós temos mais tempo, então algumas pessoas que não arrumaram de manhã tem que sentar por um tempo durante a hora da atividade e ler livros ou pintar ou desenhar, algo que não seja, sabe, que não faça sujeira.
P: Sabem, acho que vocês já fazem isso, mas será que tem funcionado? Eles estão sentando e lendo livros e coisas assim e depois quando voltam às outras atividades será que voltam a arrumar? Será que ajudou alguma coisa terem sentado?
Crianças: Não!
P: Não. Então vocês acham que a idéia está funcionando?
A: A gente devia fazer eles ficarem sentados e não deixar eles brincarem com nada que faça bagunça, e assim eles aprendem. Eu sei que tem gente que gosta de brincar com atividades que bagunçam.
P: Ok. Vamos ver o que O tem a dizer.
O: Eu acho que talvez alguns não arrumem e então eles não podem... hummm... participar nas atividades.
P: De forma alguma? Pela manhã ou à tarde?
G: O dia inteiro.
O: (Assente)
P: L, o que você acha?
L: Eu acho que os que não arrumam não devem participar das atividades porque eles não querem arrumar e não é justo para quem arruma fazer tudo e aqueles que não "tão" nem aí não fazerem nada e, na hora da roda, eles não vão saber nada, porque vão ter que arrumar porque não arrumaram quando era hora. Então eu acho que é isso que a gente deve fazer com quem não arruma.
P: Não deixá-los participar nas atividades. Eu ouço muitas crianças e professores dizendo que as crianças que decidem não arrumar não podem ter atividades pela manhã ou à tarde. Então, será que deveríamos votar sobre isso?
Crianças: Devemos.
P: Eu ouvi algumas crianças dizendo pra fazermos uma roda; então eu acho que podemos decidir quem vai arrumar o quê. É isto o que vocês querem? K e J? Ok. Então votaremos para isso. Quem não arrumar, tem de sentar durante a hora da atividade e ler livros, e simplesmente não participarão de atividades que façam bagunça. E isto durante o dia inteiro. A outra opção seria a de formar o círculo e perguntar: "Que lugar você quer arrumar?" e as pessoas iam brin-

car no lugar que escolheram. J, K e eu gostamos desta idéia. Quando apagar a luz, primeiro vocês virão direto para o tapete e depois vamos arrumar. Daremos às crianças a oportunidade de decidir que área querem arrumar. Então quem quer vir para o círculo depois de apagar a luz para a arrumação, levante a mão.

Eles votam entre as opções de fazer o círculo para a arrumação e fazer com que as crianças que não arrumam fiquem fora das atividades no dia seguinte. A opção do círculo para a arrumação obtém todos os votos, exceto um.

P: Ok. Então esta é a nossa regra, que podemos acrescentar às nossas outras regras. Então, quando as luzes se apagarem, vamos para o círculo e então vocês poderão escolher.
S: E se eles esquecerem nossa regra?
P: Bem, talvez eu possa escrevê-la e as professoras podem lembrar-lhes. As outras crianças também podem ajudar a lembrar.
Criança: E se a professora esquecer?
Coreen: A gente não vai esquecer.
P: Espero não me esquecer, mas se isto acontecer, talvez vocês possam lembrar-nos. Eu não quero esquecer, porque acho que esta é uma boa regra.

Karen inicia a discussão exortando as crianças a não delatar os companheiros. Ela sabe que, tão logo aborde o assunto, as crianças começarão a dizer coisas como "Eu vi C jogando!", "Eu vi R e ele não estava arrumando!", "Eu limpei!", "Eu fiz!". Ela deseja ir direto à questão de como solucionar este problema e evitar toda a imposição de culpa e denúncia dos colegas. Ela precisa se esforçar, mas consegue manter o foco sobre a discussão da solução do problema. Ela é particularmente habilidosa ao fazer com que J expresse sua idéia. Já no início ele é bastante vago, mas ela questiona e desenvolve sobre o que ele sugere. Finalmente, a professora compreende as sugestões dele e formula as opções, de modo que todos tenham de votar entre duas opções. Achamos significativo que, dada a escolha entre uma solução de punição e uma solução envolvendo tentar algo novo, as crianças preferem, em uma maioria esmagadora, a solução experimental.

A idéia de realizarem um círculo para a arrumação revelou-se, ao final, brilhante. Na hora da arrumação, as crianças paravam o que estavam fazendo e vinham para o círculo. Inicialmente, a professora perguntava individualmente que área da sala de aula cada criança desejava arrumar; depois, cada uma ia até a área escolhida e a arrumava. Após algumas semanas, eles decidiram que o Ajudante Especial tomaria para si a responsabilidade de organizar o círculo para a arrumação e garantir que a sala ficasse adequadamente arrumada. Isto tornou a arrumação ainda mais heteronômica para as professoras, já que o Ajudante Especial chamava também a elas, pedindo-lhes para declarar a área que desejavam arrumar.

Esta foi também uma boa oportunidade para que as crianças se descentrassem para descobrir como é tentar conduzir um círculo onde as crianças não prestam atenção. Esta experiência tornou-as ainda mais sensíveis à professora em outros momentos de reunião do grupo.

A próxima inovação foi fazerem gargantilhas onde constavam os nomes das áreas (centro do faz-de-conta, centro dos blocos, mesa de artes, etc). Quando as crianças escolhiam determinada área, usavam o colar relativo a esta área. O Ajudante Especial assumiu seriamente a tarefa de garantir que a sala estivesse limpa. Se via alguém caminhando pela sala ou brincando durante a arrumação, o Ajudante Especial olhava para a gargantilha e dizia: "Você deveria estar arrumando os blocos. Eles ainda não foram recolhidos. Você precisa voltar lá e terminar".

Duas coisas aconteceram como um resultado desta forma de realizar da arrumação que consideramos muito interessantes. Uma delas foi que as crianças achavam bom ser chamadas primeiro para a arrumação e discutiram sobre formas justas de decidir a ordem da chamada para a arrumação. Elas jamais chegaram a perceber que, se alguém é chamado próximo ao fim, termina limpando menos. A outra coisa foi que as crianças começaram a competir pela oportunidade de limpar o banheiro. Elas adoravam esta responsabilidade, com seu balde e detergente.

O final desta história é que a hora da arrumação jamais voltou a ser o problema que fora no início do ano. Problemas menores ainda ocorriam, ocasionalmente, mas na maior parte do tempo a arrumação ocorria tranqüilamente. Melhor ainda, a arrumação foi liberada da coerção dos adultos. As crianças assumiram a responsabilidade pela limpeza da classe, tanto individualmente quanto como um grupo.

RESUMO

Os professores construtivistas usam a hora da arrumação para promoverem o desenvolvimento dos sentimentos de necessidade moral e responsabilidade das crianças. Os cuidados com a sala de aula são sócio-morais quando são motivados por atitudes de consideração e justiça para com todos na comunidade. Encorajando as crianças a assumirem esta responsabilidade, os professores reduzem sua autoridade e entregam a autoridade moral para as crianças, desta forma promovendo o desenvolvimento da auto-regulagem das crianças. Os problemas com a arrumação inevitavelmente oferecem oportunidades para discussões que ajudam as crianças a refletirem sobre as razões práticas e morais para a limpeza e organização. Três problemas surgem freqüentemente na hora da limpeza: as crianças relutantes sentem-se coagidas, as crianças amiúde relutam em terminar as atividades e, no curso da arrumação dos materiais, podem iniciar novas atividades. As soluções de quatro professores a esses problemas são apresentadas.

13

Hora do Lanche

A hora do lanche, em uma sala de aula construtivista, não é simplesmente um momento para a satisfação das necessidades nutricionais das crianças. Ela é, pelo menos, igualmente importante enquanto momento para compartilhar experiências, tanto para as crianças quanto para os adultos. Nós, adultos, dividimos as refeições com amigos especiais e desfrutamos desses momentos nos quais reconhecemos os amigos e nos sentimos reconhecidos e compreendidos de maneiras singulares. Isto também é verdadeiro para as crianças.

Na maioria das escolas, especialmente escolas de primeiro e segundo grau, a hora do almoço ou do lanche é considerada necessária, mas não importante para a missão didática da instituição. A logística assustadoramente exaustiva de alimentar as crianças em uma grande escola mantém os educadores concentrados na administração da hora do lanche, ao invés de em seu potencial educacional. Os administradores tentam promover o espírito escolar com atletismo, não percebendo que o espírito escolar (ou sua falta) está localizado nos relacionamentos interpessoais do corpo discente. A ênfase dada a conseguir alimentar todos no mínimo tempo e com mínimo ruído opera contra a possibilidade deste horário contribuir de uma forma positiva para a atmosfera sócio-moral da escola e para o desenvolvimento sócio-moral das crianças. Talvez o horário do lanche nas grandes escolas não possa ser organizado de outra maneira. Ainda assim, talvez os educadores criativos possam imaginar como evitar os efeitos destrutivos do horário do lanche, no qual as crianças são policiadas e punidas por partilharem experiências com os colegas. Talvez os arquitetos devam desenhar os prédios escolares de um modo diferente. Talvez o tamanho das escolas, em si, limite as possibilidades para a aquisição de uma atmosfera sócio-moral positiva.

Nas escolas de educação infantil e creches, a hora do lanche geralmente ocorre na sala de aula e, portanto, oferece uma excelente oportunidade para a promoção de relacionamentos entre as crianças e para a atmosfera sócio-moral. Tentando não ser intrusivas, filmamos as conversas das crianças durante o lanche no HDLS. Essas observações levaram-nos a formular as oito seguintes diretrizes para a promoção da atmosfera sóciomoral construtivista durante a hora do lanche. Apresentamos essas diretrizes, ilustradas com exemplos extraídos de nossas observações, após uma breve explicação de nossos objetivos para a hora do lanche.

OBJETIVOS

A hora do lanche é uma excelente oportunidade para as crianças envolverem-se relaxadamente em experiências compartilhadas com seus amigos. Discutimos, no Capítulo 3, como objetivos compartilhados são básicos à sobrevivência humana e como a capacidade para a intimidade (ou conexão com outros) nos relacionamentos é uma conquista desenvolvimental (veja também a discussão no Capítulo 2, sobre a conceitualização de Selman sobre o desenvolvimento do entendimento interpessoal). Os relacionamentos com companheiros na infância têm, portanto, uma importância central para o eventual progresso no desenvolvimento da capacidade de relacionamento com outros. Nossos objetivos para a hora do lanche, portanto, são que as crianças façam um lanche ou refeição nutritivos desfrutando, ao mesmo tempo, da intimidade das experiências compartilhadas com os colegas e com o professor.

DIRETRIZES PARA A HORA DO LANCHE

1. Estabeleça rotinas para a hora do lanche.

Rotinas previsíveis que as crianças sabem que ocorrerão todos os dias podem ajudá-las a se auto-regularem. Elas liberam as crianças do estresse da ansiedade de ficar pensando sobre o que acontecerá a seguir. A rotina mais importante a estabelecer é um horário fixo para o lanche. Este deve ocorrer no mesmo horário, todos os dias. O local não é tão importante. No HDLS, os professores gostam de manter aberta a possibilidade de levar os lanches para piqueniques de última hora em dias bonitos, após consultarem as crianças e, se necessário, votarem se as crianças desejam sair.

Um procedimento de rotina, com o qual as crianças da *Lab School* costumaram-se a fazer antes do lanche, é o da lavagem das mãos. As crianças lancham após um período de brincadeiras ao ar livre. Quando voltam à sala, a professora as recebe na porta esguichando um pouco de sabonete líquido em suas mãos. As crianças vão direto ao banheiro para lavarem as mãos. Elas respondem de um modo cooperativo a esta rotina familiar, de modo que os professores não precisam andar pela sala lembrando-as de que devem lavar as mãos. Como mencionamos no Capítulo 4, as crianças nem sempre compreendem por que os adultos lhes dizem para lavar as mãos e esta regra é melhor manejada como um ritual familiar.

Outras rotinas podem incluir o modo como as bebidas (e alimentos, se a escola oferece lanches) são distribuídas, se há música ou não durante a hora do lanche, como as crianças são avisadas de que o horário terminou (veja a diretriz número 5) e o manejo da limpeza das mesas (veja a diretriz número 7).

2. Permita que as crianças sentem-se onde e com quem desejam.

O lanche é um momento altamente social e relaxado do dia. Exatamente como os adultos, as crianças gostam de comer com seus amigos. Nas salas de aula construtivistas, as crianças escolhem com quem lancharão. No HDLS, as crianças não têm assentos designados e, embora seus parceiros tendam a ser razoavelmente estáveis, ocorrem algumas mudanças. Conscientes de sua liberdade de escolha, ouvimos crianças dizendo: "Você vai comer comigo?" e "Sentarei com você também". Freqüentemente, as crianças reservam assentos para os amigos, o que leva a discussões sobre o direito de guardar lugares. Este pode ser um bom tópico para uma discussão moral (veja Capítulo 9).

Será que o professor deve se sentar com as crianças e participar das conversas durante o lanche? Achamos que não há uma resposta correta. As conversas são um pouco diferentes quando o professor participa e quando as crianças ficam sozinhas. Contudo, essas duas situações podem contribuir de forma positiva para a atmosfera sócio-moral. Descrevemos conversas na hora do lanche com e sem adultos presentes, sob a diretriz de número 6.

3. Ofereça auxílio, quando necessário.

Embora nosso objetivo geral para as crianças seja o de auto-regulagem, reconhecemos que, às vezes, as crianças precisarão de ajuda com embalagens, lancheiras e bebidas. Especialmente com crianças muito pequenas, isto tomará uma boa parte do tempo do professor durante o lanche. Sugerimos que o professor tente limitar o auxílio àquelas coisas que a criança não pode fazer sozinha. Os professores na *Lab School* nos contam, por exemplo, que não descascam as bananas para os alunos (embora dêem uma ajuda inicial a crianças muito pequenas).

4. Lembre às crianças dos hábitos de boa saúde, higiene e nutrição.

Como foi dito, os professores da *Lab School* solucionaram o problema da lavagem de mãos, antes do lanche, recebendo as crianças já na porta com um frasco de sabonete líquido. Outros temas relativos à saúde e à higiene giram em torno da divisão de alimentos (já vimos crianças tirando alimentos da boca para dá-los a outros colegas) e comer coisas que caíram ao chão. Os professores devem permanecer atentos durante a hora do lanche, para incidentes que possam comprometer a saúde das crianças e intervindo quando necessário. Muita orientação e informações sobre saúde ocorrem durante a hora do lanche.

Os professores devem encorajar seus alunos a se alimentarem adequadamente, mas não devem forçá-los a comer. O apetite de crianças pequenas é altamente variável. Às vezes, as crianças simplesmente não têm fome e forçá-las a comer seria tanto coercivo quanto (provavelmente) inefetivo. Similarmente, os professores devem respeitar as preferências alimentares das crianças. Se a escola oferece o lanche, inevitavelmente haverá dias em que as crianças não gostarão do que é servido. Um modo de lidar com este problema é manter manteiga de amendoim, geléia e pão na sala de aula, de modo que qualquer criança que não goste do que foi servido possa preparar um sanduíche. Assim, diminuem os problemas com alimentos e as necessidades nutricionais das crianças são satisfeitas.

Se as crianças trazem seus lanches de casa, pode ocorrer, freqüentemente, que não gostem do que os pais lhes preparam. Preparar e empacotar um lanche pode ser entediante, de modo que os pais ocupados podem facilmente cair na rotina de preparar sempre o mais fácil. Se uma criança queixa-se, por exemplo, de estar cansada de manteiga de amendoim e geléia, o professor pode oferecer-se para ajudá-la a escrever um bilhete para os pais, pedindo algo diferente. Talvez, também, a escola possa compilar uma relação de sugestões de lanches provados e aprovados, que sejam nutritivos, atraentes para as crianças e fáceis de preparar.

Carol Olson, a professora dos Experimentadores na *Lab School*, ao perceber que uma criança está tendo dificuldade para comer todo seu iogurte, sugere: "Sabe, percebi que quando você traz seu iogurte neste pote grande, não consegue tomar muito. Você não acha que talvez fosse bom escrever um bilhete para sua mamãe e papai sobre o iogurte, para que eles mandem um pote menor?"

5. Programe um período adequado para o lanche e ajude as crianças a preverem o final da hora do lanche.

A hora do lanche pode ser um horário tão agradável do dia que algumas crianças esquecem de comer. O professor deve lembrar periodicamente às crianças, deixando-as saber quanto tempo mais elas têm. Na *Lab School*, os professores dão um alerta nos 10 minutos finais e outro nos 5 minutos finais e, quando a hora do lanche está quase terminando, avisam: "Últimas mordidas!"

6. Encoraje interações entre as crianças.

Como afirmamos acima, a interação social na hora do lanche é, pelo menos, tão importante quanto comer. As crianças no HDLS trazem lanche de casa e freqüentemente demonstram curiosidade acerca do que outros têm e anseiam por mostrar algo especial em seu lanche. Ouvimos crianças dizendo: "Adivinhe o que tenho aqui", "Você trouxe refrigerante hoje?", "Olhe o que eu trouxe", "Eu também trouxe isto!" "Você não adora pizza?", "Você tem a mesma marca de suco que eu!" A descoberta de uma criança de que outra tem algo exatamente igual ao seu lanche estabelece um vínculo mútuo.

M: Eu também trouxe uvas! Temos a mesma coisa!
A: É mesmo (sorri para M).

Considere também a seguinte conversa.

J: Eu tenho dois sanduíches.
L: Olhe, eu trouxe morangos.
J: Eu sei, mas eu tenho dois sanduíches.
C: E eu tenho um sanduíche.
L: Eu não sei como se abre isso (ela levanta-se da mesa).
E: Uau, pickles doces! Hmmmm! Pickles doces, nhãm-nhãm!
J: Ma-nhêêê (enquanto esforça-se para abrir a garrafa térmica)
(A professora, ao passar, abre a garrafa para ela)
J: (Dá a volta em torno da mesa) Vou abrir isto para ela (ela tenta, não consegue e volta ao seu lugar).
E: Sabe de uma coisa, L? J tentou abrir a garrafa para você.
J: Eu tentei, mas não consegui.

Assim inicia-se uma hora do lanche plena de companheirismo para quatro crianças do jardim de infância na sala de aulas dos Inventores. Mais tarde, eles trocam alimentos.

J: Vocês querem um pouco de granola? Querem?
(Todas as três crianças levantam as mãos)
J: 1, 2, 3 (contando as mãos). Eu acho que tenho 3 aqui. Eu tenho 5, quer dizer, 6, quer dizer, 7. Vocês podem até repetir.
Crianças: Oba!
J: Quem quer, agora?
(Todas as três dizem em coro: "Eu! Eu!")

J: Ok (distribui dois para cada criança). Acabou. É só isso que vou dar. Vou escolher só mais uma pessoa. Minha mãe mandou escolher este daqui. (J abana com sua mão de lado a lado sem apontar sistematicamente e termina por apontar L). Coloque no seu leite (brincando, ameaça deixar cair um pouco de granola no leite de L, depois dá a ela).

A hora do lanche é um momento para compartilhar segredos, sonhos e juras de amizade. Não conseguimos ouvir os segredos sussurrados, mas escutamos enquanto uma Inventora confidenciava: "Quando eu crescer, vou morar em uma casa linda, grande, gigante!" Em uma outra mesa, K diz: "Eu tenho cortadores de massa para biscoitos. Minha mãe também tem e vamos fazer biscoitos". Quanto à amizade, considere a seguinte conversa:

S: (Aponta para A) Você é minha melhor amiga.
L: Eu tenho três melhores amigas.
S: Eu tenho duas melhores amigas (aponta para A e E).
N: Você é minha amiga?
S: Você é uma amiga (aponta para N) e você é uma amiga (aponta para L), mas elas são as melhores amigas (aponta para N e E).
N: (Aponta para E, S e L) Vocês são minhas amigas.
E: Você é minha melhor amiga e você é minha melhor amiga.
N: Sabe de uma coisa? Você (S) é minha amiga e L é minha amiga.
A: N, quer saber? Eu apontei para você porque você é minha melhor amiga e porque eu amo você.
S: Vamos sempre ser amigas.

Também descobrimos, em nossas pesquisas, que a hora do lanche é o momento ideal para o humor entre as crianças. O humor infantil é qualitativamente diferente daquele da maioria dos adultos. Um jogo que presenciamos entre as crianças da Lab School envolve pensar em coisas terríveis para colocar em sanduíches ("Você já provou um sanduíche de unha de dedão do pé?").

Na classe dos Inventores, um grupo de crianças engaja-se em uma brincadeira com palavras absurdas, que consideram muito esperto e engraçado.

L: It looks yummy, doesn't it?
T: And my tummy.
L: And my bummy.
T: Yummy in my tummy.
C: Mummy.
E: Yummy for my tummy.
T: Or tummy or my cummy or my fummy or my lummy.
E: Lummy? (Dá risadas)
T: Lummy.

L:: Lummy.
C: Lummy.
E: Lummy, cummy, fummy, tummy.*

Um outro grupo de quatro crianças falam por algum tempo sobre a ortografia de palavras e isto leva a um jogo similar com palavras absurdas.

A: Como se soletra dog? [cão]
N: D-O-G.
S: Dod.
A: Ded.
A: Dod é um (ininteligível).
N: Dart! ["dardo"]
(Todas riem e, deste ponto em diante, as crianças gritam com risadas a cada nova contribuição).
E: Fart! ["gases"]
(Todos riem e N cobre sua boca, chocada)
S: Cart! ["carrinho de supermercado"]
A: Comam e não brinquem!
N: Sandwich! ["sanduíche"]
A: Comam e não brinquem!
N: Bowl! ["vasilha"]
A: Go! ["Vá"]
N: Trashcan! ["Lata de lixo"]
A: *Bathcan!* ["Lata para banho"]
S: *Bat!* ["bastão"]
N: B*eeper bag.* ["sacola apitadora"]
S: *Lunchbox!* ["lancheira"]
N: E *sandwich bag?* ["saco para sanduíche"] E *kit head?* ["cabeça de gato"]
A: *Baloney pig.* ["porco de besteira"]
N: Ela disse "Baloney pig"!
A: *Hot dog pig!* ["porco de cachorro-quente"]
N: E quanto a *stinky pig?* ["porco fedorento"]
S: Minha vez! E quanto a *ugly pig?* ["porco feioso"]
L: E *dog pig?* ["porco-cachorro"]
A: E *dog fish?* ["peixe-cão"] Existe realmente um peixe com este nome!
N: E quanto a *apple pig?* ["Porco-maçã"]
S: Deixe eu, agora. Minha vez.
N: Faça um porco, está bem?
S: Ok. Não, não, eu vou fazer um (ininteligível).

---

* (N. de T.) Jogo de palavras intraduzível, no qual a primeira criança comenta que parece gostoso (yummy) a segunda diz "e a minha barriga" e, depois disso, as quatro engajam-se na criação de rimas absurdas.

N: Eu quero fazer um com porco, ok, *sandwich bag pig*! ("porco de saco de sanduíche")

Embora consideremos difícil compreender o que é tão hilariante, o importante é que as crianças consideram umas às outras a fonte deste prazer.

As conversas acima ocorrem entre as crianças. Entretanto, o professor também pode sentar-se e envolver-se em conversas amistosas com seus alunos. Stephanie Clark (P) senta-se com seis Investigadores (crianças de 4 anos) enquanto eles comem.

J: Eu tenho uma maçã (mostra a todos sua maçã). É da minha mamãe.
P: A maçã é da sua mamãe?
J: (Assente)
P: (Brincando) Por que ela está em sua lancheira?
J: Ela colocou aqui.
P: Você acha que ela está dando para você, ou ainda é dela?
J: Ela (ininteligível) algumas maçãs.
P: Ah, ela comprou uma maçã para você, também?
J: (Assente)
A: Este é o sanduíche da minha mamãe.
P: (Finge expressão chocada) Este é o sanduíche da sua *mamãe*? (Brincando) O que ele está fazendo em sua lancheira, se é de sua mamãe?
A: Eu coloquei aqui.
P: Você colocou?
L: Esta é a pizza da minha mamãe.
P: É a pizza de sua mamãe? Bem, por que sua mãe lhe deu a pizza dela?
L: Porque ela quis.
P: (Brincando) Bem, e o que sua mamãe vai comer no almoço?
L: Nada.
A: Eu sou alto.
P: Qual é sua altura, A?
A: Tenho 2 *pounds*.*
P: Você mede 2 *pounds*?
H: Eu tenho 4.
M: Olhe como sou alto, Stephanie (levanta-se).
P: Você é muito alto. M, nós sentimos muito sua falta nos últimos 2 dias. Onde você esteve?

---

* Aqui, a criança está obviamente confundindo altura com peso. Um *pound* corresponde a 453g.

Stephanie, assim, muda a conversa para algo que a criança pode compartilhar com o grupo todo. O problema de sentar com as crianças na hora do lanche é que essas falarão com o professor, ao invés de umas com as outras.

Mais tarde, as crianças comparam sanduíches. H segura seu sanduíche de geléia para que todos vejam. A geléia está pingando pelos lados do pão.

M, A e J: Uuuuuhhhshh (rostos contraídos de repugnância)!
P: Parece que um monte de geléia está saindo de seu pão. Tem manteiga de amendoim aí também, H?
H: Não.
L: (Ininteligível) feita de sangue, né?
M: É feita de sangue sim.
P: Você acha que tem sangue aí?
M: Tem sim.
J: Não.
H: Não.
P: Sabem de uma coisa? H, tem geléia ali. Vocês acham que parece com sangue?
Todos: É! (Risadas)

7. Envolva as crianças na limpeza.

No Capítulo 12, discutimos as razões para darmos às crianças a responsabilidade de manterem a sala de aula limpa. A hora do lanche é um momento especialmente adequado para isto, em parte porque inevitavelmente haverá alguma desarrumação e sujeira durante o lanche. Os professores da *Lab School* permanecem calmos e naturais quando as crianças derramam alimentos e líquidos. Quando uma criança da classe dos Investigadores anuncia a Stephanie Clark: "O refrigerante derramou", Stephanie responde: "O que você precisa pegar, meu bem? Você pode pegar uma toalha de papel. Você poderia conseguir uma para o tapete, também?"

Quando a hora do lanche termina, as crianças fecham suas lancheiras, jogam fora restos e embalagens e limpam as mesas. Um modo de motivar as crianças para que limpem as mesas é oferecer frascos de *spray* com água e grandes esponjas. As crianças gostam de borrifar água nas mesas e enxugá-las.

8. Providencie uma transição para a hora do descanso ou para a próxima atividade.

Nós defendemos a idéia de se permitir que as crianças deixem a mesa ao terminarem de comer, ao invés de se exigir que permaneçam sentadas até que todos tenham terminado. Isto significa que as crianças precisam ter algo disponível para fazer enquanto esperam o término da hora do lanche. A situação ideal é que as crianças estejam tão interessadas nas conversas durante a hora do lanche que permaneçam à mesa, mas isto nem sempre acontece. As crianças que terminam de comer antes podem ser convidadas para ir ao centro de leitura, a fim de olharem alguns livros até o término da hora do lanche, ou podem ser convidadas a auxiliar na preparação para a hora do descanso (se esta segue-se à hora do lanche). Na classe de Investigadores da *Lab School*, quando terminam de comer, as crianças rotineiramente vão ao banheiro, pegam seu lençol (ou bichinho de pelúcia, ou aquilo com que estão acostumadas a dormir) e então deitam-se sobre os colchonetes. Os professores acham que ir direto da hora do lanche para a hora do descanso funciona muito bem, em parte porque, talvez, isto elimine uma transição adicional. Isto é, se as crianças se envolvem em algo após o lanche, sentirão relutância em abandonar o que estão fazendo e resistirão à hora do descanso (veja o Capítulo 14 para mais detalhes sobre a hora do descanso).

RESUMO

Em uma sala de aula construtivista, a hora do lanche é mais do que apenas um momento para a satisfação das necessidades fisiológicas das crianças. Ela é uma situação rica em potencial para partilhar experiências, tão centrais ao desenvolvimento infantil do entendimento interpessoal. O humor infantil é especialmente prevalente durante o lanche. Os professores podem melhorar o valor educacional da hora do lanche pelo estabelecimento de rotinas, permitindo que as crianças sentem-se onde e com quem desejam, oferecendo auxílio, lembrando-as sobre bons hábitos de saúde, higiene e nutrição, permitindo um tempo adequado para o lanche, ajudando para que as crianças antecipem o final da hora do lanche, encorajando suas interações, envolvendo-as na limpeza e fornecendo uma transição para a hora do descanso.

14

HORA DO DESCANSO

Qualquer um que ensine crianças até 6 anos de idade deve lidar com a hora do descanso. Até mesmo alunos de primeira e segunda série podem obter benefícios de um período de repouso. Muitos professores construtivistas dizem-nos que este é o momento do dia em que se sentem mais coercivos. Dizer às crianças, quando elas insistem que não sentem sono, que devem repousar ou tirar um cochilo é muito difícil, sem parecer heteronômico. Neste capítulo, abordamos os problemas comuns encontrados durante a hora do descanso e discutimos algumas diretrizes que os professores construtivistas devem manter em mente, dando algumas sugestões sobre como tornar a hora do descanso menos estressante, tanto para os adultos quanto para as crianças.

PROBLEMAS DA HORA DO DESCANSO

O principal problema com a hora do descanso é que a maioria das crianças não ingressa nela de boa-vontade, em especial se o professor conseguiu criar um ambiente no qual elas sentem prazer em realizar atividades estimulantes por interesse próprio. Não nos surpreende que as crianças relutem em abandonar essas atividades para cochilarem no meio do dia. Crianças pequenas freqüentemente consideram difícil qualquer transição. A hora do descanso é uma transição sobremaneira difícil porque, sob a perspectiva da criança, ela estará trocando fazer algo divertido por fazer absolutamente coisa nenhuma. O professor pode suavizar outras transições na sala de aulas chamando atenção para a próxima atividade, mas não existe um modo de convencer uma criança de que ela irá gostar de tirar uma soneca.

Isto significa que o professor fica na posição de insistir que sabe melhor do que a própria criança do que esta necessita. Essa atitude parece muito coerciva e vai de encontro ao modo de pensar habitual dos professores construtivistas sobre como promover a auto-regulagem das crianças. Contudo, o fato é que as crianças pequenas precisam tirar um cochilo. Esses breves períodos de descanso são não apenas uma necessidade fisiológica para a maioria das crianças pequenas, mas também são exigidos pelas normas que autorizam o funcionamento de creches. O desafio para o professor é abordar a hora do descanso de uma forma que respeite a autonomia da criança, satisfazendo, ao mesmo tempo, suas necessidades de repouso.

O problema de as crianças não desejarem dormir é complicado pelo fato de que, ocasionalmente, uma criança realmente não precisa dormir. Isto é mais comum com crianças mais velhas dos jardins de infância. Também temos visto isto no HDLS com crianças cujas famílias permitem-lhes ir para a cama muito tarde e despertar também tarde. Essas crianças são trazidas à escola bem depois do início do dia escolar. Forçar crianças que estão acordadas há apenas 2 ou 3 horas a tirar um cochilo seria não apenas coercivo e desnecessário, mas também quase impossível. Embora a melhor solução, sob a perspectiva do professor, fosse uma mudança de horários pela família, a fim de se ajustar às necessidades da escola, esta freqüentemente não é uma opção. Nesses casos, sugerimos que o professor esteja aberto à possibilidade de algumas crianças não precisarem de cochilos e fazer outros planos para elas, tais como conseguir um local (afastado daqueles que descansam) onde possam envolver-se em atividades calmas.

DIRETRIZES PARA UMA HORA DO DESCANSO MENOS ESTRESSANTE

Temos oito sugestões para tornar a vida mais fácil durante a hora do descanso.

1. Estabeleça um ambiente silencioso e tranqüilo.

A atmosfera na sala de aula deve ser silenciosa e tranqüila durante a hora do descanso (ajudaria muito, embora nem sempre seja possível, se a escola toda pudesse ficar em silêncio durante a hora do descanso). Tente minimizar as chances de interrupções, especialmente durante o momento em que as crianças recém adormeceram. Um sinal de "Não perturbe" na porta pode ser útil durante o descanso.

A sala deve estar tão escura quanto possível, embora deva permitir que o professor enxergue suficientemente bem para intervir em situações-problema. O professor deve movimentar-se lentamente pela sala e evitar movimentos abruptos. A comunicação deve ser feita em sussurros, perto da criança, não do outro lado da sala. Música suave pode ser útil, mas deve ser muito tranqüila, em volume baixo (por favor, nada de *rock* pesado ou óperas de Wagner!). Músicas que as crianças estão acostumadas a cantar também não são uma boa idéia, por razões óbvias.

2. Torne o ambiente para o descanso tão confortável quanto possível.

As crianças precisam ser capazes de se deitar confortavelmente. Não é suficiente colocarem a cabeça sobre as mesas e cochilarem sentadas. Isto é desconfortável e não conduz ao repouso. Embora colchonetes sejam o mais adequado, e devam estar no alto da lista de prioridades orçamentárias (na verdade, os colchonetes freqüentemente são exigidos por leis de licenciamento de creches e maternais), nem todas as escolas podem comprá-los. Nesses casos, cobertores no chão podem funcionar. O professor pode pedir que as crianças tragam um cobertor ou uma toalha grande de casa.

3. Estabeleça rituais específicos para a hora do descanso.

Os professores no HDLS contam-nos que a hora do descanso pode ser especialmente difícil nos primeiros meses do ano escolar. Uma professora de crianças pequenas, Marti Wilson, descreve sua classe de Exploradores como uma "classe dos lamentos", durante o primeiro mês. À medida que os rituais são estabelecidos e as necessidades individuais das crianças descobertas, a hora do descanso torna-se mais fácil. Seja paciente.

Os rituais para a hora do descanso são tão importantes quanto os rituais para a hora de dormir em casa e devem ser estabelecidos no início do ano (obviamente a possibilidade de adaptação dos rituais devem existir sempre). A rotina normal dos rituais possibilita a organização do tempo pelas crianças pequenas. Os rituais servem como indicadores para a auto-regulagem por crianças de que "Agora é hora de _____ (comer, ir ao banheiro, arrumar, deitar, relaxar, etc.)". Música, histórias e cafunés podem ser parte do ritual da hora do descanso. Você, sua equipe e seus alunos podem pensar sobre outros elementos do ritual. Tenha em mente que o papel do ritual é facilitar a transição para o ritmo sossegado da hora do descanso.

Se a hora do descanso segue-se à exuberância ruidosa da hora do lanche, algumas vezes uma história ou poema pode levar as crianças a se acalmarem. Percebemos que grupos de crianças pequenas têm seus momentos mais tranqüilos quando o professor está lendo. Uma história ajuda as crianças a ficarem quietas e paradas. Entretanto, o professor deve ser cuidadoso ao escolher uma história. Histórias apropriadas para a hora do descanso não devem ser excitantes ou engraçadas (nada perturba mais a hora do descanso do que uma crise de risadas); elas devem ser relaxantes e devem prescindir da apresentação de ilustrações, porque o objetivo é as crianças deitarem e fecharem seus olhos, preparando-se para o sono. Sugere-se histórias que as crianças apreciem muito ou livros de poesia. Sugerimos resistir à tentação de mostrar um vídeo. Uma vez que as crianças querem ver o filme (em oposição a simplesmente ouvir uma história), elas perambularão, tentando encontrar um bom lugar para assistir, e não fecharão seus olhos. Além disso, tenha em mente que ler uma história (ou exibir um vídeo) antes da hora do descanso significa que haverá duas transições — daquilo que veio antes da hora do descanso para a hora da história e desta para o cochilo em si — ao invés de apenas uma. Se a classe tem dificuldades com as transições, uma história pode causar mais danos do que benefícios, em termos de ajudar as crianças a repousarem.

4. Saliente que as crianças precisam de repouso a fim de serem saudáveis e felizes.

O professor pode dizer que as crianças precisam repousar e que sua tarefa, como professor, é garantir que as necessidades infantis sejam atendidas. O professor pode explicar em uma linguagem apropriada à idade de seus alunos a necessidade de repouso pelas crianças ("Os corpos das crianças precisam descansar, para poderem ficar fortes"), os efeitos da falta de repouso ("Quando as crianças não repousam durante a hora do descanso, elas ficam cansadas e tristes, à tarde, e adormecem durante as atividades), e as regras que os professores devem seguir, envolvendo a hora do descanso ("Existe uma regra em nossa escola de que as crianças devem descansar e eu não estaria cumprindo minha obrigação, se não descansássemos).

5. Mostre-se solidário com o esforço das crianças para adormecerem.

O professor deve afirmar os sentimentos das crianças, transmitindo-lhes que entende como é difícil deixar de brincar para repousar. O professor pode, também, garantir-lhes que poderão fazer coisas divertidas, após a hora do descanso.

6. Respeite as necessidades fisiológicas e emocionais das crianças.

As crianças adormecem de maneiras muito variadas. Algumas, por exemplo, permanecem inquietas por 5 a 10 minutos antes de adormecer. Dizer-lhes para ficarem quietas não as ajuda a cair no sono. Algumas crianças relaxam e adormecem mais facilmente com um cafuné ou um suave massagear nas costas, enquanto para outras isto é excessivamente estimulante.

Uma professora no HDLS contou-nos sobre uma criança de 4 anos que sempre precisava ir ao banheiro 10 minutos após deitar-se para cochilar, não importando quando usara pela última vez o sanitário. A equipe conhecia esta determinada criança e suas necessidades particulares, mas novos funcionários sempre precisavam ser alertados, a fim de não causarem estresse e ansiedade, impedindo-a de levantar-se para ir ao banheiro.

Algumas crianças precisam ter algo familiar para segurar, enquanto adormecem, para sentirem-se confortadas. Até onde isto for possível, levando-se em consideração questões de higiene e segurança, os professores podem tentar acomodar essas necessidades, permitindo que as crianças tragam, por exemplo, um item de casa, especificamente para a hora do descanso. Um brinquedo macio tal como um bichinho de pelúcia, boneca de pano ou cobertorzinho são os melhores. Entretanto, os itens de casa podem se transformar em distrações se usados como brinquedos, ao invés de apoio. As crianças podem ser lembradas que o objeto serve para ajudar a dormir, não para brincar. Os professores podem invocar as conseqüências lógicas (veja Capítulo 10), dizendo às crianças, por exemplo: "Seu coelhinho não está deixando seus amigos dormirem. Se o coelho não pode ficar quieto, talvez ele deva descansar em seu armário". Crianças muito pequenas podem ser convencidas dizendo-se: "Os coelhos também precisam descansar".

A posição dos colchonetes também pode ser um problema. Algumas crianças relaxam mais quando próximas a um amiguinho, enquanto outras distraem-se muito quando perto de qualquer outra pessoa, sendo-lhes impossível adormecer. Uma criança do HDLS precisava ser separada das outras por uma barreira, como uma pequena estante de livros e, mesmo assim, tentava encontrar um meio de falar com as outras crianças. Entretanto, quando a professora encontrava uma forma de removê-la de qualquer possibilidade de contato com outra criança, ela sempre adormecia quase que imediatamente.

O professor deve falar com os pais sobre as necessidades e idiossincrasias de seus filhos em relação ao sono. Se as crianças estão acostumadas a adormecer com um dos pais a seu lado, por exemplo, será difícil adormecer sozinha na escola. Os professores devem falar com esses pais sobre o objetivo de fazer com que a criança adormeça sozinha e deve cooperar com os pais para a conquista desta meta. Contudo, a curto prazo, pode ser necessário fazer com que um adulto deite-se ao lado da criança até esta adormecer, pelo menos durante as primeiras semanas.

Essas diferenças individuais salientam a importância de se ter uma equipe fixa durante a hora do descanso. Sempre que possível, a mesma pessoa deve ser responsável pela hora do descanso, todos os dias. Esta pessoa garantirá a previsibilidade nas rotinas e estará familiarizada com as idiossincrasias particulares a cada criança. Os professores e diretores de creches e maternais devem tentar evitar a troca de funcionários durante a hora do descanso, a menos que isto seja absolutamente necessário e, quando imprescindível, devem se preocupar com a instrução aos novos funcionários sobre as necessidades individuais das crianças.

7. Assuma uma atitude de que você está ali para ajudar no descanso das crianças.

Até que todas as crianças estejam repousando tranqüilamente, a tarefa do professor é ajudá-las a relaxar. Portanto, o professor deve envolver-se com as crianças, ajudando cada uma no que for necessário. Esta não é a hora para o professor fazer um lanche, corrigir e/ou preparar tarefas, fazer relatórios, etc., atualizar o quadro de avisos ou ler, por exemplo. Uma forma de ajudar é circular pela sala de aula, friccionando suavemente as costas das crianças ou simplesmente deitando-se perto delas, colocando uma mão em seus ombros ou dando tapinhas amistosos.

É muito importante evitar transmitir a mensagem de que o professor está ali para forçar as crianças a um descanso obrigatório. Uma atitude coerciva transforma o papel do professor de facilitador em policial. As interações com as crianças durante a hora do descanso devem refletir o desejo, por parte do professor, de fazer todo o possível para ajudar as crianças a repousarem. Os professores podem perguntar a seus alunos: "Será que ajudaria se você colocasse sua cabeça do outro lado do colchonete?" "Será que ajudaria se eu coçasse suas costas?" "Será que ajudaria se eu mudasse seu colchonete para o outro lado da sala?" "O que eu poderia fazer para ajudá-lo a adormecer? Você acha que há algo que eu possa fazer?" ou até mesmo "O que você pode fazer para descansar melhor?" Sempre existe algum modo de ajudar as crianças a descansarem, encorajando-as ao mesmo tempo a serem auto-reguladoras.

Os professores não devem adular nem ameaçar as crianças durante a hora do descanso. Já vimos uma professora construtivista muito competente, que jamais pensaria em usar ameaças e adulações em outras situações, dizer que faria cafuné nas crianças que ficassem quietas. Isto reflete falta de reconhecimento do fato de que geralmente são as crianças que não conseguem ficar quietas as que mais necessitam de um conforto físico. O oferecimento de recompensas dá às crianças a idéia de que estas devem exibir certos comportamentos, a fim de agradarem ao professor. Esta mensagem contraria o objetivo de auto-regulagem e contribui para uma atmosfera de coerção, ao invés de uma atmosfera de respeito mútuo.

8. Use os problemas da hora do descanso como oportunidades para ajudar as crianças a assumirem a perspectiva de outros.

Ao pedirem que as crianças fiquem quietas, os professores devem lembrá-las de que o ruído perturbará as outras crianças. O silêncio é necessário para a hora do descanso, não porque os professores dizem isso, mas porque as outras crianças estão tentando descansar e o barulho impedirá que durmam. O ruído na hora do descanso pode servir como um tópico para a discussão na hora da roda e as crianças podem ser convidadas a fazer regras que consideram úteis para uma melhoria na hora do descanso (veja Capítulo 7).

Se uma criança perturba demasiadamente a hora do descanso, a conseqüência lógica é que deverá sair da sala (veja Capítulo 10). O professor deve fazer arranjos com um colega na escola para um intercâmbio de crianças com problemas na hora do descanso. Quando as crianças são levadas para um outro local, afastado dos amigos, geralmente caem facilmente no sono. Novamente, isto não deve ser apresentado à criança na forma de uma punição. A atitude deve ser de apontar-lhe que seu comportamento está impedindo o sono de outras crianças, e que o professor está pedindo que vá para um outro lugar para que todos possam ser capazes de descansar. Às vezes, uma criança sente alívio ao descobrir-se em uma situação que facilita o repouso e prefere continuar com esse arranjo especial. Se a criança prefere descansar em sua própria sala de aula, o professor pode garantir-lhe que ela poderá tentar tirar uma soneca com sua própria turma no dia seguinte. A criança pode ser encorajada a mudar seu comportamento, a fim de poder permanecer com a classe.

No HDLS, as classes de crianças menores começam sua hora do descanso enquanto a classe dos Inventores, com crianças maiores, brinca no pátio. Quando o barulho do retorno destes à sua sala de aula perturbou as classes menores, as crianças mais jovens escreveram bilhetes aos Inventores, pedindo-lhes para serem silenciosos ao voltarem para sua sala de aula. Isto inspirou os Inventores a assumirem a perspectiva das crianças menores e a regularem suas ações em função da consideração pelos outros.

RESUMO

A hora do descanso é sobremaneira difícil para muitas crianças que não conseguem abandonar facilmente atividades interessantes para irem dormir. A hora do descanso é uma das raras situações nas quais o professor construtivista deve enfrentar a possibilidade de ter de fazer com que as crianças façam aquilo que não desejam. O desafio é fazer isto de uma forma que transmita carinho e respeito pelas crianças. As diretrizes para uma hora do descanso menos estressante levam o professor construtivista a estabelecer um ambiente calmo e confortável, a estabelecer rotinas, salientar a razão para o repouso, solidarizar-se com os esforços das crianças para adormecerem, respeitar as suas necessidades emocionais e fisiológicas, assumir uma atitude de prontidão para ajudar e usar os problemas da hora do descanso como oportunidades para ajudá-las a assumirem as perspectivas de outros.

15

Temas Acadêmicos

Uma idéia errônea sobre a educação construtivista é que, uma vez que inclui brincadeiras, não inclui temas acadêmicos. Queremos corrigir este engano. O leitor perceptivo pode já ter percebido referências e comentários envolvendo temas acadêmicos em vários dos capítulos anteriores. Os educadores construtivistas levam a sério a aquisição da leitura e da escrita, estudos numéricos e aritméticos, ciências e estudos sociais, bem como educação artística. Entretanto, neste capítulo, nosso objetivo não é oferecer um relato exaustivo do enfoque construtivista aos temas acadêmicos. Nosso objetivo limita-se a ilustrar como os temas acadêmicos influenciam e são influenciados pela atmosfera sócio-moral.

Já percebemos que muitos professores, ao verem o índice dos capítulos deste livro, perguntam primeiro por este capítulo relacionado aos temas acadêmicos. Isto reflete a preocupação intensa dos professores por esta parte de sua responsabilidade, bem como sua confusão sobre como ensinar temas acadêmicos em uma sala de aula construtivista. Este capítulo não satisfará toda a curiosidade sobre este tema. Entretanto, esperamos ajudar o leitor a conceitualizar o ensino de temas acadêmicos de formas que não impeçam o desenvolvimento intelectual e sócio-moral. Temendo que os leitores iniciem a leitura do livro por este capítulo, alertamos que não é possível compreender o enfoque construtivista aos temas acadêmicos sem primeiro compreender a atmosfera sócio-moral construtivista descrita em capítulos anteriores.

Para muitas pessoas, a principal meta da educação infantil é a alfabetização. O senso comum é que as crianças devem aprender a ler e escrever antes de serem capazes de aprender qualquer outra coisa na escola. Existem diversos problemas com esta visão. O primeiro é que um direcionamento exclusivo para a alfabetização pode levar a um enfoque heteronômico que contradiz o objetivo abrangente do desenvolvimento. O professor, cujo principial objetivo é ensinar as crianças a ler e escrever, cai facilmente em um modelo didático de ensino no qual o mestre tem o conhecimento que falta às crianças. É difícil respeitar as crianças quando essas são vistas como seres que nada sabem.

O problema ao abordar qualquer conteúdo acadêmico, para o professor construtivista, é diferenciar o que deve ser construído do que deve ser instruído. Certamente, a língua escrita, por exemplo, consiste essencialmente de conhecimento arbitrário convencional. Entretanto, ela possui aspectos físicos (a forma da escrita) e aspectos lógico-matemáticos (regularidades de correspondências, relações de significado).

A seguir, discutimos três pontos. Em primeiro lugar, o ensino acadêmico sempre ocorre no contexto de uma atmosfera sócio-moral. Em segundo lugar, as condições para uma melhor promoção dos temas acadêmicos são as mesmas necessárias para a melhor promoção do desenvolvimento sócio-moral. Em terceiro lugar, os temas acadêmicos em uma sala de aula construtivista integram-se aos objetivos das crianças e são ensinados de forma consistente com o desenvolvimento cognitivo e sócio-moral das crianças.

O CONTEXTO SÓCIO-MORAL PARA O ENSINO DE TEMAS ACADÊMICOS

No Capítulo 1, descrevemos três diferentes atmosferas sócio-morais como os contextos para o ensino de números e aritmética. Na classe do Campo de Treinamento, as crianças de jardim de infância experienciam os números e a aritmética em termos de exercícios e práticas de memorização e são conduzidas por uma professora autoritária tipo Sargenta de Instrução que é rápida em criticar e punir a desatenção e as respostas incorretas. O objetivo acadêmico é abordado diretamente e se espera que as crianças queiram pensar sobre os temas acadêmicos por si mesmos, ou seja, isolados de um contexto significativo. Na classe da Fábrica, as crianças experienciam os números e a aritmética em lições didáticas orientadas por uma professora Gerente, controladora e sutilmente crítica, que ensaia cuidadosamente as respostas que devem ser dadas nas folhas de exercícios pelas crianças. Aqui, o objetivo do ensino acadêmico também é abordado diretamente, mas é levemente adotado com, por exemplo, a idéia de contar tartarugas (de algum modo, espera-se que as crianças fiquem motivadas a contar tartarugas em folhas de exercícios). Em contraste, na sala de aula construtivista da Comunidade, o objetivo do ensino acadêmico é abordado indiretamente e se espera que as crianças desejem pensar sobre temas acadêmicos no contexto de finalidades pessoais e do grupo. As crianças desta sala de aulas, por exemplo, vivenciam os números como o meio de solucionar um problema interpessoal com a orientação da professora Mentora.

Essas vinhetas ilustram nossa visão de que o ensino de temas acadêmicos sempre ocorre em uma atmosfera sócio-moral que pode ser favorável ou desfavorável para o desenvolvimento geral das crianças. Vemos nessas salas de aula um relacionamento recíproco entre a atmosfera sócio-moral e o ensino de temas acadêmicos. Com os *temas acadêmicos* como prioridade e com a aprendizagem considerada como uma questão de transmissão direta, os professores caem facilmente em uma relação heteronômica com as crianças. Com o *desenvolvimento* como a prioridade e com a aprendizagem considerada como algo a ser construído pela criança, uma relação heteronômica não é possível. Como mencionamos no Capítulo 1, nossas pesquisas indicam que as atmosferas do Campo de Treinamento e da Fábrica estão associadas a um desenvolvimento sócio-moral menos avançado e a atmosfera da Comunidade está associada com o maior desenvolvimento sócio-moral (DeVries, Haney & Zan, 1991; DeVries, Reese-Learned & Morgan, 1991a). Portanto, sustentamos que a posição ética no planejamento e implementação do ensino de temas acadêmicos é a de "Não Cause Danos". Quando o ensino de temas acadêmicos resulta em dano ao desenvolvimento sócio-moral das crianças, ele não pode ser defendido como ético. Este é especificamente o caso quando, como nossa pesquisa sugere, a ênfase didática acadêmica nas salas de aula do Campo de Treinamento e da Fábrica não dá qualquer vantagem, a longo prazo, às crianças dessas classes sobre as crianças nas salas de aula da Comunidade, em termos de conquista de notas (DeVries, Reese-Learned, & Morgan, 1991a).

AS CONDIÇÕES PARA A PROMOÇÃO DE TEMAS ACADÊMICOS

Nosso esforço em definir as condições construtivistas para o ensino de temas acadêmicos é inspirado não apenas pelo objetivo de "não causar dano", mas pelo objetivo mais positivo de construção ótima do conhecimento, incluindo temas acadêmicos. Argumentamos que os temas acadêmicos são mais bem aprendidos no contexto da atmosfera sócio-moral construtivista descrita neste livro. Em nossa opinião, as condições que promovem o desenvolvimento social e moral são as mesmas que promovem o desenvolvimento intelectual. Em outros capítulos, discutimos o desenvolvimento do *raciocínio* das crianças sobre questões sociais e morais. Portanto, um componente significativo do desenvolvimento sócio-moral é intelectual. Reciprocamente, um componente significativo do desenvolvimento intelectual é sócio-moral. Resumindo, lembramos o leitor da visão de Piaget de que o controle heteronômico das crianças pelos adultos pode resultar em conformismo sem reflexão nos aspectos tanto morais quanto intelectuais da vida da criança. A ênfase sobre a obediência estimula a insegurança e as qualidades necessárias para a submissão. A experiência educacional preocupada em distribuir informações corretas destrói a curiosidade e leva ao embotamento intelectual e a um saber pleno de erros egocêntricos — a um "verniz escolar". O regulamento autoritário das lições acadêmicas reforça a heteronomia tanto moral quanto intelectual. A heteronomia intelectual que acompanha a heteronomia moral reflete-se em uma orientação passiva às idéias de outros, a uma atitude não questionadora e acrítica e a uma pouca motivação para raciocinar. Os pais e professores freqüentemente desejam que as crianças sejam submissas às idéias dos adultos, mas não àquelas dos companheiros. Entretanto, se desejamos que as crianças resistam e não sejam vítimas das idéias de outros, temos que educá-las para pensar por si mesmas sobre todas as idéias, incluindo aquelas dos adultos.

A visão de Piaget é de que as relações cooperativas entre adultos e crianças resultam em uma reflexão ativa em aspectos tanto morais quanto intelectuais da vida da criança. A ênfase no autocontrole da criança fomenta a autoconfiança, uma atitude de questionamento e avaliação crítica, e motivação para pensar sobre causas, implicações e explicações de fenômenos lógicos, bem como sociais e morais. Quando o adulto respeita o raciocínio das crianças e oferece muitas oportunidades para a exploração e experimentação, o resultado é a acuidade intelectual. Piaget (1948/1973) salientou os resultados morais e intelectuais da heteronomia e cooperação da seguinte maneira:

> Na realidade, a educação constitui um todo indissolúvel e não é possível criar personalidades independentes na área ética se o indivíduo também está sujeito à limitação intelectual a tal ponto que deve restringir-se a aprender apenas decorando, sem descobrir a verdade por si mesmo. Se ele é intelectualmente passivo, não saberá como ser livre eticamente. Inversamente, se sua ética consiste exclusivamente na submissão à autoridade adulta, e se os únicos intercâmbios sociais que constituem a vida da classe são aqueles que unem cada estudante individualmente a um mestre que retém todo o poder, ele não saberá como ser intelectuamente ativo (p. 107).

Portanto, na visão construtivista, a moralidade e a inteligência são transformadas em vias interconectadas. Uma vez que não é possível influenciar uma sem influenciar a outra, argumentamos que a vida em uma sala de aula moral promoverá o desenvolvimento intelectual das crianças.

Nossa discussão, até aqui, focaliza-se mais nas condições necessárias para o desenvolvimento intelectual geral do que nas condições necessárias para a aprendizagem específica dos temas acadêmicos. Para Piaget, contudo, elas não podem ser facilmente separadas. Piaget (1964) discutiu a aprendizagem e o desenvolvimento argumentando que o desenvolvimento é que torna a aprendizagem possível. Isto é, o desenvolvimento intelectual envolve a transformação dinâmica dos esquemas do conhecimento. Os esquemas do conhecimento podem ser pensados como a maneira pela qual a criança organiza o que já sabe. Piaget argumenta que o desenvolvimento de esquemas organizacionais ocorre com a assimilação de conteúdo aos esquemas já existentes. Neste processo de assimilação, a criança compreende a experiência específica em termos do conhecimento organizado que já construiu. Quando a experiência contradiz a organização do conhecimento da criança, esta tem a oportunidade de reorganizar os esquemas do conhecimento. Devemos notar que os "esquemas" não existem por si mesmos. Eles existem apenas em relação a um conteúdo específico. O raciocínio deve ser sempre sobre algo específico. Portanto, para Piaget, a aprendizagem e o desenvolvimento são mutuamente dependentes. Existe uma relação dialética na qual o desenvolvimento torna a aprendizagem possível e esta, por sua vez, promove o desenvolvimento. Isto se opõe à visão comportamentalista clássica da aprendizagem como um estímulo que evoca uma resposta e cria uma associação. Esta diferença entre a teoria tradicional e a construtivista leva a práticas muito diferentes na sala de aula.

A INTEGRAÇÃO CONSTRUTIVISTA DE TEMAS ACADÊMICOS

Embora a vida em uma sala de aula moral crie condições gerais para o desenvolvimento intelectual, é possível estabelecer uma atmosfera cooperativa sem a adequada atenção aos temas acadêmicos. O desafio para o professor construtivista é incorporar os temas acadêmicos na vida da sala de aula e integrar objetivos desenvolvimentais e acadêmicos. Na verdade, argumentamos que o melhor ensino de temas acadêmicos está enraizado no conhecimento das transformações desenvolvimentais nos conceitos infantis do conteúdo acadêmico. Em contraste com a abordagem tradicional aos temas acadêmicos, centrada nos conteúdos, o enfoque construtivista é centrado na criança. Oferecemos quatro princípios de ensino, com exemplos, que podem ser guias úteis para os professores que desejam assumir uma abordagem construtivista aos temas acadêmicos. Desnecessário dizer, naturalmente, que a atmosfera sócio-moral descrita nos capítulos anteriores é o contexto geral para a implementação dos princípios seguintes.

Crie Situações Ativas Relacionadas às Metas das Crianças

Um princípio construtivista geral é que o intelecto desenvolve-se pelo seu exercício. O ensino construtivista de temas acadêmicos, portanto, visa a promover o raciocínio ativo das crianças sobre o conteúdo. O professor construtivista incentiva uma atmosfera de reflexão. Isto é conquistado através de atividades que atraem os interesses das crianças e os seus próprios objetivos para pensar sobre o conteúdo acadêmico. Como salientamos no Capítulo 11, as atividades construtivistas estão enraizadas nos objetivos das crianças. Isto tem uma aplicação prática para o ensino de temas acadêmicos porque, como Dewey (1913/1975) destacou, as pessoas sempre investem mais atenção e esforço no que lhes interessa. Concordamos com os defensores do enfoque da Linguagem Intelectual* para o ensino da leitura e da escrita, que as melhores atividades são autênticas, ao invés de forçadas (Manning, Manning & Long, 1989). Por exemplo, quando o objetivo de uma criança é jogar um jogo de mesa, o interesse pelas regras escritas, contagem e números, e pela escrita de palavras e numerais é espontâneo. Quando as crianças querem cozinhar, elas são motivadas a tentar descobrir o que a receita diz. A fim de garantir que seu amigo participe de uma atividade com água em seu grupo, C, uma criança de 4 anos, escreve o nome de K na lista dos participantes, percorrendo a lista de Ajudante Especial seis vezes, para copiar a ortografia, com uma letra de cada vez. K, um menino de 5 anos, consulta a lista numerada de Ajudantes Especiais contando, a fim de descobrir como escrever "12" no calendário. As crianças também são inspiradas pelo interesse em participar na escrita de histórias e canções e na produção de gráficos ilustrando como fazer sombras com os dedos nas paredes.

No Capítulo 11, discutimos o papel essencial da ação para a construção do conhecimento e inteligência, apresentando o argumento de que crianças pequenas são muito mais ativas mentalmente quando são fisicamente ativas ao tentar descobrir como fazer algo. Metas ativas, envolvendo o movimento de objetos (física elementar) e transformações nos objetos (química elementar) motivam as crianças a construírem o conhecimento sobre o mundo físico. Por exemplo, o uso de uma bola presa em um cordão (como um pêndulo) para derrubar um alvo inspira as crianças a construírem o conhecimento espacial e causal das reações de um pêndulo. A experimentação com muitos objetos na água inspira a construção de conhecimento específico sobre as relações entre as propriedades dos objetos, suas propensões a afundar ou flutuar e, eventualmente, a compreensão sobre a gravidade específica. A experimentação com o uso de diferentes quantidades de farinha, água e óleo para fazer massinha de modelar inspira as crianças a construírem um conhecimento específico sobre a influência de cada substância sobre a consistência da massinha de modelar. O conhecimento sobre transformações nos objetos é elaborado nas atividades culinárias, à medida que as crianças têm a oportunidade de experimentar, por exemplo, com diferentes quantidades de fermento ou sal em biscoitos. Experiências sistemáticas com diferentes quantidades de água dada às plantas oferecem uma oportunidade para a construção de sentimentos de necessidade e compreensão das relações causais envolvidas nas

---

* *Whole language:* Enfoque do ensino de língua desenvolvido por pesquisadores norte-americanos.

alterações nesses objetos. A experimentação com sombras inspira as crianças a construírem um conhecimento específico sobre a natureza da luz e relações causais e espaciais entre a fonte de luz, objeto e sombra. Em cada uma dessas atividades, as crianças aprendem um conhecimento acadêmico específico enquanto aumentam também sua capacidade intelectual geral para o raciocínio em termos de relações lógico-matemáticas.

Fomente a Interação Social Centrada nos Temas Acadêmicos

O estudo de temas acadêmicos, em uma sala de aula construtivista, é uma ação de cunho social. A atmosfera geral de vitalidade e energia investida na experiência de vida em conjunto invade tanto o aspecto acadêmico quanto todos os outros aspectos do programa. Muitos dos exemplos oferecidos acima sobre os temas acadêmicos em relação aos objetivos das crianças também têm uma natureza social. Nos capítulos anteriores, demos exemplos de professores construtivistas integrando os temas acadêmicos na confecção de regras e tomada de decisões, votação e discussão de conflitos e questões sociais e morais, hora da atividade e hora da arrumação. Os temas acadêmicos freqüentemente estão envolvidos nas necessidades das crianças de se comunicarem e em seus desejos de colaborar. A motivação social ou moral pode levar a revisões do conhecimento acadêmico. Discutimos essas idéias abaixo.

Atraia para as Necessidades de Comunicação e Desejos de Colaboração das Crianças

A vida social é repleta de necessidades de comunicação. A linguagem oral floresce na vida interativa da sala de aula construtivista. Por exemplo, nos jogos de faz-de-conta, as crianças devem usar a linguagem para encenar idéias e negociar os detalhes da brincadeira. Nos jogos de grupo, as crianças devem usar a linguagem para a discussão de regras e negociar quando violações às regras são reconhecidas. Esses tipos de interações comunicativas e cooperativas são multiplicadas muitas vezes durante o dia.

O ambiente construtivista apóia continuamente a escrita e leitura como necessárias aos objetivos das crianças. Por exemplo, quando um Investigador de 4 anos escreve um bilhete para sua professora, Kathy Saxton, esta salienta para o grupo: "Ele usou sua escrita para me dizer alguma coisa". Quando desejam deixar montadas suas construções de blocos durante a noite, as crianças ditam um bilhete para a zeladora, pedindo que esta limpe apenas em volta da construção.

As crianças, em nossas classes construtivistas, acreditam que a escrita é uma poderosa ferramenta nas negociações interpessoais. No Capítulo 6, descrevemos a consulta que S faz ao grupo, sobre como solucionar seu problema de não conseguir chegar na escola a tempo de ser Ajudante Especial. A primeira sugestão dada por uma criança é que ela escreva um bilhete à mãe de S. Na mesma classe, E dita um bilhete para dar sugestões à sua mãe quanto a seu lanche, porque não gosta do que ela vem preparando. Ele também copia, com grande esforço, uma receita de bolo para levar para casa, para poder desfrutar de partilhar a experiência de fazer bolinhos com sua mãe.

Escrever e ler numerais, contar e calcular são necessários, em uma variedade de atividades. Precisando de um cardápio para seu restaurante de faz-de-conta, os Inventores escrevem itens e preços: "Pepsi 4, *pizza* 6, 2 fatias de torta 2". Os Inventores controlam a marcação de pontos em um jogo de cartas e os Investigadores fazem o mesmo quanto ao boliche. Quando S retorna de uma viagem de férias, ela traz consigo cartões postais e precisa contar para ver se tem um número suficiente para distribuir para os 18 colegas. As crianças do jardim de infância sentem-se motivadas a escrever e memorizar números de telefones, a fim de saberem como ligar umas para outras. Em um jogo com cartões, as crianças descobrem como colecionar conjuntos de cartões que somem um total de 5 pontos e, depois, 10 pontos. Neste contexto, elas são mais motivadas a somar do que em tarefas mimeografadas tradicionais, e estão aprendendo aritmética sem precisarem lidar com formalismos, tais como equações. Como Kamii aponta, é perigoso introduzir formalismos antes de as crianças terem construído as operações numéricas (veja os livros de Kamii [1982,1985, 1989, 1994] como uma fonte rica de idéias práticas sobre como facilitar a construção de números e aritmética por crianças desde o início da educação infantil até a terceira série).

As colaborações acadêmicas e o apoio dos colegas em temas acadêmicos freqüentemente ocorrem nas salas de aula construtivistas. J, por exemplo, lê o nome de Thomas como Timmy e K o corrige. Quando o Ajudante Especial do jardim de infância tem dificuldade para descobrir como se escreve a data no calendário, ele pede auxílio a um colega. Nesta sala de aula, as crianças costumam comentar umas com as outras: "Este 10 está bonito" e "Eu gosto do jeito do seu 15".

Promova os Temas Acadêmicos em Contextos Morais

Diversos exemplos nos capítulos anteriores envolvem os temas acadêmicos em contextos morais. Por exemplo, no Capítulo 5, Peige descobre que um conflito físico deriva-se do protesto de uma criança pelo fato de outra ter escrito "2" ao marcar os pontos em um jogo, quando ela havia derrubado apenas uma peça, em um jogo de alvo. No Capítulo 7, as crianças raciocinam sobre o número ideal de dias que suas construções com blocos podem permanecer montadas. À medida que experienciam o significado temporal de sua decisão de mantê-las por 5 dias, as crianças revisam seu raciocínio sobre o que é justo. Elas começam a perceber que, quando uma construção permanece por este período, um número insuficiente de blocos é deixado para outras crianças. Além disso, as crianças cujas construções permanecem de pé não desejam usá-las por 5 dias. Como relatamos no Capítulo 10, as crianças pensam sobre o problema de alguém urinar no piso do banheiro e a professora oferece informações sobre as implicações disso para a saúde.

Encoraje o Raciocínio das Crianças

A fim de encorajar o raciocínio das crianças, o professor construtivista começa com aquilo que as crianças já conhecem, respeita o erro construtivo e ensina de acordo com a natureza do conhecimento envolvido. Essas estratégias, discutidas abaixo, refletem respeito pelo trabalho intelectual da criança, de excluir, ordenar, categorizar, reformular, confirmar, formar hipóteses e reorganizar seu conhecimento.

Comece com o que as Crianças Conhecem

Basear as atividades no que as crianças já conhecem reflete o respeito do professor construtivista pelas crianças enquanto construtoras de seu conhecimento. Mantemos em mente a idéia de Piaget de que a criança interage com o objeto do conhecimento e o transforma. A fim de tornar atraente para os objetivos das crianças e inspirarmos o raciocínio sobre os temas acadêmicos, devemos começar com o que as crianças já conhecem ou sabem como fazer. Por exemplo, podemos presumir que as crianças nos Estados Unidos já tiveram experiência com a linguagem escrita. As pesquisas pioneiras de Ferreiro e Teberosky (1979/1982) mostraram que antes da instrução as crianças têm idéias e até hipóteses e teorias sobre a língua escrita e que testam continuamente suas idéias, à medida que encontram materiais escritos em seu ambiente.

A fim de descobrirem o que as crianças sabem, em termos de conhecimentos acadêmicos, os professores construtivistas podem fazer inferências a partir de observações das crianças em atividades que incluem conteúdo acadêmico. Por exemplo, ao escreverem seus nomes com cubos, as crianças têm a oportunidade de aprender o significado de cada palavra e depois, gradualmente, perceber similaridades e diferenças entre os nomes, construindo certas regularidades. Contrários à crença de que as idéias sobre materiais escritos iniciam-se com a fonética, Ferreiro e Teberosky mostraram que as crianças reconhecem propriedades quantitativas da escrita (por exemplo, o número de letras e a extensão do texto) antes de conceberem propriedades qualitativas (nomes e formas precisas das letras e correspondências entre letras-sons). Por exemplo, Coreen Samuel, a professora do jardim da *Lab School*, contou-nos que quando alguns cartões recebidos continham o nome e o sobrenome do destinatário, M pensava que deviam ser para Mary Theresa, porque sabia que o nome dela tinha duas partes separadas.

Depois que as crianças aprendem a reconhecer os nomes de outras, Coreen usa cartões com nomes para desafiá-las a perceber detalhes e começar a construir regularidades na escrita. O ritual da chamada é um contexto no qual a professora dá às crianças oportunidades para preverem nomes com apenas as primeiras letra iniciais. Com um floreio dramático, Coreen cria suspense enquanto exibe um cartão que trazia às costas. Com apenas a primeira letra da palavra escrita visível, ela indaga: "Que nome vocês acham que tenho aqui?" Em um certo ponto, as crianças reconhecem seus próprios nomes e gritam "O meu!" ao verem esta letra. Quando o nome de mais de uma criança inicia com a mesma letra, a situação é propícia a uma ampliação do conhecimento. As crianças já são bastante sofisticadas quando restringem seus palpites a nomes que têm a primeira letra igual ou o primeiro som igual. O nome de Carol pode ser previsto como sendo Colin, Chad, Coreen, Karen e Kendal. A revelação da segunda letra permite que algumas crianças saibam que o nome correto é Carol. A própria Carol oferece a informação que confirma que a segunda letra do seu nome é "a". A fim de descobrirem se um nome é Sanna ou Sara, muitas crianças aprendem rapidamente, com o auxílio de Sanna e Sara, que devem ver a terceira letra para terem certeza. Quando as crianças consideram fácil predizer os nomes a partir das primeiras letras, Coreen desafia-as cobrindo todas, exceto as últimas letras. À medida que cada nome é adivinhado, este é colocado no chão, em grupos de alunos presentes e ausentes. As crianças baseiam suas previsões na lógica, bem como no conhecimento específico. S adivinha o nome Colin a partir da primeira letra, dizendo: "*Tem* que ser Colin, porque todos os outros nomes com C já estão aqui (no chão)".

Respeite os Erros das Crianças

Talvez a característica mais diferenciadora de um enfoque construtivista aos temas acadêmicos seja o respeito do professor pelos erros das crianças. Respeitar as crianças significa aceitar os significados que essas constroem, mesmo quando estão errados. Como notamos no Capítulo 11, esta atitude reflete respeito pelas crianças como pensadoras. Esta atitude contrasta com o ensino tradicional direto da verdade como se esta fosse um conjunto de fatos claros que devem ser regurgitados. Quando a aprendizagem é reduzida a verbalismos, estes freqüentemente não têm sentido para as crianças.

Quando crianças pequenas estão ativamente envolvidas em pensar por si próprias, honestamente, o erro é inevitável. Neste livro, discutimos os erros das crianças não apenas como um resultado inevitável do raciocínio pré-operacional, mas como um esforço inteligente para compreender a experiência. Quando a criança vivencia uma sensação de contradição, os erros podem levar à construção de um conhecimento mais adequado. Os educadores construtivistas estão convencidos de que apenas em uma atmosfera sócio-moral de aceitação de *todos* os esforços das crianças os temas acadêmicos podem ser verdadeiramente entendidos.

Em uma atmosfera sócio-moral que respeita as idéias das crianças, estas sentem-se mais livres para expressar seu raciocínio honesto e os professores, portanto, têm mais oportunidades para avaliar seus conhecimentos. Em classes construtivistas, a natureza do erro está aberta à apreciação do professor. Em um jogo de mesa, por exemplo, quando uma criança conta como "1" seu espaço inicial, o professor sabe que lhe falta a habilidade lógica para a regra. Em um nível mais elementar, os professores podem observar se as crianças compreendem o significado quantitativo da contagem. Em nossa classe de Investigadores, alunos de 4 anos contam corretamente enquanto a professora, Peige Fuller, aponta para os 12 cartões com os nomes das crianças presentes. Sem presumir que o fato de recitarem corretamente os números implica um entendimento do valor, Peige pergunta: "Quantas crianças vocês acham que temos em nosso círculo?" O Ajudante Especial, N, começa a contar as crianças. Peige interrompe para indagar: "Você poderia dar um palpite, antes de contar?" N diz: "Cinco". Peige comenta: "Você acha isso? Ok, por que não conta para ver?". Quando N conta até 12, Peige comenta, simplesmente: "Ora, veja só! Doze cartões e doze crianças!" Nesta experiência, Peige espera que as crianças tenham pelo menos uma ligeira idéia do que a correspondência entre objetos e números significa na contagem.

No início do ano, em nossa classe de jardim, Coreen Samuel levanta a questão relativa ao número de crianças presentes na classe. Ela sugere numerarem a lista de Ajudantes Especiais e começa escrevendo um "1" ao lado do primeiro nome. As crianças lhe dizem a seqüência de números, com algumas discordâncias e discussões, e aqueles que sabem instruem-na quanto ao modo de escrever números com dois dígitos. Alguns comentários das crianças durante o processo de numeração sugerem que elas não compreendem nem o significado ordinal nem o cardinal dos números na lista. Ao invés disso, elas dão aos números significados mais pessoais. W queixa-se: "Eu não quero ser um 4. Eu tenho 5 (querendo dizer que tem 5 anos)". T pensa que pode escolher o número que quer para ficar ao lado do seu nome. J vê o "8" ao lado de seu nome e diz a P (que tem "6" ao lado de seu nome), "Sou maior que você". Depois de completar a numeração dos 22 nomes, Coreen pergunta: "Então, quantas pessoas temos em nossa turma?" As crianças exclamam: "Eu acho que "12", "11", "5", "18", "100", "59", "24" e, finalmente, "22". Coreen pergunta a C (que sugeriu "22"), "Você pode nos dizer como descobriu isto?" C aponta o último número na lista, mas J protesta calorosamente: "Não, não foi por isso que você descobriu porque isto é só o jeito de contar os nomes das crianças". Coreen insiste na questão: "Ah, então isto não nos diz quantas pessoas temos na sala?" N argumenta, "Diz sim". Percebendo que a lógica do uso de números ordinais e cardinais está além da maioria das crianças, Coreen diz: "Ouço muitos 20s. Talvez você possa contar e verificar tocando nas cabeças de cada um enquanto conta".

Ensine de acordo com a Natureza de Conhecimento

No Capítulo 11, explicamos a distinção que Piaget estabelece entre três espécies de conhecimento — conhecimento físico, conhecimento lógico-matemático e conhecimento arbitrário convencional — e como esta conceitualização ajuda o professor construtivista a planejar e ensinar. Sob a perspectiva construtivista, um dos problemas de muitos enfoques tradicionais aos temas acadêmicos é que o conhecimento físico e o conhecimento lógico-matemático são tratados como se fossem um conhecimento arbitrário convencional que pode ser aprendido por meio da instrução direta. Em nossa opinião, esses enfoques não respeitam o modo pelo qual as crianças pequenas aprendem e se desenvolvem e, assim, criam uma atmosfera sócio-moral que não consegue promover o desenvolvimento intelectual geral ou específico.

A consideração sobre os tipos de conhecimento e o respeito pelos erros das crianças levam os professores construtivistas a salientarem a construção e a não enfatizarem a instrução. Especialmente com relação ao conhecimento físico e conhecimento lógico-matemático, o professor construtivista sabe que não deve ultrapassar muito o processo construtivo das crianças. Isto é, o professor deve manter os desafios das atividades dentro dos limites da capacidade de raciocínio de seus alunos.

É necessário tranqüilizar o leitor que os professores construtivistas não hesitam em corrigir informações errôneas e em apresentar informações convencionais às crianças. Eles ensinam vocabulário, convenções da escrita (tais como o uso de maiúsculas na letra inicial de um substantivo próprio), convenções de livros (tais como suas partes e tipos de literatura), e da cultura humana (tais como quem inventou o telefone, o que os astronautas comem e como tomam banho no espaço, e o que Martin Luther King realizou nos Estados Unidos). Os professores construtivistas ensinam sobre a natureza (por exemplo, sobre características e hábitos dos animais e como a reciclagem de materiais contribuiu para o ambiente). Os professores construtivistas também dão às crianças certas informações que não são arbitrárias, mas que apenas podem ser entendidas pelas crianças como arbitrárias e são importantes para a vida cotidiana (tais como cuidados dentais e fatos sobre a alimentação saudável e a ingestão de guloseimas). Além disso, os professores construtivistas levam seus alunos a museus de arte e lhes mostram *slides* ou reproduções de trabalhos artísticos reconhecidos. Na classe de Investigadores no HDLS, as crianças observaram reproduções de pinturas e falaram sobre as diferenças entre a arte abstrata e realista e discutiram as diferenças entre as cores primárias de Picasso, os amarelos e marrons de Van Gogh e os pastéis de O'Keefe. Em três estações de pintura equipadas com essas cores, elas criaram sua própria arte. Uma visita a um museu de arte foi uma ocasião para aprenderem sobre as regras dos museus. Isto foi seguido pela criação de um museu na sala de aula, pela organização de exposições, pela elaboração e escrita das regras e dos nomes do trabalhos e artistas.

Todo este ensino é integrado com os interesses e objetivos das crianças. O significado de "inventor", por exemplo, foi introduzido no momento do ingresso das crianças na classe de jardim chamada de "Classe dos Inventores". O professor planeja um tema de Convenção de Inventores, no qual as crianças criam suas próprias invenções e ouvem histórias sobre inventores famosos. Elas visitam a NASA, vêem naves espaciais e comem alimentos usados no espaço.

Planeje um Tempo Suficiente para o Processo Construtivo

A aprendizagem de temas acadêmicos envolve o desenvolvimento intelectual geral, bem como a aprendizagem específica. Os educadores construtivistas, portanto, esperam que a aprendizagem de temas acadêmicos, especialmente em seu início, tome um tempo considerável para o processo construtivo. Na maioria dos casos, a construção do conhecimento correto é uma questão de anos. Os erros devem ser construídos, reconhecidos como idéias inadequadas e novas idéias (que podem introduzir novos erros) construídas.

RESUMO

Um erro de concepção sobre a educação construtivista é que, por incluir brincadeiras, esta não inclui temas acadêmicos. Corrigimos este engano descrevendo a integração construtivista dos temas acadêmicos em um programa caracterizado pela atmosfera sócio-moral descrita neste livro. O ensino de conteúdos acadêmicos sempre ocorre no contexto de uma atmosfera sócio-moral que pode ser favorável ou desfavorável ao desenvolvimento infantil. Em nossa visão, a atmosfera sócio-moral construtivista promove melhor o desenvolvimento acadêmico a longo prazo, porque salienta o autocontrole que leva ao entendimento, à autoconfiança e a uma atitude de questionamento e avaliação crítica. Ela também promove a motivação para pensar sobre causas, implicações e explicações de fenômenos físicos e lógicos, bem como sociais e morais. Portanto, vemos a moralidade e a inteligência sendo transformadas pela criança de forma interconectada e argumentamos que a vida em uma sala de aula moral promove o desenvolvimento intelectual da criança. Alertamos, entretanto, que é possível estabelecer uma atmosfera cooperativa sem a atenção adequada aos temas acadêmicos, o melhor ensino de conteúdos acadêmicos está enraizado no conhecimento de transformações desenvolvimentais nos conceitos das crianças sobre os conteúdos acadêmicos.

A fim de promoverem a construção do conhecimento acadêmico, os professores criam situações ativas relacionadas aos objetivos das crianças, apóiam a interação social centrada em temas acadêmicos, encorajam o raciocínio infantil e percebem um tempo suficiente para o processo construtivo. A fim de encorajarem o raciocínio das crianças, os professores construtivistas começam com o que as crianças já conhecem, respeitam seus erros e ensinam de acordo com a natureza do conhecimento envolvido.

Este capítulo não é um relato exaustivo do enfoque construtivista aos temas acadêmicos. Ilustramos, simplesmente, como os temas acadêmicos influenciam e são influenciados pela atmosfera sócio-moral.

16

A Criança Difícil
Rheta DeVries
Kathryn Saxton
Betty Zan

Nos Capítulos 2 e 3, discutimos aspectos da perspectiva de Piaget sobre a construção gradual do mundo social pela criança e de seu lugar neste mundo. Normalmente, as crianças pequenas ainda não construíram um sistema próprio e estável de sentimentos, interesses, valores e reações sociais. É normal a criança pequena ter dificuldades sociais provenientes de sua incapacidade para assumir a perspectiva de outros e para pensar além da superfície observável dos eventos. Com qualquer grupo de crianças, o professor lida com uma faixa ampla, porém normal, de competências para o autocontrole. As crianças chegam à escola com variadas bagagens de oportunidades para a atividade construtiva. Em particular, elas vêm com experiências variadas de coerção e cooperação em relações com adultos e companheiros. Os professores e pais coercivos podem criar uma criança difícil ao frustrar sua necessidade de ser ativa. Algumas vezes, uma criança com muita energia considerada difícil em uma sala de aula tradicional, coerciva, não é vista como difícil em uma classe construtivista, onde as crianças são incentivadas a serem ativas.

Todas as crianças têm momentos em que podem ser consideradas difíceis. Contudo, cada professor está familiarizado com a angústia e a frustração especiais de lidar com a criança extraordinariamente difícil. Por "criança difícil", referimo-nos àquela que coloca repetidamente em perigo a si mesma ou a outros ou que perturba regularmente as atividades de outros por um comportamento descuidado ou agressivo. Confrontações diárias, colegas aborrecidos e freqüentes interrupções nas atividades planejadas não são experiências incomuns para o professor que deve lidar com a criança difícil. Algumas dessas crianças sofreram tamanha rejeição e desaprovação que construíram um *self* com sentimento de inferioridade e má-vontade para com os outros. Algumas crianças tiveram muito pouco no sentido de compartilhar experiências positivas com outros e, assim, têm pouca base para um vínculo com o professor e colegas. Embora as crianças com severos problemas emocionais possam obter benefícios da experiência em uma sala de aula construtivista, as crianças em circunstâncias extremas podem necessitar do auxílio de psicólogos escolares, conselheiros e orientadores e terapeutas familiares.

Muito do que tem sido escrito sobre como cuidar da criança difícil tem suas origens em uma perspectiva behaviorista. Neste capítulo, revisamos esta abordagem ao cuidado da criança difícil antes de apresentarmos o enfoque construtivista. Nosso enfoque ao trabalho com a criança difícil não é, de modo geral, diferente da forma de lidar com problemas normais de crianças normais. Portanto, nossa abordagem da criança difícil inclui as diretrizes discutidas em todos os capítulos anteriores e, especialmente, aquelas discutidas nos Capítulos 2 e 3 para o encorajamento ao desenvolvimento da autonomia moral. Contudo, em vista dos problemas frustrantes que os professores freqüentemente enfrentam no trabalho com crianças difíceis, este capítulo aprofundará a teoria construtivista (integrando-a com teorias psicodinâmicas do comportamento inadaptado) e discutirá princípios adicionais de intervenção, consistentes com a teoria e filosofia construtivista.

O ENFOQUE BEHAVIORISTA

Nesta seção, discutimos técnicas behavioristas habitualmente praticadas e apresentamos uma crítica construtivista a essas práticas.

Descrição de Técnicas Behavioristas

A abordagem behaviorista no cuidado com a criança difícil enfatiza o controle do comportamento da criança pelo professor. As técnicas behavioristas geralmente incluem o registro sistemático de observações comportamentais específicas que dão a base para a avaliação do comportamento da criança e oferecimento de *feedback*. Desta forma, a criança pode ser conscientizada de seu progresso em direção a algum objetivo comportamental estabelecido pelo professor. Se o objetivo é, por exemplo, "A criança permanecerá sentada sempre", então uma estrela pode ser afixada em um gráfico, para cada hora que a criança permanece em sua cadeira. Este mapa do progresso comportamental é usado, então, como a base para a prescrição de recompensas e punições. A criança pode receber uma recompensa (tal como um adesivo ou um adorno) ao final do dia, se conquistou um determinado número de estrelas. Avaliações regulares de comportamento freqüentemente são enviadas para serem assinadas pelos pais. Essas técnicas exigem um tempo e esforço significativo dos professores, a fim de simplesmente acompanharem o progresso no gráfico, escreverem avaliações, aplicarem recompensas e punições e controlarem as assinaturas dos pais.

Uma abordagem estruturada e bem conhecida de controle é a de Disciplina Assertiva, desenvolvida por Lee e Marlene Canter (1976) especialmente para lidar com a "criança-problema". A premissa básica da Disciplina Assertiva é que o professor é o chefe que comanda a classe, enunciando claras expectativas para o comportamento, punindo as crianças quando elas se comportam inapropriadamente e recompensando-as quando se comportam como o professor deseja. Em muitas classes com Disciplina Assertiva temos visto regulamentos expostos como o seguinte:

Regras

1. Ouça e siga as orientações.
2. Mantenha mãos, pés e objetos sob controle.
3. Traga sempre seus objetos escolares para a aula e esteja preparado para trabalhar pontualmente.
4. Permaneça em sua cadeira.
5. Levante a mão antes de falar ou de levantar-se.

Conseqüências Negativas

1ª vez: Nome no quadro e um alerta.
2ª vez: 15 minutos de isolamento na Cadeira-Triste.
3ª vez: Perda do recreio.
4ª vez: Bilhete para levar aos pais.
5ª vez: Todos os acima e requisitar reunião com os pais.
6ª vez: Enviar ao diretor e requisitar reunião com os pais.

As classes que usam este enfoque também exibem listas de recompensas que as crianças recebem pelo bom comportamento. As recompensas típicas incluem elogios, adesivos, certificados de bom comportamento, guloseimas especiais, atividades especiais, jogos e bilhetes positivos enviados aos pais.

Crítica ao Enfoque Behaviorista sob a Perspectiva Construtivista

Nossas críticas ao enfoque behaviorista ao manejo da criança difícil centralizam-se em suas suposições psicológicas e seu fracasso para abordar as origens e causas do mau comportamento.

Suposições Questionáveis do Enfoque Behaviorista

Duas importantes suposições do enfoque behaviorista contrastam com as suposições do enfoque construtivista. A primeira suposição geral do enfoque behaviorista é que os estímulos ambientais moldam e controlam as respostas do comportamento do indivíduo. Esta suposição reflete a visão de que os interesses e desejos das crianças são irrelevantes e leva à afirmação do poder centrado no professor em relação às crianças. Isto contrasta com a visão construtivista de que o indivíduo deve construir ativamente o conhecimento, incluindo estímulos e respostas. O leitor reconhecerá as implicações práticas desta suposição behaviorista, contraditórias à cooperação construtivista em relação às crianças.

A segunda suposição behaviorista, complementar à primeira, é que o comportamento é controlado pela recompensas e punições. Isto se opõe a suposição construtivista de que tal controle externo opera contra o desenvolvimento da autonomia ou autocontrole e contra a construção significativa de todo conhecimento, incluindo o sócio-moral.

Nossa visão está de acordo com a de Hitz (1988), que afirma que a Disciplina Assertiva opera contra o desenvolvimento do entendimento moral, tornando as crianças dependentes do controle externo. Também concordamos com a revisão crítica de Render, Padilla e Krank (1989) da Disciplina Assertiva, na qual argumentam que "os estudantes não devem ter um 'respeito automático' pela autoridade exercida por qualquer pessoa sobre eles" (p. 620) e que a Disciplina Assertiva educa mal as crianças, no sentido de acreditarem que aqueles que detêm o poder têm o direito de forçar outros a fazerem a sua vontade. Além disso, concordamos com esses autores que "um dos principais objetivos da escola é ensinar os estudantes a questionar e resistir a métodos controladores que levam à obediência cega às demandas e ordens autoritárias" (p. 620).

Fracasso do Enfoque Behaviorista para Abordar as Origens do Mau Comportamento

O professor behaviorista preocupa-se em estruturar as pressões na sala de aula para evocar a mudança no comportamento, sem uma atenção particular às causas e origens do mau comportamento. O esforço behaviorista para simplesmente alterar o comportamento da criança não funciona, a longo prazo, porque esta abordagem não se fundamenta numa consciência sobre a natureza do *self* construído pela criança. As estratégias behavioristas de controle podem fazer com que a criança difícil consolide uma noção heteronômica de si mesma como "controlada" por outros (veja Capítulo 3 para os três efeitos infelizes da heteronomia). Em nossa opinião, a ênfase behaviorista no controle do comportamento exacerba uma situação já difícil, ao estabelecer entre o professor e a criança uma luta pelo poder que ignora a motivação da criança para comportar-se mal.

O professor construtivista, ao contrário, tenta compreender as causas internas do mau comportamento, a fim de desenvolver estratégias para promover a construção de novas motivações e novos comportamentos pela criança. Na teoria de Piaget (1954/1981), todo comportamento tem finalidade e significado. Ampliamos esta idéia para dizermos que até mesmo o mau comportamento deve ser respeitado, exatamente como todos os processos cognitivos são respeitados, mesmo aqueles que produzem respostas erradas. Estratégias efetivas para a promoção da mudança do comportamento exigem que o professor construtivista identifique o sistema subjacente de crenças que governa o comportamento da criança difícil e atente para oportunidades de desafiar o sistema subjacente, encorajando a observação e reflexão da criança sobre sua experiência. A questão "Por que as crianças se comportam mal?" é extremamente importante para os professores construtivistas. A fim de respondermos a esta questão, integramos a teoria de Piaget com a da psicologia psicodinâmica.

INTEGRAÇÃO DAS TEORIAS PSICODINÂMICA E CONSTRUTIVISTA

Uma suposição básica da teoria psicodinâmica com a qual Piaget (1954/1981) concordou é que os mecanismos subjacentes do comportamento humano (nos aspectos tanto cognitivos quanto afetivos) são, muitas vezes, inconscientes (Freud, 1900). Isto é, a criança (e freqüentemente também o adulto) tende a não ter idéia alguma sobre os motivos pelos quais sente-se ou comporta-se de determinada maneira. Portanto, sugerimos que é tão ineficaz indagar à criança: "Por que você faz isso?" em atividades sociais, quanto indagar questões como *"por quês"* em atividades envolvendo objetos (Kamii & DeVries, 1978/1993).

Um modo de conceitualizarmos isto é dizendo que as crianças nascem com um conjunto de necessidades e impulsos que sua natureza humana as compele a satisfazer. Essas necessidades e impulsos incluem aquelas necessárias à sobrevivência física e ao conforto e para a aprovação social. Em sua discussão sobre a auto-estima, Piaget (1954/1981) refere-se à ênfase de Adler (1917) sobre a "vontade de exercer poder" e aos sentimentos de inferioridade que resultam quando esta é derrotada. Um ponto central à conceitualização de Adler (1927) é sua concepção de que a necessidade humana de importância é a mais vigorosa das necessidades psicológicas. De acordo com esta proposta, a luta para ter importância é um esforço de toda a vida para obter reconhecimento e aceitação. De acordo com Adler, este anseio assume precedência sobre outras necessidades e impulsos, ocasionalmente incluindo aqueles necessários à sobrevivência (por exemplo, a dedicação do anoréxico a ser importante através da autonegação da inanição).

A necessidade de aprovação de um sentimento de pertença leva o indivíduo a buscar a aceitação dentro de uma comunidade. A necessidade de aprovação de um sentimento de importância individual leva o indivíduo a buscar o reconhecimento individual e importância, em um grupo. Embora igualmente fortes, estas necessidades sociais ocasionalmente se opõem, criando um desequilíbrio interno. A criança lutará para criar a satisfação ótima ou o equilíbrio entre comunidade e individualidade. Entretanto, quando ela não consegue isto, a criança pode tentar compensar direcionando mais energia para a expressão de sua necessidade por reconhecimento. Uma criança rejeitada por seus colegas, por exemplo, pode não sentir que pertence ao grupo. Ela pode torna-se mal comportada (agressão ou outros comportamentos inapropriados, por exemplo) em um esforço para chamar a atenção para si mesma, desta forma aumentando suas sensações de importância individual.

A aprovação ocorre em um contexto social quando o indivíduo provoca uma resposta de outro ser humano. É especialmente importante para nosso entendimento da criança difícil saber que as respostas não precisam ser positivas para significarem aprovação. Qualquer reação obtida de outra pessoa "prova" a existência do indivíduo e satisfaz necessidades por reconhecimento. Além disso, o grau em que as respostas são vivenciais como aprovadoras, reflete sua carga emocional. Respostas acompanhadas por forte emoção salientam a efetividade do comportamento. Por exemplo, a resposta vigorosa de outra pessoa comunica que "Você é uma pessoa muito poderosa e influente". Quando os adultos respondem negativamente e com muita emoção a comportamentos indesejados, podem estar aprovando, sem intenção, a criança que, em outras circunstâncias, recebe pouco reconhecimento.

Mesmo nos primeiros anos de vida, a criança já está construindo um sistema subjacente de crenças sobre qual a sua forma de pertencer a um grupo e sobre a sua importância dentro deste. Este sistema subjacente de crenças determinará quais respostas de outros são interpretadas como aprovadoras e quais comportamentos são necessários para a obtenção dessas respostas. Embora este sistema de crenças não seja consciente, a criança irá comportar-se consistentemente com este esquema cognitivo e afetivo, a menos que experiências subseqüentes desafiem as razões da estrutura subjacente e resulte em sua reconstrução.

Desejamos salientar que aquilo que o professor vê como um comportamento inapropriado ou disfuncional pode ser consistente com as noções inconscientes da criança sobre como a aprovação social é conquistada. Um exemplo trágico é o da criança de 4 anos que testemunha o espancamento rotineiro de sua mãe por seu pai e se torna gradativamente cruel e abusiva em relação a seus companheiros. Seu comportamento é uma expressão da visão implícita subjacente de que a violência é um meio efetivo de obter a aprovação social.

O primeiro passo ao se pensar em como lidar com a criança difícil é aceitar a racionalidade e finalidade de seu comportamento aparentemente irracional. O comportamento surge de um sistema particular de crenças, formado desde muito cedo na vida. (Um excelente livro, que aborda este tema sob a perspectiva de Adler, é o clássico *Children the Challenge*, de Rudolph Dreikurs e V. Soltz [1964]).

DIRETRIZES PARA LIDAR COM A CRIANÇA DIFÍCIL

Na discussão abaixo, sobre quatro diretrizes, incluímos estratégias específicas de intervenção, úteis para a concretização de cada uma delas. Ilustramos algumas dessas estratégias oferecendo exemplos de interações com crianças difíceis.

Comunique Aceitação, Aprovação e Fé na Criança

A criança difícil desenvolveu um repertório de comportamentos inaceitáveis que, obviamente, causa sua rejeição por outros. É dever do professor construtivista superar esta reação, respeitando, valorizando e acreditando na criança difícil. O professor deve reconhecer a necessidade subjacente da criança difícil de formar conexões e vínculos com outros e sua capacidade potencial para resolver problemas. Uma vez que a criança difícil testará o professor até o limite, as respostas deste devem ser assertivas. A criança difícil é capaz de sentir qualquer sinal de hesitação. Se o professor reage com rejeição à criança ou se deixa de aprovar seus conflitos emocionais, a criança fortalecerá mais ainda seu sistema de crenças. Se o professor duvida da capacidade da criança para resolver conflitos e cooperar com outros, ela será persuadida ainda mais de seu próprio senso de inadequação.

Comunicar respeito, aprovação e fé na criança difícil significa reconhecer seus pensamentos, sentimentos e comportamentos. O professor deve aceitar o que a criança diz, sente e faz, escutá-la e responder o que ela diz. O reconhecimento pode envolver contato ocular direto e um simples gesto com a cabeça, ou um "Sim..." ou "Entendo". Isto faz com que a criança note que o professor está prestando atenção. A aceitação também significa deixar que a criança saiba que o professor não rejeita ou nega sua experiência emocional. A escuta reflexiva requer a repetição do que a criança disse ou a verbalização do sentimento expressado (por exemplo, "Estou ouvindo você dizer que esta muito zangado, agora mesmo"). Esta reflexão mostra à criança que o professor está tentando entender seus pensamentos e sentimentos. Isto também dá à criança uma oportunidade para vivenciar a apuração sem julgamentos ou críticas. O professor não precisa concordar com o que é dito, sentido ou feito para reconhecer, aceitar e iluminar a experiência singular da criança.

É importante que o professor estabeleça um compromisso verbal de fé na criança. O professor pode marcar uma reunião especial para discutir seu compromisso com a criança difícil. A seguir, apresentamos um exemplo de como se pode abordar uma criança difícil das primeiras séries.

> Eu estava esperando ansiosamente por este encontro a semana inteira. Eu queria falar com você sobre meu trabalho como sua professora. Você sabe qual é minha tarefa, como sua professora? Minha tarefa mais importante é acreditar que você é uma pessoa especial, importante e capaz. Minha tarefa é acreditar que o que você diz, faz e sente é muito importante. Eu quero fazer um bom trabalho e acreditar em você este ano. Às vezes, eu posso não concordar com você, às vezes, posso ficar zangada e você pode ficar zangado comigo, mas quero lhe prometer que não deixarei de acreditar que você é uma pessoa especial, capaz e importante para mim e para toda a classe. Você vai me ajudar em meu trabalho? Uma forma de você me ajudar é me dizendo se, em algum momento, sentir que deixei de acreditar em você. Diga-me se você acha que não estou fazendo meu trabalho. Está bem?

Subjacente à comunicação de aceitação, aprovação e fé na criança está um sentimento genuíno de carinho por ela. As crianças difíceis geralmente são difíceis de amar, já que seus comportamentos são tão aleatórios. A fim de ajudar a criança difícil, esta deve sentir que o professor preocupa-se com ela. Isto tende a não ocorrer, a menos que realmente haja esta preocupação e carinho.

Compreenda o Sistema Interno de Crenças da Criança que Dirige o Mau Comportamento

Tendo assumindo o compromisso de ter fé na individualidade única e especial da criança, o professor deve tomar para si a tarefa de tentar compreender o sistema de crenças implícitas que leva a criança ao mau comportamento. Isto envolve avaliar o conceito que a criança tem de si mesma e dos outros, incluindo os esquemas de reação social (padrões de relacionamento com outros) construídos por ela. A seguir, apresentamos várias estratégias que permitem ao professor obter algum *insight* para compreender a criança difícil.

1. Avalie o conceito que a criança tem de si mesma, dos demais, e seus padrões de aproximação e resposta a outros. Será que a criança mostra autoconfiança ou falta de confiança? Ela sente-se especificamente competente ou incompetente? Ela geralmente vê outros como objetos, pessoas a quem comandar ou controlar, pessoas a quem pode persuadir, ou pessoas com as quais pode compartilhar um entendimento mútuo? A criança geralmente aborda outros com uma expectativa de resposta positiva ou negativa? Quando os outros não fazem o que deseja, como a criança enfrenta a situação? De que modos a criança tenta fazer com que os outros ajam como deseja? A criança freqüentemente mostra resistência (ativa ou passivamente), submissão, agressividade ou rebeldia? A reflexão sobre essas questões ajudará o professor a perceber como a criança constrói a idéia de si mesma e de outros.

2. Observe as reações e respostas emocionais ao comportamento da criança. Dreikurs e Soltz (1964) (influenciados por Adler) sugeriram que as emoções provocadas no professor dão pistas sobre as crenças subjacentes que governam o mau comportamento da criança. Por exemplo, se uma interação com a criança faz com que o professor se sinta inadequado e frustrado, então a criança tende a estar operando sob a crença em sua própria inadequação. Em nossa experiência, descobrimos que uma criança que faz com que o professor se sinta derrotado sem ser diretamente confrontado pode estar operando sob um padrão de ação "passivo-agressivo". Este padrão inconsciente reflete uma crença implícita que afirma: "Para que se tenha importância devo ser mais poderoso que os outros. Já que não posso vencer em um conflito com uma figura de autoridade, então não posso ser mais poderoso em uma confrontação direta, mas posso ser mais poderoso se evitar que um adulto vença". Por procrastinar, evitar a responsabilidade e não cooperar, a criança passivo-agressiva prejudica e frustra efetivamente os planos e agenda do professor. Este é um modo efetivo de se rebelar contra um controle excessivo por adultos. Portanto, a criança passivo-agressiva pode não provocar uma confrontação direta ou criar uma cena perturbadora. Contudo, o professor que tenta motivar esta criança pode se sentir frustrado e inadequado.

Se o professor reconhece um padrão de aborrecimento entre os colegas, isto pode indicar que a criança difícil sente-se compelida a buscar atenção constante. A criança que busca atenção pode interromper freqüentemente as atividades de outros ou "fazer palhaçada" de um modo não necessariamente nocivo, mas perturbador. Ela pode estar operando sob um sistema de crenças subjacente de que "Eu existo quando tenho a atenção de outros".

3. Entreviste a criança difícil. Uma outra estratégia importante é conversar com a criança, a fim de entender melhor as crenças subjacentes a seu comportamento. Após um conflito ou evento perturbador específico, o professor pode pedir que a criança fale sobre os sentimentos e eventos que ocasionaram o mau comportamento. Não é objetivo perguntar à criança por que ela se comportou de determinada maneira, mas pode ser muito útil perguntar sobre os eventos que levaram ao comportamento. Por exemplo, se uma criança difícil apresenta um padrão de machucar outros e recém atingiu um colega com um bloco de madeira, o professor pode marcar um momento para conversar com ela várias horas após ter ocorrido o fato.

A estratégia geral na entrevista é ajudar a criança a reconhecer sentimentos e identificar reações emocionais e comportamentais que seguem um padrão. Ocasionalmente, questões do tipo "E se..." podem revelar o sistema subjacente de crenças da criança. Por exemplo, o professor pode dizer:

> Eu estou vendo que você sentiu raiva de J. O que ele fez? Então ele não deixou que você construísse a estrada com ele? Às vezes, as pessoas se sentem tristes também, quando isto acontece. O que aconteceria se você se sentisse triste? Algumas pessoas choram quando estão tristes. Você sentiu vontade de chorar? Talvez você não goste nem um pouco de ficar triste e talvez prefira ficar com muita raiva?

A criança pode estar operando sob alguma influência interna que repudia sentimentos de tristeza. Talvez a criança tenha uma crença que afirma: "Se alguém me magoa, então ela demonstrou seu poder sobre mim. Eu devo magoá-la para sentir que tenho importância, readquirindo um senso de meu próprio poder". Infelizmente, a criança está dando início a um ciclo que produzirá mais e mais raiva e tristeza suprimida em sua vida.

Não podemos oferecer fórmulas simples para entender o sistema de crenças implícitas de uma criança. Embora a teoria psicanalítica dê boas referências, ainda assim é tarefa do professor sensível sondar o que tem significado para cada criança individual. Gostaríamos de salientar que nossos exemplos representam apenas uma fração das possíveis razões pelas quais as crianças têm um mau comportamento. O sistema implícito de crenças de cada criança é tão imprevisível quanto sua herança genética e experiência pessoal.

Desafie e Confronte o Sistema de Crenças Implícitas da Criança

Após comunicar aceitação, aprovação e fé e ter obtido um entendimento sobre as crenças que governam o comportamento da criança, o professor agora pode desafiar e confrontar o comportamento-problema. Como indicado acima, o professor precisará buscar oportunidades para aprovar a pertença da criança ao grupo e sua importância individual. Ao mesmo tempo, o professor tenta confrontar o sistema implícito de crenças que, em última análise, derrota a satisfação dessas intensas necessidades íntimas. Entretanto, é importante salientar, neste ponto, que *o objetivo não é tanto mudar este comportamento da criança quanto desafiar o comportamento*. O professor deve aceitar a autonomia da criança sobre seu próprio comportamento e ver a mudança como um resultado esperado do desenvolvimento dela, não como um objetivo operacional que ele, como professor, tem o poder de produzir.

1. Ajude a criança a considerar uma outra perspectiva. No contexto de uma entrevista, o professor pode instigar a criança a observar uma outra perspectiva, similar ao modo como um professor desafiaria o raciocínio lógico-matemático de um aluno. Ao pedir que a criança pense como outros pensam e se sentem, o professor apóia sua construção de visões alternativas de determinado evento. No Capítulo 5, sobre a resolução do conflito, oferecemos muitos exemplos de como fazer isto. As técnicas de resolução de conflito discutidas ali são modos apropriados de se confrontar uma criança difícil com os efeitos de seu comportamento sobre os sentimentos dos companheiros. O processo de grupo pode oferecer uma outra oportunidade para desafiar os comportamentos e crenças da criança difícil. Encorajando os membros do grupo para que expressem seus sentimentos aberta e honestamente, a criança será confrontada com os aspectos hostis do mau comportamento.

O professor pode orientar o grupo a oferecer *feedback* para uma criança difícil, enquanto a protege de críticas e insultos, pedindo que crianças de séries iniciais usem frases como "Quando você _____, eu sinto_____ porque _____". É útil fazer cartazes com as frases adequadas em cartolina na sala de aula e depois pedir à criança que expressa o sentimento para segurar cada recorte com a parte correspondente de sua declaração. Se, por exemplo, uma criança que está aborrecida após seu projeto de construção ter sido destruído grita: "Eu detesto o Aaron porque ele destruiu o meu prédio!", o professor pode intervir passando-lhe as "frases para sentimentos" e pedindo-lhe que refaça sua afirmação de sentimentos. A criança magoada, então, é encorajada a afirmar: "Quando Aaron derruba minhas construções, sinto raiva porque estou triste". O professor pode incentivar um repertório mais amplo de emoções juntamente com um vocabulário de sentimentos. O fato de vivenciar e identificar a expressão clara de emoções leva a criança difícil a reconhecer os efeitos de seu comportamento.

Também é útil ajudar a criança a reconhecer e rotular sentimentos que não são conscientes. Por exemplo, após a entrevista discutida acima com uma criança triste-zangada, a professora poderia desafiar ainda mais a crença de ser necessário machucar outros para evitar a tristeza pessoal, com as seguintes sugestões:

> Eu tive uma idéia. Na próxima vez em que você se sentir zangado com um problema, será que pode olhar para seu próprio coração e ver se alguns sentimentos de tristeza estão escondidos lá também? Se você tem sentimentos de tristeza, eu gostaria que viesse a mim, porque sei como é difícil sentir-se triste quando se está sozinho. Talvez eu possa sentir tristeza com você e então, juntos, podemos pensar sobre o que vamos fazer com esses sentimentos.

A professora visa ao reconhecimento e aceitação dos sentimentos de tristeza e oferece aprovação a desses sentimentos. Com a aceitação desses sentimentos pela professora, espera-se que a criança comece a reconhecer seus próprios sentimentos de tristeza, ao invés de voltar ao costumeiro padrão de agressividade, quando emocionalmente ferida.

2. Ajude a criança a reconstruir sentimentos e padrões de reação a outros. A criança difícil não está consciente de muitos sentimentos e padrões de reação a outros. O objetivo do professor é ajudá-la a conscientizar-se desses e de outros modos alternativos de sentir e reagir. Uma professora, por exemplo, identificou uma criança cujo comportamento passivo-agressivo controlava muitos dos momentos de transição na sala de aula. Em razão da procrastinação desta criança, a classe freqüentemente precisava esperar antes de iniciar uma nova atividade. Empregando uma espécie de "psicologia ao inverso", a professora pediu que a criança fosse sempre a última da seguinte maneira:

> Notei que você tem um lugar especial em nossa classe — você sabia disso? Muitas vezes você é o último a vir à roda e, então, temos de esperá-lo para começarmos. E freqüentemente você é o último a terminar seu lanche e, então, precisamos esperar que você termine antes de sairmos ao pátio. Eu estava pensando que ser o último é uma posição especial em nossa classe, porque então é você quem diz quando mudamos de atividades. Eu gostaria de lhe dar uma missão especial para que todo o mundo possa reconhecer a importância de você ser o último. Eu vou dar-lhe um sininho e você vai tocar quando for a hora de começar a nossa roda e quando for a hora de terminar o lanche. Agora, você tem que lembrar de ser sempre o último, para ter certeza que todos já estão prontos antes de iniciarmos uma nova atividade.

Esta intervenção paradoxal é efetiva quando traz à consciência da criança a sua intenção de tentar ser o último a fim de controlar o grupo. Ao dar à criança procrastinadora um controle legítimo sobre o término de uma atividade, a professora ofereceu um meio mais direto e aceitável de controle. A criança então pode optar por continuar a comportar-se deste modo, de acordo com a intenção consciente.

3. Saliente as conseqüências naturais e lógicas dos padrões de reações da criança aos outros. As conseqüências lógicas e naturais já foram discutidas no Capítulo 10, como estratégias apropriadas para confrontar-se o mau comportamento. Quando a criança vivencia as conseqüências naturais ou lógicas em um ambiente não-punitivo, ela tem a oportunidade para refletir sobre a responsabilidade pessoal sobre essas conseqüências. Entretanto, deve-se ter cautela ao usar as conseqüências para lidar com a criança difícil que pode já ter incluído as conseqüências em seu sistema de crenças. Se uma criança que perturba, por exemplo, freqüentemente é isolada do grupo, ela pode estar ganhando importância através do *status* especial resultante da exclusão. Quando uma conseqüência lógica usada consistente e apropriadamente não está funcionando, o professor deve reavaliar o comportamento da criança e buscar uma intervenção alternativa que não confirme as crenças inconscientes disfuncionais.

Oriente a Criança na Reconstrução de Sentimentos e Padrões de Reação a Outros

Após desafiar e confrontar as crenças inconscientes da criança difícil, o professor deve guiá-la para a reconstrução de sentimentos e padrões de reação a outros. Com isto, queremos dizer que a criança deve aprender novos modos de sentir e reagir aos outros. A criança que abandona antigas crenças o faz apenas quando uma alternativa é construída. Discutimos abaixo três estratégias que ajudam a criança no processo de reconstrução.

1. Ajude a criança a estabelecer relações com outras de formas mais valorizadas e ajude os outros a terem experiências com a criança difícil de formas valorizadas. Isto não será fácil, porque todos os envolvidos terão de superar conceitos e padrões estabelecidos de reação. Um modo de tornar a criança difícil mais atraente para seus colegas é trabalhar com seus pais e conseguir que a criança traga à escola um novo jogo ou uma atividade que possam ser desfrutados pela classe inteira. O professor pode ajudar a criança difícil a compartilhar a atividade com as outras crianças (ensinando o jogo, por exemplo). Se isto objetiva sucesso, o professor pode buscar oportunidades de ajudar para que a criança difícil fique consciente de sua situação diferente no grupo. Se as crianças gostaram da atividade especial, o professor pode sugerir que mostrem que apreciaram o esforço feito pela criança difícil na hora do grupo.

Um outro modo de começar a construir elos de amizade entre os outros alunos e a criança difícil é pedindo-se que seus pais convidem um membro da classe para sua casa, para passar a tarde ou pernoitar, ou para acompanhá-los em um passeio especial (a uma pizzaria ou parque de diversões, por exemplo). Isto pode marcar o início de uma amizade especial. O professor pode também pensar em modos de construir elos de amizade pela análise das qualidades da criança difícil — o que ela gosta e o que faz bem. À medida que a criança difícil começa a ter experiências mais positivas com os outros, é possível que também comece a vincular novos sentimentos positivos a certas interações com outros.

2. Ajude a criança a construir e conservar novos valores pelo exercício da vontade. Se os esforços para ajudar a criança difícil a estabelecer relações com outros de forma positiva obtêm sucesso, a criança já começou, inconscientemente, uma reconstrução dos antigos significados internos dos relacionamentos sociais. O desafio do professor é ajudar para que a criança tenha, repetidamente, essas experiências e, assim, possa construir os novos valores como algo permanente. Isto não ocorrerá sem tropeços, não será um caminho contínuo para o sucesso, já que a criança difícil apenas gradualmente consolidará os novos valores e, assim, reconstruirá as crenças que guiam seu comportamento.

Piaget (1954/1981) discutiu a vontade como a organizadora dos sentimentos em um sistema relativamente estável. Ele citou William James dizendo que "a vontade entra em cena apenas quando é necessário optar entre dois impulsos ou tendências" (Piaget, 1954/1981, p. 13). Piaget, portanto, salientou o papel da vontade na escolha consciente de valores envolvendo intercâmbios pessoais na construção do mundo das pessoas, pela criança.

É importante, portanto, que a criança comece a exercitar a vontade, isto é, que faça escolhas conscientemente, nas suas relações com outros. O professor pode ajudar a criança a fazer escolhas conscientes de sentimentos e idéias sobre outros, desta forma auxiliando-a a construir e conservar os valores e exercitar sua vontade.

3. Ajude a criança a construir sentimentos de justiça e cuidado pelos outros. Este princípio envolve tudo o que escrevemos neste livro sobre a promoção do desenvolvimento sócio-moral das crianças. Depois que o professor implementou os outros princípios descritos neste capítulo, ele deve trabalhar com a criança difícil do mesmo modo que o faz com outras crianças.

Finalmente, gostaríamos de ressaltar que os princípios para lidar-se com a criança difícil também serão úteis quando o professor tiver de lidar com a criança normal em momentos difíceis. Devemos salientar também que algumas crianças difíceis não podem ser ajudadas na sala de aula normal, onde o professor não está livre para oferecer uma atenção exclusiva a uma só criança. Algumas crianças difíceis necessitam estar em grupos muito pequenos com um terapeuta. Se o tempo do professor é tão consumido pelo trabalho com a criança difícil, a ponto das necessidades das outras crianças serem negligenciadas, então a situação não é justa para estas. Se, após várias semanas de trabalho, seguindo as diretrizes descritas neste capítulo a criança difícil não fez progressos, o professor deve encaminhá-la para avaliação e possível encaminhamento a um outro espaço.

RESUMO

Com qualquer grupo de crianças, o professor lida com uma ampla faixa de competências para o autocontrole. Todas as crianças têm momentos em que se mostram difíceis. Contudo, a criança especialmente difícil, que coloca os outros em perigo e perturba as atividades, representa um desafio especial para o professor. Muito do que tem sido escrito acerca de como lidar com a criança difícil tem como fundamento uma perspectiva behaviorista que enfatiza a direção do comportamento da criança pelo professor. A Disciplina Assertiva é um exemplo de uma dessas abordagens. O ponto principal da crença behaviorista é que os estímulos ambientais moldam e controlam o comportamento do indivíduo através da recompensa e punição. O professor behaviorista centra-se na estruturação das pressões da sala de aula para criar uma mudança no comportamento, sem preocupar-se com as causas e origens do mau comportamento. Em contraste, o professor construtivista, integrando a teoria psicodinâmica e construtivista, tenta entender como a criança procede a construção de si mesma, dos outros e dos padrões de relacionamento com outros. As diretrizes para o trabalho com a criança difícil (1) comunicam aceitação, aprovação e fé na criança, (2) compreendem o sistema interno de crenças que dirigem o mau comportamento, (3) desafiam e confrontam o sistema implícito de crenças da criança e (4) guiam a criança para a reconstrução de sentimentos e padrões de reação a outros. As diretrizes para o trabalho com crianças difíceis também são úteis para o trabalho com a criança normal em momentos difíceis.

17

A ATMOSFERA SÓCIO-MORAL DA ESCOLA

É impossível concretizar plenamente a atmosfera sócio-moral construtivista na sala de aula se a atmosfera sócio-moral da escola está em desacordo. A menos que a atmosfera sócio-moral de todo o estabelecimento seja construtivista, as crianças terão experiências contraditórias. A sala de aula não existe em um vácuo social e os contatos com outros fora da sala de aula fazem parte da atmosfera sócio-moral que as crianças vivenciam na escola. Neste capítulo, discutimos o trabalho de Kohlberg e seus colegas na avaliação da cultura moral das instituições, especialmente das escolas secundárias. Além de estudarem como a atmosfera moral relaciona-se com o desenvolvimento sócio-moral individual, eles conceituaram níveis da atmosfera moral nas instituições. Depois, comentamos sobre as experiências das crianças e dos professores quanto à atmosfera sócio-moral mais ampla nas escolas de educação infantil e na escola de 1º grau e sugerimos princípios para os diretores que desejam cultivar uma atmosfera sócio-moral construtivista em suas escolas.

O TRABALHO DE KOHLBERG E COLABORADORES NA AVALIAÇÃO DA CULTURA MORAL

Em seu livro *Kohlberg's Approach to Moral Education* ("O Enfoque de Kohlberg à Educação Moral"), Power, Higgins e Kohlberg (1989) descrevem a "Comunidade Justa". Implementada em escolas secundárias e prisões, a Comunidade Justa convida à participação nas tomadas de decisões democráticas envolvendo a vida do grupo. Neste enfoque, os professores podem ser defensores de um determinado ponto de vista, mas evitam doutrinar os estudantes. Ao invés disso, eles expressam a perspectiva da comunidade nos encontros da classe. Eles apresentam posições que podem ser criticadas, encorajam os estudantes a formularem suas próprias opiniões sobre os temas e aceitam o julgamento democrático da maioria como algo a ser cumprido. O Estudo da *Cluster School*, uma escola de Comunidade Justa dentro de uma escola secundária maior, mostrou resultados dramáticos. Além de aumentos significativos no raciocínio moral dos indivíduos, as relações raciais melhoraram e o conflito inter-racial tornou-se quase que inexistente. Os furtos cessaram. O uso de drogas virtualmente desapareceu. As "colas" nos trabalhos escolares foram reduzidas, à medida em que os estudantes criavam um código de honra. As aspirações educacionais foram aumentadas. Em contraste, Power, Higgins e Kohlberg comentaram:

> Nossos dados indicaram que a cultura da escola secundária pública de grande porte realmente prejudica a educação moral efetiva, sujeitando os estudantes a influências negativa das "turmas" e alienando-os aos adultos. Neste contexto, a autoridade adulta tende a residir mais no *status* de adulto e no poder coercivo do que em sua capacidade de persuasão moral (p. 300).

Kohlberg e seus colegas concluem seu livro dizendo que a experiência em uma Comunidade Justa leva a uma orientação para a responsabilidade caracterizada pela consciência e preocupação pelos relacionamentos, bem-estar dos outros e interesse público. Esta pesquisa oferece mais evidências, além de nosso próprio estudo da atmosfera sócio-moral e desenvolvimento sócio-moral na educação infantil (veja Capítulo 1), de que as relações cooperativas entre adulto-criança promovem o desenvolvimento infantil e as relações coercivas o impedem.

Kohlberg e seus colegas desenvolveram diversos modos de avaliar a atmosfera moral em uma instituição. Por exemplo, eles descrevem cinco níveis de valorização da instituição pelo adolescente, refletindo uma gradual adoção de perspectiva:

- Nível 0: Os indivíduos não valorizam a escola.
- Nível 1: Valor instrumental (a escola ajuda os indivíduos a satisfazerem suas necessidades).
- Nível 2: Identificação entusiástica (a escola é valorizada em momentos especiais, tais como em uma vitória da equipe esportiva).
- Nível 3: Comunidade espontânea (a escola é valorizada por proximidade ou amizade entre seus membros, onde esses sentem uma motivação íntima para ajudar os outros).
- Nível 4: Comunidade normativa (a escola é valorizada por seus próprios méritos, onde o fato de ser um membro envolve um contrato social de respeitar as normas e ideais do grupo) (Power, Higgins & Kohlberg, 1989).

Em suas pesquisas sobre a *Cluster School*, Power, Higgins e Kohlberg (1989) descobriram uma mudança no nível 1 (antes de a Comunidade Justa ser estabelecida) para o nível 4 (no segundo ano de implementação).

Power, Higgins e Kohlberg também discutem como as normas (em geral regras já aceitas) diferem de acordo com a atmosfera sócio-moral de uma escola. As normas relativas à ordem são as regras coletivas que simplesmente salvaguardam a sobrevivência e funcionamento ordeiro da organização (por exemplo, regras proibindo furtar livros da biblioteca ou perturbar na sala de aulas). As normas sobre justiça envolvem o respeito pelos direitos e liberdades iguais dos indivíduos e os processos através dos quais as regras são estabelecidas. As normas da comunidade envolvem o interesse (compartilhamento de preocupações e afeição), confiança, integração (compartilhamento de comunicação entre subgrupos), participação (compartilhamento de tempo, energia e interesse), comunicação franca (compartilhamento de conhecimento sobre questões que afetam o grupo) e responsabilidade coletiva (compartilhamento de obrigações, elogios e culpa). As pesquisas sobre a *Cluster School* mostraram uma mudança, no segundo ano, de normas de ordem e justiça para normas de comunidade.

As pesquisas sobre detentos em prisões também oferecem dados que informam nosso entendimento sobre o efeito da atmosfera sócio-moral da instituição maior sobre o desenvolvimento do indivíduo. Scharf (1973) mostrou que muitos prisioneiros raciocinavam em um nível inferior de atmosfera moral, mesmo quando eram capazes de um raciocínio de nível superior. Kohlberg e seus colegas perceberam que a educação moral dos detentos não seria efetiva, a menos que também envolvesse o trabalho com autoridades da prisão para a mudança da atmosfera moral da vida carcerária.

Esses dados sugerem que, nas escolas de educação infantil e ensino fundamental, devemos preocupar-nos com a atmosfera sócio-moral da instituição escolar como um todo, se desejamos ser efetivos ao máximo ao influenciarmos o desenvolvimento sócio-moral das crianças.

A EXPERIÊNCIA DAS CRIANÇAS COM A ATMOSFERA ESCOLAR

A atmosfera escolar geral pode apoiar ou impedir o desenvolvimento da atmosfera sócio-moral na classe. As classes de Campo de Treinamento e Fábrica de nosso programa do estudo de comparação (veja Capítulo 1) refletiam atmosferas da escola como um todo consistentes com as práticas em sala de aula. A classe da Comunidade, entretanto, era uma ilha dentro de uma atmosfera escolar maior que refletia os princípios behaviorista e contradizia a experiência das crianças na sala de aula em muitas maneiras. Por exemplo, as crianças da classe da Comunidade, descrita no Capítulo 1, tinham de andar pelos corredores em linha reta e sem falar. Na cantina da escola, as crianças eram controladas por uma "sistemas de fichas", na qual recebiam dinheiro de brinquedo por bom comportamento. As crianças podiam trocar seus "dólares" por adornos na lojinha da cantina. Este dinheiro era dado às crianças principalmente por ficarem quietas. De acordo com a professora-assistente, que supervisionava a classe na cantina, as crianças da Comunidade recebiam pouco dinheiro, já que falavam muito. O encarregado pelo controle de fichas chegou até mesmo a gritar com a professora-assistente por não insistir que seus alunos ficassem quietos. As crianças da Comunidade tinham professores especializados em artes, educação física e música. A professora de música mantinha uma dinâmica positiva na sala de aula, mas o mesmo não acontecia com os professores de artes e educação física. O professor de educação física era heteronômico e promovia uma espécie de competição negativa entre as crianças. A professora de artes era extremamente negativa e crítica para com as crianças. Ela insistia que as crianças "criassem" duplicatas exatas e perfeitas de seus modelos. Quando as crianças não demonstravam habilidades, como no uso de tesouras, ela as humilhava. As crianças freqüentemente terminavam seu período de atividade artística em lágrimas.

Mesmo nesta situação, na qual o programa construtivista recebia um apoio ambivalente e as crianças também passavam por experiências não-construtivistas, elas fizeram um progresso sócio-moral maior do que as crianças do Campo de Treinamento e da Fábrica. Sugerimos, portanto, que uma atmosfera de sala de aula construtivista pode, até certo ponto, compensar uma atmosfera não-construtivista na escola em geral. Entretanto, devemos dizer que as crianças nesta classe de escola pública fizeram menos progresso do que as crianças de jardim de infância no HDLS, na *University of Houston*. Isto pode ser devido a uma ou mais das diversas diferenças na experiência. Em primeiro lugar, as crianças da *Lab School* estavam na educação construtivista por mais de um ano (em alguns casos, por 4 anos). Em segundo lugar, a atmosfera geral da escola, na *Lab School*, era consistente com a experiência construtivista na sala de aula. Em terceiro lugar, as crianças da *Lab School* viviam em situações familiares mais privilegiadas, com pais com maior escolaridade que tinham oportunidades de participarem na educação construtivista para pais, oferecida pela escola.

A avaliação da atmosfera sócio-moral da escola centra-se principalmente em regras, mas também nos contatos das crianças com adultos que põem em prática essas regras. A primeira questão a ser considerada diz respeito à origem das regras. Se as crianças não são consultadas sobre quais devem ser as regras, estas podem ser vivenciadas como algo externo, ao invés de como princípios de autocontrole. A participação das crianças é possível na decisão de quais devem ser as regras da escola — para a biblioteca, para o refeitório, para uso do sanitário e assim por diante. Concordamos com Power, Higgins e Kohlberg (1989) que afirmam:

O objetivo da educação para o desenvolvimento moral precisa ser uma mudança na vida da escola, bem como no desenvolvimento dos estudantes enquanto indivíduos. O ensino da justiça, como o ensino de leitura ou aritmética, está dentro de um *contexto* de uma sala de aula e uma escola, e o modo como os estudantes vivem a vida na sala de aula e na escola terá um efeito modelador sobre o que eles aprendem a partir do que o professor ensina (p. 20).

A EXPERIÊNCIA DO PROFESSOR COM A ATMOSFERA ESCOLAR

A atmosfera sócio-moral para o professor inclui não apenas as relações com as crianças em sua classe, mas também relações com a administração e outros professores. A atmosfera escolar pode refletir as atitudes da administração do distrito escolar, mas os distritos escolares geralmente não possuem uma filosofia coerente. Mais importantes para a atmosfera escolar são as atitudes dos diretores, discutidas na seção seguinte.

As relações entre os professores podem formar uma rede de apoio ou seu oposto, uma sensação de negação e isolamento. Em nosso estudo de comparação do programas, a professora construtivista da classe da Comunidade desfrutava de uma atmosfera amigável em relação a outros professores de jardim de infância, mas os professores da primeira série mostravam-se críticos. Eles consideravam a professora da Comunidade excessivamente condescendente e achavam que as crianças não deveriam ter oportunidades de fazer escolhas. A diretora, embora mostrasse disposição para nos dar uma chance de tentar, tinha algumas dúvidas de que a educação construtivista pudesse funcionar em uma escola pública. Contudo, ela apoiou a professora da Comunidade, após um parecer desfavorável do avaliador do distrito porque a sala de aulas era ruidosa.

O ambiente da escola como um todo e do distrito escolar (ou, como no caso da *Lab School*, a Universidade) também constitui um importante ambiente sócio-moral para o professor ao oferecer atitudes de apoio ou antagonismo, ajudar ou colocar barreiras, elogiar ou criticar. O sistema dentro do qual a escola opera determina salários e condições de trabalho que transmitem a mensagem de respeito, ou a falta deste, pelos professores.

PRINCÍPIOS PARA DIRETORES

A atmosfera sócio-moral da sala de aula está intimamente ligada àquela da escola, do distrito escolar e secretaria da educação, bem como àquela da comunidade mais ampla. Ainda assim, da mesma forma como os professores têm uma certa liberdade quanto ao modo como conduzem uma sala de aula, os diretores têm liberdade e podem influenciar as atmosferas sócio-morais de suas escolas. Muitos leitores já são professores ou diretores e podem estar considerando como mudar uma atmosfera sócio-moral heteronômica, transformando-a em um meio mais cooperativo. Isto é mais difícil do que começar uma nova escola com professores já comprometidos com o ponto de vista construtivista. Ao discutir o problema da mudança nas escolas, Sarason (1982) diz que o diretor tem "um papel fundamental no processo de mudança educacional" (p. 184). Concordando com esta visão, focalizamos aqui, portanto, o modo como os diretores podem apoiar uma atmosfera sócio-moral construtivista em suas escolas. Nesta seção, baseamo-nos principalmente na experiência de Deborah Murphy, ex-diretora da *Maplewood Elementary School* em *North Kansas City, Missouri*, e atualmente diretora da *Edison Elementary School* em *St. Joseph, Missouri*, que tenta conscientemente ser uma diretora construtivista e por 4 anos trabalhou no sentido de influenciar os professores em uma direção construtivista. Apresentamos quatro princípios gerais para os diretores que desejam trabalhar em prol de uma atmosfera sócio-moral construtivista em suas escolas.

Respeite os Professores

Murphy (comunicação pessoal, junho de 1993) expressou a seguinte razão para sua atitude como diretora, em relação aos professores em sua escola:

> Se eu desejasse que os professores respeitassem seus alunos, eu precisaria respeitar os professores. Se quisesse que os estudantes fossem livres para desafiar regras e idéias, precisaria permitir aos professores a mesma liberdade. Se desejasse que os professores refletissem sobre suas crenças e práticas educacionais, precisaria estar aberta à possibilidade de também poder estar errada.

Embora não assuma especificamente a perspectiva construtivista, Sarason (1982) oferece uma descrição conclusiva sobre como os professores tratam as crianças como eles próprios são tratados. Ele conduziu pesquisas sobre questões constitucionais (as regras escritas ou não escritas) nas salas de aula, colocando observadores em seis classes (de terceira, quarta e quinta séries) para que registrassem cada afirmação relacionada a regras pelo professor ou alunos. Os resultados foram os seguintes:

1. A constituição era invariavelmente determinada pelo professor. Nenhum professor jamais discutia por que uma constituição era necessária.
2. O professor jamais solicitava as opiniões e sentimentos de qualquer aluno sobre uma questão constitucional.

3. Em três das classes, as regras do jogo eram verbalizadas ao final da primeira semana da escola. Em duas outras, as regras ficavam claras ao final do mês. Em uma, as regras jamais ficaram claras.
4. Exceto pela sala de aula caótica, nem as crianças nem os professores evidenciavam qualquer desconforto com o conteúdo das constituições — como se todos concordassem que as coisas deveriam ser assim mesmo.
5. Em todos os casos, as questões constitucionais envolviam o que as *crianças* podiam ou não podiam fazer, deveriam ou não deveriam fazer. A questão do que o *professor* podia e não podia ou devia e não devia fazer jamais veio à tona (p. 216).

Sarason comenta:

> Durante a discussão, comecei a perceber que esses professores pensavam em seus alunos precisamente da mesma maneira que dizem ser considerados pelos administradores escolares. Isto é, os administradores não discutem quaisquer temas com os professores, não agem como se as opiniões destes fossem importantes, tratam os professores como um bando de crianças e assim por diante (p. 217).

O argumento de Sarason é consistente com nossa visão construtivista. Ele argumenta que os fracassos na introdução e manutenção de uma mudança educacional "têm ocorrido em grande parte porque não há uma conscientização quanto às questões de poder dos relacionamentos existentes" (p. 218).

Como ex-diretora de uma escola, Rheta DeVries pode testemunhar quanto aos muitos resultados positivos do respeito aos professores. Eles se tornam autônomos e assumem mais responsabilidade pela educação que oferecem às crianças. Isto leva a uma maior criatividade no planejamento do currículo, maior competência e autoconfiança como profissionais, mais colaboração com outros professores e um moral mais elevado.

Reconheça a Necessidade de uma Mudança no Paradigma

Nos capítulos anteriores, discutimos como a visão de mundo ou paradigma teórico do professor influencia o ensino. O paradigma behaviorista predominante influenciou a nós todos. É por isto que a teoria de Piaget serve como uma luz esclarecedora para a maioria das pessoas. A teoria de Piaget leva-nos a pensar em um novo modo de aprendizagem e desenvolvimento. As implicações da teoria de Piaget levam-nos a pensar de uma nova forma sobre o ensino. Podemos falar sobre essas mudanças fundamentais em nossa visão do mundo como uma mudança de paradigma, do behaviorista para o construtivista.

Reconhecer a necessidade de uma mudança de paradigma é um modo de demonstrar respeito pelos professores. Isto é, os diretores devem reconhecer que, assim como as crianças constroem seu conhecimento e convicções sócio-morais, o mesmo ocorre com os professores. Esta construção leva tempo porque, para alguns professores, ela envolve uma reestruturação básica de crenças fundamentais e modos de ser. Contudo, muitos professores já possuem as intuições e tendências construtivistas. Esses professores sentem alívio ao descobrirem uma explicação científica para o que sempre sentiram. Ainda assim, velhos hábitos mudam lentamente. O trabalho com professores que têm ensinado de forma não construtivista desafia um diretor construtivista, que gostaria de concretizar a visão construtivista imediatamente. Entretanto, apressar o processo construtivo pode levar os professores a verem a educação construtivista como um conjunto de truques ou métodos, e não como um modo de pensar. Nosso objetivo é uma visão compartilhada entre a equipe em uma escola. Quando isto ocorre, como no HDLS, o resultado é uma comunidade unificada de profissionais que trabalham juntos e trabalham com as crianças de formas que vão além da visão do diretor.

Envolva os Professores em uma Visão de Longo Prazo

Murphy (comunicação pessoal, junho de 1993) descreve este princípio como "levantar a cabeça", o resultado de mudar o foco dos detalhes do trabalho cotidiano com as crianças para considerar "onde estamos indo e por quê *versus* todas as outras possibilidades". Murphy salienta que "Buscar resultados de longo prazo sem teorias, crenças e princípios adequados que formem uma base sólida é realmente um terreno minado. Assim, uma grande parte de nosso tempo juntos tem sido gasto nesta área". Ao tentar uma visão de longo prazo, Murphy e seus professores abordaram as seguintes questões:

O que realmente queremos que nossas crianças saibam, façam e valorizem como um resultado do tempo que passam conosco?

Que princípios vão nos guiar enquanto nos tornamos uma equipe cooperativa?

O que sabemos sobre o desenvolvimento infantil que possa subsidiar nossas decisões?

Em que acreditamos, verdadeira e profundamente, quanto ao ensino/aprendizagem?

As estratégias seguidas por Murphy e seus professores (comunicação pessoal, junho de 1993) a fim de "extrairmos resultados e afirmações sobre crenças" têm incluído a condução de pesquisas de opinião anônimas; participação em processos de grupo (tais como tempestade de idéias e formação de um consenso); formação de grupos de estudo; leitura de periódicos;

realização de pesquisas através da ação; supervisão nas salas de aulas; participação em oficinas e outras formas de capacitação em serviço, criação de uma biblioteca profissional e centro de recursos e encorajamento para a reflexão individual sobre as leituras.

Em nosso trabalho no HDLS, o foco sobre a visão a longo prazo assume a forma de articular argumentos que salientam a continuidade do desenvolvimento. Por exemplo, a teoria de Piaget (discutida nos Capítulos 2 e 3) leva-nos a concluir que, se queremos que as crianças desenvolvam personalidades autônomas, devemos minimizar o exercício do poder e autoridade dos adultos. Embora os objetivos para as atividades incluam objetivos específicos de curto prazo, eles também refletem objetivos de longo prazo.

Modele e Explique as Atitudes e Práticas Construtivistas

A modelagem de atitudes e práticas construtivistas pode ser resumida por tratar os professores como os professores construtivistas tratam seus alunos e mostrar como tratar as crianças com respeito. Discutimos esses pontos a seguir, em termos de gerenciamento, disciplina e experiência compartilhada.

Gerenciamento

Contrastando com o modo tradicional de tomada de decisões por administradores, a *Maplewood School* de Murphy exemplifica a tomada de decisões de forma participativa. Murphy (comunicação pessoal, 1993) descreve a questão do gerenciamento em termos de quem é dono da escola e conta seu primeiro encontro com o corpo docente, no qual pediu que os professores fizessem as regras que deveriam dirigir as ações dela. As regras sugeridas pelos professores eram: Fale a verdade. Mantenha-nos informados. Dê-nos *feedback* específico e útil sobre nosso ensino. A partir das recomendações dos professores organizados em comitês, a escola criou as decisões tomadas pela equipe como um todo, estudantes e pais interessados. Atualmente, eles estão decidindo como o dinheiro gasto em livros didáticos poderia ser usado para materiais didáticos e equipamentos mais apropriados.

O grêmio estudantil da *Maplewood* tem um poder incomum para refletir sobre problemas reais da escola e tomar decisões reais acerca de questões de interesse do corpo discente. Por exemplo, em uma mesa-redonda em que os membros dizem como consideram o progresso já feito pela escola, o que precisa mudar e temas que devem ser considerados, foi mencionada a questão do uso de bonés na escola. Murphy colocou em prática seu procedimento típico de fazer com que as pessoas dialogassem antes de tomarem uma decisão que elas sintam que precisam defender. Os estudantes foram solicitados a assumir uma posição contrária àquela que prefeririam defender e a dar razões para a visão oposta. Murphy narra que este método era mais efetivo com crianças do que com professores que tendiam a polarizar e achavam difícil considerar a perspectiva sob o ângulo oposto. Murphy perguntou se outras informações poderiam ser obtidas, para serem acrescidas às opiniões iniciais. Os estudantes sugeriram o contato com outras escolas de primeiro grau e com a escola de segundo grau na qual iriam estudar mais tarde, para descobrirem qual era a política acerca do uso de bonés e por que esta fora instituída. Eventualmente, os alunos decidiram que os bonés não podiam ser usados em áreas comuns (corredores, ginásio, cantina), mas poderiam ser usados dentro das salas de aula, se a classe optasse por esta alternativa.

Murphy (comunicação pessoal, junho de 1993) colocou caixas de correio em locais estratégicos da escola, para que os alunos pudessem submeter anonimamente uma idéia, queixa ou assunto à consideração do grêmio. Assim, os estudantes não precisavam participar da diretoria do grêmio para trazerem sua colaboração. Também os professores podiam comunicar uma questão, idéia ou preocupação de forma anônima. Murphy nota que, atualmente, são enviadas menos cartas ao grêmio do que no início e que os professores usam comunicações anônimas com menor freqüência. Ela acredita que isto mostra que os professores aperfeiçoaram-se na resolução de questões da sala de aula e que as pessoas na escola estão desenvolvendo um senso de comunidade, no qual discutem abertamente suas preocupações.

Disciplina e Resolução de Conflitos

Murphy (comunicação pessoal, junho de 1993) comenta que o maior desafio para o diretor construtivista envolve a disciplina. Os professores geralmente esperam que os diretores resolvam todas as situações que lhes são encaminhadas. O diretor que não resolve rapidamente um problema, não é um bom diretor, aos olhos dos professores. Certa ocasião, uma professora achou que Murphy estava sendo manipulada por um aluno. Murphy convidou a professora a observar sua abordagem de solução do problema, na qual escutou e mostrou respeito pelo ponto de vista da criança. Depois, Murphy e a professora fizeram críticas ao processo e desenvolveram um entendimento comum sobre o problema. Murphy salienta, em sua abordagem de solução de problemas, que "nenhuma regra ou conseqüência ajusta-se a todas as situações". Ela explica aos professores sua preocupação com o crescimento sócio-moral a longo prazo, não apenas com "uma solução rápida". De acordo com Murphy (comunicação pessoal, junho de 1993), "o importante é o crescimento, não a vitória de alguém. A visão de longo prazo leva a diferentes estratégias, ao invés de apenas manter-se a ordem e a lei durante o resto daquele dia".

Em nossa opinião, a adéia de "disciplinar" não é apropriada em uma escola construtivista. Como argumentamos no Capítulo 10, as alternativas para disciplinar focalizam-se em conseqüências lógicas não-arbitrárias. O estabelecimento de uma atmosfera sócio-moral realmente reduz a necessidade de disciplina, porque as crianças não precisam lutar contra a autoridade dos adultos a fim de manterem seu auto-respeito.

Experiência Compartilhada

Gostaríamos de enfatizar a importância da experiência compartilhada na atmosfera sócio-moral da escola. Não nos referimos ao espírito escolar como orgulho compartilhado e identificação quando o time da escola vence uma partida de futebol (nível 2 de valorização da instituição, como descrito anteriormente; Power, Higgins & Kohlberg, 1989). Referimo-nos, ao invés disso, à valorização da escola pelos alunos porque esta é o tipo de lugar no qual as pessoas desejam ajudar umas às outras e servir à comunidade como um todo (nível 3) e à valorização da escola pelos estudantes como uma comunidade na qual os membros sentem obrigação para com as normas e responsabilidades do grupo (nível 4).

A *Maplewood School* novamente serve como um exemplo. A discussão de temas preocupantes pelo grêmio estudantil levou à idéia de um "sistema de companheiros", no qual as crianças ajudariam outras crianças com problemas acadêmicos, problemas emocionais e conflitos com os adultos em suas vidas. De acordo com Murphy (comunicação pessoal, junho de 1993), os estudantes realmente assumiram esta tarefa e decidiram os passos a tomar, a fim de criarem este sistema. Os membros do grêmio decidiram que três crianças deveriam ser eleitas em cada classe, para serem os companheiros. Eles salientaram a seus colegas que um bom companheiro precisaria ter três atributos críticos: Ser um bom ouvinte, ser confiável e não transmitir as informações recebidas a outros e ter boas idéias. Os membros do grêmio enfatizaram que um bom companheiro não precisaria ser o mais inteligente, o mais popular ou o melhor líder. Após a seleção dos companheiros, esses decidiram que desejavam ser treinados pelos alunos do segundo grau para esta tarefa. O Coordenador para o Bem-Estar, do segundo grau, organizou um grupo que deveria se reunir uma vez por semana para facilitar o sistema de companheiros. O grupo encenava situações e discutia questões tais como qual deveria ser a sua identificação e se deveriam permanecer na escola após o horário de aula, para desempenhar suas atividades no papel de companheiros.

A ATMOSFERA SÓCIO-MORAL DO DEPARTAMENTO ESTADUAL DE EDUCAÇÃO

Já mencionamos que a escola como um todo e o distrito escolar podem amparar ou obstruir a implementação de uma atmosfera sócio-moral construtivista na sala de aula ou na escola. Obviamente, quanto maior a harmonia filosófica em toda a cultura da escola, mais fácil será estabelecer e manter qualquer tipo de atmosfera sócio-moral. Tomamos o Estado do Missouri, nos Estados Unidos, como um modelo, no que se refere a isso. Lá, a educação construtivista (chamada de *Project Construct* — Projeto Construção) foi oficialmente adotada pelo Departamento Estadual de Educação Básica e Secundária, desde o jardim de infância até a primeira série. O *Project Construct* pode ser voluntariamente adotado pelos distritos escolares ou por escolas individuais. Um grupo básico de educadores foi ampliado através de um programa de educação, incluindo oficinas aos sábados, seminários de verão, sessões especiais na conferência anual de escolas de educação básica e publicação de um guia para o currículo (Murphy & Goffin, 1992), uma moldura para o currículo e avaliação (*Missouri Department of Elementary and Secondary Education*, 1992) e um informativo.

Os professores do Missouri que desejam implementar o *Project Construct* devem participar de um treinamento ao qual levam um administrador, uma exigência que garante o apoio administrativo. O *Project Construct* é implementado, atualmente, em mais de 100 escolas do Missouri. O Centro Nacional do Projeto, localizado na *University of Missouri-Columbia* e dirigido por Sharon Shattgen, supervisiona o desenvolvimento contínuo do Projeto, incluindo o desenvolvimento de métodos de avaliação consistentes com os objetivos construtivistas. Além disso, exigências para o licenciamento de professores de educação infantil e procedimentos de avaliação de professores foram desenvolvidos, a fim de refletirem os princípios do Projeto.

As mudanças na educação infantil no estado do Missouri atualmente são sistêmicas e continuam em andamento. Contudo, a reforma iniciou-se a partir de indivíduos preocupados em oferecer as melhores oportunidades educacionais possíveis a crianças pequenas e suas famílias.

RESUMO

Embora seja verdade que a vivência da atmosfera da escola como um todo pelas crianças melhora ou impede o desenvolvimento de uma atmosfera construtivista na sala de aula, e embora seja importante o apoio da atmosfera sócio-moral de toda a escola para aquela classe, uma atmosfera construtivista na sala de aula pode compensar, até certo ponto, uma atmosfera não-construtivista no restante da escola. O trabalho de Kohlberg e seus colegas sobre a avaliação da atmosfera sócio-moral salienta os diferentes modos como os estudantes podem valorizar a escola e diferentes tipos de normas nas escolas. A experiência de cada professor em relação à atmosfera escolar pode apoiar ou negar seu esforço para o estabelecimento de uma atmosfera sócio-moral construtivista. Os diretores interessados em criar esta atmosfera devem observar quatro princípios: respeito aos professores; reconhecimento da necessidade de uma mudança no paradigma; envolvimento dos professores em uma visão de longo prazo e modelagem e explicação de atitudes e práticas construtivistas. Uma mudança sistêmica na direção de uma atmosfera sócio-moral construtivista, como aquela conquistada no Missouri, contudo, será o melhor apoio ao desenvolvimento de crianças morais em salas de aulas morais.

Apêndice

Explicações Teóricas para Categorias Gerais de Atividades Construtivistas Durante a Hora da Atividade

As explicações seguintes foram escritas por Rheta Devries com a colaboração de influentes professores na Escola-Laboratório para o Desenvolvimento Humano (*HDLS*) na Universidade de Houston. Costumamos afixá-las em um mural para pais, em nossos corredores, a fim de informarmos aos próprios pais e aos visitantes. Além disso, o professores escrevem as razões para as atividades selecionadas em seus planos de lições semanais.

Faz-de-conta

O faz-de-conta é a capacidade de pensar sobre um objeto, pessoa ou evento não-presente ou inexistente e é um importante avanço no desenvolvimento cognitivo. O faz-de-conta envolve o descentramento para considerar o comportamento e, eventualmente, os pontos de vista de outros. Através do faz-de-conta, as crianças vivenciam situações, relacionamentos e questões emocionais que não são bem compreendidos. Nas brincadeiras, as crianças estão no controle e podem estruturar suas experiências, de modo a elaborarem preocupações e interesses pessoais. O faz-de-conta é uma espécie de "linguagem", especialmente importante nos anos em que a linguagem verbal das crianças ainda não foi completamente desenvolvida.

Linguagem e Letramento

A base para a linguagem e letramento está no desenvolvimento simbólico e representativo geral que se inicia no segundo ano de vida com a linguagem falada e o faz-de-conta. Durante os primeiros anos da infância, a linguagem desenvolve-se através da interação social em um ambiente rico em linguagem, que inclui histórias infantis, poesia, rimas e canções. As crianças são encorajadas a usar suas palavras para expressarem pensamentos e sentimentos. Os professores modelam a comunicação efetiva e evitam falar pelas crianças. Através de histórias que captam a atenção infantil, as crianças adquirem conhecimento sobre as características de livros (autor, ilustrador, progressão das páginas), convenções da linguagem escrita (separação de material impresso e ilustrações, seqüência do alto para baixo e da esquerda para a direita e correspondências entre a linguagem falada e escrita) e elementos da história (ambientação da história, apresentação dos personagens, conflito e resolução).

Através de todas essas experiências, as crianças estão construindo regras semânticas e sintáticas. O processo construtivo inclui erros por hipercorreção ("píreses", "eu ouvo") que as crianças corrigem no seu devido tempo.

As crianças aprendem a ler e escrever de formas análogas à aprendizagem da linguagem falada — realizando aproximações iniciais. Os professores apóiam esses esforços de várias maneiras: (1) encorajando e aceitando a escrita, desde as primeiras garatujas até pseudoletras e letras convencionais, ortografia inventada e ortografia convencional; (2) encorajando e aceitando a simulação da leitura, reconhecimento de palavras importantes, tais como o próprio nome, da família e dos amigos, sinais e rótulos no ambiente, hipóteses iniciais sobre as relações entre a linguagem falada e a escrita, e eventual construção da hipótese alfabética ou fonética.

Blocos e Outros Brinquedos de Armar

Brinquedos de armar como Legos, *Play-Mobil*, Pequeno Construtor, blocos de madeira, etc., oferecem muitas oportunidades para o desenvolvimento, incluindo as seguintes:

- **Conhecimento físico**. Atuando sobre os objetos de variadas maneiras para observar as várias reações e para a criação de certos efeitos. Exemplos: Criação de janelas e paredes dentro de uma construção, equilíbrio, empilhamento e uso de inclinações.
- **Representação e faz-de-conta**. A emergência e elaboração do pensamento representativo ou simbólico em diferentes níveis. A capacidade para fazer com que um objeto represente algo mais é

um importante progresso no desenvolvimento do pensamento. Com brinquedos construtivos e outros, tais como carrinhos e bonecos, as crianças também podem ser inspiradas a envolver-se no faz-de-conta. *Exemplo*: A criança muito pequena pode fazer com que um bloco represente uma casa, uma criança do jardim pode fazer uma cena urbana elaborada.

- **Raciocínio espacial.** Fazer com que objetos se ajustem, encaixem e definam espaços abertos e fechados.
- **Raciocínio lógico-matemático.** Percepção de similaridades e diferenças e classificação pela criação de equivalências possíveis em blocos de armar.

Jogos de Grupo

A participação em jogos com regras contribui para o desenvolvimento cognitivo e sócio-moral das crianças. Para participarem em um jogo com regras, as crianças devem cooperar, concordando sobre as regras e aceitando suas conseqüências. Quando uma regra é infringida ou ocorrem discordâncias, as crianças têm uma oportunidade para negociar e descobrir como continuar o jogo. Os jogos são um excelente contexto para pensar em temas de igualdade de direitos, ou o início de idéias sobre justiça.

Selecionamos os jogos de acordo com seu potencial para o incentivo do raciocínio infantil.

- **Números**. Dados e baralhos oferecem oportunidades para o desenvolvimento do entendimento da correspondência um a um, mais, menos e igual, e soma e subtração. Alguns são jogos "de azar" e alguns envolvem estratégia. *Exemplos*: jogos de mesa e baralhos com figuras.
- **Conhecimento físico**. Muitos jogos também oferecem vantagens encontradas nas atividades de conhecimento físico. *Exemplos*: boliche, jogos com alvos. Números, leitura e escrita estão envolvidos na marcação dos pontos.
- **Lógica social**. Alguns jogos desafiam as crianças a se descentrarem ou imaginarem o que outra pessoa pode estar pensando. Exemplos: jogos de adivinhação, tais como Adivinhe Em Que Mão Está a Moeda, Esconde-Esconde, O Chefe Mandou.
- **Lógica não-social**. À medida que crescem, as crianças podem ser encorajadas a descobrir estratégias em jogos que não envolvem sorte. Esses freqüentemente envolvem o raciocínio espacial. Exemplos: Damas, Jogo da Velha, Senha.

Artes

As atividades artísticas, tais como pintura, recortes, colagens e criação com uma ampla variedade de materiais também proporcionam várias possibilidades desenvolvimentais.

- **Conhecimento físico**. Ação sobre uma variedade de materiais, com o objetivo de observar a gama de efeitos e reações; descobrir como os diferentes materiais se combinam.
- **Representação**. Emergência e elaboração de pensamento representativo ou simbólico em diferentes níveis. As primeiras representações geralmente não se assemelham à coisa representada. O que conta é a representação na mente da criança! À medida que crescem, as crianças sentem necessidade de alcançar alguma semelhança.
- **Relações lógico-matemáticas**. Percepção de similaridades e diferenças entre texturas, cores, "ferramentas", "telas" e materiais.

REFERÊNCIAS BIBLIOGRÁFICAS

Adler, A. (1917). *Study of organ inferiority and its psychological compensation.* New York: Nervous Disease Pub.
Adler, A. (1927). *The practice and theory of individual psychology, 2nd edition.* New York: Harcourt Brace Jovanovich.
Asch, F. (1983). *Mooncake.* New York: Scholastic.
Berenstain, S., & Berenstain, J. (1983). *The Berenstain bears and the messy room.* New York: Random House.
Bonica, L. (1990). Negociations interpersonnelles et jeux de fiction. In M. Stambak & H. Sinclair (Eds.), *Les jeux de fiction entre enfants de 3 ans* (p. 113-150). Paris: Presses Universitaires de France. (Publicado em inglês como *Pretend play among 3-year-olds,* Hillsdale, NJ: Erlbaum, 1993).
Canter, L., & Canter, M. (1976). *Assertive discipline: A take-charge approach for today's educator.* Santa Monica, CA: Lee Canter and Associates.
Colby, A., & Kohlberg, L. (1987). *The measurement of moral judgment.* Cambridge: Cambridge University Press.
DeVries, R. (1970). The development of role-taking in young bright, average, and retarded children as reflected in social guessing game behavior. *Child Development,* 41, 759-770.
DeVries, R. (1986). Children's conceptions of shadow phenomena. *Genetic, Social and General Psychology Monographs,* 112, 479-530.
DeVries, R. (1992). Development as the aim of constructivist education: How do we recognize development? In D. Murphy & S. Goffin (Eds.), *Understanding the possibilities: A curriculum guide for Project Construct* (pp. 15-34). Columbia, MO: University of Missouri and the Missouri Department of Elementary and Secondary Education.
DeVries, R., & Fernie, D. (1990). Stages in children's play of tic tac toe. *Journal of Research in Childhood Education,* 4, 98-111.

DeVries, R., Haney, J., & Zan, B. (1991). Sociomoral atmosphere in direct-instruction, ecletic and constructivist kindergartens: A study of teachers' enacted interpersonal understanding. *Early Childhood Research Quarterly, 6*, 449-471.

DeVries, R., & Kohlberg, L. (1987/1990). *Constructivist early education: Overview and comparison with other programs*. Washington, DC: National Association for the Education of Young Children (Originalmente publicado como *Programs of early education: The constructivist view*, New York: Longman.)

DeVries, R., Reese-Learned, H., & Morgan, P. (1991a). Sociomoral development in direct-instruction, ecletic, and constructivist kindergartens: A study of children's enacted interpersonal understanding. *Early Childhood Research Quarterly, 6*, 473-517.

DeVries, R., Reese-Learned, H., & Morgan, P. (1991b). A manual for coding young children's enacted interpersonal understanding. (ERIC Document Reproduction Service No. PS 020123).

Dewey, J. (1913/1975). *Interest and effort in education*. Edwardsville, IL: Southern Illinois Press.

Dragonwagon, C. (1990). *Half a moon and one whole star*. New York: Aladdin Books.

Dreikurs, R., & Soltz, V. (1964). *Children the challenge*. New York: Hawthorn Books.

Duckworth, E. (1987). *"The having of wonderful ideas" and other essays on teaching and learning*. New York: Teachers College Press.

Ferreiro, E., & Teberosky, A. (1979/1982). *Literacy before schooling*. Portsmouth, NH: Heinemann.

Freud, S. (1900). *The interpretation of dreams*. In J. Strachey, (Ed.), *The standard edition of the complete psychological works of Sigmund Freud, Vols. 4-5*. London: Hogarth Press.

Garis, H. (1947). *Uncle Wiggily's Happy Days*. Platt and Munk.

Hitz, R. (1988). Assertive discipline: A response to Lee Canter. *Young Children, 43* (2), 25-26.

Jackson, P. (1967). *Life in classrooms*. New York: Holt, Rinehart, and Winston.

Kamii, C. (1982). *Number in preschool and kindergarten*. Washington, DC: National Association for the Education of Young Children.

Kamii, C. (1985). *Young children reinvent arithmetic: Implications of Piaget's theory*. New York: Teachers College Press.

Kamii, C. (1989). *Young children continue to reinvent arithmetic: Second Grade*. New York: Teachers College Press

Kamii, C. (1993). *Young Children continue to reinvent arithmetic: Third Grade*. New York: Teachers College Press.

Kamii, C., & DeVries, R. (1975/1977). Piaget for early education. In M. Day & R. Parker (Eds.), *The preschool in action* (pp. 363-420). Boston: Allyn and Bacon.

Kamii, C., & DeVries, R. (1978/1993). *Physical knowledge in preschool education: Implications of Piaget's theory*. New York: Teachers College Press.

Kamii, C., & DeVries, R. (1980). *Group games in early education: Implications of Piaget's theory*. Washington, DC: National Association for the Education of Young Children.

Kohlberg, L. (1984). *Essays on moral development, Volume 2: The psychology of moral development*. San Francisco: Harper and Row.

Kohlberg, L., & Mayer, R. (1972). Development as the aim of education. *Harvard Educational Review, 42*, 449-496.

Krasilovsky, P. (1950). *The man who didn't wash his dishes.* New York: Scholastic.
Lickona, T. (1985). *Raising good children.* New York: Bantam Books.
Lickona, T. (1991). *Educating for character: How our schools can teach respect and responsability.* New York: Bantam Books.
Manning, M., Manning, G., & Long, R. (1989). Authentic language arts activities and the construction of knowledge. In G. Manning & M. Manning (Eds.), *Whole language beliefs and practices,* K-8 (pp. 93-97). Washington, DC: National Education Association.
Mead, G. (1934). *Mind, self and society.* Chicago: University of Chicago Press.
Missouri Department of Elementary and Secondary Education (1992). *Project Construct: A framework for curriculum and assessment.* Columbia, MO: Author.
Morris, W. (Ed.) (1973). *The American heritage dictionary of the English language.* Boston: American Heritage Publishing Co. and Houghton Miflin Co.
Murphy, D., & Goffin, S. (1992). *Understanding the possibilities: A curriculum guide for Project Construct.* Columbia, MO: University of Missouri and the Missouri Department of Elementary and Secondary Education.
Nucci, L. (1981). Conceptions of personal issues: A domain distinct from moral or social concepts. *Child Development,* 52, 114-121.
Piaget, J. (1928/1976). Ecrites sociologiques: I. Logique génétique et sociologie. In G. Busino (Ed.), *Les sciences sociales avec et après Jean Piaget* (pp. 44-80). Geneva: Librairie Droz.
Piaget, J. (1932/1965). *The moral judgment of the child.* London: Free Press.
Piaget, J. (1948/1973). *To understand is to invent.* New York: Grossman (Publicado pela primeira vez em *Prospects,* UNESCO Quarterly Review of Education).
Piaget, J. (1954/1981). *Les relations entre l'affectivite et l'intelligence dans le developpement mental de l'enfant.* Paris: Centre de Documentation Universitaire (Publicado em parte por J. Piaget, *Intelligence and Affectivity: Their relation during child development.* Palo Alto, CA: Annual Reviews).
Piaget, J. (1964). Development and learning. In R. Ripple and V. Rockcastle (Eds.), *Piaget rediscovered: A report of the conference on cognitive studies and curriculum development* (pp. 7-20). Ithaca, NY: Cornell University Press.
Piaget, J. (1964/1968). *Six psychological studies.* New York: Random House.
Piaget, J. (1969/1970). *Science of education and the psychology of the child.* New York: Viking Compass.
Piaget, J. (1975/1985). *The equilibration of cognitive structures: The central problem of intellectual development.* Chicago: University of Chicago Press.
Power, C., Higgins, A., & Kohlberg, L. (1989). *Lawrence Kohlberg's approach to moral education.* New York: Columbia University Press.
Render, G., Padilla, J., & Krank, M. (1989). Assertive discipline: A critical review and analysis. *Teachers College Record,* 90, 607-630.
Sarason, S. (1982). *The culture of the school and the problem of change (2nd ed.).* Boston: Allyn and Bacon.
Scharf, P. (1973). *Moral athosphere and intervention in the prison.* Dissertação para Ph.D., Harvard University, Cambridge, MA.
Scieszka, J. (1989). *The true story of the three little pigs.* New York: Scholastic.
Selman, R. (1980). *The growth of interpersonal understanding.* New York: Academic Press.

Selman, R., & Schultz, L. (1990). *Making a friend in youth: Developmental theory and pair therapy.* Chicago: University of Chicago Press.

Shaheen, J., & Kuhmerker, L. (1991). *Free to learn, free to teach.* Manhattan, KS: The Master Teacher, Inc.

Shure, M. (1992). *I can problem solve* (ICPS): *An interpersonal problem-solving program.* Champaign, IL: Research Press.

Shure, M., & Spivak, G. (1978). *Problem-solving techniques in childrearing.* San Fracisco: Jossey-Bass.

Smetana, J. (1983). Social-cognitive development: Domain distinctions and coordinations. *Developmental Review, 3,* 131-147

Stambak, M., Barriere, M., Bonica, L., Maisonnet, R., Musatti, T., Rayna, S., & Verba, M. (1983). *Les bébés entre eux.* Paris: Presses Universitaires de France.

Steig, W. (1982). *Doctor DeSoto.* A Sunburst Book: Farrar, Straus, and Giroux.

Turiel, E. (1983). *The development of social knowledge: Morality and convention.* Cambridge: Cambridge University Press.

Verba, M. (1990). Construction et partage de significations dans les jeux de fiction entre enfants. In M. Stambak e H. Sinclair (Eds.), *Les jeux de fiction entre enfants de 3 ans* (pp. 23-69). Paris: Presses Universitaires de France (Publicado em inglês como *Pretend Play among 3-year-olds,* Hillsdale, NJ: Erlbaum, 1993).

Wood, A. (1987). *Heckedy Peg.* San Diego: Harcourt Brace Jovanovich.

ÍNDICE REMISSIVO

– A –

Acordo mútuo
  e violação de regras, 229-230
  valores, 100-103
Adler, A, 283-286
Adoção de perspectiva
  coordenação, 42-43, 49-50
  desenvolvimento da, 41, 44-45
  e construção do autoconceito, 52-53
  e problemas na hora do descanso, 264-266
  na discussão de histórias de dilemas morais, 183-185
  pela criança difícil, promoção, 290-292
Afeto, 31-32, 72-73
Amizades, entre crianças respeito pelas, 69-71
Asch, F, 261-262
Atitude cooperativa, e trapaças, 228-230
Atividade de afundar-flutuar, 76-78
Atividades artísticas, 313-314
Atividades com a linguagem, 311-313
Atividades construtivistas, 71-72, 79-80
  categorias de, 212
  conhecimento refletido na, categorias, 208-212
  escolha de, por crianças, durante hora da atividade, 218-220
  racionalizações para, 311-312, 314
  sala de aula, decisão sobre, por crianças, 151-153
Atividades construtivistas, racionalizações para, 311-312, 314
Atividades de alfabetização, 311-313
Atmosfera na sala de aulas. Ver Atmosfera na escola; Atmosfera sócio-moral
Atmosfera social, 297-309. Ver também Atmosfera sócio-moral
  e diretores, 300-301, 307-308
  experiência das crianças, 298-301
  experiência dos professores, 300-301
Atmosfera sócio-moral, 297-309
  avaliação da, técnicas para, 193-194, 298-300
  como currículo implícito, 34-36
  componentes, 31-33
  definição, 11-12, 31-32
  do departamento de educação, 307-309
  e resolução do conflito, 91-92, 110-111
  estabelecimento, 31-33, 51-52
  influência sobre o desenvolvimento, 32-35, 51, 64-65
  pesquisas sobre, 32-35
  tipos de, ilustrações de, 17-18, 31-32

Atmosfera. *Ver* Atmosfera escolar; Atmosfera sócio-moral
Auto-estima, construção da, 56
Auto-regulagem. *Ver também* Autonomia
 e ensino acadêmico, 269-270
 no desenvolvimento sócio-moral e cognitivo, 12-13
 promoção da, durante hora da limpeza, 234-235
 social, promoção, 224-225, 230-231
Auto-regularem social, promoção da, 224-225, 230-231
Autoconceito, construção do, e interação social, 51-53
Autoconhecimento, desenvolvimento do, promoção, 82-83
Autonomia, 40-41
 e estabelecimento de regras, 138-139
 na interação com colegas, 60-61, 63-64
Autoridade
 do professor construtivista, 58
 limites da, 35-36, 57
 obediência cega, 56

– B –

Barriere, M., 61-63
Berenstain, J., 238-239
Berenstain, S., 238-239
Bloqueios, 312-314
Boa-vontade, sentimentos de, 58-59
Bonica, L., 61-64
Brinquedos construtivos, 312-314

– C –

Canter, L., 282-283
Canter, M., 282-283
Capacidades de enfrentamento, promoção, 81-84
Categorias de conhecimento, 208-210
 entendimento das, por professores, 221-222
 na hora da atividade, 210-212
 no ensino acadêmico, 271-273, 277-280
Celebrações, durante trabalhos em grupo, 131-133
Classe da Fábrica, 19-20

atmosfera sócio-moral da, 27-28, 31-32, 298-300
 e negligência das necessidades emocionais, 68-69
 efeito sobre o desenvolvimento sóciomoral, 33-34
 ensino acadêmico, 268-269
 entendimento interpessoal, 44-48
 relacionamento entre companheiros, 59-60
Classes morais, 17-18, 36
Censura, 198-199
Coerção, no processo de votação, manejo da, 170-171
Coerção
 e hora da limpeza, 236-237
 efeitos sobre as crianças, 58-59
 mista com cooperação, 58-60
Colaboração, sensação de, desenvolvimento, 63-64
Colby, A., 40-41, 177
Comportamento pró-social, sem intenção moral, 38-40
Comunidade justa, 13, 85-86, 297-299
Conflito, 89-113
 atitude do professor para com o, 91-93
 discussão em grupo sobre, 85-86
 entre professor e criança, 111-113
 interindividual, 89-91
 intervenção no, 17-18, 84-85
 intra-individual, 89-91
 papel no desenvolvimento, 89-92
 princípios de ensino no, 92-95
 propriedade do, 92-93
Conhecimento arbitrário convencional, 210
 nas atividades de sala de aulas, 210-212
 no ensino acadêmico, 277-280
Conhecimento físico, 208-209
 nas atividades, 210-212, 312-313
 no ensino acadêmico, 271-273, 277-280
Conhecimento lógico-matemático, 208-210
 nas atividades de sala de aulas, 210-212, 313-314
 no ensino acadêmico, 277-280
Conhecimento psicossocial, construção, 12-13
Conhecimento
 construção do, baseada no conhecimento atual, 275-277

estruturas do, transformação, 269-271
Conseqüências lógicas
　do padrões de reação, ênfase sobre, 292-293
　propriedade das pelas crianças, encorajamento, 200-201
Conseqüências naturais, 196-197
　de padrões de reação-ênfase sobre, 292-293
　relação de causa-efeito com, entendimento, 201-203
　uso seletivo, 202-203
Conseqüências negativas, nas salas de aulas com Disciplina Assertiva, 282-283
Conseqüências. *Ver também* Conseqüências naturais
　inapropriadas, sugerida pelas crianças, 200-202
　indefinidas, evitação a, 204-206
　lógicas, 200-201, 292-293
　negativas, nas classes de Disciplina Assertiva, 282-283
Conservação dos valores, no desenvolvimento intelectual, 52, 56
Construção do *self*, da criança difícil, avaliação, 288-289
Constructivist Early Education: Overview and Comparison with Other Programs (DeVries & Kohlberg), 12-13
Contagem de mãos, na votação, 166-168
Contexto sócio-moral, do ensino acadêmico, 268-269
Contextos morais, promoção dos temas acadêmicos em, 274-275
Controle externo. *Ver* Autoridade
Cooperação incipiente, 222-224
Cooperação
　apelo para a, durante tempo para atividade, 215-216
　benefícios da, 57-60
　definição de, 57, 77-78
　e resolução do conflito, 62-64
　efeitos sobre as crianças, 58-59
　entre professor e aluno, 57-60, 79-82,
　exemplos de, 78-80
　importância da, 78-79
　incipiente, 222-224
　mista com coerção, 58-60

motivo para, 57
promoção da, 77-82, 87, 223-224, 230-231
Criança difícil, 281, 294-295
　enfoque comportamental à, 281-282, 284-285
　enfoques psicodinâmicos e construtivistas à, integração, 284-287
　sistema de crenças internas, 242-243, 292-293
　trabalho com, diretrizes para, 286-287, 294-295
Crianças morais, 37-38, 40-41
　definição de, 14, 37-38, 40-41
　observação das, em salas de aulas, 47-50
Currículo implícito, 13
　atmosfera sócio-moral como, 34-36
　e educação moral, 13

– D –

Departamento de educação, atmosfera sócio-moral do, 307-309
Descentralização, 12-13, 49-50, 78-79, 85-86
　e construção do autoconceito, 52-53
Desculpas, pedidos de, 196-197
Desenvolvimento intelectual, 269-271
　e desenvolvimento sócio-moral, 12-13
　estudos de Piaget sobre, 52
Desenvolvimento moral, papel da experiência pessoal no, 193-194
Desenvolvimento sócio-moral
　avaliação do, com entendimento interpessoal posto em ação, 47-50
　papel da experiência pessoal no, 193-194
　pesquisas sobre atmosfera sócio-moral, 32-35, 51, 64-65
　teoria de Piaget sobre 11-13
Desenvolvimento. *Ver também* desenvolvimento sócio-moral
　cognitivo, teoria de Piaget do, 11-13
　do autoconhecimento, 82-83
　do raciocínio moral, 177-179
　dos sentimentos de comunidade, 63-64
　dos sentimentos morais, 51, 53
　intelectual, 52, 56, 269-271

papel do conflito no, 89-92
relacionamentos interpessoais no, importância, 51
DeVries, R., 12-14, 33-34, 39-40, 44-45, 73-74, 91-92, 212, 219-220, 222-223, 227-228, 269, 284-285
Dewey, J., 72-73, 271-273
Diferenciação entre si mesmo e os outros, através de relacionamentos com companheiros, 60-62
Dilemas morais, 179-182
   definição de, 179
   hipotéticos, de experiências da vida real, 188-189, 193
   para discussão, 180-183
   tipos de, 180-181
Diretor, e atmosfera sócio-moral, 301-302, 307-308
Disciplina Assertiva, 282-284
Disciplina
   alternativas cooperativas, 193-206
   assertiva, 282-284
   definição, 193
   durante o trabalho em grupo, 123-124
   e resolução do conflito, 306-307
   por diretores, 306-308
Discussão do dilema. *Ver* Discussão sócio-moral
Discussão em grupo dos conflitos entre crianças, 85-86
Discussões morais da vida real, 187-189
Discussões morais. *Ver* Discussões sócio-morais
Discussões para o estabelecimento de regras, condução de, 138-139, 148-149
Discussões sócio-morais, 86-87, 175-176
   dilemas da vida real, 187-189
   dilemas hipotéticos, 181-182, 186-189, 193
   objetivos, 181-182
Distrito escolar, atmosfera sócio-moral do, 307-309
Doctor DeSoto (Steig), 183-187
Dreikurs, R., 286-287
Duckworth, E., 208, 222-223

– E –

Educação construtivista
   definição de, 71-72
   primeiro princípio da, 11-12
   temas acadêmicos na, 270-271, 279-280
   visão geral, 11-13
Enfoque comportamental, 281-285
   crítica ao, a partir da perspectiva construtivista, 283-285
   fracasso do, para abordar origens do mau comportamento, 283-285
   pressupostos do, 283-284
   técnicas de, 281-283
Enfoque psicodinâmico, para criança difícil, integração com as teorias construtivistas, 284-287
Engajamento do interesse, 71-72, 75-76
   durante hora da atividade, 213-216, 218-219
   durante trabalho em grupo, 121-123
   exemplos de, 73-76
Ensino autoritário. *Ver* classe do Campo de Treinamento
Entendimento interpessoal posto em ação, 41, 49-50
   desenvolvimento sócio-moral, avaliação em termos de, 47-50
   níveis de, 42-43, 34f
Entendimento interpessoal. *Ver também* Entendimento interpessoal posto em ação
   componentes, 42
   construção do, promoção, 83-85
   exemplos, 44-45, 47-48
Entrevista, da criança difícil, 289-290
Epistemologia genética, 11-12
Equilíbrio emocional, construção do, 81-84
Erro construtivo, 214-215
Erros, respeito pelos, 276-278. *Ver também* Erro construtivo
Escrita das regras, pelas crianças, 142-144
Esquemas para a reação social, 61-62, 292-293
Estabelecimento de regras, pelas crianças, 63-64, 137, 151-152
   objetivos, 137-138-139
Estratégias de manejo para a hora do grupo, 120-121, 125-126

Exclusão, 197-199
  como consqüência lógica, 197-199
  de uma criança por outras, manejo, 69-71, 204-205
  reingresso após, oportunidade para, 203-205
Experiência pessoal, papel no desenvolvimento sócio-moral, 193-194
Experiência. *Ver também* Experiências compartilhadas
  da atmosfera escolar, por crianças e professores, 298-301
  da criança difícil, reconstrução, 292-294
  pessoal, papel no desenvolvimento sócio-moral, 193-194
Experiências compartilhadas, 42, 44-45. *Ver também* Entendimento interpessoal posto em ação
  definição de, 44
  importâcia na atmosfera sócio-moral, 307-308
  níveis de, 34f, 44-45
  promoção, 226-228
Experimentação
  encorajamento à, 75-78
  exemplos de, 76-78
  importância da, 75-77

– F –

Farsa, 311-312
Fé, da criança, comunicação da, 286-288
Fernie, D., 222-223
Ferreiro, E., 275-276
Finalidade instrumental e intercâmbio, 178-179
Flexibilidade, durante hora da atividade, 230-232
Freud, S., 284-285

– G –

Garis, H.R., 217
Goffin, S., 308-309

– H –

Habilidades de Solução Cognitiva Interpessoal de Problemas, 84-85
Hábitos de nutrição, e hora do lanche, 251-253
Half a Moon and One Whole Star, 261-262
Haney, J., 14, 33-34, 91-92, 269
Heckedy Ped (Wood), 182-187
Heteronomia, 40-41
  e negligência das necessidades emocionais, 68-69
Higgins, A., 13, 85-86, 178-179, 297-299, 311-312, 307-309
Hitz, R., 283-284
Hora da atividade, 207-232
  implementação, 215-216, 231-232
  objetivos e racionalização, 208
  planejamento para, 212-216
Hora da limpeza, 233-234, 247
  após hora do almoço, 49-50
  apresentação da, para a classe, 234-237
  objetivos da, 233-235
  problemas com, 236-237, 247
  questões morais na, 235-237
Hora do descanso, 259, 265-266
  diretrizes para, 260-261, 265-266
  problemas da, 259-261
  transição para, 257-258
Hora do lanche, 249-250, 258
  arranjos de assento para, 251-252
  diretrizes pra, 250-251, 257-258
  objetivos da, 250-251
Hora do repouso. *Ver* Hora do descanso

– I –

Idéias das crianças
  para hora da atividade, 218-219
  para regras, 142-144
Injustiça, percepção de, na limpeza entre professor-aluno, 111-112
Insinceridade, na resolução do conflito, 107-110
Intenção moral, comportamento pró-social sem, 38-40
Intencionalidade, avaliação nas trapaças das crianças, 227-230

Interação com companheiros, 59-60, 64-65
  durante hora do lanche, 252-253, 257-258
  e atmosfera sócio-moral, 31-33, 59-61
  esquemas da, 61-62
  na sala de aula construtivista, benefícios da, 60-64
  organização da sala de aula para, 69-71
  papel do professor construtivista na, 63-65
Interação social. *Ver também* Interação com companheiros
  centrada nos temas acadêmicos, apoio, 256, 274-275
  e construção do *self*, 51-53
  esquemas, 61-62
Interesse
  definição, 622
  importância, 71-73

– J –

Jackson, P., 13
Jogos egocêntricos, 222-223
Jogos em grupo, 313-314
  envolvimento do professor, 81-82
  raciocínio das crianças durante, avaliação, 224-225
Jogos livres. *Ver* Hora da atividade
Justiça, sentimentos de, construção, 293-295

– K –

Kamii, C., 12-13, 73-74, 212, 219-220, 227-228, 274-275, 284-285
Kohlberg's Approach to Moral Education, 297-299
Kohlberg, L., 12-13, 39-41, 49-50, 73-74, 85-86, 177-179, 212, 297-301, 307-309
Krank, M., 283-284
Krasilovsky, P. 238-239
Kuhmerker, L., 16

– L –

Lavagem das mãos, lição incorporando, 75-76
Lickona, T., 12-13, 16

Líder, professor como, na hora do grupo, 118-120
Long, R., 271-273

– M –

Maisonnet, R., 61-63
Manning, G., 271-273
Manning, M., 271-273
Mau comportamento
  comportamento do professor em resposta a, 288-289
  fracasso do enfoque comportamental para abordar, 283-285
  sistema de crença interna governando, 287-290
Mayer, R., 39-40
Mead, G., 52-53
Missouri Department of Elementary and Secondary Education, 308-309
Moralidade autônoma, 53-54, 57, 59-60
Moralidade convencional, 178-179
Moralidade heteronômica, 53-57
Moralidade pré-convencional, 177-179
Moralidade
  autônoma, 53-54, 57-60
  convencional, 178-179
  da criança, características da, 40-41
  em relação à religião, 39-40
  heterônomo (da obediência), 5357
  pré-convencional, 177-179
  saco de virtudes para a, 39-40
  tipos de, correspondendo aos relacionamentos entre adultos-crianças, 53-54
Morgan, P., 14, 33-34, 44-45, 91-92, 269
Morris, W., 193
Mostrar e contar, 132-134
Murphy, D., 301-304, 308-309
Musatti, T., 61-63

– N –

Necessidades emocionais
  das crianças, e organização da sala de aula, 68-69
  respeito por, na hora do descanso, 263-264, 273-274

Necessidades fisiológicas
    das crianças, e organização na sala de aula, 67-69
    respeito por, na hora do descanso, 263-264, 273-274
Necessidades intelectuais das crianças e organização da sala de aula, 68-69
Negociação, 42. *Ver também* Entendimento interpessoal posto em ação
    definição de, 43-44
    durante interação com companheiros, 62-63
    níveis de, 34f, 43-44
    promoção, 224-227
Nível desenvolvimental, avaliação de brincadeiras com bolinhas de gude, 221-224
Nucci, L., 175-177

– O –

Obediência
    moralidade da, 53-57
    motivada por afeição e vinculação, 38-39, 56-57
    motivada por medo de punição, 38-39, 56-57
    nas salas de aula construtivistas, 58
Objetivos sócio-morais, da hora do grupo, 115-116
Opiniões da minoria, respeito por, no processo de votação, 171-173
Organização na sala de aulas, 67, 71-72
    para interação com colegas, 69-71
    para necessidades das crianças, 67-69
    para responsabilidade das crianças, 69-72

– P –

Padilla, J., 283-284
Paradigma, mudança, necessidade por, reconhecimento pelo diretor, 302-304
Pensamento representativo, 312-314
Perspectiva social
    coordenação da, 42-43, 49-50
    e desenvolvimento do raciocínio moral, 178-179

Pertencer, sensação de, necessidade para, 285-286
Piaget, Jean, 11-13, 15, 34-35, 40-41, 43, 49-50-51, 61-62, 71-73, 77-78, 80-81, 89-92, 137, 147-148, 177, 193-194, 198-199, 208-212, 222-224, 227-228, 269-271, 277-278, 283-284, 293-294, 302-305
Planejamento
    do projeto de grupo, durante hora do grupo, 127-128, 130-131
    para hora da atividade, 212-216
    para hora do grupo, 117-118
Power, C., 13, 85-86, 178-179, 297, 298-299, 300-301, 307-309
Problemas individuais, discussão de, durante trabalho em grupo, 125-128
Problemas interpessoais
    discussões para estabelecimento de regras em resposta a, 140-142
    esclarecimento, em situações de conflito, 98-100
    individual, discussão, durante reunião do grupo, 125-128
    tomada de decisões sobre, por crianças, 153-156
Procedimentos de votação, compreensíveis para as crianças, 166-167, 170-171
Procedimentos imparciais, para resolução do conflito, 102-104
Processo construtivo, oferecimento de tempo para, 279-280
Processo de equilíbrio no desenvolvimento sócio-moral e cognitivo, 12-13
Projeto de grupo, planejamento, durante trabalho em grupo, 127-128, 130-131
Propriedade da sala de aula, sensação de, 68-69
Punição. *Ver também* Disciplina; Sanções expiatórias
    no enfoque comportamental, 283-284

– Q –

Questões morais
    definição de, em relação a questões sociais, 73-74, 175-176

Questões sobre higiene, na hora do almoço, 251-253
Questões sobre saúde
    na hora do almoço, 251-253
    na hora do descanso, 273-274
Questões sociais
    como as crianças pensam sobre, 40-41
    definição de, 175-177
Questões sócio-morais
    como as crianças pensam sobre, 40-41
    crianças envolvidas em, exemplos, 47-49
    definição de, 175-177
    na hora da limpeza, apresentação de, 235-237

— R —

Raciocínio espacial, 313-314
Raciocínio moral
    esclarecimento do, por repetição de idéias, 186-187
    estágios do desenvolvimento, 49-50, 177-179
Raciocínio pré-operacional, respeito por, 221-222
Raciocínio
    apelo a, durante hora da atividade, 214-216
    encorajamento, 219-220, 224-225, 275-276, 279-280
    entendimento do professor sobre, das crianças, 80-81
    espacial, 313-314
    intervenção, 223-225
    moral, 49-50, 177-179, 186-187
    pré-operacional, respeito por, 221-222
Raiva do professor pela criança, 112-113
Rayna, S., 61-63
Reação social, esquemas estáveis, construção, 53
Realismo moral, 40-41
Reciprocidade
    entre professor e criança, 79-80
    nas interações com companheiros, 60-61
Recompensas, no enfoque comportamental, 283-284

Reese-Learned, H, 14, 33-34, 44-45, 91-92, 269
Regra da maioria, aceitação da, 171-173
Regras morais, como as crianças pensam sobre, 40-41
Regras
    acordo sobre, 147-148
    codificação, 223-224
    criadas por crianças, respeito por, 142-144
    cumprimento das, 150-152
    evitação a ditar, 144-146
    inaceitáveis, resposta a, 146-148
    mudança, 145-147
    nas classes de Disciplina Assertiva, 282-283
    para professores, 147-149
    positivas, 143-145
    prática pelas crianças, estágios, 222-224
    razões para, ênfase sobre, 141-143
    registro e exibição das, 148-151
    regras de "Fazer" ou "Não Fazer", 143-145
    violações das, manejo, 227-231
Relacionamento coercivo, 53-54, 57
Relacionamento professor-aluno, 53, 59-60
    coercivo ou controlador, 53-57
    cooperativo, 57-60
    e atmosfera sócio-moral, 31-32, 52
    importância do, 13
Relacionamentos interpessoais, importância dos, no desenvolvimento, 51
Relacionamentos. *Ver também* Relacionamento professor-aluno
    conserto do, 107-113, 196-197
    interpessoal, importância, no desenvolvimento, 51
Religião, em relação com a moralidade, 39-40
Render, G., 283-284
Resolução do conflito
    e atmosfera sócio-moral, 91-92, 110-111
    papel do professor na, 64-65
    por crianças, 62-64, 92-93, 109-111
    por diretores, 306-308
Respeito
    comunicação do, à criança difícil, 286-288
    e atmosfera sócio-moral, 11-12, 23-24, 27-28

pelas crianças, 67-69, 71-72, 85-86, 269-270, 275-276
por erros, 276-278
por necessidades, na hora do descanso, 262-264
por outros, promoção do, 85-86
por professores, por diretores, 301-303
por raciocínio pré-operacional, 221-222
Responsabilidade da criança
  e sanções por reciprocidade, 197-198
  na situação de limpeza, 103-106
  organização da sala de aulas para, 69-72
  promoção da, durante hora da limpeza, 233-235
Responsabilidade
  compartilhada, promoção, durante hora da limpeza, 234-235
  professor, por segurança física na situação de limpeza, 92-95
Restituição, 196-197
  na situação de limpeza, 105-107
  oportunidades para, provisão, 202-204
Rotinas, estabelecimento de
  para a hora do lanche, 250-251
  para hora do descanso, 261-262, 273-274

– S –

Sala de aula da Comunidade, 18-19-19
  atmosfera sócio-moral, 23-24, 27-28, 298-300
  e necessidades emocionais, 68-69
  efeito sobre o desenvolvimento sócio-moral, 33-34
  ensino acadêmico na, 268-269
  entendimento interpessoal, 44-45, 47-48
  relacionamentos com companheiros, 59-61
Sala de aula de instrução direta. Ver Sala de aula do Campo de Treinamento
Sala de aula do Campo de Treinamento, 17-19
  atmosfera sócio-moral, 19-20, 23-24, 298-300
  e negligência das necessidades emocionais, 68-69
  efeito sobre o desenvolvimento sócio-moral, 33-35

ensino acadêmico na, 268-269
entendimento interpessoal, 44-48
relacionamento com companheiros, 59-60
Sala de aula eclética. Ver Sala de aula da Fábrica
Sanções expiatórias, 194-196
  evitação, 200-201
Sanções por reciprocidade, 195-196, 198-199
Sanções punitivas, 194-196
  evitação, 200-201
Sanções, 194-195, 198-199
  expiatórias ou punitivas, 194-196, 200-201
  reciprocidade, 195-196, 198-199
Sarason, S., 53, 301-302-303
Scharf, 298-299
Schultz, L., 40-41
Scieszka, J., 182-183
Secretaria Estadual de Educação, atmosfera sócio-moral da, 307-309
Segurança física, responsabilidade do professor por, em situação de limpeza, 92-95
Segurança física, responsabilidade do professor por, na situação de conflito, 92-95
Selman, Robert, 40-41, 44-45, 47-50, 177
Sentimentos morais, desenvolvimento de, 51, 53
Sentimentos
  da criança difícil, 288-289, 291-292, 294-295
  na situação de conflito, 95-93
Shaheen, J., 16
Shure, M., 83-85
Significado compartilhado, entre companheiros, 61-63
Sistema de crenças internas, da criança difícil
  desafio ao, 292-294
  entendimento do, 287-290
Situações ativas, relacionadas às finalidades das crianças, criação, 270-274
Smetana, J., 175-177
Soltz, V., 286-287
Spivack, G., 83-84
Stambak, M., 61-63
Steig, W., 183-184

– T –

Tarefas deseducadoras, 633
Teberosky, A., 275-276
Temas acadêmicos, 267-280
    condições para a promoção dos, 269-271
    ensino dos, contexto sócio-moral do, 268-269
    integração construtivista dos, 270-271, 279-280
    interação social centrada nos, apoio, 256, 274-275
Teoria do julgamento moral, 177-179
The Berenstain Bears and the Messy Room (Berenstain), 238-239
The Having of Wonderful Ideas (Duckworth), 208
The Man Who Didn't Wash His Dishes (Krasilovsky), 238-239
The Moral Judgment of the Child (Piaget), 40-41, 195-196
Tomada de decisões
    por crianças, 137-139, 151-152, 156
    por professores, 304-307
Trabalho em grupo, 115-135
    arranjo das cadeiras para, 119-121
    condução do, 119-120, 133-134
    conflitos entre crianças, 85-86
    conteúdo, 125-126, 133-134
    dilemas morais durante, 180-182
    estabelecimento de regras, 138-139, 148-149
    estratégias de manejo para, 120-121, 125-126
    estudo de caso, 133-135
    extensão do, 120-121
    idéias das crianças, para hora da atividade, 218-219
    interação entre colegas durante, organização para, 69
    objetivos para, 115-118
    papel do professor, 117-120
    planejamento para, 117-118
    problemas individuais durante, 125-128
    votação, 161-162, 166-167
Transição
    após hora da limpeza, para a próxima atividade, 257-258
    problema, durante hora da limpeza, 236-238
Trapaças, respostas a, 227-230
Turiel, E., 175-177

– V –

Validação social
    comunicação da, com criança difícil, 286-288
    necessidade por, 285-287
Valores morais, construção dos, promoção, 85-87
Valores
    conservação de, no desenvolvimento moral, 52, 56
    moral, construção dos, 85-87
    reconstrução de, pela criança difícil, 293-294
Verba, M., 61-63
Vínculos sócio-afetivos, motivação do desenvolvimento sócio-moral por, 12-13
Vontade, como conservação de valores, 56
Votação, 157-158, 172-173
    diretrizes para, 158-159, 172-173
    escolha de temas, 158-159, 161-162
    objetivos, 157-159
    por professor, 170-173
    procedimentos, 166-171

– W –

Wood, A., 182-183

– Z –

Zan, B., 14, 33-34, 91-92, 269